21世纪高职高专经管专业精编教材

管理实务与技巧

主编◎余远坤　刘灿亮　全雄伟

Management Practice and Skills

清華大學出版社
北京

内容简介

21世纪高职高专经管专业精编教材

◆能力本位。以学生为主体，让学生看了就能会，学了就能用；以教师为主导，授人以渔；以项目为载体，将技能与知识充分结合。

◆内容创新。内容选取机动、灵活，适当融入新技术、新规范、新理念；既体现自我教改成果，又吸收他人先进经验；保持一定前瞻性，又避免盲目超前。

◆精编案例。案例短小精悍，能佐证知识内容；案例内容新颖，表达当前信息；案例以国内中小企业典型事实为主，适合高职学生阅读。

◆巧设实训。实训环节真实可行，实训任务明确，实训目标清晰，实训内容详细，实训考核全面，切实提高能力。

图书在版编目（CIP）数据

管理实务与技巧 / 余远坤，刘灿亮，全雄伟主编. —北京：清华大学出版社，2019
（21世纪高职高专经管专业精编教材）
ISBN 978-7-302-52064-1

I. ①管… II. ①余… ②刘… ③全… III. ①管理学－高等职业教育－教材 IV. ① C93

中国版本图书馆CIP数据核字（2019）第009453号

责任编辑：杜春杰
封面设计：刘 超
版式设计：文森时代
责任校对：马军令
责任印制：宋 林

出版发行：清华大学出版社
网 址：http://www.tup.com.cn，http://www.wqbook.com
地 址：北京清华大学学研大厦A座 **邮 编：**100084
社 总 机：010-62770175 **邮 购：**010-62786544
投稿与读者服务：010-62776969，c-service@tup.tsinghua.edu.cn
质量反馈：010-62772015，zhiliang@tup.tsinghua.edu.cn
印 装 者：三河市国英印务有限公司
经 销：全国新华书店
开 本：185mm×260mm **印 张：**21 **字 数：**544千字
版 次：2019年9月第1版 **印 次：**2019年9月第1次印刷
定 价：69.80元

产品编号：079498-01

前　　言

本书是根据教育部《关于加强高职高专教育人才培养工作的意见》和高职高专管理学教育教学规律的基本要求，吸收了大量国内外管理学者的研究成果，结合高职高专学生的知识结构特征，依据高职高专教育培养目标要求，立足于社会实际，从各种社会组织管理活动中的一般过程和基本规律出发，阐述管理学中的基本概念、主要特点、影响因素，以及管理发展的演进过程、管理理论与管理思想、管理环境、管理决策，同时围绕计划、组织、领导、控制四大管理职能重点阐述管理的一般过程，并系统地介绍各种理论的主要内容、各项管理工作的重要性和履行管理职能的各种基本过程和原则，以及管理学中的各种分类方法和计划、决策、控制中的常用方法。本着注重能力培养、理论与实践相结合的理念进行编写，其主要的特点有：

（1）理论与实践结合。管理的终极目标在于实践。管理大师彼得·德鲁克说："管理是一种实践，其本质不在于知，而在于行；其验证不在于逻辑，而在于成果。"从这个意义上说，我们学习管理学，不能纸上谈兵，而要真正付诸实际行动。本书既以宏观的理论启迪学生，具有较深的思想性、理论性和人文性，又以微观的社会实例证明理论，用较多"做中学"的典型案例使之具有较强的可读性，所选案例力求富有吸引力，以使学生融会贯通。

（2）能力本位。以学生为主体，让学生看了就能会，学了就能用；以教师为主导，授人以渔；以项目为载体，将技能与知识充分结合。

（3）栏目设计新颖实用。本书设计了"任务引例""做中学""小知识""思考题"等栏目，课后习题丰富多样，尽可能地做到既有知识性又有趣味性。

（4）巧设实训。实训环节真实可行，实训任务明确，实训目标清晰，实训内容详细，实训考核全面，切实提高能力。

本书结构新颖、体系严密、思路开阔、层次分明，既可作为高等院校高职高专经济管理类和其他专业的教材，又可以作为广大管理者的学习参考书。

本书由主编余远坤负责全书的整体构思、大纲设计和审核统稿，参加编写的成员有：广东理工职业学院刘灿亮主要负责项目一、项目二、项目八的编写，广东理工职业学院余远坤主要负责项目三、项目四、项目五、项目九的编写，广东理工职业学院全雄伟主要负责项目六、项目七的编写。在本书编写过程中，参阅了许多国内外学者的相关著述，在此谨向原作者表示诚挚感谢。本书的出版得到了清华大学出版社的大力支持，在此深表谢意。

由于编者水平有限，书中不足之处敬请专家、读者批评指正。

余远坤

2018 年 10 月

目　录

项目一　走进管理……1
任务一　管理认知……1
任务二　全面认识管理者……8
任务三　管理学认知……12
任务四　管理道德与企业的社会责任……15
项目小结……20
☆习题与训练……20

项目二　中外管理思想精要……25
任务一　中国古代管理思想……25
任务二　近代管理理论……32
任务三　现代管理理论……40
项目小结……48
☆习题与训练……49

项目三　计划……54
任务一　确定目标……54
任务二　计划及其制订……75
任务三　认识决策及其过程……95
项目小结……111
☆习题与训练……112

项目四　组织……117
任务一　组织结构的设计……117
任务二　权力的分配……142
任务三　认识组织文化……156
项目小结……168
☆习题与训练……169

项目五　配备组织人员……174
任务一　认识人员配备及人力资源规划……174

任务二　招聘和甄选组织人员…………………………………………………… 182
任务三　考核与培训组织人员…………………………………………………… 196
项目小结…………………………………………………………………………… 210
☆习题与训练……………………………………………………………………… 210

项目六　领导……………………………………………………………………… 216
任务一　认识领导………………………………………………………………… 216
任务二　领导理论及运用………………………………………………………… 226
任务三　学会领导………………………………………………………………… 239
项目小结…………………………………………………………………………… 243
☆习题与训练……………………………………………………………………… 245

项目七　激励……………………………………………………………………… 249
任务一　认识激励………………………………………………………………… 249
任务二　激励理论及运用………………………………………………………… 255
任务三　激励实务………………………………………………………………… 265
项目小结…………………………………………………………………………… 271
☆习题与训练……………………………………………………………………… 271

项目八　沟通……………………………………………………………………… 276
任务一　沟通概述………………………………………………………………… 276
任务二　沟通障碍………………………………………………………………… 287
任务三　有效沟通………………………………………………………………… 291
项目小结…………………………………………………………………………… 297
☆习题与训练……………………………………………………………………… 298

项目九　控制……………………………………………………………………… 302
任务一　认识控制系统与控制过程……………………………………………… 302
任务二　应用控制技术与方法…………………………………………………… 315
项目小结…………………………………………………………………………… 322
☆习题与训练……………………………………………………………………… 322

参考文献…………………………………………………………………………… 327

项目一　走进管理

◆职业能力目标

1. 能够理解管理的本质。
2. 能够掌握管理者的内涵。
3. 能够清楚管理对社会经济及个人发展的意义。
4. 能够运用管理解决现实问题。
5. 会运用管理有效提升组织活动及个人行为效率。
6. 理解管理道德和企业的社会责任。

◆典型工作任务

理解管理在社会发展中的重要作用；明确管理的基本内涵，清楚管理的本质；掌握管理的主要职能；明确三种管理角色：人际关系角色、信息角色和决策角色；掌握管理的三大技能：概念技能、技术技能和人际技能；明确管理道德和企业应承担的社会责任，熟练应用管理解决个人和组织发展中的问题，进而提升个人行为和组织活动的效率。

任务一　管理认知

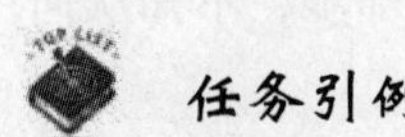

任务引例

阿波罗登月计划

阿波罗登月计划（Apollo Project），又称阿波罗登月工程，是美国1961—1972年从事的一系列载人登月飞行任务。1969年7月16日，巨大的“土星5号”火箭载着“阿波罗11号”飞船从美国肯尼迪航天中心点火升空，开始了人类首次登月的太空征程。美国宇航员尼尔·阿姆斯特朗、巴兹·奥尔德林、迈克尔·科林斯驾驶着宇宙飞船跨过38万千米的征程，承载着全人类的梦想踏上了月球表面。他们见证了人类从地球到月球梦想的实现，这一步跨过了5 000年的时光。

阿波罗载人登月工程历时约11年，动员了上百个科研机构，120所大学，2万多家企业，先后有400万人参与，耗资约256亿美元。这一规模宏大的工程，技术的复杂程度难以想象，仅“土星5号”火箭就有上百万个零部件，涉及成百上千种复杂的工序，只要有一处隐患，就可能造成箭毁人亡的惨剧。所以阿波罗计划实际上是一个巨大的，通过政府组织的，运用市场机制进行的成功的管理实践活动。如此庞大的阿波罗登月计划之所以能如期完成，很关键的一点就在于运用系统工程方法进行了有效的组织管理。研制这样复杂的系统，面临的难题是：怎样把比较笼统的初始要求（如使航天员安全登月并返回地球）逐步变为成千上万个工程任务参加者的具体工作；怎样把这些工作最终组合成一个技术上合理、经济上合算、研制周期短、协调运转方便的实际工程系统。这样复杂的工程系统，涉及大规模复杂的社会劳动组织协调和管理，需要有一套严密而科学的组织管理方法。

在阿波罗计划实施过程中，美国建立了强有力的管理组织，用系统工程方法加强对阿波罗计划整体过程的管理，并将管理工作全过程划分为编制计划、分析评价、控制指导及督促检查等阶段，从根本上保障了阿波罗计划的顺利完成。阿波罗登月计划的总负责人韦伯博士后来总结说："我们没有使用一项没用过的技术，我们的技术就是科学的组织管理。"

资料来源：袁辉，宁凯，徐晓军. 管理学［M］. 北京：北京邮电大学出版社，2013.

如此浩大的阿波罗登月工程能够取得成功，管理在其中发挥了什么作用呢？

自从人类有了劳动分工，管理便与人类社会的发展始终相伴，管理对于个人发展、组织发展和社会发展具有重要意义。管理促使人们有目的、有秩序地开展各项活动，管理使人与资源组合在一起，使劳动效率、组织效率和个人效率得以提高，最终推动人类社会不断向前发展。本章将带领读者揭开管理的神秘面纱，探寻管理的本质。

思考题　根据已有的经验，你认为什么是管理？

一、管理概论

（一）管理的定义

管理实践可以追溯到人类社会之始，历史久远。管理学作为一门学科则可追溯到19世纪的工业时代，距今不过两百多年的历史。其间，无数的先贤达人从不同的角度对管理展开研究并得出了有益的结论。有关管理的书籍浩如烟海，以至于让初学者望而却步，不知从何下手。因此，探究"管理究竟是什么"是摆在初学者面前的第一个问题。

何为管理？从汉语词典语义解析来看，管理有"管辖""处理"之意，但在管理活动中，管理的含义远不局限于此。由于管理的广泛性和复杂性以及研究的侧重点不同，管理学界对于管理概念的认知，至今仍未能形成一个公认统一的定义。让我们先了解一下管理大师们对管理的注解。

弗雷德里克·泰勒（Frederick WT. aylor）："管理就是确切知道要别人去干什么，并使他用最好最经济的方法去干。"

亨利·法约尔（Henry Fayol）："管理是所有的人类组织（不论是家庭、企业或政府）都有的一种活动，这种活动由五项要素组成：计划、组织、指挥、协调和控制。管理就是实行计划、组织、指挥、协调和控制。"

赫伯特·西蒙（Herbert A. Simon）："管理就是决策。"

哈罗德·孔茨（Harold Koontz）："管理就是设计和保持一种良好环境，使人在群体里高效率地完成既定目标。"

小詹姆斯·H. 唐纳利（James H. Donnelly Jr.）："管理就是由一个或更多的人来协调他人活

动，以便收到个人单独活动所不能收到的效果而进行的各种活动。”

彼得·德鲁克（Peter F. Drucker）：“归根到底，管理是一种实践，其本质不在于‘知’而在于‘行’，其验证不在于逻辑，而在于成果；其唯一权威就是成就。”

斯蒂芬·P. 罗宾斯（Stephen P. Robbins）：“管理是指同别人一起，或通过别人使活动完成得更有效的过程。”

思考题　根据你过往的经历，你能列出有关管理对于行为的重要性的例子吗？

关于管理的定义还有很多，在此仅列举以上几个有代表性的观点。纵观上述观点，都侧重于从管理的现象来描述管理本身，未能揭示出管理的本质。

综合以上观点，编者认为管理就是在一定的条件下，管理者借助计划、组织、领导和控制等管理职能的发挥，来理顺组织内部人力资源、物力资源、财力资源、信息资源等各种资源之间的关系，最终为实现组织目标而努力的过程。“管”是手段，即计划、组织、协调、领导、控制等管理职能；“理”是目的，即通过“管”这一手段的发挥，来达到理顺组织内部各种资源之间关系，进而为实现组织目标而服务的目的。

[做中学 1-1]　**男孩的烦恼**

一个男孩得到一条新裤子，穿上一试长了点儿，他请奶奶帮忙把裤子剪短一些，奶奶说家务事太多，让他去找妈妈；妈妈约了人玩桥牌没空；男孩去找姐姐，姐姐有约会。男孩担心明天穿不上这条新裤子，失望地入睡了。

奶奶忙完家务事，想起孙子的裤子，就把裤子剪短了一点；妈妈回来想起这件事，也把裤子剪短了一点；姐姐回来后也把裤子剪短了一点。可想而知，这条裤子没法穿了。

［分析］

从这个小故事可以看出，任何一件事都需要管理。如果没有恰当的管理，即使再简单的事，也会因为缺乏沟通而导致失误，即使目标一致，也会由于没有整体的相互配合，实现不了最终目标。因此，任何一个组织、一项活动、一件事，都离不开管理与管理者。

（二）管理的本质

在探寻管理的本质之前，我们先来看一下一百多年来管理理论研究发生了什么变化。1911 年泰勒的《科学管理原理》的出版，让管理步入了科学的轨道，是管理理论发展的里程碑；随后分工理论成为管理的核心认知；20 世纪 40 年代，人际关系训练被看作是组织成功的关键；50 年代，德鲁克提出的目标管理理论被视为解决管理问题的新方法；70 年代，企业战略思想风靡企业界；80 年代，企业文化进入人们视野；90 年代，随着电子信息技术的进步，新方法层出不穷；进入 21 世纪，管理创新理论引领向前……管理新理论、新思想、新模式应接不暇，现代企业界对此趋之若鹜，并将此视为解决现实企业经营困境的灵丹妙药。结果问题依然存在，甚至更加严重，于是人们开始怀疑管理的有用性、实效性。更有甚者提出了“管理无用论”“去管理化”的观点。那么，问题到底出在什么地方？

思考题　随着人类进入互联网时代，管理理论是否过时了？

随着管理实践发展而来的管理理论日渐丰富，然而面对林林总总的理论，现实的企业往往无所适从，我们需要认清一个基本的事实：世上没有任何一套理论或方法能够解决我们所有的难题，因为环境在变化，人员在变化，市场在变化，世界上唯一不变的就是改变。一味盲目地照搬和套用并不能有效地帮助企业解决现实经营的难题。随着我们在求知的路上渐行渐远，有些时候我们需要回归原点，搞清楚管理的本质到底是什么。

泰勒的科学管理原理解决了劳动效率最大化的问题，韦伯的行政组织与法约尔的管理原则解决了组织效率最大化的问题，赫茨伯格的双因素理论解决了激励与满足感之间的关系问题，波特的竞争战略解决了如何获得企业竞争优势的问题。这些经久的研究，正是对管理实践中重大问题的提炼，与西方企业有效的互动，带动了西方管理实践的高速发展，并引领了世界管理实践的方向。

正如彼得·德鲁克所说："管理是一种实践，其本质不在于知，而在于行；其验证不在于逻辑，而在于成果；其唯一的权威性就是成就。"

管理的本质在于提升效率。管理从根本意义上说是解决效率的问题。如果对管理所谈的效率做细致的划分，就是劳动效率、组织效率和个人效率。先解决劳动效率，然后解决组织效率和个人效率，当顺序颠倒时我们会发现管理无效。因为个人效率需要支付条件，而支付条件是需要组织给出的，如果没有劳动生产力的产出就不可能有组织效率，没有组织效率就不可能有个人效率。

[做中学 1-2]　　分　粥

有 7 个人组成了一个小团体，他们每个人都是平凡而且平等的，但不免自私自利。他们想通过制定制度来解决每天的吃饭问题——在没有称量用具的情况下，如何分食一锅粥。

一开始大家轮流分粥，但结果是他们每个人只有在自己主持分粥的那一天才能吃饱。后来他们推举团体中一位"品德高尚"的人来主持分粥，初期做到了公平，但权力的集中导致寻租的出现，不久之后这位"品德高尚"的人就开始为自己和奉承他的人多分。然后大家通过商议决定组成三人的分粥委员会和四人的监督委员会，分粥委员会主持分粥，监督委员会负责监督，每次分粥监督委员会都会提出异议，而分粥委员会又据理力争，争执不断，等吃到嘴里时，粥已经凉了。这种方法虽然做到了公平，但缺乏效率。

最后他们求教管理学家，管理学家听了他们的困惑笑了，答道："只需制定一个合理的分粥机制。不管谁负责分粥，粥分 7 碗，负责分粥的那个人最后一个拿粥。这样就可以保证分粥这种行为既公平，又有效率。"

[分析]

生活中关于"分粥"的事例数不胜数，如何做到既保证公平又富有效率是有待我们解决的一个难题。现实企业经营中遇到的各种难题我们都可以通过构建一套完备的管理制度予以解决。这就是管理学的魅力所在。管理促使人们有目的、有秩序地开展各项活动，使人与资源组合在一起，并使劳动效率、组织效率和个人效率得以提高，最终推动人类社会不断向前发展。

思考题　怎样才能实现有效管理？

二、管理的职能

管理职能就是管理者为有效地开展管理工作所借助的各种手段。或者说管理者怎样做才能让组织所拥有的人、财、物和信息资源产生最高的效率进而实现组织目标。也可理解为管理过程中各项行为的内容，是人们对管理工作应有的一般过程和基本内容所做的理论概括。管理究竟应该包括哪些职能？至今管理学者们仍没有统一的定论。

最早系统提出管理职能的是法国工业家亨利·法约尔，他在发表于1916年的《工业管理与一般管理》一文中提出，所有的管理者都履行着五种管理职能：计划、组织、指挥、协调和控制。在法约尔之后，许多管理学者基于社会环境的变化和管理实践的发展进一步对管理职能进行了探讨，提出了“三职能说”“四职能说”“七职能说”等。尽管理论界对管理职能的论述不尽相同，但大多数学者比较认同管理有计划、组织、领导和控制四大职能。本书延续多数学者的做法，在职能划分上，采用最流行的四大职能划分方法。

思考题　有人说计划赶不上变化，所以制订计划是无用的，这种说法对吗？为什么？

1．计划职能

计划职能是指管理者根据组织所处的环境和自身的条件，确定组织目标，制订行动方案的系列工作。简言之，计划主要是为实现组织目标而对接下来的工作所做的事先安排。计划是连接目标和行动的中间桥梁，是为目标具体化形成的行动方案。

计划的内容主要涉及分析组织内外部环境，确定目标，选择行动方案，统筹安排人、财、物、信息、时间等资源，拟订实施步骤，等等。一个清晰而具有指导意义的计划应该明确管理者和执行者做什么（What）、为什么做（Why）、何时做（When）、谁去做（Who）、在哪儿做（Where）、如何做（How）等事项，即“5W1H”。制订计划工作在管理的众多工作中通常排在首位，组织、领导和控制工作都在计划之后，为执行和实现计划而服务。因此，计划职能被称为管理的首要职能。

2．组织职能

组织职能是指管理者为实现既定目标，对组织中的各种要素及人员之间的相互关系进行合理安排的过程。其目的就是把企业的各项资源、各个环境和各个部门，从劳动分工和协作方面、从相互关系方面、从时空联结方面，都做出合理的安排和部署，使员工之间以及员工和生产资源之间，在一定环境下，形成最佳的结合，从而使组织的各项活动能够协调有序地开展，进而提高组织整体的运作效率并使各项活动产生最佳的效果。

组织的主要内容包括设计合理的组织结构、建立有效的管理体制、科学划分管理层次、分配权力并明确责任、构建有效的信息沟通网络等。形成既分工授权又协调一致的工作关系网络。

思考题　如何理解“千军易得，一将难求”？

3．领导职能

领导职能是指管理者为实现组织目标而对被管理者施加影响的过程。管理者在执行领导职能时，一方面要确保各项工作落实到位，责任到人，做到“人人有事做，事事有人做”，以保证组织目标的实现；另一方面要打造和谐高效的团队，化解冲突和矛盾，调动组织成员的积极性，促进组织成员之间的团结协作，提升团队工作效率。其权力来源主要有职权影响力和非职权影响力两种，其具体途径包括激励下属，指导下属工作，选择有效的沟通渠道解决组织成员之间以及组织与其他组织之间的冲突。

[做中学 1–3]　　领导的艺术

一位著名的企业家正在做报告，一位听众问：“你在事业上取得了巨大的成功，对于你来说，最大的原因是什么？”

企业家在黑板上画了一个圆圈，但是没有画圆满，留下了一个缺口。他反问：“这是什么？”“零”“圈”“未完成的事业”“成功”，听众七嘴八舌地答道。

他对这些回答不置可否：“其实，这只是一个不完整的句号。你们问我为什么会成功，道理很简单，我不会把事情做得很圆满，就像画个句号，一定要留个缺口，让我的下属去填补它。”

[分析]

留个缺口给他人，不是说自己的能力不强，实际上，这是一种管理的智慧，是一种更高层次的圆满。给猴子一棵树，让它不停地攀登；给老虎一座山，让它自由地纵横，也许这就是管理的最高境界。

4．控制职能

控制职能是指管理者根据计划要求检查实际工作，发现偏差，查明原因，采取措施予以纠正的过程。在实际行动开展过程中，由于环境的变化和各种因素的干扰，可能会导致实际行动与计划要求不一致，出现偏差。为了确保实际行动能够按照既定的计划要求开展，管理者需要对行动过程进行监控，并将实际工作绩效与预先设定的标准进行对照，如果出现不一致的状况，则需查明原因，及时采取措施予以纠正，以保证计划的执行没有偏离正确的方向，确保组织目标的实现。简而言之，控制就是保证组织的一切活动符合预先设定的计划要求，控制的本质就是纠正偏差。

思考题　如何理解“上帝把最复杂的事情交给了管理学家去做，把最简单的事情交给了数学家去做”？

三、管理的性质

管理活动贯穿于人类社会活动的始终，从其基本意义上看，管理实践涉及两种基本活动：一是组织劳动；二是指挥、监督劳动。既有与社会化大生产相联系的自然属性，又有与生产关系和社会制度相联系的社会属性，即管理的二重性。从管理实践开展的要求来看，管理活动既要遵循管理过程中蕴含的客观规律，又要体现灵活变通性。因此，管理具有科学性和艺术性。

1．管理的二重性

管理的二重性是指管理具有自然属性和社会属性双重性质，这是马克思主义关于管理问题的基本观点。马克思在《资本论》中指出："一切规模较大的直接社会劳动或共同劳动，都或多或少的需要指挥，以协调个人的活动，并执行生产总体的运动——不同于这一总体的独立器官的运动——所产生的各种一般职能。""凡是直接生产过程具有社会结合过程的形态，而不是表现为独立生产者独立劳动的地方，都必然会产生监督劳动和指挥劳动。"这就是说，一方面，管理是由许多人进行协作劳动而产生的，是由生产社会化引起的，是有效组织共同劳动所必需的，因此，它具有同生产力、社会化大生产相联系的自然属性；另一方面，管理又是在一定的生产关系条件下进行的，必然体现出生产资料占有者指挥劳动、监督劳动的意志，因此，它具有同生产关系、社会制度相联系的社会属性。这两方面的属性就是管理的二重性。

管理的自然属性也称管理的生产力属性，是指管理要处理人与自然的关系，合理组织生产力。管理的社会属性也称管理的生产关系属性，是指管理作为生产关系的体现，总是反映一定社会形态中统治阶级的要求，受生产关系的影响和制约。

小知识

管理者的职责是把每个人都变成"管理者"

管理者的职责其实并不是管理，而是维持组织的正常运转，理顺复杂的员工关系，建立员工与企业交流、沟通与认同的心理渠道。当然，对于管理者来说，这是一个比较困难的问题，因为对经历了数千年等级制度文化熏陶的国家来说，要真正突破官本位的思想，真正忘掉"管理"这个词的外在意义，不是那么容易的事情。但是，管理是一种实践的艺术，它必须艺术地为企业的经营提供更好的方法，并为企业的良好运行护航。因此，就必须发动全体员工为这样的现实目标努力。也因此，管理者的真正责任就是把每个人都变成"管理者"，这无数个"管理者"构成了现代企业组织的管理行为与成效。

思考题　你是否赞成管理的特征是"实践重于理论，艺术多于科学"这一说法？谈谈你的理解。

2．管理的科学性和艺术性

管理的科学性是指管理的理论是科学的，强调客观规律性。管理理论是对大量管理实践的科学总结，是人们经过无数次的实践活动，从中抽象、总结出带有普适性的客观规律和一般方法。并通过利用这些理论和方法来指导人类的管理实践以检验管理理论和方法是否正确，从而使管理的科学理论和方法在实践中不断得到丰富和完善。因此，之所以说管理是一门科学，是因为它是以反映管理客观规律的管理理论和方法为指导，有一套科学的分析问题、解决问题的方法论。

管理的艺术性是指管理理论的应用要根据具体的管理环境，因地制宜地灵活运用，强调灵活变通性。换言之，仅凭书本上的管理理论，或过往的管理经验是难以保证其成功的。任何管理理论都离不开具体的应用条件，而管理者所面临的管理环境十分复杂、瞬息万变，如何选择和应用管理理论，不仅需要管理者的理性判断和经验技巧，还需要管理者灵活变通。同样的管理理论和方法，在不同国家、不同企业，由不同的管理者运用，其效果大相径庭，这充分体现了管理的艺术性。因此，在管理实践过程中，切不可盲目引进并照搬管理模式。

管理的科学性和艺术性不是相互排斥，而是相互补充。一方面，管理的科学性是艺术性的前提和基础。管理的科学性决定了管理活动必须接受管理理论的指导，以管理的基本规律为行动指南。掌握扎实的管理理论虽不能保证一定可以成为一名优秀的管理者，但可以为成为一名出色的管理者打下坚实的基础。另一方面，管理的艺术性是科学性的补充，仅凭理论不足以保证管理的效果，管理者还需懂得在运用中灵活变通，针对现实及管理与被管理对象的特点对科学规律进行巧妙运用，不断求新求变，从而取得好的管理效果。

任务二　全面认识管理者

任务引例

“世界因你不同”——李开复的管理者之路

作为青年学子的偶像，李开复博士的职业履历让人羡慕不已：曾任苹果电脑公司副总裁、美国硅谷图形公司 SGI 电脑公司副总裁兼总经理、微软公司全球副总裁、微软中国研究院（现为微软亚洲研究院）院长、Google 全球副总裁兼中国区总裁等职。正在人们为此津津乐道之时，2009 年 9 月 4 日李开复正式宣布从 Google 离职，创立了具有全新模式的青年创业平台——“创新工场”。但谁又能想到李开复最初的职业选择是在世界排名第一的卡内基·梅隆大学计算机系做一名助理教授。是谁开启了他的管理者之路呢？

李开复在自传中讲述了这样一段不为人知的故事：无法忘记 1990 年夏天那次来到加州的情景，那时我也面临着一个巨大的选择。当时年仅 28 岁的我是卡内基·梅隆大学最年轻的副教授，只要再坚持几年就可以得到 tenure（终身教授）的职位。这意味着终身的安稳，可以在世界排名第一的大学计算机系做研究。但是苹果公司希望我放弃这一切，我清楚地记得当时苹果公司的副总裁戴夫·耐格尔对我说的话，他举着一杯透亮的自酿葡萄酒对我发出邀约：“开复，你是想一辈子写一堆废纸一样的学术论文呢，还是想用产品改变世界？”

这句话击中了我的软肋，点燃了我“世界因你不同”的梦想。

“Make a difference”——“让世界因你不同”，一直是我在哥伦比亚大学时期的哲学老师最为推崇的人生态度。想象一个没有你的世界，将有你的世界和无你的世界做出对比，让世界由于你的态度与选择发生有益的变化。老师说，这就是人生存在的哲学意义。Make a difference，将人生的影响力最大化，提供给我一种思考与世界观。

1990年，我做出了职业生涯中第一个重要选择，我放弃了对终身教授职位的追求，加入了“改变世界”的队伍。这给我的人生带来了无尽的惊喜。

这次选择奠定了我今后的道路，我放弃了一个铁饭碗，却开始拥抱更精彩的人生。

根据李开复的经历，思考什么是管理者？

资料来源：李开复，范海涛．李开复自传：世界因你不同［M］．北京：中信出版社，2009.

“世界因你不同”这句话改变了李开复的职业轨迹，为他增添了人生色彩，也让世界多了一名优秀的管理者。李开复让我们看到从一名优秀的管理者身上折射出来的关于梦想、实践、激情和创新的光芒。

思考题　如何成为一名优秀的管理者？

一、管理者的含义及分类

1．管理者的含义

管理者是指在组织中直接指导和监督他人完成具体工作并对组织目标的实现负有责任的人。换言之，管理者是组织中拥有直接下属的人。管理者存在于组织之中，但并非所有在组织中工作的人都是管理者。为便于理解，可将组织成员分为两种类型：非管理类员工和管理者。非管理类员工也称作业人员或一般员工，他们直接从事某项工作或任务并对自己的工作负责，不具有监督他人工作的职责。如政府部门的办事员、学校的普通教师、医院的医生、餐厅的厨师、企业装配线的工人、企业一线的销售员等。这些人处于组织的作业层，是某项具体工作的操作者，不具有监督他人工作的职责。管理者虽然有时也会从事某项具体的业务操作，但更重要的是指挥别人按照组织的要求开展工作。

任务解析

李开复放弃了原本稳定的大学教授的工作，征战IT行业并成为一名优秀的管理者，在他身上我们学习到作为一名优秀的管理者，要承载组织的重托，以完成组织目标为行动导向，指导下属按照组织的要求富有效率地开展各项工作。

2．管理者的分类

按照不同的标准进行划分，管理者可以分为不同的类型。最常见的分类标准主要有两种：一是根据管理者所从事的工作性质和管理领域进行划分；二是根据管理者在组织的纵向结构中所处的位置进行划分。

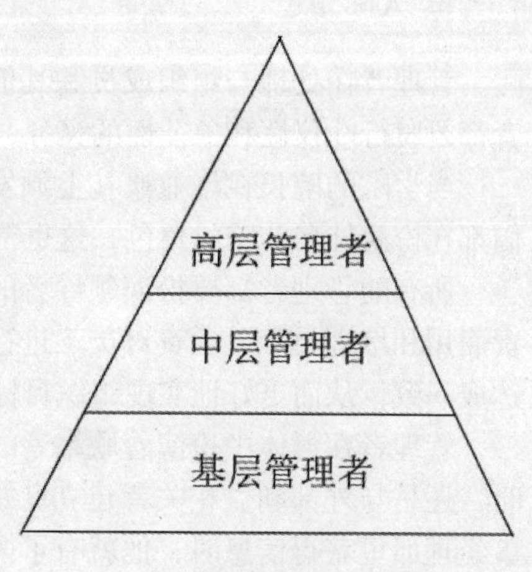

图1-1　管理者组织结构图

按照管理者从事的工作性质和管理领域进行分类，可以将管理者分为综合管理人员和专业管理人员。综合管理人员负责组织全部活动的组织和指挥，对组织活动的最终结果负责。如企业的厂长、公司的经理，他们的管理范围包括生产、销售、人事、财务、计划等。专业管理人员负责组织中某一项特定活动或特定工作的管理，包括生产管理人员、销售管理人员、财务管理人员、后勤管理人、研发管理人员等。

按照管理者在组织纵向结构中所处的位置进行分类，一般可分为高层管理者、中层管理者和基层管理者，如图 1-1 所示。

高层管理者是指组织中居于顶层或接近顶层的人。其对组织负全责，主要侧重于沟通组织与外部的联系和决定组织的大政方针、战略部署等。高层管理者注重良好环境的创造和重大决策的正确性。高层管理者的称谓主要有总裁、副总裁、行政长官、总经理、首席运营官、首席执行官、董事会主席等。

中层管理者是指位于组织中基层管理者和高层管理者之间的人。主要职责是正确领会高层的指示精神，创造性地结合本部门的工作实际，有效指挥各基层管理者开展工作。他们注重的是日常管理事务。中层管理者的称谓主要有部门主管、机构主管、项目经理、业务主管、地区经理、部门经理、门店经理等。

基层管理者是指那些在组织中直接负责非管理类员工日常活动的人。基层管理者的主要职责是直接指挥和监督现场作业人员，保证完成上级下达的各项计划和指令。他们主要关心的是具体任务的完成。在实际工作中，基层管理者的称谓主要有督导、团队主管、教练、组长、班长、系主任、部门协调人、部门组长等。

二、管理者的角色

管理者的角色是指组织中的管理者需要做的一系列特定的工作任务。20世纪60年代末期，亨利·明茨伯格对五位总经理的工作进行了深入细致的观察和研究，详细地记录了管理者真正在做什么，而不是听他们说自己做了什么，也不是由学者去想象他们在做什么。明茨伯格发现，在管理过程中，管理者陷入大量变化的、无固定模式的和短期的活动中，他们总是被这样或那样的事务和人物牵连，没有时间静下心来思考，因为他们的工作常被打断。在大量观察的基础上，明茨伯格提出了一个管理者究竟在做什么的纲要。

明茨伯格在他的《经理工作的性质》一书中阐述了管理者在管理工作中需要扮演 10 种角色，这 10 种角色可进一步归纳分类为三大类：人际角色、信息角色和决策角色。

1. 人际角色

管理者在处理与组织成员和其他利益相关者的关系时，就在扮演人际角色。所有的管理者都要履行礼仪性和象征性的义务，人际角色主要包括挂名首脑、领导者和联络者三种。

当学院的院长在毕业典礼上颁发毕业证时，或者工厂领班带领一群学生参观工厂时，他们都在扮演挂名首脑的角色，这也是经理们所担任的最基本的角色。

所有的管理者都要扮演领导者的角色。管理者对组织运营的成败负有重要责任，通常负责雇用和培训员工，负责对员工进行激励或引导，通过努力促使员工的个人需求与组织需要达成一致，从而更好地实现组织目标。

管理者在群体中扮演着联络者的角色。管理者无论是在与组织内的个人或团队一起工作时，还是与外部利益相关者建立良好关系时，都起着联络者的作用。比如，当销售经理从人事经理那里获得信息时，他就有了内部联络关系；而当这位销售经理通过行业协会与其他公司的销售经理接触时，他就有了外部联络关系。通过对每种管理工作的研究发现，管理者花在同事和单位之外的其他人身上的时间与花在自己下属身上的时间一样多。这样的联络通常都是通过参加外部的各种会议、各种公共活动来实现的。

2．信息角色

从某种程度上讲，所有的管理者都通过外部的组织或机构来搜集信息。管理者所扮演的信息角色主要有监督者、传播者和发言人三种。

管理者通过阅读杂志和与他人谈话来了解公众趣味的变化，竞争对手可能正打算干什么，等等，明茨伯格称此为监督者角色。作为监督者，管理者为了得到信息而不断审视自己所处的环境。他们询问联系人和下属，通过各种内部事务、外部事务和分析报告等主动搜集信息，依据信息识别工作小组和组织潜在的机会和威胁。

管理者还起着向组织成员传递信息的通道作用，即扮演传播者的角色。组织的健康发展和管理者的科学决策是建立在掌握大量翔实的信息基础之上的。管理者必须分享并分配信息，要把对组织发展有用的外部信息传递到组织内部，把内部信息传递给更多的组织成员，以便切实有效地完成各项工作。

当管理者代表组织向外界传递信息时，就扮演着组织发言人的角色。例如，必须向董事和股东说明组织的财务状况和战略方向；必须向消费者保证产品质量和服务宗旨；必须向社会公众保证组织在切实履行社会义务；必须向政府部门保证组织经营是合法合规。

3．决策的角色

明茨伯格认为管理者所扮演的四种决策角色是：企业家、干扰对付者、资源分配者和谈判者。

作为企业家，管理者发起和监督那些将改进组织绩效的新项目。企业家角色指的是管理者在其职权范围内充当本组织变革的发起者和设计者。管理者必须努力组织资源去应对组织内外部环境的变化，要善于寻找和发现新的商业机会。

作为干扰对付者，管理者需要采取纠正措施以应对组织发展中出现的种种问题和冲突。比如，管理者要能够妥善处理员工的罢工、某个主要客户的破产、竞争加剧带来的市场份额萎缩或供应商违背了合同等突发状况。

作为资源分配者，管理者负有分配人、财、物、信息等资源的责任。管理者负责组织资源在不同部门和人员之间的分配，还负责设计组织的结构，即决定分工和协调工作的正式关系的模式，分配下属的工作。

作为谈判者，管理者为了维护组织利益，需要通过谈判与其他组织开展议价和商定成交条件等活动。管理者的谈判对象包括员工、供应商、客户、政府和其他工作小组。谈判是管理者不可推卸的工作职责，而且是工作的主要组成部分。

思考题　管理者和领导者的区别和联系是什么？

三、管理者的技能

不管是什么类型的组织中的管理者，也不管是处于哪一个管理层次的整理者，所有的管理者都需要有一定的技能来履行自己的职责，都要使自己的工作达到一定的工作标准和要求。

美国管理学学者罗伯特·卡茨于20世纪70年代提出了管理技能模型，认为有效的管理者应该具备三种基本技能：概念性技能、技术性技能和人际关系技能。

1. 概念性技能

概念性技能是指一种洞察既定环境复杂程度的能力和减少这种复杂性的能力。包括能够提出新的思想的能力、能够进行抽象思维的能力、能够把一个组织看成是一个整体的能力以及能够识别在某一领域的决策对其他领域将产生何种影响的能力。其核心是一种观察力和思维力。概念性技能是对高层管理者的特殊要求，高层管理者将在组织发展中遇到的问题概念化、抽象化，是一个理论升华和组织文化创造的过程。

2. 技术性技能

技术性技能是指能够运用特定的工作程序、技术和知识处理和解决实际问题的能力。比如，车间主任要熟悉机械的性能、使用方法、操作程序等；办公室管理人员要熟悉组织的规章制度、公文收发程序、公文写作等;财务主管要熟悉财务制度、记账方法、预算决算编制等。技术性技能对基层管理者来说极为重要，因为基层管理者大部分时间都是在培训下属或回答下属有关具体工作方面的问题，因而具备技术性技能才能更好地指导下属工作。技术性技能对于基层管理者、中层管理者、高层管理者的重要程度依次下降。

3. 人际关系技能

人际关系技能是指管理者有效地处理组织内外各种人事关系的能力。包括联络、处理和协调组织内外人际关系的能力，激励和诱导组织成员的积极性和创造性的能力，有效指导和指挥组织成员开展各项工作的能力，团结组织成员增强团队向心力和组织凝聚力的能力等。人际关系技能对于高、中、基层管理者有效开展管理工作具有重要作用，因为各层次的管理者都必须在与组织成员进行有效沟通的基础上，才能确保团队成员相互合作，共同实现组织目标。

任务三　管理学认知

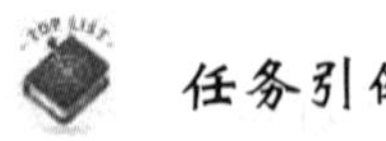

任务引例

宝洁公司的婴儿尿布营销

宝洁公司在20世纪80年代把美国市场上最受欢迎的婴儿尿布打出国界，同时进入香港市场和德国市场。在一般情况下，宝洁公司每进入一个市场都要事先经过“实地试营销”以发现可能存在的问题。但是这次宝洁公司认为，这种尿布已经在美国销售多年，受到普遍好评，因此决定跨越试销阶段，直接进入香港市场和德国市场。可是接下来发生的事情却大大出乎宝洁公司的意料。香港的消费者反映宝洁公司的婴儿尿布太厚，德国的消费者却反映宝洁公司的婴儿尿布太薄，吸水性能不足。同样的尿布，怎么可能同时得到“太厚”和“太薄”

两种反馈呢？经过详细调查才发现，婴儿一天的平均尿量虽然大体相同，但是香港和德国使用婴儿尿布的习惯却大不相同。香港的母亲把孩子感觉舒适与否当作头等大事，孩子一尿就换尿布，因此，宝洁公司的尿布就显得太厚；而德国的母亲比较制度化，早晨给孩子换一块尿布然后要到晚上才会再换一块，于是宝洁公司的尿布就显得太薄。

同样的商品在不同地区销售得到的反馈完全不同带给我们什么管理思考？

一、管理学的概念

管理学是一门系统研究一般组织管理活动的普遍规律、基本原理和一般方法的科学。

19 世纪末 20 世纪初，古典管理理论代表人物泰勒、法约尔、韦伯分别从个人、组织和国家三个不同维度研究了企业和社会组织的管理问题，同时建立了一套有关管理的原理、原则、方法等理论，使得管理者开始摆脱传统的单凭经验和感觉来进行管理的做法。古典管理理论通过科学研究的方法探寻并总结管理实践中所蕴含的普遍规律，形成了较为完善的理论体系和研究框架，这也标志着管理学开始以一门科学的形式出现。

二、管理学的研究对象

管理学源于人类社会的管理实践活动，而社会管理实践活动的领域是多样化的：有的从事企业管理活动，有的从事政府、军队、公安等国家机关管理活动，有的从事学校、文艺团体、学术团体管理活动，有的从事慈善等非营利机构的管理活动，等等。不同行业、不同部门、不同性质的组织，其具体管理方法和内容也各不相同，由此形成了不同门类的管理学科。如企业管理、行政管理、学校管理、科技管理、财政管理、农业管理、城市管理、社团管理等。尽管各类管理学科自有其特点，但也不乏共性。管理学的研究对象就是管理工作中具有普遍性的客观规律，即如何遵循管理实践活动内在的规律要求来建立一定的理论、原则、组织形式、方法和制度，指导管理的实践，实现管理的预期目标。

管理学研究的内容有广义和狭义之分。

1. 广义管理学研究的内容

广义管理学研究的内容大体包括以下三个方面。

① 生产力方面。它主要研究如何合理地配置组织中的人、财、物，使各生产要素充分发挥作用的问题；研究如何根据组织的目标、社会的需求，合理地使用各种资源，以求得最佳的经济效益与社会效益的问题。

② 生产关系方面。它主要研究如何处理组织内部人与人之间的关系问题；研究如何完善组织机构与各种管理体制，从而最大限度地调动各方面的积极性和创造性，为实现组织目标而服务的问题。

③ 上层建筑方面。它主要研究如何使组织内部环境与组织外部环境相适应的问题；研究如何使组织的各项规章制度和劳动纪律与社会的政治、经济、法律、道德等上层建筑保持一致的问题，从而维持正常的生产关系，促进生产力的发展。

2. 狭义管理学研究的内容

狭义管理学研究的内容主要包括管理原理、管理职能、管理方法、管理者和管理历史等。

① 管理原理。现代管理学首先研究管理的基本规律，即研究适用于一切社会形态和个别社会形态的各种基本规律。诸如管理的对象、过程、核心、目的、原则及内容等。

② 管理职能。着重从管理者的工作或职能出发来系统研究管理活动的原理、规律和方法问题。具体包括：管理活动中管理者有哪些职能；执行这些职能要涉及组织中的哪些要素；在执行各项职能中应遵循哪些原理，采用哪些方法、程序和技术；执行职能的过程中会遇到哪些障碍、阻力。

③ 管理方法。管理功能的执行和完成，是靠管理方法、技术和手段来实现的。因此，对管理方法、技术和手段的研究是现代管理学中引人瞩目的领域。

④ 管理者。管理者是管理的主体。能否实施有效的管理，管理者起着关键的作用。所以，管理者个体素质、管理者群体优化结构以及他们之间的关系，是现代管理学的重要课题。

⑤ 管理历史。现代管理学要研究管理思想及实践的发展历史，以便更好地继承和发展现代管理理论和方法。

三、管理学的特征

1. 管理是一门综合性学科

管理学源于人类社会实践活动，又用于指导管理实践，通过具体管理职能和管理方法的实施来提高劳动效率并以实现组织目标为目的。而人类管理实践活动内容非常广泛，管理对象涉及人、财、物、信息等组织所拥有的各项资源，这就要求管理学必须以众多学科为基础，是一门综合性、交叉性学科。

思考题　如何理解管理既是一门科学又是一门艺术?

2. 管理学既是一门科学，又是一门艺术

管理学是一门科学，主要强调的是管理的科学性。管理学是对人类管理实践过程中蕴含的客观规律的总结和归纳，并在此基础上形成的一套比较完整的知识体系，反映了管理过程的客观规律性。人们利用这些理论和方法来指导自己的管理实践，并通过实践来检验管理理论和方法的正确性，从而使管理的理论和方法在实践中不断得到验证和丰富。因此，管理学是一门科学。

管理学是一门艺术，主要强调的是管理的灵活变通性。随着时代的发展，管理环境时刻处于变化中，要求管理者在实际工作中面对千变万化的管理对象时，要因人、因事、因时等情况因地制宜，灵活多变地、创造性地运用管理技术，解决实际问题。

任务解析

同样的商品在不同的国家或地区销售会有不同的反馈，因此，管理方法也应因时、因地、因人而异。管理既是一门科学，又是一门艺术，学习和应用管理学不能照搬书本，要做到活学活用。

3. 管理学是一门不精确的学科

在给定条件下能够得到确定结果的学科称为精确的学科。比如数学，它所有的定律、原理和公式在相同条件下结论肯定是一致的，而且只要给出足够的条件或函数关系，按数学的法则进行推理计算就能得到确定的答案。管理学则不同，即使在投入的人、财、物、信息等资源完全相同的情况下，运用相同的管理方法也可能得到不一样的结果。原因在于影响管理结果的因素太多，有些因素我们无法准确把握，比如国家政策的出台或变更，国内外形势及自然环境的变化，相关企业或行业的经营变化，突发事件的出现及消费者心理的变化，等等。因此企业的经营很难由已知的条件准确推断出管理的结果。更何况除了可量化的投入要素外，有些管理的投入要素本身就无法量化，比如人力资源的身体状况、思想状态、心理素质、性格特征、情感因素等。因此，我们说管理是一门不精确的学科。

任务四　管理道德与企业的社会责任

任务引例

三鹿奶粉事件

石家庄三鹿集团股份有限公司（以下简称“三鹿集团”），其前身是1956年2月16日成立的“幸福乳业生产合作社”，几代人经过半个世纪的奋斗，在同行业创造了多项奇迹和“五个率先”。三鹿集团用了半个世纪才创造了149.07亿元的品牌价值，却只用了半年时间就将149.07亿元变成零甚至负数。

三鹿奶粉事件回顾：

2008年3月，南京儿童医院把10例婴幼儿泌尿结石样本送至该市鼓楼医院泌尿外科专家孙西钊处进行检验，三鹿奶粉事件浮出水面。

7月16日，甘肃省卫生厅接到甘肃兰州大学第二附属医院的电话报告，称该院收治的婴儿患肾结石病例明显增多，经了解均曾食用三鹿牌配方奶粉。

7月24日，河北省出入境检验检疫局检验检疫技术中心对三鹿集团所产的16批次婴幼儿系列奶粉进行检测，结果有15个批次检出三聚氰胺。

8月13日，三鹿集团决定，库存产品三聚氰胺含量在每千克10毫克以下的可以销售，10毫克以上的暂时封存；调集三聚氰胺含量为每千克20毫克左右的产品换回三聚氰胺含量更高的产品，并逐步将含三聚氰胺产品通过调换撤出市场。

9月9日，媒体首次报道“甘肃14名婴儿因食用三鹿奶粉同患肾结石”。当天下午，国家质检总局派出调查组赶赴三鹿集团。

9月11日，除甘肃省外，陕西、宁夏、湖南、湖北、山东、安徽、江西、江苏等地也有类似案例发生。当天，三鹿集团股份有限公司工厂被贴上封条。

9月12日，联合调查组确认“受三聚氰胺污染的婴幼儿配方奶粉能够导致婴幼儿泌尿系统结石”。同日，石家庄市政府宣布，三鹿集团生产的婴幼儿问题奶粉，是不法分子在原奶收购过程中添加了三聚氰胺所致。

9月13日，党中央、国务院启动国家重大食品安全事故I级响应，并成立应急处置领导小组。卫生部发出通知，要求各医疗机构对患儿实行免费医疗。

9月16日，三鹿集团党委书记田文华被免职。同时，石家庄市分管农业的副市长张发旺、市畜牧水产局局长孙任虎、市食品药品监督管理局局长张毅和市质量技术监督局局长李志国也被免职。

9月17日，田文华被刑事拘留；石家庄市市长冀纯堂被免职。

9月18日，国家质检总局发布公告，决定废止《产品免于质量监督检查管理办法》，同时撤销蒙牛等企业“中国名牌产品”称号，并发出通知，要求不再直接办理与企业和产品有关的名牌评选活动。

截至9月21日上午8时，全国因食用含三聚氰胺的奶粉导致住院的婴幼儿达1万余人，官方确认4例患儿死亡。

9月22日，国家质量监督检验检疫总局局长李长江因“毒奶粉”事件引咎辞职。

10月8日，卫生部等五部门公布了乳及乳制品当中三聚氰胺临时限量标准。其中1千克婴幼儿配方乳粉中允许存在1毫克三聚氰胺。

10月9日，温家宝签署国务院令，公布了《乳品质量安全监督管理条例》。

三鹿奶粉事件带给我们什么思考?

资料来源：根据网上公开资料整理而成。

思考题　你认为什么是管理道德?

一、管理道德

置身于社会之中的组织，其管理活动需要遵循一定的社会规范。如今，道德问题已然成了管理学中的热点问题，特别是企业经营活动的道德问题。近年来，国内外出现了不少社会问题，如环境污染、商业诈骗、侵犯消费者权益、员工歧视等。安然、环球电讯、世界通信、施乐等一批企业巨头财务舞弊事件的曝光，引发了全球的关注；三鹿奶粉事件、瘦肉精事件等食品药品安全事件的曝光，引发了国人的瞩目。企业缺乏社会良知、不择手段的牟利行为遭到了猛烈的抨击，也迫使人们重新思考组织的管理道德问题。

（一）管理道德的含义

道德（ethics），通常是指规定行为是非的惯例或原则，是依靠社会舆论、传统习惯、教育和人的信念的力量去调整人与人、个人与社会之间的一种特殊的行为规范，是社会基本价值观约定俗成的表现。根据这一定义，道德在本质上是规则或原则，这些规则或原则旨在帮助决策人判断某种行为是正确的或错误的，或这种行为是否为组织所接受。不同组织的道德标准可能不一样，即使是同一组织，也可能在不同的时期有不同的道德标准。此外，组织的道德标准要与社会的道德标准兼容，否则这个组织很难被社会容纳。

自20世纪60年代以来，企业管理与道德相结合的趋势日趋明显，70年代诞生了一门崭新的管理学科——“管理道德学”，或称“企业伦理学”。管理道德作为一种特殊的职业道德，是指管理者在调节企业与社会、与其他企业的关系以及在调节企业内部关系等管理活动中所应遵循的职业原则和道德规范。管理道德是一种特殊的职业道德规范，是对管理者提出的道德要求，对管理者自身而言，可以说是管理者的立身之本、行为之基、发展之源;对企业而言，是对企业进行管理的价值导向，是企业健康、持续发展所需的一种重要资源，是企业提高经济效益和提升综合竞争力的源泉，可以说管理道德是管理者与企业的精神财富。

[做中学 1-4]　　闯红灯的代价

在一个下着小雪的夜晚，有个德国人抱着侥幸心理驾车闯了红灯，结果被一个睡不着觉的老太太看到。没隔几天，保险公司的电话就打来了:“你的保险费从明天开始增加 1%！”

“为什么？”

“我们刚刚接到交通局的通知，你闯了红灯。我们觉得你这种人很危险，所以保险费要增加 1%。”

这个人心想：那我就退保，去另外一家保险公司投保。但当他找到别的保险公司时，别的保险公司也要求他比别人多交 1% 的保险费。原来，全德国的保险公司通过网络都知道他有一次闯红灯的不良记录，所以每一家保险公司都会让他多缴保费。

没过多久，他的太太也问他:“老公，银行突然通知我们购房的分期付款年限从 15 年改成 10 年，到底发生了什么事？”

“实在对不起，因为我前几天闯了红灯。”

太太生气地说:“啊！闯红灯？我们家已经没有钱了，你还做出这种事情，你自己想办法吧！”

不久，他的宝贝儿子从学校回来:“爸爸，老师叫我把学费用现金送过去，说不能分期了。”

当儿子得知这一切都是因为爸爸闯红灯造成的时，感到不可思议:“啊，爸爸你闯红灯？难怪同学们都笑我，下星期我不想去学校了，真丢脸！”

[分析]

从上面这则事例可以看出，伦理道德规范之于一个人及一个家庭的重要性。这就要求一个组织的管理者要加强企业的伦理道德建设，以伦理道德制度来规范企业的行为。

（二）管理与道德的关系

如果管理者能够有效地强化企业道德行为，则有助于强化组织管理。构建良好的组织道德是加强管理的有效途径。

（1）组织的道德品质和道德文化有助于管理者制定正确的决策。具有较高道德品质的管理者能够倾听各方意见，有较强的责任感，下属也乐于参与决策。如果管理者不具备基本的道德品质，以权谋私或刚愎自用，这些都有可能导致他对组织不负责任，难以做出科学的决定。有些管理者的决策失误，原因不在于技术上不可行、经济上不合理，而在于它不合乎道德伦理。

（2）良好的组织道德品质和道德文化是获取、留住关键人才和激发员工工作热情的基础。良好的组织道德文化是组织的无形资产，是企业的品牌，它意味着更公平、更公正、更和谐的工作环境。因此，良好的组织道德文化能够吸引那些有知识、有文化、有修养的关键人才源源不断地加入企业，也能够激发员工的责任心、创造性和积极性。

（3）组织的道德文化能促进组织内外的协调。组织的道德文化可以促使组织内外坦诚相待、人与人之间相互信任，有助于组织内部与组织之间的相互帮助和其他企业有益行为的发生。因此，组织内外的协调就变得更加容易实现。相反，不道德的组织文化则会更多地引发人们以自我为中心，造成人与人之间的尔虞我诈，即使再完备的制度也无法有效地实现组织内外的协调。

（4）较高的道德品质和道德文化还能推进组织创新与变革。创新与变革的阻力时常来自本位主义、对组织变革的不理解和缺乏信任，以及对未来的担忧。具有较高道德品质的员工和部门会顾全大局，处事公正，相互理解，企业也会为员工着想，最大限度地减少未来的不确定性。

（三）三种不同的道德观

第一种是道德的功利观，即完全按照成果或结果制定决策的一种道德观点。功利主义的目标是为绝大多数人提供最大的利益。按照功利观点，一个管理者也许认为，解雇20%的员工是可行的，因为这将增加公司的利润，提高剩余的80%员工的工作保障，并使股东获得最多的收益。一方面，功利主义鼓励效率和生产力，并符合利润最大化目标要求；另一方面，它可能造成资源的不合理配置，以及利益相关者的权利被忽视，尤其是那些受影响的部门或个人，当处于劣势地位或没有发言权的时候更是如此。

第二种是道德的权利观，这是与尊重和保护个人自由和特权有关的观点，包括隐私权、言论自由和法律规定的其他权利。特别针对弱势群体，企业管理者要保护他们的合法权利，维护其道德权利。权利在保护个人隐私和自由方面有其积极的作用，但在组织中也有消极的一面，即过分强调个人权益的保护，会造成墨守成规的工作风气，从而阻碍组织效率的提高。

第三种是道德的公正观。这要求管理者要公平公正地制定、实施和贯彻组织规则。管理者可能会运用公正观理论决定给新来的员工支付高于最低限度的薪金，因为管理者认为最低工资不足以满足员工的基本生活需要，但这样做不利于平衡新老员工之间的关系。实行公正标准同样有得有失，它在保护那些可能无权的相关者利益的同时，也会助长组织降低风险承诺、创新和生产率的权利意识。

现实管理实践中，大部分管理者对道德行为持功利主义的态度，因为这与企业提高效率、追求高利润的目标是一致的，因此功利观可以为大多数人的利益牺牲少数人的利益。但由于管理实践的不断推进，强调个人权利和社会公正的呼声要求管理者以非功利主义的标准为基础，重新审视和调整道德准则。

思考题　企业在追逐利润的同时，需要承担哪些社会责任？

二、企业的社会责任

任务解析

20世纪60年代以前，人们普遍认为企业是营利性的经济组织，企业的社会责任问题很少引起人们的注意。随着时代的发展和社会的变迁，人们开始慢慢关注企业的社会责任问题，时至今日，企业的社会责任已成为重要的企业竞争力之一。

三鹿奶粉事件所暴露的企业道德缺失，也向全社会发出了预警信号。道德是一切制度运行的社会土壤。沉痛的教训告诫企业管理者们：在追逐利润的同时，必须坚守住自己的道德底线，承担起应有的社会责任。以牺牲道德和消费者利益换取利润，最终必然付出沉重的代价。

所谓企业社会责任，是指企业在创造利润，对股东和员工承担法律责任的同时，还要承担对消费者、社区和环境等利益相关者的责任。企业的社会责任要求企业必须超越把利润作为唯一目标的传统理念，强调在生产过程中对人的价值的关注，强调对环境、消费者、社会的贡献。理论研究发现，从长期来看，社会责任的承担不但不会分散企业的精力而影响企业利润最大化的目标,反而能够提高企业的知名度和美誉度,进而提升企业的整体竞争力。因此，企业社会责任是企业通向可持续发展的重要途径，它符合社会整体对企业的合理期望。

思考题　企业的利益相关者有哪些?

那么，企业应该承担哪些社会责任呢？有学者将企业社会责任的内容做了如下概括和归纳。

一是对投资者的责任。在公司的经济活动中，与公司关系最为密切的两类利益群体就是公司股东和公司债权人。早期的经济学家认为，企业是投资者的企业，企业首要的责任是维护投资者的利益，承担起代理人的角色，保证投资者的利益最大化，这是最基本的要求，也是企业唯一的社会责任。随着社会经济的发展，人们对企业的认识和要求产生了很大的变化，对投资者负责不再是企业的唯一责任。

二是对员工的社会责任。企业和员工之间是契约关系，除了相互间有支付报酬和付出劳动的法律关系以外，企业还担负着为员工提供安全的工作环境、职业教育等保障员工利益的责任。因此，世界各国无一例外地将企业对员工的责任列在企业社会责任的首位。

三是对消费者的责任。主要表现为:①确保产品货真价实，保障消费安全;②诚实守信，提供正确的商品信息，确保消费者的知情权；③提供完善的售后服务，及时为消费者排忧解难。

四是对企业供应商的社会责任。企业应该首先对供应环节进行有效控制，正确处理供销关系。以平等互利的理念作为价值判断标准来调整企业供销之间的物质利益关系，确立双方的权利和责任，不因短期有利市场地位而损害对方权益，而是在互利协作中追求长期共同发展。

五是对政府和所处社区的责任。企业有义务和责任遵从政府的管理、接受政府的监督。政府依法对企业进行宏观管理与指导，为企业的运作提供必要的制度保障和社会公共服务。因此，企业要在政府的指引下合法经营，自觉履行法律规定的义务，尽可能为政府献计献策，分担社会压力，支持政府的各项事业。同时，每一个企业都坐落于社区之中，搞好企业与社区的关系也有利于提高企业的形象，促进企业的长期发展，进而实现社区经济繁荣；但企业也可能使社区成为企业污染的受害者。因此，企业应该关心社区的建设，协调好自身与社区内各方面的关系，实现企业与社区的和谐发展、共同发展。

六是对竞争者的责任。企业对竞争者的社会责任就是在竞争中坚持竞争伦理。企业在竞争中要坚持自愿原则、平等原则、公平原则、诚信原则，坚持互惠互利原则、竞争与合作原则，要接受竞争对手、团结竞争对手。

七是对环境保护的贡献。企业对环境和资源的社会责任可以概括为两大方面：一方面是承担可持续发展与节约资源的责任；另一方面是承担保护环境和维护自然和谐的责任。环境保护是关系到所有人利益的事业，是关系到全人类可持续发展的大事，全人类都在为此而努力。

八是企业对公益、慈善事业的责任。企业对整个社会的公益事业应履行一定的义务，适当增加对公益、慈善事业的社会捐赠和支持，这是企业使用社会公共资源回报社会的表现，也是企业树立良好社会形象，赢得广大利益相关者信赖和支持的契机。

项 目 小 结

1. 管理就是在一定的条件下，管理者借助计划、组织、领导和控制等管理职能的发挥，来理顺组织内部人力资源、物力资源、财力资源、信息资源等各种资源之间的关系，最终为实现组织目标努力的过程。

2. 管理的本质在于提升效率。管理的根本意义是解决效率的问题。

3. 管理学界普遍认同管理的“四职能说”，即计划、组织、领导和控制四大职能。

4. 管理者是指在组织中直接指导和监督他人完成具体工作并对组织目标的实现负有责任的人。换言之，管理者是组织中拥有直接下属的人。

5. 按照管理者在组织纵向结构中所处的位置进行分类，一般可分为，高层管理者、中层管理者和基层管理者。

6. 罗伯特·卡茨认为有效的管理者应该具备三种基本技能：概念性技能、技术性技能和人际关系技能。

7. 管理学是一门系统研究一般组织管理活动的普遍规律、基本原理和一般方法的科学。

8. 管理学既是一门科学，又是一门艺术。

9. 管理道德作为一种特殊的职业道德，是指管理者在调节企业与社会、与其他企业的关系以及在调节企业内部关系等管理活动中所应遵循的职业原则和道德规范。

10. 企业社会责任，是指企业在创造利润，对股东和员工承担法律责任的同时，还要承担对消费者、社区和环境等利益相关者的责任。企业的社会责任要求企业必须超越把利润作为唯一目标的传统理念，强调在生产过程中对人的价值的关注，强调对环境、消费者、社会的贡献。

☆习题与训练

一、理论自测题

（一）单项选择题

1. 对管理最形象的描述是（　　）。

A. 艺术　　B. 科学　　C. 艺术和科学　　D. 上述均不是

2．为实现共同目标而一起工作的群体称为（　　）。

A. 管理　　B. 决策　　C. 管理人员　　D. 组织

3．管理的本质是（　　）。

A. 提升效率　　B. 员工满意　　C. 顾客满意　　D. 利润最大化

4．管理的主体是（　　）。

A. 企业家　　B. 全体员工　　C. 高层管理者　　D. 管理者

5．有时，一位工作表现很出色的基层主管在被提升为高层主管后，尽管工作比以往更卖力，绩效却一直甚差。其中的原因很可能就在于这位管理人员并没有培养起从事高层管理工作所必需的（　　）。

A. 概念技能　　B. 技术技能　　C. 人际技能　　D. 领导技能

6．了解、沟通、激励下属的管理技能是（　　）。

A. 技术技能　　B. 概念技能　　C. 人际关系技能　　D. 分析技能

7．（　　）是指那些在组织中直接负责非管理类员工日常活动的人。

A. 中层管理者　　B. 基层管理者　　C. 高层管理者　　D. 董事长

8．以下不属于管理职能的是（　　）。

A. 组织活动　　B. 控制活动　　C. 有效获取资源　　D. 计划与控制

9．管理具有与生产关系、与社会制度相联系的一面，这里是指（　　）。

A. 管理的自然属性　　B. 管理的社会属性

C. 管理的科学性　　D. 管理的艺术性

10．管理的二重性是指（　　）。

（1）管理的自然属性（2）管理的社会属性（3）管理的科学性（4）管理的艺术性

A.（1）（2）　　B.（1）（3）　　C.（2）（3）　　D.（1）（4）

（二）多项选择题

1．法约尔提出的管理五项职能是（　　）。

A. 计划　　B. 组织　　C. 指挥　　D. 协调

E. 控制

2．美国管理学者罗伯特·卡茨认为有效的管理者应该具备的基本技能有（　　）。

A. 概念性技能　　B. 技术性技能　　C. 人际关系技能　　D. 业务技能

E. 技术技能

3．狭义管理学研究的内容主要包括（　　）。

A. 管理原理　　B. 管理职能　　C. 管理方法　　D. 管理者

E. 管理历史

4．广义管理学研究的内容大体可以分哪几个层次（　　）。

A. 生产力方面　　B. 生产关系方面　　C. 上层建筑方面　　D. 管理者

E. 管理历史

5．明茨伯格将管理者所扮演的决策角色划分为（　　）。

A. 企业家　　B. 干扰对付者　　C. 资源分配者　　D. 谈判者

E. 信息传递者

6. 明茨伯格在他的《经理工作的性质》一书中阐述了管理者在管理工作中需要扮演的10种角色，这10种角色可进一步组合成三个方面，分别是（　　）。

A. 人际角色　　B. 信息角色　　C. 决策角色　　D. 资源分配角色

E. 干扰对付角色

7. 按照管理者在组织纵向结构中所处的位置一般可将管理者分为（　　）。

A. 高层管理人员　　B. 中层管理人员　　C. 基层管理人员　　D. 总经理

E. 一线员工

8. 按照管理者从事的工作性质和管理领域进行分类，可以将管理者分为（　　）。

A. 综合管理人员　　B. 专业管理人员　　C. 高层管理者　　D. 基层管理者

E. 业务员

9. 下列哪些称谓属于高层管理者（　　）。

A. 总裁　　B. 行政长官　　C. 首席运营官　　D. 首席执行官

E. 董事会主席

（三）判断题

1. 法国的亨利·法约尔认为，管理具有计划、组织、指挥、协调和控制五种职能。（　　）

2. 管理的根本意义是解决效率的问题。（　　）

3. 管理具有自然属性和社会属性双重属性。（　　）

4. 中层管理者是指那些在组织中直接负责非管理类员工日常活动的人。（　　）

5. 管理者是指在组织中直接指导和监督他人完成具体工作并对组织目标的实现负有责任的人。（　　）

6. 管理既是一门科学，又是一门艺术，是科学与艺术的有机结合体。（　　）

7. 管理道德是指管理者在调节企业与社会、与其他企业的关系以及在调节企业内部关系等管理活动中所应遵循的职业原则和道德规范。（　　）

8. 企业社会责任，是指企业在创造利润、对股东和员工承担法律责任的同时，还要承担对消费者、社区和环境等利益相关者的责任。（　　）

9. 高层管理者应把技术性技能放在第一位。（　　）

10. 企业经营的目的是追求利润最大化，所以无须考虑社会责任问题。（　　）

二、项目实训

【实训目标】

1. 培养初步运用管理系统的思想建立现代组织的能力。

2. 培养分析、归纳与讲演的能力。

【实训内容与要求】

根据所学知识与对实际企业调查访问所获得的信息资料，组建模拟公司。

1. 遵循自愿原则，6~8人为一组，组建“××大学生模拟公司”，自定公司名称。

2. 进行总经理竞聘，每个人以“我要做一个什么样的管理者”为题，发表竞聘讲演（要有发言提纲）。

【成果与检测】

1．投票选出公司总经理，完成模拟公司的初步组建。

2．班级组织一次交流，每个公司推荐两名成员发表竞聘讲演。

3．由教师与学生对各公司组建情况（含竞聘提纲）进行评估打分。

三、实务技能自测题

1．学校中的班集体是同学们最熟悉的组织，在这一组织中很多同学承担着管理工作。设定自己所承担的管理工作（如班长、团支书等），请分析你所扮演的角色和应具备的技能，并针对自己的不足提出完善计划。

2．分析一个你熟悉的企业并结合所学内容谈一下管理对于企业发展的作用。

3．近年来，食品药品安全问题频发，结合所学的管理道德和企业的社会责任方面的知识进行分析。

四、案例分析

升任公司总裁后的思考

郭宁最近被所在的生产机电产品的公司聘为总裁。在准备接任职位的前一天晚上，他浮想联翩，回忆起他在该公司工作 20 多年来的种种。

郭宁在大学学的是工业管理，大学毕业后就到该公司工作，最初担任液压装配单位的助理监督。他当时感到不知所措，因为他对液压装配所知甚少，在管理工作上也没有实际经验。可是他非常认真好学，一方面仔细参阅该单位的工作手册，努力学习有关的技术知识；另一方面监督长也主动指点他，使他渐渐摆脱了困境，能够胜任工作。经过半年多的努力，他已有能力担任液压装配监督长的职位。可是，当时公司没有提升他为监督长，而是直接提升他为装配部经理，负责包括液压装配在内的四个装配单位的领导工作。

在郭宁当助理监督时，他主要关心的是技术性很强的作业管理。而当他担任装配部经理时，他发现自己不能只关心当天的装配工作状况，他还得做出此后数周乃至数月的规划，还要完成许多报告和参加许多会议，他没有多少时间去从事他过去喜欢的技术工作。当上装配部经理不久，他就发现原有的装配工作手册已基本过时，因为公司已安装了许多新的设备，引入了一些新的技术。于是他花了整整一年的时间去修订工作手册，使之切合实际。在修订手册的过程中，他发现要让装配工作与整个公司的生产作业协调起来是有很多讲究的。于是主动到几个工厂去访问，把学到的新的工作方法写入修订的工作手册中。由于该公司的生产工艺频繁发生变化，工作手册也不得不经常修订，郭宁对此完成得很出色。他工作了几年后，不但自己学会了如何完成这些工作，而且还学会如何把这些工作交给助手去做，教他们如何做好，这样，他可以腾出更多时间用于规划工作和帮助他的下属把工作做得更好，可以花更多的时间去参加会议、批阅报告和完成自己向上级的工作汇报。

在郭宁担任装配部经理 6 年之后，正好该公司负责规划工作的副总裁辞职，郭宁便主动申请担任这一职务。在同另外 5 名竞争者较量之后，郭宁被正式提升为规划工作副总裁。他自信拥有担任此职位的能力，但由于副总裁工作的复杂性，仍使他在刚接任时碰到了不少麻烦。例如，他觉得很难预测 1 年之后的产品需求情况。可是一个新工厂的开工，乃至一个新产品的投入生产，一般都需要在数年前开始准备。而且，在新的岗位上他还要不断协调市场营销、财务、人事、生产等部门之间的关系，这些他过去都不熟悉。他在新岗位上深切体会到：职位越往上走，仅仅按标准的工作程序去开展工作越难。但是，他还是渐渐适应了，并取得了成绩，此后又被提升为负责生产工作的副总裁，而这一职位通常是由该公司资历最深、辈分最高的副总裁担任的。到了现在，郭宁又被提升为总裁。他知道，作为总裁，他应该有处理任何可能出现的情况的才能，但他也明白自己尚未达到这样的水平。因此，他不禁想到自己明天就要上任了，今后数月的情况会是怎么样，他不免为此而担忧。

【问题】

1．郭宁担任助理监督、装配部经理、规划工作副总裁和总裁这四个职务，其管理职责各有何不同？能概括其变化的趋势吗？请结合基层、中层、高层管理者的职能进行分析。

2．你认为郭宁要胜任公司总裁的岗位，哪些管理技能是最重要的？你觉得他具有这些技能吗？试加以分析。

3．如果你是郭宁，你认为当上公司总裁后你应该补上哪些方面欠缺的才能使公司取得更好的绩效？

项目二　中外管理思想精要

◆**职业能力目标**

1. 了解中国古代管理思想。
2. 能够掌握西方古典管理理论的主要内容。
3. 能够掌握人际关系理论的主要观点、行为科学理论的基本框架。
4. 能够掌握近代、现代管理理论的主要流派。
5. 会运用管理理论解决企业经营问题。

◆**典型工作任务**

掌握中国儒家、道家、法家和《孙子兵法》中蕴含的丰富的管理思想；了解西方早期管理思想代表人物和主要观点；掌握古典管理理论、行为科学理论、现代管理理论的主要代表人物和理论要点。

任务一　中国古代管理思想

任务引例

猴王与孙子

从前，有个在树荫下卖草帽的人，叫卖得十分疲惫，靠着树干打起盹来。等他醒来的时候，发现身边的一堆帽子不见了，抬头一看，树上有很多猴子，而每只猴子的头上都戴着一顶草帽。

他想，猴子喜欢模仿人的动作，于是就试着举起左手，果然猴子也跟着他举手；他拍手，猴子也跟着拍手。紧接着，他把头上的帽子拿下来，丢在地上，猴子也学着他纷纷将帽子丢到了地上。卖帽子的高高兴兴地捡起了帽子。回家以后，他将这件事情告诉了他的儿子和孙子。

很多年后，他的孙子在卖草帽的途中也和爷爷一样在大树下睡着了，而帽子也同样被猴子拿走了。孙子想到爷爷曾经告诉他的方法，于是也脱下帽子丢在地上……但猴子却没有跟着他把帽子扔到地上，而是直瞪着他。不久，猴王出现了，把孙子丢在地上的帽子捡了起来，还用力地对着孙子的后脑勺打了一巴掌，说:“你以为只有你有爷爷呀！”

你从中得到哪些启示?

思想决定行动，一切管理活动都要接受管理思想的指导。由此可见，管理思想是管理学的基础。管理理论从最初不为人知的一个陌生领域到今天的理论丛林，是人类对管理实践不断探索和不断思考、归纳、创新的结果。本项目主要介绍中西方早期的管理思想、近代管理理论和现代管理理论。

中国作为文明古国，有着璀璨的历史文化遗产，在各个时期都孕育出了丰富的管理思想。文献典籍中关于管理思想和管理方法的论述比比皆是。限于不同历史时期生产力发展水平的不同，这些管理思想零星分散，至今未能形成独立的科学体系，但许多管理思想的精华至今仍熠熠生辉，对今天的管理实践具有不同程度的指导价值。

任务解析

孙子的角度：过去成功的经验极可能成为今天失败的原因。

猴子的角度：失败是成功之母，历史是一面最好的镜子。

以铜为镜，可以正衣冠；以史为镜，可以知兴替；以人为镜，可以明得失。

思考题　中国传统文化中蕴含哪些管理思想？

中国古代主流思想来自三大学派：儒家、法家和道家。这三大学派也是中国古代管理思想的三大主流学派。

这三大学派都产生于中国古代思想最活跃的春秋战国时期。从奴隶社会进入封建社会，国有制土地制度逐渐被私有制的地主所有制所代替，由利益一元化走向利益多元化。建立在利益一元化基础上的金字塔形国家管理体制正在走向衰败。如何维护社会的有效管理，仁者见仁，智者见智，三大学派的管理思想应运而生：维护利益一元化的儒家思想、维护利益多元化的法家思想和二者的对立面——道家的管理思想。这三大学派管理思想的基本逻辑是：人性假设——管理方式。他们各自提出对人的基本看法，并进而提出自己的管理方式，从而各自形成较为系统的治国治民的管理思想。

一、儒家管理思想

儒家管理思想以人性本善为前提，据此提出施仁政、德治、礼制的管理方式，用礼制规范和道德感化的手段，实现治国的目的。儒家的特点是关心民生、社会治理问题，他们在伦理道德规范方面形成了一套完整的思想体系，其中蕴含着丰富的政治管理及人事管理思想。儒家代表人物是孔子和孟子。

思考题　儒家文化对后世影响深远，试评述其优点和不足？

孔子（公元前 551 年—公元前 479 年）春秋末期思想家、教育家、儒家创始人。孔子的思想是一门如何处理人与人、人与社会、人与自我之间关系的学问，是一门关注人的自身发展的学问。把政治与伦理结合起来，把国家、家庭与每个人结合起来，构成了社会管理系统。要治理好国家，需要人人从自己做起。孟子进一步发展了儒家文化，提出“以和为贵”的思想，主张保持人与人之间和谐的关系，以达到社会的安定协调。儒家思想体系以德治为中心。儒家管理思想可归纳为以下五个方面。

（一）以德为先的管理准则

“仁、义、礼、智、信、恕、忠、孝、悌”是儒家文化的精髓。强调在处理人与人、人与社会、人与自我之间应遵循以德为先的准则，注重通过自我德行的提升来实现群体关系和社会治理的和谐。对于管理道德、企业社会责任和企业文化建设具有重要的指导意义。

儒家学说以“仁”为理想境界，要达到这一境界，就必须按照“礼”的规定行事，所谓“克己复礼为仁”。对于“礼”，孔子提出了“君君、臣臣、父父、子子”的思想，要求各个层次的人按照其身份办事。根据“礼”，孔子把人分为管理者与被管理者，以“礼”作为社会治理的准则，就是通过礼教来规范民众行为以实现组织的健康有序发展。

（二）重义轻利的管理方法

“君子喻于义，小人喻于利”，孔子将义利的取舍态度作为判断人品的标准。他提出了以下几点用于贯彻重义轻利的管理方法。

（1）管理者自己要以身作则，树立榜样。“其身正，不令而行；其身不正，虽令不从。”

（2）要用礼义来教化百姓，使百姓遵守礼义规范。

（3）要举“正直”，选拔正直的人参与管理。

（三）以民为本的群体本位管理思想

仁治，贤能政治，“仁者爱人”“仁者人也”（孔子）。“民为贵，社稷次之，君为轻”（孟子），认为治理国家应顺应民心。管理是围绕“人”展开的，民本是其核心，贯穿于管理思想的始终。为政以德，德治管理的主要手段是伦理道德规范，即组织中人们共同生活及行为的准则和规范，用以指导个人的行为以及人与人之间的关系。

（四）任人唯贤、唯才是举的人才观

“举贤才”是孔子的基本主张，“外举不避仇，内举不避子”，举贤时，对外不避与自己有个人恩怨的人，对内不避自己的亲属，这是对人才的评价标准。对管理者的要求是“正己”。要注重育才，其任务是帮助组织成员建立学习习惯，认识学习的重要性，只有先知书，才能达礼。

（五）通权变达的管理理念

孔子说：“中庸之为德也，其至矣乎！民鲜久矣。”孔子认为，中庸是最正确的实行道德的法则，中庸的管理理念反映出他对世界认识的“三分法”，即矛盾发展有三种可能性，不足、中、过度。“中”即适度，管理要保持适度，凡事既不能不足也不能过度。

二、道家管理思想

[做中学 2-1]　　**松下幸之助的成功之道**

日本松下公司的创始人松下幸之助被誉为“企业经营之神”，他在世的时候，有人问他成功的秘诀是什么。他说：“我并没有什么秘诀，我经营的唯一方法是经常顺应自然的法则去做事。”

资料来源：松下幸之助．松下经营成功之道［M］．北京：军事译文出版社，1987.

[分析]

正所谓“人法地，地法天，天法道，道法自然”。老子的无为管理思想倡导的是一种软性管理。

道家思想是中国管理思想的重要来源之一。历代统治者往往“内用黄老，外示儒术”。道家思想博大精深，涉及管理原则、管理环境、管理策略、管理方法等各个方面，蕴含着丰富的管理思想。

道家对人性的分析与假设奠定了道家管理思想的基本原则。道家思想认为人性本“朴”，应该尽量保全人性中的“朴”，因此在管理中不需要有太多的人为干预，而要顺应人性之自然，按照人性合理发展的规律来进行管理。这一思想非常深刻地体现在道家管理思想中的个体行为、领导行为及组织行为等方面。

思考题　如何理解道家的无为而治?

（一）无为而治的管理原则

老子哲学的最高境界是道。道本义指道路，后来引申为法则，规律的意思。老子把道作为宇宙本源，认为万物都由道派生出来——“道生一，一生二，二生三，三生万物”。“道可道，非常道；名可名，非常名”，可理解为在管理过程中存在内在的客观规律，人们可以不断地认识这些客观规律，但不能掌握其全部，只能接近它，不能达到它。

所谓道法自然，自然无为成为老子的宇宙法则。自然界是无为的，法自然也是无为的，人循道也要无为。于是，“无为”就成为老子及道家最高的管理原则。

“无为”并非是什么都不干，而是要求管理者要有所为有所不为，强调人的行为应顺应自然，顺势而为，而不是违背事物自身发展规律强行为之。“无为”对管理方法而言，要求管理者要善于抓大事，无须事必躬亲，而是要做到举重若轻，善于授权，让下属的主动性和能动性充分得以释放，以提升组织运行效率进而实现组织目标。

（二）以弱胜强的管理策略

“天下莫柔弱于水，而攻坚强者莫之能胜，以其无以易之。”意思是说天下再没有什么东西比水更柔弱了，而攻坚克强却没有什么东西可以胜过水，没有什么能够替代水。也就是说，柔弱与刚强这一对矛盾在一定条件下是可以相互转化的，柔弱可以转化为刚强，刚强可以转化为柔弱，所以柔弱可以战胜刚强，这是一种特殊的竞争谋略。

（三）清净安定的管理环境

老子主张安定，“清净可以为天下正”。“为无为”就是要创造一个“无为而治”的安宁环境。清净则自治，轻燥则失本，“我好静，而民自正”“重为轻根，静为躁君。……轻则失本，躁则失君”。

首先，从管理目的上讲，静是管理的最终追求，也就是通过管理要达到一种稳定和谐，我们说和平与稳定是我们国家管理的一个根本目标，因为只有和平稳定才能发展，才能更好地生活，才能追求更高的效率，所以不管采取了什么样的管理措施，最根本的还是要复归为静。所以说静不仅是出发点，是方法，也是归宿。

其次，在金字塔式的管理体系里，领导者应善于授权，把更多的权力下放，让下属能更好地根据实际情况办事，而自己则“抽身谋大事”。在日本有“企业经营之神”美称的松下幸之助说：“我虽然是经理，但我并不是站在前头拼命工作，而是站在后面，由各从业人员替代我做事。”掌握“宁静”智慧，遵循“放权”原则，是现代管理科学的原则之一。

最后，现代社会随着人的主体意识、自我意识的不断增强，企业已不是传统意义上认为的经济人或社会人，他们要求自我价值的实现，要求被重视和主体参与，建立在经济人、社会人理论上的一套管理理论已日益显现出其弊端，新的管理理论却发现可以从道家“宁静致远”思想中汲取许多营养。

（四）善下的用人思想

老子说：“知人者智。”这就是说，认识人才，发现人才，才称得上有智慧。如何使用人才呢？老子形象地比喻：“江海所以能为百谷王者，以其善下之，故能为百谷王。”这句话的意思是：江海能聚集许多河流是因为它处于低下的好位置。在这里，老子把江海比作领导者，把许多河流比作众多的人才，领导者对待人才应该善下。老子认为，一个领导者要做到以处下为根本，高层的基础在下面，领导者应当时时处下，事事居后，不要显示自己的高贵，更不要把自己摆在前面，而永远应该谦恭、温和。另外，领导者还要做到“常善救人”，这样才能“故无弃人”。就是说，要做到人尽其才，才能做到不遗弃人才。善下的用人思想，对于现代管理中如何识别人才、使用人才具有重要的启示作用。

小知识

马太效应

马太效应的名字来源于《圣经》中的一个故事。《新约·马太福音》有这样的记载：一个国王远行前，交给三个仆人每人一锭银子，吩咐他们：“你们去做生意，等我回来时，再来见我。”国王回来时，第一个仆人说：“主人，你交给我的一锭银子，我已赚了十锭。”于是国王奖励了他十座城邑。第二个仆人报告说：“主人，你给我的一锭银子，我已赚了五锭。”于是国王便奖励了他五座城邑。第三个仆人报告说：“主人，你给我的一锭银子，我一直包在手巾里存着，我怕丢失，一直没有拿出来。”于是国王命令将第三个仆人的那锭银子赏给第一个仆人，并且说：“凡是少的，就连他所有的，也要夺过来。凡是多的，还要给他，叫他多多益善。”

三、法家管理思想

韩非（约公元前280年—公元前233年），法家管理思想的代表人物。韩非的管理思想是以“性恶论”的人性假设为基础的，因而在管理中强调“利”和“欲”的作用。韩非非常重视制度的作用，不重视人的因素；重视法理而不重视人情。“治吏不治民”是高层管理的重点。吏是管理的关键，管理出了问题责任在吏而不在民，明君应该懂得只要管理好官吏，就可以治理好天下。

思考题　儒家思想和法家思想与以德治国和以法治国的治国方略之间有何关系？

（一）以法治国的行政管理思想

法家以法治国行政管理思想的主要内容是严刑厚赏，“赏厚而信，刑重而必”。所谓“以法治国”，就是把“法”作为管理国家的准则，“君必有明法正义”“治国无其法则乱”。他们认为仁义不足以治天下，“圣王者，不贵义而贵法”，而且必须做到“法必明，令必行”，以及“刑无等级”“不失疏远，不违亲近”。至于企业管理，对于通过不断完善企业管理制度来实现组织有效运行具有重要的指导意义。

（二）“富国以农”的经济管理思想

法家把农业看作是富国的唯一途径，“百人农一人居者，王；十人农一人居者，强；半农半居者，危”。在法家看来，农业即国民经济，国民经济即农业，两者完全是等同的。法家首先提出农战政策，“耕战合一”“寓兵于农”，农战实施的目的就是实现“富国强兵”。为了发展农业，法家重本抑末，否定工商业，“仓廪之所以实者，耕农之本务也，而綦组、锦绣、刻画为末作者富”。

（三）贤能并举的人事管理思想

法家提倡贤能并举的人事管理思想，“所举者必有贤，所用者必有能”。“官贤者量其能，赋禄者称其功。”韩非认为，世人的天性既然都是趋利避害的，因此实行严格的赏罚制度是最有效的管理手段。他说:“闻古之善用人者，必循天顺人而明赏罚。循天，则用力寡而功立。顺人,则刑罚省而令行。明赏罚,则伯夷、盗跖不乱。如此,则白黑分矣。”韩非主张尽国之才，尽人之智，“力不敌众，智不尽物。与其用一人，不如用一国”。

小知识

厉以宁认为,中国文化有三大思想来源,就是道家、儒家和法家。道家主张“无为而治”，是说应该尊重客观规律，而不要人为干涉；儒家则崇尚“人之初，性本善”，因此它强调教育和感化。而法家相反，认为“人之初，性本恶”，所以强调惩戒。基于此，厉以宁对企业各层主管的管理方法，有如下看法。

企业的高层主管要以道家思想来管理，要会发现并顺应客观规律。

企业的中层主管要以儒家思想来管理，要重在启发和教化。

企业的基层主管要以法家思想来管理，要铁面无私、照章办事。

厉以宁认为企业各层主管的管理方法绝不能倒置。假如高层管理者按法家思想来管理企业，则很可能会出现“一言堂”的局面。

四、《孙子兵法》中的管理思想

《孙子兵法》是一部蕴藏着丰富管理思想的重要著作。它共有十三篇，包括了管理职能的计划、组织、指挥、协调、监督和领导艺术等方面。

孙子重视经营谋略思想，强调环境分析的重要性。他指出:“兵者，国之大事，死生之地，存亡之道，不可不察也。”“夫未战而庙算胜者，得算多也；未战而庙算不胜者，得算少也。多算胜，少算不胜，而况于无算乎？”对于调查研究的重点，孙子一方面强调环境分析，“故经之以五事，校之以计，而索其情：一曰道，二曰天，三曰地，四曰将，五曰法。道者，令民与上同意也，故可以与之死，可以与之生，而不畏危。天者，阴阳、寒暑、时制也。地者，远近、险易、广狭、死生也。将者，智、信、仁、勇、严也。法者，曲制、官道、主用也。凡此五者，将莫不闻，知之者胜，不知者不胜”。另一方面又特别强调敌我双方的对比分析，“知彼知己，百战不殆。不知彼而知己，一胜一负。不知彼，不知己，每战必殆”。在分析研究的基础上，孙子提出了一系列战略思想，如“不战而屈人之兵，善之善者也。故上兵伐谋，其次伐交，其次伐兵，其下攻城”“故智将务食于敌”等。孙子也很注重运筹方法的使用，重视决策问题。强调“凡事预则立，不预则废”“知己知彼，百战不殆”，主张三思而行。

[做中学 2-2]　　一 箭 三 雕

宋真宗年间，因皇城失火，宏伟的昭君宫殿被烧毁，大臣丁渭受命全权负责宫殿的修复。这是一项浩大的工程，需要解决很多问题，特别是建筑材料的运输问题。丁渭提出了一个巧妙的“一箭三雕”方案：先在宫殿前的街道挖沟，取出的泥土烧砖烧瓦；再把京城附近的河水引入沟渠，形成一条运河，用船把各地的木材、石料等建筑材料运至宫前；最后沟渠撤水，把碎砖烂瓦等建筑垃圾就地回填，以修复原来的街道。

[分析]

丁渭合理高效地同时解决了三个问题，是中国古代管理实践的典型范例，蕴含了丰富的管理思想。

中国先贤在管理思想方面多有建树：①在管理哲学上，提出以人为本的思想。《尚书》中说：“民惟邦本，本固邦宁。”孟轲甚至把民看得比君还重要：“民为贵，社稷次之，君为轻。”以人为本至今仍是备受推崇的管理理念。②在领导方式上，儒家提出“仁政德治”，法家提出“法治刑治”，道家提出“无为而治”。很多人把“无为而治”看作是管理的最高境界。身为法家的韩非对“无为而治”的思想做了精辟的论述：“力不敌众，智不尽物。与其用一人，不如用一国。”“明君之道，使智者尽其虑，而君因以断事，故君不穷于智；贤者敕其材，君因而任之，故君不穷于能；有功则君有其贤，有过则臣任其罪，故君不穷于名。是故不贤而为贤者师，不智而为智者正。臣有其劳，君有其成功，此之谓贤主之经也。”强调了管理者不能靠一人之智，事必躬亲，而要善于用人，通过他人实现管理目标。这是一种最高境界的管理。③在系统运作上，古人提出许多谋略，并造就大量传世杰作。如秦昭王时期的李冰父子主持修建的都江堰水利工程，秦代修建万里长城，隋朝修建大运河等。④在钱财管理上，孔子主张“崇俭”。荀况提出“节其流，开其源，而时斟酌焉，潢然使天下必有余，而上不忧不足”，并形成一些核算制度。⑤在管物上，重视“利器”。《论语》中提出：“工欲善其事，必先利其器。”《吕氏春秋》中指出：利用“利器”可达到“其用日半，其功可使倍”之效果。

任务二　近代管理理论

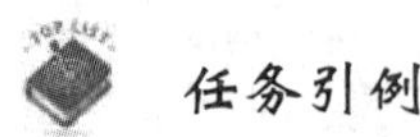

任务引例

希尔顿的管理之道

康拉德·希尔顿（1887—1979年）曾是控制美国经济的十大财阀之一，举世闻名的旅店大王。他于1887年降生在美国新墨西哥州一个名叫圣安东尼奥的小镇上，他那笃信宗教的善良的母亲和为人诚实勤恳的父亲，对他的成长和日后的成功影响很大。希尔顿少年时代便边读书边在父亲的店里工作，养成了勤勉的习惯，学习了经营的方法。第一次世界大战期间，希尔顿应征入伍，赴欧作战。

1919年，希尔顿退伍返乡，与老友去得克萨斯州闯世界，买下了“毛比来”旅馆，从此开始经营旅馆业。他以5 000美元起家，艰苦奋斗，历尽磨难，在破产的边缘毫不却步，终于把旅馆开遍美国及世界各地，成为世界闻名的旅店大王和亿万富翁。他的成功，在一定程度上应归功于他那独特的用人之道及以此为基础形成的管理风格。

在希尔顿七八岁时的一天早晨，太阳刚刚“露面”，父亲就出现在房门口，把大约有儿子身高两倍高的草把交给儿子，并用愉快的声调说：“你可以到畜栏里工作了。”希尔顿开始上学以后，做过助理店员，是学徒，按月发薪。17岁这年，希尔顿告诉父亲，他不想再去学校读书了。父亲同意了，并说：“好吧，我想你已经够格当一名正式职员了，月薪25块钱，干吧！”于是，他跟着父亲学习做生意，也学习做人。父亲的忠诚、坦率和对人们的善意感染着他，使他日渐成熟。在希尔顿21岁那年，父亲把圣安东尼奥店的经理之职交给了他，同时转让了部分股权给他。在此后的两年里，他学着处理各种各样的业务，学习如何衡量信用，如何还价，如何与各行业有经验的老顾客交易，以及如何在紧要场合保持心平气和。这些都是必要的训练和宝贵的经验，正是这些促成了他日后的成功。

然而，在这段时期有一件事令希尔顿非常恼火，就是父亲经常干预他。父亲总是不能完全信任他，一方面是因为父亲总觉得他还太年轻，另一方面是因为事业尚未稳固，经不起因儿子可能的失误而带来的重大打击。也许是因为21岁的希尔顿真正品尝到了有职无权、处处受制约之苦，所以当希尔顿日后有权任命他人时，总是慎重地选拔人才，但只要一下决定，就给予其全权，他只是在一旁看自己的选择是对是错。这样，被选中的人也有机会证明自己。

在希尔顿的旅馆王国之中，许多高级职员都是从基层逐步提拔上来的。由于他们都有丰富的经验，所以经营管理非常出色。希尔顿对提升的每一个人都十分信任，放手让他们在各自的工作中发挥聪明才智，大胆负责地工作。如果他们之中有人犯了错误，他常常单独把他们叫到办公室，先鼓励安慰一番，告诉他们：“当年我在工作中犯过更大的错误，你这点小错误算不得什么，凡是干工作的人，都难免会出错的。”然后，希尔顿再帮他们客观地分析错误产生的原因，并一同研究解决问题的办法。之所以对下属犯错误采取宽容的态度，是因为他认为，只要企业的高层领导，特别是总经理和董事会的决策是正确的，员工犯些小错误是不会影响大局的。如果一味地指责，反而会打击一部分人的工作积极性，从根本上动摇企业的根基。希尔顿的处事原则，使手下的全部管理人员都对他信赖、忠诚，对工作兢兢业业、认真负责。

正是由于希尔顿对下属的信任、尊重和宽容，使得公司上下充满了和谐的气氛，创造了一种轻松愉快的工作环境，从而才使得希尔顿有可能获得其经营管理中的两大法宝——团队精神和微笑。希尔顿在第一次世界大战期间赴欧作战的经历，使他深刻地认识到团队精神对于一个组织的重要性。当后来有人问他为什么要在旅馆经营中引进团队精神时，他回答道："我是在当兵的时候学到的，团队精神就是荣誉感和使命感。单靠薪水是不能提高店员热情的。"不论是在创业阶段与合伙人之间，还是在企业经营阶段与职工之间，希尔顿总是坦诚相待，发扬团队精神，把所有的人拧成一股绳。事实证明，这种精神对于希尔顿的事业非常重要。不论是企业发展中的资金短缺，还是大萧条时期的困境，希尔顿得以渡过难关，团队精神都发挥了重要的作用。这一切的基础，是希尔顿坦诚、信任的用人之道。

当希尔顿的资产从几千美元奇迹般地增值到几千万美元时，他曾欣喜而自豪地把这一成就告诉了母亲。然而，母亲却淡然地说："依我看，你跟从前根本没有什么两样……你必须把握更重要的东西：除了对顾客诚实之外，还要想办法使来希尔顿旅馆住过的人还想再来住，你要想出一种简单、容易、不花本钱而行之久远的办法去吸引顾客，这样你的旅馆才有前途。"为了找到一种能够满足母亲所说的"简单、容易、不花本钱、行之久远"四大条件的办法，希尔顿逛商店、住旅店，以作为一位顾客的亲身感受，终于得到了答案——微笑服务。只有它才能实实在在的同时满足母亲所提出的四大条件。同时，他一贯坚持的用人之道和经营风格，足以保证员工的笑容是真实的、发自内心的。希尔顿要求每个员工不论如何辛苦，都要对顾客投以微笑，即使在旅店业务受到经济萧条的严重影响时，他也经常提醒员工记住："万万不可把我们心里的愁云摆在脸上，无论旅馆本身遭受的困难如何，希尔顿旅馆服务员脸上的微笑永远是属于旅客的阳光。"因此，在经济危机中幸存的20%的旅馆中，只有希尔顿旅馆的服务员的脸上始终保持着微笑。结果，经济萧条刚过，希尔顿旅馆就率先进入新的繁荣时期，跨入了黄金时代。

请总结希尔顿的管理精髓。

资料来源：林宁．希尔顿饭店的成功之首［J］．金融经济，2003（06）：25-26.

管理理论的发展历程，大致经历了经验管理与管理理论萌芽、古典管理理论、人际关系理论、现代管理理论和管理的最新发展等几个阶段。任务二和任务三将从近代管理理论（包括近代管理理论概述、古典管理理论和人际关系理论）和现代管理理论（包括现代管理理论概述、管理理论的分散化、管理理论的集中化和现代管理思想的新发展）两大方面对管理理论的发展进行简要介绍。

一、近代管理理论概述

有人类的集体活动，就有管理。在漫长的历史岁月中，人类积累了大量的管理实践经验，并形成了一些宝贵的管理思想，但在相当长时间内未能形成系统的管理理论。直至19世纪末20世纪初，随着科技和生产力的飞速发展，出现了近代管理理论，标志着人类系统管理理论的诞生。在这之后的100多年间，管理理论以极快的速度发展。

思考题　试分析中国的万里长城、埃及的金字塔等蕴含有人类管理智慧结晶的宏伟工程所体现的管理思想。

（一）经验管理与管理理论萌芽的出现

在古典管理理论出现之前，企业的管理基本上是经验管理。18 世纪后期到 19 世纪末，即从资本主义工厂制出现起到资本主义自由竞争阶段结束，大约经历了 100 年。这时的企业中，资本家既是所有者，又是经营者。管理者完全凭自己的经验进行管理，没有管理规范与系统制度，这种管理被称为经验管理或传统管理。18 世纪的工业革命使工厂成为工业生产的主要经营组织，大力推动了企业规模和劳动分工的发展。生产力发展水平和劳动方式的变化必然对管理提出新的要求，于是，这一时期出现了一些近代管理理论的萌芽。如亚当·斯密系统地论述了劳动组织问题，强调了分工的作用，并提出了经济人的观点；欧文在自己的工厂里实行了改善工作条件与生活条件、缩短劳动时间等一系列改革，进行了对“和谐一致”的探索；巴贝奇进行作业研究，提出按“边际熟练”原则确定报酬制度等。其间，对管理理论的研究主要集中在对劳动组织的研究上。

（二）近代管理理论发展的基本脉络

近代管理理论阶段是指 19 世纪末 20 世纪初到 20 世纪 40 年代初，即第二次世界大战结束前。这是近代管理理论的创立阶段。在管理理论创立与发展的早期，管理理论主要是沿着两个方向发展的：一是强调组织技术的作用，注重对组织与工作加强科学管理与控制，形成了组织技术流派；二是强调人的作用，注重对人的行为与人群关系的研究，形成了人际关系流派。前者主要指古典理论及其发展，包括泰勒的科学管理、法约尔的一般管理理论、韦伯的行政组织论；后者主要指梅奥的人际关系论。

二、古典管理理论

（一）古典管理理论产生的背景

古典管理理论形成于 19 世纪末 20 世纪初。由于工业革命产生了大企业，先进资本主义国家的生产力发展已经到达一定的高度，科学技术也有了较大的进步，许多新的发明开始出现，企业规模不断扩大，市场也在迅速扩张，企业管理变得越来越复杂，随着自由竞争的资本主义逐步过渡到垄断资本主义，传统的经验管理越来越不适应管理实践的需要，这就迫切需要改进企业管理，以增强企业的竞争能力。由于企业管理落后，使美、法、德等西方国家的经济发展和企业的劳动生产都低于其额定的生产能力，能达到 60% 的都很少。

为了适应生产力发展的需要，改善管理的粗放化和低水平，美国、法国、德国及其他一些西方国家掀起了科学管理运动，从而形成了各具特色的古典管理理论。在美国表现为泰勒创建的科学管理理论以现场管理为重点，以提高劳动生产率为中心；在法国表现为法约尔创建的一般管理理论以企业的整个活动为研究重点，以组织管理为中心；在德国表现为韦伯创建的行政管理理论。

尽管这些管理理论的表现形式各不相同，但实质都是采用当时所掌握的科学方法和科学手段对管理过程、职能和方法进行探讨和试验，这些管理理论奠定了古典管理理论的基础，形成了一些以科学方法为依据的管理原理和管理方法。

思考题　古典管理理论对人性的假设是经济人，你对此如何评价？

（二）泰勒的科学管理理论

泰勒（1856—1915 年），美国人，从工厂学徒干起，先后被提为工长、车间主任，直至总工程师。后来他独立从事管理咨询和科学管理的推广工作。泰勒结合工厂的实践，致力于研究如何提高劳动效率。1911 年，他出版了《科学管理原理》一书，奠定了科学管理理论基础，标志着科学管理理论的正式形成，泰勒也因而被西方管理学界称为“科学管理之父”。泰勒的主要思想与贡献包括以下七点。

1．管理的中心问题是提高劳动生产率

泰勒的研究主要是在工作现场，最关注的就是劳动生产率的提高问题。他提出“以高工资和低成本作为最良好的管理制度的基础”，其唯一途径就是提高劳动生产率。因此，科学管理主要是围绕提高劳动生产率进行研究的。

2．工时研究与劳动方法的标准化

泰勒创造了用科学的观测分析方法对工人的劳动过程进行分析和研究，消除各种不合理的因素，将最好的因素结合起来，形成标准化的方法，在工作中加以推广。泰勒开展工时研究，主张用科学的方法对工人的操作方法、使用的工具、劳动和休息的时间以及机器设备的安排和作业环境的布置进行分析，科学制定工作定额。

小知识

铁锹实验

泰勒通过对工人劳动过程的观察，特别是使用秒表和量具来精确计算工人铲煤的效率与铁锹尺寸的关系，发现每锹重量约为 10 kg 时效率最高。泰勒由此总结出实现铲煤最高效率的铁锹尺寸与铲煤动作的规范方式，并相应设计出大小 12 种规格的铁锹。工人每次劳动，除指派任务外，还要指定所用铁锹的规格，以提高劳动效率。实验前：工人干不同的活拿同样的锹，铲不同的东西每锹重量不一样；实验后，铲不同的东西拿不同的锹，生产效率得以大幅度提高。

3．科学挑选与培训工人

泰勒认为，为了提高劳动生产率，必须找出最适宜从事这项工作的人，也就是挑选出“第一流的工人”。泰勒主张在劳动方法标准化的基础上对工人进行培训，教会他们科学的工作方法，使工人的能力同工作相配合，并激发他们的劳动热情。

小知识

搬运生铁块试验

泰勒认为工人还有很大的潜力未挖掘出来，因此需要对工人进行挑选与培训。在对 75 个人进行观察的基础上，挑选了 4 个人；经进一步研究后，又从中选出 1 个。他先同

这位名叫施密特的工人谈话，许诺如果按照指挥搬运铁块，增加工作量，就会相应增加工资。泰勒在反复观察研究的基础上，设计出了一套最佳方案，并直接指挥施密特严格按照方案进行操作，使其劳动效率大幅度提高，工人的收入也增加了，工厂的利润更是大幅度提高了。

4．实行差别计件工资制

为了最大限度地激励工人的劳动积极性，泰勒创立并推行有差别的计件工资制，即按照工人是否完成其定额而采用不同的工资率。完成或超额完成定额就按较高工资率付酬；未完成定额的则按较低工资率付酬。

5．管理职能与作业职能分离

泰勒主张设立专门的管理部门，专司研究、计划、调查、训练、控制和指导工人工作，而工人只负责第一线操作。这实质上是实现了管理职能的专业化。

6．实行“例外原则”

泰勒主张高层管理者应把例行的一般日常事务授权给基层管理者去处理；高层管理者主要处理重要或例外事项。“例外原则”至今仍是一项重要的管理原则。

7．强调科学管理的核心是“一场彻底的心理革命”

泰勒主张劳资合作，通过实行科学管理，提高劳动效率，向管理要效益，使劳资双方均能从中获益。

思考题　科学管理理论的局限性有哪些?

（三）法约尔的一般管理理论

法约尔（1841—1925 年），法国人，长期在企业中担任总经理等高级管理职务。1916 年，法约尔发表了《工业管理和一般管理》一文，提出了一般管理理论。企业组织结构的合理化问题是法约尔研究的中心问题。他最先提出了管理的职能、要素和原则。其理论至今仍有非常重要的影响。法约尔的主要管理思想与贡献有以下五点。

1．提出了企业六大经营职能

法约尔将“经营”和“管理”的概念区分开来，他认为经营是指导或引导一个整体趋向一个目标，而管理则是经营的一部分。经营包含六种活动。

① 技术活动，包括生产、制造和加工。

② 营业活动，包括购买、销售和交换。

③ 财务活动，包括资金的筹集、控制和运用。

④ 安全活动，包括设备和人员的安全。

⑤ 会计活动，包括编制财产目录、制作资产负债表、成本核算和统计表。

⑥ 管理活动，包括计划、组织、控制、指挥和协调等要素（职能）。

法约尔认为，与六种活动相对应的六种能力，即技术能力、营业能力、财务能力、安全能力、会计能力和管理能力应是所有经营人员所必须具有的，但因其活动不同而有所侧重。一般的原则是：对基层工人主要要求其具有技术能力；对管理人员，随着其在组织层次中职位的提高，技术能力的重要性就相对降低，而管理能力的要求则逐步加大，并且随着企业规模的增大，管理能力显得更加重要，技术能力的重要性则相应降低。

2．提出了管理的五项职能

① 计划职能。它包括预见和计划两部分。预见未来成为决策职能的一部分，而计划则发展成为计划职能。计划的制订不仅应该考虑各方面的因素，还应将全面计划和专门计划相结合、短期计划和长期计划相结合、灵活性和精确性相结合。

② 组织职能。它包括有关组织结构、活动和相互关系的规章制度，以及职工的招聘、评价和训练。组织活动就是要为组织提供所需的原料、工具、资本、人员等，以确保组织目标的实施。

③ 控制职能。控制是核实情况的发展是否与计划、原则相符合，以便及时发现问题和错误，并加以解决和纠正，保证实际情况与计划活动始终一致。法约尔强调，为了进行有效的控制，必须做到迅速、及时、公正、独立和全面。

④ 指挥职能。指挥是管理者使组织中的成员履行其职责，并通过组织运转而实现组织整体的目标。法约尔还归纳出指挥者必须遵循的原则：正确拟定雇用合同；充分了解下属并要求其团结、努力、忠诚和富于主动性；实行不充分的授权；解雇不称职者；坚持以身作则；定期检查工作；充分利用助手；避免陷于琐事。

⑤ 协调职能。协调是让企业人员团结一致，力图使组织的所有活动和努力得到统一与和谐。法约尔认为收入与支出之间、计划与组织之间、授权与集权之间都需要协调，这就像机器的运转不能缺少润滑油一样。

法约尔对于管理职能的分类以及部分管理职能的分析，为现代管理理论奠定了基础，直到现在还对管理理论产生着重要的影响，现代管理理论仍然沿袭着法约尔的管理理论框架。

3．提出了一般管理的十四条原则

法约尔对企业管理经验进行科学总结，实现了管理原则的系统化。他提出了企业管理14项原则：① 劳动分工、② 权力和职责一致、③ 纪律、④ 统一指挥、⑤ 统一领导、⑥ 个人利益服从整体利益、⑦ 报酬的公平合理、⑧ 权力的集中与分散、⑨ 组织层次与部门的协调、⑩ 维护秩序、⑪ 公平、⑫ 人员稳定、⑬ 首创精神、⑭ 团结精神。

4．对等级制度与沟通的研究

法约尔认为从最高权力机构直至底层管理者构成了等级制度或等级链，命令自上而下传达，报告自下而上传递；要把尊重等级序列与保持行动迅速紧密结合起来；提出了在不同系统的中层之间直接进行沟通的法约尔跳板原理。

5．重视管理者的素质与训练

法约尔较为系统地提出了管理者素质的标准：① 在身体方面，包括健康、精力、风度。

② 在智力方面，包括理解与学习的能力、判断力、思想活跃、适应能力。③ 在精神方面，包括干劲、坚定、乐于负责、首创精神、忠诚、机智、庄严。④ 在教育方面，包括对不属于职责范围内的事情的一般了解。此外，管理者素质还包括经验等内容。

思考题　一般管理理论的主要贡献和理论局限性分别有哪些？

（四）韦伯的古典组织理论

韦伯（1864—1920 年），德国著名社会学家。他在管理学上的主要贡献是提出了理想的行政组织体系模式。其管理思想主要体现在以下两个方面。

1．权力与权威是一切社会组织形成的基础

韦伯认为组织中存在三种纯粹形式的权力与权威：一是法定的权力与权威，是依靠组织内部各级领导职位所具有的正式权力而建立的；二是传统的权力，是由于古老传统的不可侵犯性和执行这种权力的人的地位的正统性形成的；三是超凡的权力，是凭借对管理者个人的特殊的、神圣英雄主义或模范品德的崇拜而形成的。在这三者之中，韦伯最强调的是组织必须以法定的权力与权威作为行政组织体系的基础。

2．理想的行政组织体系的特点

韦伯的理想的行政组织是一种高结构、正式的、非人格化的组织体系。这种行政组织体系具有如下特点：① 组织的成员之间有明确的任务分工，权利义务有明确规定。② 组织内各职位按照登记原则进行法定安排，形成自上而下的等级系统。③ 组织按照明文规定的法规、规章组成。④ 组织中人员的任用，要根据职务的要求，通过正式的教育培训，考核合格后任命，严格掌握标准。⑤ 管理与资本经营分离，管理者应成为职业工作者，而不是所有者。⑥ 组织内人员之间的关系是工作与职位的关系，不受个人感情影响。

三、人际关系论

（一）梅奥与“霍桑试验”

1．梅奥与人际关系论

梅奥（1880—1949 年），美国人，美国哈佛大学心理学教授。梅奥在他的代表作《工业文明的人类问题》一书中总结了亲身参与并指导的霍桑试验及其他几个试验的成果，阐述了他的人际关系理论的主要思想，为提高生产效率开辟了新途径，并由此创立了人际关系学说。

2．霍桑试验

1924—1932 年，梅奥应邀参加并指导在芝加哥西方电气公司霍桑工厂进行的有关科学管理的试验，研究工作环境、物质条件与劳动生产率的关系，通常称“霍桑试验”。试验结果表

明，生产率提高的原因不在于工作条件的变化，而在于人；生产不仅受物理、生理因素的影响，更受社会环境、社会心理因素的影响。

小知识

霍桑试验

霍桑试验包括四个阶段：① 照明试验。通过改变生产现场的照明度，来考查对生产率的影响。结果是照明强度影响生产率这一假设被否定。② 福利试验。在生产过程中逐步增加一些福利措施，如缩短工作时长、安排工间休息、免费供应点心等。结论是福利措施对生产率无直接影响。③ 访谈试验。梅奥等人先后对 21 000 多名工人进行访问和交谈。通过访谈，梅奥等人把以往采取压制监视方式的领班改为试验参加者和观察者，形成了协作氛围，产量大幅度提高。④ 电话线圈装配工作试验。研究人员深入电话线圈装配工作现场。经过半年时间发现，虽实行计件工资，但工人达到定额后就会自动慢下来，大家的产量总是维持在一定水平。深入了解发现，原来小组内存在一种默契，如果谁超过定额，就会受到冷遇和打击。原因是工人担心产量提高后管理者会提高定额标准，甚至导致工人失业。霍桑试验由此得出劳动生产率主要取决于非正式群体规范和士气的结论。

（二）梅奥的人际关系理论的主要观点

1．职工是“社会人”而非“经济人”

梅奥认为，企业职工是“社会人”，即人是社会动物，而不是早期科学管理理论所描述的“经济人”。企业的成员并不是仅仅追求金钱，他们还追求人与人之间的友情、安全感、归属感等。

2．生产效率主要取决于职工的工作态度和人们的相互关系

企业管理者要树立新型的领导方式，注重提高职工的满足感。在决定劳动生产率的因素中，位于首位的因素是职工的满意度，而生产条件、工资报酬是第二位的。职工的满意度越高，士气就越高，生产效率就越高。满意度来源于职工个人需求的有效满足，不仅包括物质需求，还包括精神需求。“士气”是调动职工积极性的关键因素。

3．重视“非正式组织”的存在和作用

梅奥认为企业中不仅存在“正式组织”（指为了实现企业目标所规定的企业成员之间权责关系的一种结构），而且还存在人们在共同劳动中形成的“非正式组织”（基于共同的感情而构成一个体系）。这些非正式组织有着自己的规范、感情和倾向，并且左右着团体内每个成员的行为。管理者必须重视非正式组织的存在和作用。

思考题　**试列举几个正式组织和非正式组织的例子并分析其区别。**

任务三　现代管理理论

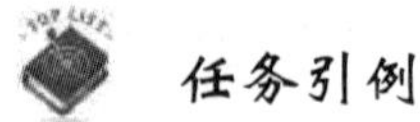

任务引例

真道和杂活

有一个年轻人跋山涉水来到森林中的寺院，请求寺院里德高望重的住持收他为徒。住持郑重地告诉他："如果你真要拜我为师追求真道，就必须履行一些义务，承担一些责任。""我必须履行哪些义务，承担哪些责任呢？"年轻人急切地问。"你必须每天从事扫地、煮饭、劈柴、打水、扛东西、洗菜……""我拜你为师是为了习艺正道，而不是来做琐碎、无聊的粗活的。"年轻人一脸不悦地丢下这句话，就悻悻然离开了寺院。

结合上述材料谈一下你的理解？

一、现代管理理论概述

（一）现代管理理论产生与发展的时期

现代管理理论产生与发展的时期为20世纪40年代末到70年代。这是管理思想最活跃、管理理论发展最快的时期，也是管理理论步入成熟的时期。这一时期创立了大量科学而实用的管理理论，在目前用以指导各类社会组织管理实践的管理理论，大都诞生并发展于这一时期。

（二）现代管理理论产生的背景

现代管理理论的发展始于第二次世界大战之后。①生产力的发展导致了企业生产过程的自动化、连续化以及生产社会化程度的空前提高；企业规模急剧扩大，出现了一些大的跨国公司，市场竞争激烈，市场环境变化多端，这些都对企业管理提出了更高的要求，管理日趋复杂。②科学技术以前所未有的速度迅猛发展，既对管理提出新的要求，又为管理提供全新的技术支持，科技成果被广泛应用于管理之中。③随着社会的进步，人在生产经营中的作用越来越重要，发挥人的积极性与创造性已成为现代管理的核心。正是在这样的背景下，一大批全新的管理思想与理论被应用于管理实践，并得到迅速发展。

（三）现代管理理论发展的基本脉络

（1）管理理论的分散化。进入20世纪50年代以后，管理理论出现了一种分散化的趋势，形成了诸多的学派，被称为管理理论的"热带丛林"。

（2）管理理论的集中化趋势。进入20世纪60年代后，管理理论又出现一种集中化的趋势，学者们先提出系统管理理论，力求建立统一的管理理论，后来又提出更加灵活地适应环境变化的权变管理理论。

二、管理理论的分散化

现代管理理论起始于管理科学在第二次世界大战后的崛起，20世纪50年代进入管理理论的“热带丛林”时期。

（一）管理科学的崛起

1．管理科学产生的背景

管理科学产生并盛行于第二次世界大战之后，促使其产生与发展的因素主要有两个方面：一方面是企业规模不断扩大，市场竞争加剧，决策关系企业的生死存亡。对企业管理，特别是决策水平提出了更高的要求。另一方面，科学技术迅猛发展，大量的先进成果可以应用于管理决策，为提高决策水平、建立系统的管理科学提供了技术支持。

2．管理科学的由来

管理科学是泰勒科学管理理论的继续和发展，二者都是致力于在企业管理中，摒弃凭经验、凭直觉的传统管理，探索科学有效的工作方法和最优方案，以达到最高的工作效率。管理科学，作为一个学派，是指把现代自然科学和技术科学的最新成果广泛地应用到管理中来，建立一系列新的组织管理方法和现代管理技术的管理理论体系。

3．管理科学的特点

管理科学强调以运筹学、系统工程、电子技术等科学技术手段解决管理问题，着重于定量研究，力图利用科学技术工具，为管理决策寻得一个有效的数量解。管理科学理论的主要特点有：① 管理科学的核心就是寻求决策的科学化。主张尽可能地减少决策的个人主观成分，建立一套决策程序和数学模型以增加决策的科学性。② 注重定量分析，在管理决策中广泛应用数学工具和数量模型，认为决策的过程就是建立和运用数学模型的过程。③ 广泛使用电子计算机。现代组织管理决策相关因素极其复杂，建立与运用数学模型是无法靠传统的计算手段解决的。因此，进行决策时需充分利用电子计算机等现代科学技术手段，以保证科学、准确、及时做出决策并实施。

思考题　二战后管理思想趋于分散化，对于以下学派的观点你比较认同的有哪些？请说出理由。

（二）管理理论丛林

进入20世纪50年代，现代管理思想的发展异常活跃，众多的学者从不同方向、不同角度，采用不同方法研究管理问题，各执一词，建立了许多管理理论学派，导致管理理论的分散化。美国管理学者哈罗德·孔茨和西里尔·奥唐奈将这种现象称为“热带丛林”。管理理论的“热带丛林”时期主要包括以下学派。

1．管理过程学派（或称管理程序学派）

管理过程学派是在法约尔管理思想的基础上发展起来的。该学派的代表人物有美国的哈罗德·孔茨和西里尔·奥唐奈，他们两人合著了《管理学》。这一学派主要研究管理者的管理过程及其功能，并以管理职能作为其理论的概念结构。其主要观点有：① 认为对于任何组织尽管它们的性质不同，不同管理者的具体任务千差万别，但所应履行的基本管理职能是相同的，一般有计划、组织和控制职能。② 认为可以将这些职能逐一进行分析，归纳出若干原则作为指导，以便更好地提高组织效率，达到组织目标。③ 这个学派提供了一个分析研究管理的思想构架，主张按职能分析、研究、阐明管理理论。一些新的管理概念和管理技术均可容纳在计划、组织及控制等职能框架中。

2．经验主义学派

经验主义学派的代表人物有：戴尔，代表作有《伟大的组织者》《企业管理的理论与实践》;德鲁克,代表作有《有效的管理者》。这一学派主要从管理者的实际管理经验来研究管理,认为成功的组织管理者的经验是最值得借鉴的。他们通过分析一大批组织或管理者成功或失败的实例,研究在类似情况下,如何采用有效的策略和方法来达到改良的目标。通过分析总结,加以概括，找出他们成功经验中具有共性的东西，然后使其系统化、理论化，以建立一套完整的理论和技术体系。

3．行为科学学派

行为科学学派是在早期人际关系论的基础上发展起来的。行为科学学派的主要代表人物有美国的马斯洛、赫兹伯格、麦格雷戈等。行为科学同人际关系论一样，都注重人的因素，认为管理中最重要的因素是对人的管理；区别之处在于从单纯强调感情的因素转向探索人类行为的规律，并注意群体关系的研究。行为科学主张要研究人、尊重人、关心人、满足人的需要以调动人的积极性，并创造一种能使组织成员充分发挥力量的工作环境。

行为科学理论的主要观点：① 重视人在组织中的关键作用，注重探索人类行为的规律，提倡善于用人，进行人力资源的开发。② 强调个人目标和组织目标的一致性，主张调动积极性必须从个人因素和组织因素两方面着手，要使组织目标包含更多的个人目标。要改进工作设计，把员工满意于其所从事的工作作为最有效的激励因素。③ 主张打破传统组织结构和关系造成的紧张气氛，在组织中恢复人的尊严，实行民主参与管理，使上下级之间的关系由命令服从变为支持帮助，由监督变为引导，使员工自我控制，自主管理。

4．社会系统学派

社会系统学派把组织看成是一个社会系统，是一个人们之间存在相互关系的体系；它受到社会环境各个方面的制约，是更大的社会系统的一部分。其代表人物为美国著名管理学家巴纳德（1886—1961 年）。巴纳德将社会学的概念引入管理，在组织的性质和理论方面做出了杰出的贡献。其主要观点为：① 组织是一个协作系统。② 组织存在需要明确的目标、协作意愿和意见交流三个基本要素。③ 组织效力与组织效率是组织发展的两项重要原则。④ 管理者的权威来自下级的认可。

5．决策理论学派

决策理论学派的代表人物是美国的卡耐基梅隆大学教授赫伯特 · 西蒙，西蒙的代表作为《管理决策新科学》。西蒙由于在决策理论方面的贡献，曾荣获 1978 年的诺贝尔经济学奖。该学派认为管理的关键在于决策，管理必须采用一套制定决策的科学方法及合理的决策程序。① 西蒙认为“管理就是决策”。他强调决策行为贯穿于整个管理过程中，是管理活动成败的关键。② 西蒙对于决策的程序、准则、类型及其决策技术等做了科学的分析，提出在决策中应用“令人满意”的准则代替“最佳化”准则。③ 强调不仅要注意在决策中应用定量方法、计算技术等新的科学方法，而且要重视心理因素、人际关系等社会因素在决策中的作用。

6．数理学派

数理学派也就是前面提到的管理科学学派。他们注重量化分析，强调应用数学模型解决管理决策问题，以寻求决策的科学化与精确化。

7．交流中心学派

交流中心学派是运用信息与沟通理论解决管理问题而建立的管理理论。该学派认为管理人员是交流中心，并围绕这一观念建立起管理理论体系。该学派认为管理人员的作用就是接受信息、储存信息、处理信息、传播信息，并将计算机运用于管理之中。

三、管理理论的集中化趋势

（一）系统管理理论

系统管理理论是运用一般系统论和控制论的理论和方法，考察组织结构和管理职能，以系统解决管理问题的理论体系。代表人物为美国管理学者卡斯特、罗森茨韦克和约翰逊。卡斯特的代表作是《系统理论和管理》。

系统管理学说的基础是一般系统理论。一般系统理论是由美籍奥地利生物学家贝塔朗菲首先提出来的。他首先在研究生物时发现活的东西的基本特征是组织，以后在其他学科的研究中逐步明确了系统思想的普遍性，提出了普通系统理论的原理。系统论的主要思想是：① 系统是由相互联系的要素构成的。系统的各个组成部分既是独立存在的，又是相互关联的、相互依存的。② 系统的整体性。系统的各组成部分不是可以分离的简单集聚，而是按一定规律、一定方式组成的整体。③ 系统的层次性。每个系统都归属于一个更大的系统，而每个系统内部又存在着组成这一系统的子系统。

卡斯特等人的系统管理学说是以一般系统论为基础的，包括系统哲学、系统管理和系统分析三个方面。① 系统哲学。这是一种基于系统观念的思想方法，强调系统是一种有组织的或综合的整体，强调各个组成部分之间的关系。② 系统管理。它是一种以系统论为指导的管理方式，认为组织本身是一个以人为主体的人造系统。因此，要把企业作为一个系统进行设计与经营，使企业的各部分、各种资源，按照系统的要求进行组织与运行。③ 系统分析。这是一种按系统论思想解决问题或决策的方法与技术，主要包括：对一个问题的认识，确定有关变量，分析和综合各种因素，确定最佳的解决方法和行动计划。

思考题　由于外部环境时刻处于变化中，所以很多人提出“管理无用论”，你对此有何看法?

（二）权变管理理论

1．权变理论产生的背景

20 世纪 60 年代末 70 年代初，一方面，企业面临着瞬息万变的外部环境，环境的不确定性与企业经营的风险与日俱增；另一方面，企业内部生产经营、管理、技术也更加复杂。这些对管理提出越来越高的要求。依靠系统理论、采用通用模式是难以奏效的，于是，权变管理理论应运而生。这一理论是在20世纪70年代开始形成并发展起来的，其代表人物是美国管理学家卢桑斯以及英国学者伍德沃德。权变理论认为，不存在无条件适用于一切组织的最好的管理方法，强调在管理中要根据组织所处的内外环境的变化随机应变，针对不同的具体条件，探索与采用不同的、最适宜的管理方案、模式和办法。

2．卢桑斯的权变管理学说

卢桑斯权变管理学说的基本思路是：先确定有关的环境条件，然后根据权变关系的理论，求得与之相应的管理观念和技术，以最有效地实现管理目标。他提出一个观念性的结构，并用矩阵图来加以表示。这一结构由环境、管理观念与技术，以及它们两者之间的权变关系这三部分组成。① 环境。它是指企业所处的外部环境。环境通常为自变量，管理者总是要依据外部环境的特点与变化采取相应的管理手段。这里所说的环境变量，既包括组织的外部环境，也包括组织的内部环境。② 管理观念与技术。这是观念结构中的因变量。卢桑斯把过去的所有管理理论划分为四种学说：过程学说、计量学说、行为学说和系统学说。他主张把这四种学说结合起来，根据不同环境，加以灵活运用。③ 环境，管理观念与技术之间的权变关系。权变关系是指两个或两个以上的变数之间的函数关系，也就是环境变量与管理变量之间存在的函数关系，即如果环境条件一定，那么就必须采用与之相适应的管理原理、方法和技术，以有效实现企业目标。

管理模式不是一成不变的，要根据不断变化的环境而有所变革，要根据组织的实际情况来选择最适宜的管理模式。

思考题　随着时代的发展，很多人提出要“去管理化”，你对此有什么看法？

四、现代管理思想的新发展

任务解析

真道不是高不可攀或莫测高深的理论，它隐藏在日常的工作琐事和生活细节中。同样，管理的道德随处可得，只要认真去从事，用心去体验，工作过程中自可深刻体悟管理的奥妙及意义。

进入20世纪80年代以后，随着社会、经济、文化的迅速发展，特别是信息技术的发展与知识经济的出现，世界形势发生了极为深刻的变化。面对信息化、全球化、经济一体化等新的形势，企业之间竞争加剧，联系增强，管理出现了深刻的变化与全新的格局。正是在这样的形势下，管理出现了一些全新的发展趋势。

（一）非理性主义倾向与企业文化

1．非理性主义倾向产生的背景

20世纪70年代末80年代初，由于经营风险增大，竞争激烈，管理日趋复杂，管理学者们不得不寻求新的管理思想与方式。在西方管理理论界出现了一种非理性主义倾向和重视企业文化的思潮。他们向传统的管理理论提出挑战，否定纯理性管理模式，强调管理中的“软”因素，主张注重管理实务的研究和企业文化，倡导一种以人为核心、带有感情色彩、注重灵活创新的非理性的管理模式。

2．非理性主义倾向的代表人物与代表作

非理性主义倾向最主要的代表人物是美国的两位管理学家托马斯·J. 彼得斯和小罗伯特·H. 沃特曼，代表作为他们合著的《寻求优势——美国最成功公司的管理经验》。此外，非理性主义倾向的代表作还有美国加利福尼亚大学教授威廉·大内的《Z 理论——美国企业界怎样迎接日本的挑战》、美国哈佛大学教授理查德·帕斯卡尔和斯坦福大学教授安东尼·阿索斯的《日本企业的管理艺术》、美国哈佛大学教授泰伦斯·迪尔和著名的麦金赛管理咨询公司的专家艾伦·肯尼迪合著的《企业文化——企业生存的习俗和礼仪》。这四本著作被称为鼓吹非理性主义倾向的“四重奏”。

3．非理性主义倾向的主要观点

① 批判传统管理中的纯理性主义，认为过分注重结构、组织和量化方法的管理模式已经过时；主张应以人为核心，注意人的感情，强调灵活多变与创新，要“返回到基点”，即回到那些简单明了的平常道理上去。② 倡导对管理实务的研究。他们批判传统的管理理论过分注重理论体系的完善性，把管理原理与方法绝对化。他们主张要注重研究企业的管理实务，采用松散的体系，总结生动、实用的管理“经验之谈”。③ 重视对企业成功经验的总结，在总结中提出以“软管理”为中心的管理模式。托马斯·J. 彼得斯和小罗伯特·H. 沃特曼在他们合著的《寻求优势——美国最成功公司的管理经验》中，通过对 43 家企业成功经验的分析，提出八条基本管理经验：贵在行动；接近顾客；行自主，倡创新；尊重和相信人；重视企业的共同价值观；发挥专业优势；组织结构的简单化；严格控制与自主管理相结合。④ 高度重视企业文化。非理性主义倾向最核心的内容就是强调企业文化，以重视和倡导企业文化为其主要特征。

（二）战略管理理论

1．战略管理理论产生的背景

20 世纪 70 年代前后，世界进入科技、信息、经济全面飞速发展时期，同时竞争加剧，风险日增。企业所处的技术、市场、社会、政治、经济环境都发生了翻天覆地的变化。企业如果只靠抓成本与质量，已不能保证避免经营失败的厄运。于是，管理学界开始重视充满危机和动荡的外部环境的变化，谋求企业的长期生存发展，注重构建竞争优势。这样，在经历了长期规划、战略规划等阶段之后，形成了较为系统的战略管理理论。

2．战略管理理论的产生与发展

安索夫的《公司战略》（1965 年）一书的问世，开创了战略管理理论的先河。到 1976 年，安索夫的《从战略规划到战略管理》一书出版，标志着现代战略管理理论体系的形成。“战略管理”一词在这部书中第一次被提出。安索夫认为战略是“企业高层管理者为保证企业的持续生存和发展，通过对企业外部环境与内部条件的分析，对企业全部经营活动所进行的根本性和长远性的规划与指导”。他认为，战略管理与以往经营管理不同之处在于面向未来，动态地、连续地完成从决策到实现的过程。即战略管理注重的是动态的管理，是决策与实施并重的管理。劳伦斯与罗斯奇合著的《组织与环境》(1969 年)，系统论述了企业组织与外部环境关系，提出公司要有应变计划，以求在变化及不确定的环境中得以生存；卡斯特与罗森茨韦克合著的《组织与管理——系统权变的观点》(1979 年)，主张在企业管理中要根据企业所处的内外条件随机应变，组织应在稳定性、持续性、适应性、革新性之间保持动态的平衡。

思考题　简要分析成本领先战略、差异化战略和专一化战略的区别和适用范围?

3．波特与《竞争战略》

迈克尔·波特是美国哈佛大学商学院的教授，兼任许多大公司的咨询顾问。1980 年，他的著作《竞争战略》把战略管理的理论推向了顶峰，该书被美国《财富》杂志标列的全美 500 家最大企业的经理、咨询顾问及证券分析家们奉为必读的“圣经”。该书提出许多关于战略管理的重要理论、分析方法与决策技术，成为战略管理理论的经典之作。该书的重要贡献在于提出了分析技术的综合结构。它有助于一个公司对产业进行总体分析、预测产业未来的变化、认识竞争对手及自身地位，并根据具体业务类型将这种分析转化为一种竞争的战略。①提出对产业结构和竞争对手进行分析的一般模型，即五种竞争力（新进入者的威胁、替代品威胁、买方议价能力、供方议价能力和现有竞争对手的竞争）分析模型。②提出企业构建竞争优势的三种基本战略。即寻求降低成本的成本领先战略；使产品区别于竞争对手的差异化战略；集中优势占领少量市场的专一化战略。③价值链的分析。波特认为企业的生产是一个创造价值的过程，企业的价值链就是企业所从事的各种活动——设计、生产、销售、发运以及支持性活动的集合体。价值链能为顾客生产价值，同时能为企业创造利润。

思考题　随着信息时代的到来，很多人提出要打破企业边界，构建无边界组织，谈谈你的理解。

（三）企业再造理论

1．企业再造理论产生的背景

进入 20 世纪七八十年代，市场竞争日趋激烈，企业面临严重的挑战；知识经济的到来与信息革命使企业原有组织模式受到巨大冲击。面对这些挑战与压力，企业只有在更高层次上进行根本性的改革与创新，才能真正增强企业自身的竞争力，走出低谷。美国企业为应对来自日本、欧洲的威胁而展开探索。1993 年，企业再造理论的创始人原美国麻省理工学院教授迈克尔·哈默博士与詹姆斯·钱皮合著了《企业再造》一书，正式提出了企业再造理论。1995 年，钱皮又出版了《管理再造》。哈默与钱皮提出应在新的企业运行空间条件下，改造原来的工作流程，以使企业更适应未来的生存发展空间。这一全新的思想震动了管理学界，企业再造的思潮迅速在美国兴起，并快速传到日本、欧洲乃至全世界。

2．企业再造的基本含义

按照哈默与钱皮所下的定义，企业再造，是指“为了飞跃性地改善成本、质量、服务、速度等重大的现代企业的运营基准，对工作流程作根本的重新思考与彻底翻新”。这也就是为适应新的世界竞争环境，企业必须抛弃已成惯例的运营模式和工作方法，以工作流程为中心，重新设计企业的经营、管理及运营方式。企业再造的最终构架是：现代企业普遍存在着“大企业病”，应变能力极低；企业再造的首要任务是BPR——业务流程重组，它是企业重新获得竞争优势与生存活力的有效途径；BPR的实施又需要两大基础，即现代信息技术与高素质的人才。以BPR为起点的“企业再造”工程将创造出一个全新的工作世界。

3．企业再造流程的过程

企业再造流程的过程大致分为四个阶段：① 诊断原有流程。企业再造的核心是企业流程的再造。传统的流程被划分为一系列简单的、标准化和专门化的动作或环节，可能造成巨大的资源浪费。企业可以通过画流程图等手段找出原有程序存在的问题。② 选择需要再造的流程。查清原有流程存在的问题之后，就要选择需要再造的流程。由于资源的限制，企业只能选择一部分流程作为改造的对象，一般应按照紧迫性、重要性、可行性的原则进行选择。③ 了解准备再造的流程。了解流程的目的不是为了改进流程，而是为了对流程进行彻底的再设计。要了解流程，最好是首先了解顾客，因为流程是为了满足顾客需要而存在的。④ 重新设计企业流程。要抛弃现有流程的一切框框，利用头脑风暴、逆向思维等方法，充分发挥想象力，将科学的思维和艺术创造相结合，以创造出更加合理、科学的全新流程。

思考题　你眼中的学习型组织是什么样子？请简要描述。

（四）“学习型组织”理论

1．“学习型组织”理论产生的背景

20世纪90年代以来，知识经济时代的到来，使信息与知识成为重要的战略资源，相应诞生了“学习型组织”理论。“学习型组织”理论是美国麻省理工学院教授彼得·圣吉在其著作《第五项修炼》中提出来的。彼得·圣吉认为，有两个趋势在加速管理的变革：一是全球一体化的竞争增加了变化的速度；二是组织技术的根本变化促进了管理的变化。传统的组织设计是用来管理以机器为基础的技术；而新的组织却是以知识为基础的，即组织设计是用来处理思想和信息的。因此，传统的组织类型已经越来越不适应现代环境发展的要求，现代企业是一个系统，这个系统可以通过不断学习来提高生存和发展的能力。这一理论的提出，受到了全世界管理学界的高度重视，许多现代化大企业乃至其他组织、城市，纷纷采用这一理论，努力建设“学习型企业”“学习型城市”等。

2．“学习型组织”理论的基本思想

彼得·圣吉在《第五项修炼》中明确指出：“20世纪90年代最成功的企业将会是‘学习型组织’，因为未来唯一持久的优势，是有能力比你的竞争对手学习得更快。”他认为，未来真正出色的企业，将是能够设法使各阶层人员全心投入，并有能力不断学习的组织。“学习型组织”正是人们从工作中获得生命意义、实现共同愿景和获取竞争优势的组织蓝图。“学习型组织”，是更适合人性的组织模式。这种组织由一些学习团队组成，有崇高而正确的核心价值、信心和使命，具有强韧的生命力与实现共同目标的动力，他们能够不断创新，持续蜕变，从而保持长久的竞争优势。

3．“学习型组织”成员的五项修炼

彼得·圣吉提出，在“学习型组织”中，有五项新的技能正在逐渐汇集起来，这五项技能被他称为“五项修炼”。“学习型组织”的形成必须建立在组织成员“五项修炼”的基础上。这“五项修炼”是：① 追求自我超越。强调组织成员应能不断认识自我，认识外界的变化，不断给自己提出新的奋斗目标，全心投入，不断创造，超越自我，真正地实现终身学习。② 改善心智模式。心智模式是指人们深植心中，对周围世界如何看法和行为的认识方式。要求组织成员要善于改变传统的认识问题的方式和方法，要用新的眼光看世界。③ 建立共同愿景目标。共同愿景是指一个组织形成的共有目标、共同价值观和使命感。进行这一项修炼的目的是强调把企业组建成一个生命共同体，使全体成员为之共同奋斗。④ 开展团队学习。其目的是使组织成员学会集体思考，以激发群体的智慧，发挥出综合效率。他倡导“学习型组织”成员要经常运用“深度汇谈”和“讨论”两种不同的团体交流方式。⑤ 锻炼系统思考能力。这是整个“五项修炼”的基石。他提出系统思考是“看见整体”的一项修炼。作为一个架构，能让我们看见相互关联而非单一的事件，看见渐渐变化的形态而非转瞬即逝的一幕。他强调要把企业看成一个系统，促进组织发展必须学会系统思考。

项目小结

1．掌握中国儒家、道家、法家和《孙子兵法》中蕴含的丰富的管理思想。

2．古典管理理论主要包括泰勒的科学管理理论、法约尔的一般管理理论和韦伯的古典组织理论。

3．科学管理理论的主要内容：① 管理的中心问题是提高劳动生产率。② 工时研究与劳动方法的标准化。③ 科学挑选与培训工人。④ 实行差别计件工资制。⑤ 管理职能与作业职能分离。⑥ 实行“例外原则”。⑦ 强调科学管理的核心是“一场彻底的心理革命”。

4．法约尔提出管理的五项职能：计划、组织、指挥、协调和控制。

5．法约尔提出了一般管理的 14 项原则：① 劳动分工。② 权力和职责一致。③ 纪律。④ 统一指挥。⑤ 统一领导。⑥ 个人利益服从整体利益。⑦ 报酬的公平合理。⑧ 权力的集中与分散。⑨ 组织层次与部门的协调。⑩ 维护秩序。⑪ 公平。⑫ 人员稳定。⑬ 首创精神。⑭ 团结精神。

6．早期人际关系学派代表人物是梅奥，他所进行的“霍桑试验”分为四个阶段，得出了三个重要结论：① 职工是“社会人”。② 企业中存在着非正式组织。③ 生产效率主要取决于职工的工作态度和人们的相互关系。

7．现代管理理论产生与发展的基本脉络：① 管理理论的分散化趋势。进入 20 世纪 50 年代以后，管理理论出现了一种分散化的趋势，形成了诸多的学派被称为管理理论的“热带丛林”。② 管理理论的集中化趋势。进入 60 年代后，管理理论又出现一种集中化的趋势，学者们先提出系统管理理论，力求建立统一的管理理论，后来又提出更加灵活地适应环境变化的权变管理理论。

8. 安索夫认为，战略是“企业高层管理者为保证企业的持续生存和发展，通过对企业外部环境与内部条件的分析，对企业全部经营活动所进行的根本性和长远性的规划与指导”。

9. 企业再造是指“为了飞跃性地改善成本、质量、服务、速度等重大的现代企业的运营基准，对工作流程做根本的重新思考与彻底翻新”。这也就是为适应新的世界竞争环境，企业必须抛弃已成惯例的运营模式和工作方法，以工作流程为中心，重新设计企业的经营、管理及运营方式。

10. 彼得·圣吉提出，通过追求自我超越、改善心智模式、建立共同愿景目标、开展团队学习、锻炼系统思考能力等“五项修炼”来构建“学习型组织”。

☆习题与训练

一、理论自测题

（一）单项选择题

1. 被誉为“科学管理之父”的是（　　）。
A. 泰勒　B. 法约尔　C. 西蒙　D. 韦伯

2. 泰勒的科学管理理论的核心是（　　）。
A. 差别计件工资制　B. 挑选第一流的工人
C. 提高效率　D. 实行职能工长制

3. 古典管理理论阶段的代表性理论是（　　）。
A. 科学管理理论　B. 管理科学理论　C. 行为科学理论　D. 权变理论

4. 法约尔的一般管理理论对西方管理理论的发展有重大影响，成为后来管理过程学派的理论基础，他的代表作是（　　）。
A.《社会组织与经济组织理论》　B.《工业管理和一般管理》
C.《科学管理理论》　D.《企业再造》

5. 把管理理论的各个学派称为“管理理论丛林”的管理学家是（　　）。
A. 泰勒　B. 韦伯　C. 孔茨　D. 马斯洛

6. 霍桑试验的组织者是（　　）。
A. 泰勒　B. 欧文　C. 彼得·德鲁克　D. 梅奥

7. 被称为“组织理论之父”的是（　　）。
A. 泰勒　B. 法约尔　C. 韦伯　D. 欧文

8. 人们除了生存需要外，还有安全的需要、寻求关心的需要、建立友谊的需要等社会需要，所以产生了（　　）。
A. 非正式组织　B. 非正式沟通　C. 正式沟通　D. 正式组织

9.（　　）是指主张高层管理者应把例行的一般日常事务授权给基层管理者去处理，高层管理者主要处理重要或例外事项。

A. 集权原则　　B. 例外原则　　C. 权变原则　　D. 统一指挥原则

10.（　　）把组织看成是一个社会系统，是一个人们之间存在相互关系的体系；它是受社会环境各个方面所制约的，是更大的社会系统的一部分。

A. 社会系统学派　　B. 人际关系学派

C. 决策理论学派　　D. 经验主义学派

（二）多项选择题

1. 泰勒的科学管理理论的主要内容有（　　）。

A. 为工作挑选第一流的工人　　B. 实行差别计件工资制

C. 实行例外原则　　D. 管理职能与作业职能分离

E. 工作方法标准化

2. 法约尔提出的五项管理职能包括（　　）。

A. 计划　　B. 组织　　C. 指挥　　D. 协调

E. 控制

3. 彼得·圣吉提出通过五项修炼构建学习型组织。这五项修炼是（　　）。

A. 自我超越　　B. 改善心智模式　　C. 建立共同愿景　　D. 开展团队学习

E. 系统思考

4. 迈克尔·波特教授提出的企业一般竞争战略是（　　）。

A. 成本领先战略　　B. 差异化战略　　C. 专一化战略　　D. 扭转战略

E. 转移战略

5. 波特提出对产业结构和竞争对手进行分析的一般模型，即五种竞争力分析模型，分别是指（　　）。

A. 新进入者的威胁　　B. 替代品威胁

C. 买方议价能力　　D. 供方议价能力

D. 现有竞争对手

6. 古典管理理论的代表人物有（　　）。

A. 泰勒　　B. 法约尔　　C. 韦伯　　D. 梅奥

E. 马斯洛

7. 管理理论的“热带丛林”时期包括的学派有（　　）。

A. 管理过程学派　　B. 经验主义学派　　C. 决策理论学派　　D. 数理学派

E. 行为科学学派

8. 行为科学的代表人物有（　　）。

A. 马斯洛　　B. 赫兹伯格　　C. 麦格雷戈　　D. 德鲁克

E. 戴尔

9. 系统管理学说是以普通系统理论为基础的，包括（　　）。

A. 系统哲学　　B. 系统管理　　C. 系统分析　　D. 系统思考

E. 系统学习

10. 企业再造流程的过程大致分为（　　）阶段。

A. 诊断原有流程　　　　　　　　B. 选择需要再造的流程
C. 了解准备再造的流程　　　　　D. 重新设计企业流程
E. 复制企业流程

（三）判断题

1．梅奥认为，企业中存在着人们在共同劳动中形成的非正式团体。（　　）
2．法约尔提出了计划、组织、指挥、协调和控制五项管理职能。（　　）
3．泰勒的科学管理是以工厂管理为对象，以提高工人劳动生产率为目标的。（　　）
4．泰勒认为，管理人员不必同工人一样，服从建立在科学研究基础上的劳动过程。（　　）
5．行政性组织体系仅适用于工业企业。（　　）
6．梅奥、马斯洛、麦格雷戈是推动人际关系运动的最主要的三位理论家。（　　）
7．企业中存在非正式组织是人际关系学说的基本要点之一。（　　）
8．西蒙是决策理论学派的代表人，他认为管理就是决策。（　　）
9．彼得·圣吉提出了学习型组织的五项修炼技能。（　　）
10．法约尔认为每个雇员只能听命于一个上司，否则无法把事情搞好。（　　）

二、项目实训

【实训目标】

1．增强对现代管理思想的认知。
2．对比现代与古代管理思想的差异与联系。
3．培养分析组织管理思想的能力。

【实训内容与要求】

1．利用课余时间在实际企业中，或网上、报纸杂志中，搜集一个我国改革开放后的有关管理的案例或资料（最好是一事一议的简短事例）。

2．应用所学理论，联系古代管理思想及理论，分析其管理思想。

【成果与检测】

1．撰写简要的书面分析报告。
2．课下在班级组织一次交流与讨论。
3．由教师根据分析报告与讨论表现评估打分。

三、实务技能自测题

1．中国历史是一部漫长的商业发展史诗，曾涌现出十大商帮：广东粤商（分潮商、广商）、山西晋商、安徽徽州徽商、陕西（秦商 / 关陕商人）、福建闽商（分闽南商帮和闽东商帮）、江西赣商、江苏苏商、浙江（宁波 / 龙游）浙商、山东鲁商等，其中，晋商、徽商、潮商为势力最大、影响最远的三大商帮。请同学们查阅典籍资料结合所学内容对其中一二做详细分析。

2．通过系统学习中国传统的管理思想，你得到的最大启示或收获是什么？阐述儒家、法家、道家管理思想中值得传承发扬的精髓及其局限性。

3．通过多种渠道，搜集有关管理思想的案例与资料，要求必须体现现代管理理论或思想，也可以是反面案例，说明正是因为不符合或违背现代管理思想从而招致失败。资料的具体形式，可以是新闻信息、事迹报道、工作总结、工作简报，也可以是报纸杂志上登载的管理案例，结合所学现代管理思想加以分析说明。

四、案例分析

瑞杰公司的“洋”经理

瑞杰公司是一家中外合资的高科技专业涂料生产企业，总资产 594 万美元，其中固定资产 324 万美元，中方占有 60% 的股份，外方占有 40% 的股份，生产多彩花纹涂料等 11 大系列高档涂料产品。这些高档产品不含苯、铅和硝基等有害物质，无毒无味，在中国有广阔的潜在市场。

开业在即，谁出任公司总经理呢？外方认为，瑞杰公司引进的先进技术、设备和原材料均来自美国，中国人没有能力进行管理，要使公司迅速发展壮大，必须由美国人来管理这个高新技术企业；中方也认为，由美国人来管理，可以学习借鉴国外企业管理方法和经验，有利于消化吸收引进技术和提高工作效率。因此，董事会形成决议：从美国聘请格雷先生任总经理，中方推荐两名副总经理参与管理。

格雷先生年近花甲，但精神抖擞身体健康，充满自信，有 18 年管理涂料生产企业的经验，自称“血管里流淌的都是涂料”，对振兴瑞杰公司胸有成竹。公司员工也都为有这样一位洋经理而庆幸，想憋足劲大干一场，好好地大赚一笔钱。

谁料事与愿违。公司开业 9 个月不但没有赚钱，反而亏损 70 多万美元。当一年的签证到期时，格雷先生被公司的董事会正式辞退了，格雷先生失望地返美。

来自太平洋彼岸的洋经理被炒鱿鱼的消息在瑞杰公司内外引起了强烈的反响，这位曾经在日本、荷兰主持建立并成功管理过涂料工厂的洋经理何以在中国败走麦城呢，这自然成了议论的焦点。

多数人认为，格雷先生是个好人，工作认真，技术管理是内行，怀有搞好瑞杰公司的愿望，同时，在吸收和消化先进技术方面做了许多工作。他失败的主要原因是不了解中国的实际情况，完全照搬他过去惯用的企业管理模式，对中国的许多东西不能接受，在经营管理方面缺乏应有的弹性和适应性。中方管理人员曾建议根据中国国情，参照我国有关三资企业现成的成功管理模式，结合国外先进的管理经验，制定一套切实可行的管理制度并严格监督执行。对此，格雷先生不以为然。他的想法是要让瑞杰公司变成一个纯美国式的企业。他对计划忧虑，甚至不信任，以致对正常的工作计划持抵触态度，害怕别人会用计划经济的一套做法去干预他的管理工作。格雷先生煞费苦心地完全按照美国的模式设置了公司的组织结构并建立了一整套规章制度，但最终还是使一个生产高新技术产品且有相当实力的企业缺乏活力，在起跑线上停滞不前，陷入十分被动的局面。

也有人认为，格雷先生到任后学会的第一个中文词就是“关系”，而他最终还是因搞不好关系而离华返美。

对于中国的市场，特别是中国“别具一格”的市场情况和推销方式，格雷先生也不甚了解。他将所有有关市场营销的事情都交给一位中方副总经理，但他和那位副总经理的关系并没有“铁”到使副总经理为他拼命去干的程度。

在管理体制上，格雷先生试图建立一套分层管理制度：总经理只管两个副总经理，下面再一层管一层。但他不知道，这套制度在中国，如果没有上下级间的心灵沟通与相互的了解和信任，会出现什么样的状况和局面。最后的结果是，造成管理混乱，人心涣散，员工普遍缺乏主动性，工作效率大大降低。

格雷先生还强调："我是总经理，我和你们不一样，你们要听我的。"他甚至要求，工作进入正轨后，除副总经理外的其他员工不得进入总经理的办公室。格雷先生不知道，聪明的中国企业负责人在职工面前总是强调和大家一样，以求得职工的认同。格雷先生走时扔下一句话："如果这个企业出现奇迹的话，肯定是上帝帮忙的结果。"

然而，上帝并未伸出援助之手，奇迹却出现了。瑞杰公司在格雷先生走后，中方合资厂家选派了一位懂经营管理、富有开拓精神的年轻副厂长刘思才任总经理，并组成了平均年龄只有 33 岁的领导班子。新班子迅速制定了新的规章制度，调整了机构，调动了全体员工的积极性。在销售方面，基于这样一个现实：自己的产品虽好，但尚未被人认识，因而采取了多种促销手段，并在亏损的状态下，主动向消费者让利销售，使企业进入了良性循环。过了几个月，瑞杰便宣告扭亏为盈。

【问题】

1．试运用管理的有关原理分析瑞杰公司起落的原因。

2．试总结格雷先生的管理思想及管理哲学。

3．从本案例中你得到了什么启示？

项目三　计　　划

◆**职业能力目标**

1. 会运用目标确定的基本原则制定目标。
2. 能够区分组织宗旨与组织目标。
3. 能够清楚组织目标与个人目标之间的关系。
4. 能够运用目标管理的基本原则进行目标管理。
5. 会按照计划制订的基本步骤和方法编写具体计划。
6. 会进行科学的决策。

◆**典型工作任务**

理解目标在管理中的重要性；掌握确定目标的基本原则；了解目标的确定过程；理解目标管理的基本思想，了解目标管理的基本原则和过程；知道目标制定和运用的一些技巧；明确计划定义；掌握计划的基本要素；清楚制订计划的基本步骤和计划审定方法；了解各种决策类型；清楚理性决策的基本过程；了解各种决策方法及其适用范围；掌握提高决策正确率的基本技巧。

任务一　确定目标

任务引例

美国哈佛大学曾对一群智力、学历、环境等客观条件都差不多的年轻人做过一个长达25年的跟踪调查，调查内容为规划对人生的影响。结果发现：毕业时，27%的人没有人生目标；60%的人目标模糊；10%的人有清晰但比较短期的目标；3%的人有清晰而长远的目标。25年后的跟踪调查显示：60%的人目标模糊，他们能安稳地生活与工作，但几乎没有什么特别的成绩。另有27%的人没有什么目标，他们几乎都生活在社会的最底层。他们的生活过得非常不如意，常常失业，并且常常在抱怨他人、抱怨社会、抱怨这个“不肯给他们机会”的世界。10%的人有清晰的短期目标，这些人大都生活在社会中上层。他们的共同特点是：不断完成短期目标，生活状态步步上升，他们成为各行业不可或缺的专业人士，如医生、律师、工程师、高级主管等。3%的人有清晰且长期的目标，25年来他们总是朝着同一个方向不懈努力，25年后，他们成为社会各界的顶尖人士，他们当中不乏创业者、行业领袖、社会精英。具体情况如表 3-1 所示。

表 3-1 规划对人生的影响

比例	25 年前	25 年后
27%	没有目标	生活在社会的最底层，过得很不如意，抱怨社会不公平
60%	目标模糊	成为社会大众群体，平凡地生活着
10%	清晰但比较短期的目标	生活在社会的中上层，各专业领域的成功人士，事业有成
3%	有清晰且长期的目标	几乎都成为各领域的顶尖人士、社会的精英和领袖

为什么智力、学历、环境等客观条件都差不多的年轻人毕业若干年后，他们的生活状况有如此大的区别？他们如何实现目标？

在现实生活中，我们发现当不同的人拥有同样的资源时，他们如何利用这些资源，运用这些资源干什么，以及最终能取得怎样的结果，常常是不一样的。就像人们一天同样拥有 24 小时，但如何利用这 24 小时，不同的人常常是不一样的。当这些人聚集在一起形成一个组织时，人们只有首先能够就“利用组织所拥有的资源干什么”达成共识时，才有可能分工协作，发挥群体的力量。

对于一个组织而言，什么事情应该做，什么事情不应该做，取决于组织的价值取向和目标定位。正如赛跑要先确定终点一样，一个人或一个组织要有效地管理其有限的资源，也必须首先明确其目标。

任务解析

在相同条件下，如果一个人有清晰而长远的目标，并坚持不懈地朝着它努力，就更容易取得成功。

一、组织宗旨和组织目标及其特点

（一）组织宗旨和组织目标

各种组织，作为社会中一个有意义的存在体，都具有一定的宗旨。组织宗旨表明了社会所赋予这个组织的基本职能或该组织致力承担的社会基本职责。例如：学校的宗旨是教书育人；军队的宗旨是保家卫国；医院的宗旨是救死扶伤。组织宗旨所表达的是组织的使命，它说明了该组织之所以能在社会上得以存在的原因或成立该组织的根本目的，是一类组织区别于另一类组织的标志。

思考　企业和政府的宗旨分别是什么？

任何一个组织建立时，都要首先明确其宗旨，即要明确成立本组织的目的是什么，我们应该是个怎样的组织，为什么。一个组织之所以能够在多变的环境中正确决策，克服各种困难勇往直前，其中一个很重要的原因就在于这种目标的指引和激励。表 3-2 为部分百年企业的经营宗旨。

表 3–2　部分百年企业的宗旨

迪士尼	用我们的想象力，带给千百万人快乐，并且歌颂、培育、传播健全的美国价值观
索尼	体验以科技进步、应用与创新造福大众带来的真正快乐；提升日本文化与国家地位；做先驱：不追随别人，但是要做不可能的事情
沃尔玛	我们存在的目的是提供顾客物有所值的东西：用比较低的价格和比较多的选择，改善他们的生活，其他一切都属次要
强生	公司存在的目的是要“减轻病痛”
默克	我们做的是保存和改善生命的事业。我们所有的行动都必须以达成这个目标的成就来衡量
通用电气	以科技及创新改善生活品质

思考题　作为一个组织中新设部门的部门经理，要带领本部门员工为组织做出自己的贡献，首先必须做什么？为什么？

就像人生目标表达的是一个人在人世间的最终追求一样，组织宗旨是一个组织最基本的目标，它反映了社会对组织的要求，或者体现了组织的创办者或组织成员的共同追求和抱负。宗旨决定了组织的目标方向、资源分配的优先顺序和重点、工作的目的和意义。任何一个组织的管理者，要正确指挥下属开展具体工作，都必须首先了解组织中设立本部门的目的，即明确“为什么需要设立本部门”，只有搞清楚这一根本问题，才能明确本部门的工作重点，指挥下属正确开展工作，真正体现本部门的作用。

光有宗旨是不够的，组织宗旨需要通过目标的具体化才能转化为组织成员具体行动的指南。所谓组织目标，是指一个组织在未来一段时间内要达到的状态。它反映了组织在特定的时期内，在综合考虑内外部环境条件的基础上，希望某一时间段内在履行其使命上能够达到的程度或取得的成效。

思考题　你所在组织的宗旨和年度目标是什么？宗旨和目标之间有何关系？

组织目标和宗旨不同，宗旨表达的是组织的一种追求，不仅相对比较抽象，而且也许最终也无法完全实现；目标则是一种“行动承诺”，它必须具体、可操作、可实现、可检验。宗旨表达的是一种总体上的追求，目标则必须是细化的，组织对实现宗旨所必须开展的各方面工作都必须制定相应的目标。

（二）组织目标的特点

每一个组织都有一系列围绕着组织宗旨而展开的目标。为了更深入地了解组织目标的含义和指导组织目标的制定，应注意组织目标的以下特点。

1．差异性

组织目标是组织在未来一段时间内要达到的目的，不同的组织有不同的组织目标。首先，不同类型的组织，由于其组织宗旨不同，其组织目标也大不相同。例如，企业型组织，其组织目标往往较多地表现为各种具体的盈利性指标，而事业型组织的组织目标则不以盈利为主要目标。组织目标是组织宗旨的具体化，因此，不同性质的组织往往有不同的组织目标体系。

其次，同一类型的组织，尽管其组织宗旨基本相同，但由于受其所处的具体环境、所拥有的组织资源及价值观念等的制约和影响，即使其组织目标指标体系可能相同，其目标的具体数值也常常表现出很大的差异，就像同一行业中的企业具有不同的年度组织目标一样。

既然各个组织的组织目标都是不同的，那么作为任何一个组织的管理者，要明确本组织的目标，就必须掌握确定组织目标的基本技能和方法。

2．多元性

不同的组织有不同的组织目标，在同一个组织中，也会有不同性质的多个目标，这就是组织目标的多元性。每一个组织都面对着大量的公众，而每一类公众都会对组织提出不同的要求。组织为了能够在社会中获得生存与发展，就必须考虑各类公众的要求，并尽可能地加以满足，如表 3-3 所示。组织目标的多元性，是组织为了适应内外部环境要求的必然结果。

表 3-3　企业所面对的公众和企业目标的多元性

面对的主要公众	公众对企业的关注点	企业为了适应公众要求所确定的目标
股东或投资者	红利或回报	利润、投资回报率
员工	待遇、发展空间	报酬、发展前景
消费者	产品、服务	销售量、新产品开发等
政府	税收、守法	纳税额、文明建设
社区	对社区的贡献	企业形象、捐赠
新闻机构	新闻	公正客观地提供信息、企业形象

组织目标具有多元性，那么作为一个组织，应该在哪些方面制定自己的目标呢？许多战略研究人员在这方面进行了深入研究，提出了不少建议。例如，彼得·德鲁克（Peter Drucker）认为，凡是成功的企业都在市场、生产力、发明创造、物质和金融资源、人力资源、利润、管理人员的行为表现及培养发展、工人的表现及社会责任等方面有自己一定的目标，具体如表 3-4 所示。

表 3-4　德鲁克提出的经营成功的企业所包括的各种目标

目标性质	目标内容
市场方面	表明本公司希望达到的市场占有率或在竞争中应占据的地位
技术改进与发展方面	对改进和发展新产品提供新型服务内容的认识及其具体措施
提高生产力方面	有效地提高原材料的利用，最大限度地提高产品的数量和质量
物质和金融资源方面	获得物资和金融资源的渠道及其有效的利用
利润方面	用一个或几个经济指标表明希望达到的利润率
人力资源方面	人力资源的获得、培训和发展，管理人员的培养及其个人才能的发挥
职工积极性发挥方面	发挥职工在工作中的积极作用，激励和报酬等措施
社会责任方面	注意本公司对社会产生的影响，说明对社会应尽的责任

对于大多数组织而言，组织目标一般包括以下几个方面。

① 生存目标：即由组织宗旨决定的组织基本目标，如学校的在校生规模等。生存目标是

组织生存和发展的前提，是各类组织的基本目标之一。

② 经济目标：主要涉及资金费用及其衡量指标。对于一般企业，投资回报率、生产量及销售量、成本、劳动生产率、利润等是最常见的经济目标。而对于非营利性组织，其经济目标主要是费用的控制及资金的有效运用。

③ 环境目标：主要针对组织与外部环境的关系。包括社会责任、组织形象、竞争地位等。环境目标的内容很广，但无法像经济目标那样具体化。

④ 组织员工目标：主要是指组织人事管理问题，包括人员的招聘、培训与激励、奖罚，人际关系及组织文化的建设等。

正是由于组织目标的多元性，所以要求管理者在制定组织目标时不仅要考虑到多方面的目标内容，而且要协调处理好各类不同性质目标之间的关系。

思考题　你所在组织提出的年度目标中，哪些属于生存目标？

3．层次性

为了使组织目标成为组织中每一个成员的行动指南，往往需要进行进一步分解和细化，形成一定的层次性，使组织中不同层次和岗位的员工都了解他们各自应当做些什么才有助于组织目标的实现。

一般来说，组织目标可按具体化程度不同分为总目标、战略目标、行动目标三个层次。总目标和战略目标是公开的，它也是该组织希望达到的社会目标；而行动目标则是保密的，它是组织的真正目标，也许只有少数高层管理人员和相关人员知道。组织目标也可按组织等级分为总体目标、部门目标、岗位目标。例如，销售部门有其关于扩大销售量和市场占有率的目标，生产部门有其关于降低生产成本、提高产品数量和质量等方面的目标，如图 3-1 所示。低层次目标的实现是上一层次目标实现的基础，如图 3-2 所示。

正由于组织目标是分等分层的，因此，管理者在制定目标的过程中要进行目标的分解细化，而且要通过对这些多层次、多部门目标的综合协调，形成一个“相互支持的目标矩阵”。

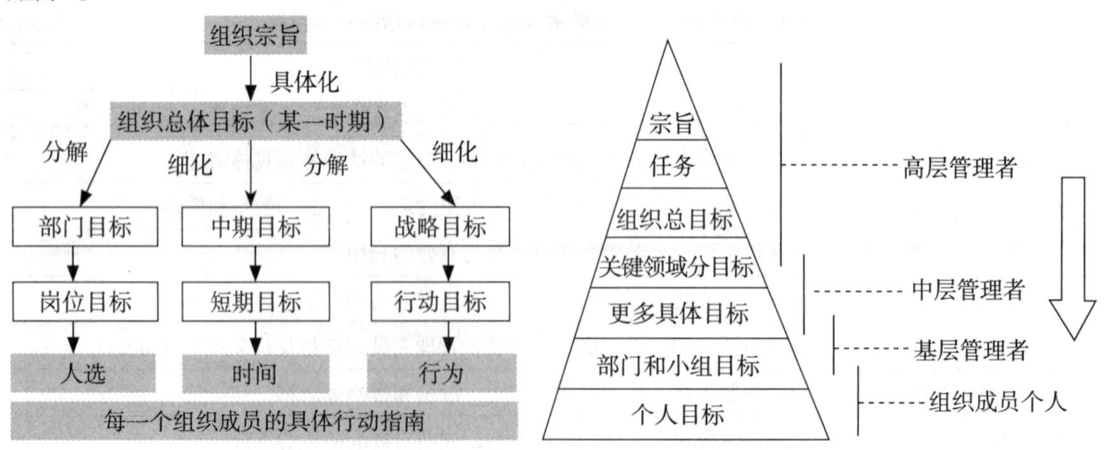

图 3-1　组织目标的分解细化图

图 3-2　组织的目标体系与层级体系

思考题　组织的总体目标如果没有细化分解，在实际工作中会出现什么状况？

4. 时间性

组织目标是组织在未来一段时间内要达到的状态，因此，任何组织目标都有时间性。这一方面意味着组织目标都是在特定时间内要达成的，在确定组织目标时必须指明其时间跨度；另一方面，这也意味着在不同的时间段，组织目标是发展变化着的，管理者要根据环境的发展和组织内部条件的变化及时地制定出新的组织目标。

按照组织目标时间跨度的不同，组织目标可分为长远目标、中期目标和近期目标。一般来说，在一个组织中，管理层次越低，组织目标的时间跨度越短，目标内容越具体；反之，管理层次越高，组织目标的时间跨度越长，目标内容也越抽象和笼统。

组织目标的差异性、多元性、层次性、时间性，体现了组织目标体系复杂而有机的联系，只有充分认识和把握组织目标的这些基本特点，组织目标的制定才会有扎实的基础。

思考题　组织目标分解细化以后，是否就能变成组织成员的实际行动？

（三）组织目标与个人目标

在任何一个组织中，除了组织目标之外，还存在着个人目标。因为组织是由个体集合而成的群体，作为一个群体，有其共同的组织目标；作为个体，成员们有着各自不同的个人目标。组织目标表现为，组织为实现其宗旨所确定的一些正式指标，主要涉及组织的贡献、效率、市场、福利等方面；个人目标则表现为组织成员希望通过他们在组织中的努力能得到个人需求的满足，主要包括职位升迁、增加工资、改善环境、实现抱负、为社会承认等。

组织从本质上讲是一个利益共同体。每一个人之所以愿意加入一个组织并为之奉献自己的智慧和力量，是因为在这个组织中能够在一定程度上实现其个人目标；而每一个组织成员期望在这一组织中实现的个人目标，依据组织产生的原因分析，都是必须建立在群体共同努力实现组织目标的基础之上的。从组织成员的角度出发，他们真正追求的不是组织目标的实现，而是其个人目标的实现，组织目标只是实现每一个组织成员个人目标的共同基础。另外，正因为组织目标是实现每一个组织成员个人目标的共同基础，因此从根本上讲，组织目标与组织成员的个人目标之间是一致的。

思考题　组织目标和个人目标是否总能保持一致？

组织目标反映了组织成员的共同利益，组织目标的实现是个人目标得以实现的基本前提，而能够在一定程度上实现个人目标则是组织成员愿意留在该组织中工作的根本原因。在一般情况下，组织目标与个人目标是一致的。但有时，组织目标和个人目标也会产生不一致或不相容的情况。在这种情况下，个人目标无法得到承认和实现，这将给组织目标的实现带来困难。事实上，在现有各类组织中，组织成员之间之所以不能很好地进行合作，很大程度上就是因为这些组织中的管理者没有清楚地将每一个组织成员个人目标的实现与组织目标联系起来，使组织成员明确地感受到组织是一个利益共同体。

思考题　当我们只根据上级对下属的满意程度来决定组织成员的报酬时，在这一组织中组织成员之间会经常相互帮助吗？

根据组织目标与个人目标之间的关系，管理者要努力寻求组织目标和个人目标之间的结合点，创造机会，使每一个组织成员在完成组织目标的同时个人目标也能得以实现，从而为组织目标的实现提供保证。例如，在升级考评过程中，管理者可根据组织目标提出各种升级要求，规定若符合这些要求就给予升级，这样不仅为组织成员实现个人目标指明了努力方向，为其实现个人目标创造了平等的机会，更重要的是为组织目标的实现打下了坚实的基础。在这种情况下，一些组织成员无须管理者的监督就会努力地去完成大量的工作，因为那样做可以实现其个人目标。

因此，组织的宗旨、理念、目标、职责等，只有将其与组织成员的个人目标联系起来，组织成员才会认真对待，尽力将其转化为自己的实际行动。

（四）组织目标的作用

目标规定了每个组织成员在特定时期内要完成的具体任务，从而使整个组织的工作能在特定的时刻充分地融为一体。没有明确的目标，整个组织就会成为一盘散沙，管理也必然是杂乱的、随意的。因此，组织目标是组织存在的前提，是组织开展各项工作的基础，是管理者和组织中一切成员的行动指南，在管理中起着重要的作用。

1．组织目标是组织进行计划和决策的基本依据

在一个组织中，管理者要有效配置资源，首先必须明确组织的目标。只有明确了组织的目标，才能确定为了实现目标必须开展哪些工作，因此，目标是计划的基础。同时，在管理工作中，管理者时常面临各种问题的决策。在决策过程中，管理者只有对组织目标有清晰的了解，才能判断该问题是否需要解决，应该解决到何种程度，应该怎么做才是组织行动的正确方向。目标不清，就无法做出决策。

2．组织目标是组织内部分工和协调的准则

一方面，一个组织目标的实现，有赖于全体组织成员的共同努力。组织结构如何设置、成员之间如何分工，都必须在明确了组织目标之后才能进行。

另一方面，为了维护组织的稳定，减少相互间的冲突和矛盾，组织成员往往需要了解其他成员的工作，以便有效地予以配合。但事实上，由于人数众多和工作内容的差异，在组织中这种相互了解存在较大的困难。组织目标提供了组织成员相互了解的途径。因为组织中各个成员的工作都是以实现组织目标为基础的，只要了解了组织的目标体系，就可以了解组织中其他成员的工作内容及其各项工作的重要程度，从而加强相互之间的协作和配合，减少工作中的冲突和矛盾。

思考题　当组织中的员工不清楚组织的目标时，会出现什么情况？

3．组织目标是高效率的前提，也是业绩考核的基本依据

效率和效益相比，效益是第一位的。要改进和提高组织的效率，就必须搞清组织的目标是什么，并朝着这个方向努力，使有限的资源发挥最大限度的作用。组织成员的努力是否符合组织目标是其工作是否有效率的前提，不符合或违反组织目标的努力是无效的，甚至是有害的。

对组织成员的业绩考核一般是根据其行为是否符合组织目标及其对目标的贡献估价进行，因此，组织目标也是进行绩效考核的基本依据。

思考题　没有明确的岗位目标，能对个人的业绩进行考核吗？

4．组织目标是重要的激励手段

为了调动组织成员的工作积极性，管理者常采用物质刺激的方式。而事实上，能够真正调动员工内在工作热情的是具有吸引力的目标。如果管理者能够提出一个使全体员工为之振奋的目标，并树立信心，不仅能够减少眼前物质刺激的压力，而且可以使员工在工作中努力克服可能遇到的各种困难，致力于最终目标的实现。

[做中学 3–1]　　父 子 打 猎

有一位父亲带着三个孩子到沙漠去猎杀毒蛇。他们到了目的地，父亲问老大："你看到了什么？" 老大回答："我看到了猎枪，还有毒蛇，还有一望无际的沙漠。" 父亲摇摇头说："不对。" 父亲以同样的问题问老二。老二回答："我看见了爸爸、大哥、弟弟、猎枪，还有沙漠。" 父亲又摇摇头说："不对。" 父亲又以同样的问题问老三。老三回答："我只看到了毒蛇。" 父亲高兴地说："你答对了。"

思考题　老三的回答为什么是正确的？

［分析］

个人若想走上成功之路，首先必须有明确的目标。目标一经确立，就要心无旁骛，集中全部精力，勇往直前。

二、制定目标

（一）制定目标的 SMART 原则

SMART 原则就是指在制定目标时做到：S（Specific）——明确性；M（Measurable）——衡量性；A（Attainable）——可实现性；R（Relevant）——相关性；T（Time-bound）——时限性。

1．SMART 原则一 S（Specific）——明确性

所谓明确性，就是要用具体的语言清楚地说明要达成的行为标准。明确的目标几乎是所有成功团队的一致特点。很多团队不成功的重要原因之一就因为目标定得模棱两可，或没有将目标有效地传达给相关成员。示例：目标——增强客户意识。这种目标的描述就很不明确，因为增强客户意识有许多具体做法，比如减少客户投诉，过去客户投诉率是 3 %，现在把它降低到 1.5% 或者 1%。另外，提升服务的速度，使用规范礼貌的用语，采用规范的服务流程，也是增强客户意识的做法。有这么多增强客户意识的做法，目标中提到的"增强客户意识"到底是哪一块，不明确就没有办法评判、衡量。所以建议这样修改，比方说，我们将在月底前把前台收银的速度提升至正常的标准，这个正常的标准可能是两分钟，也可能是一分钟，或分时段来确定标准。实施要求：目标设置要有项目、衡量标准、达成措施、完成期限以及资源要求，使考核人能够很清晰地看到部门或科室月计划要做哪些事情，计划完成到什么样的程度。

思考题　目标定得模棱两可，对相关人员有什么影响？

2．SMART 原则二 M（Measurable）——**衡量性**

衡量性就是指目标应该是可衡量的，而不是模糊的。应该有一组明确的数据作为衡量是否达成目标的依据。比方说，“为所有的老员工安排进一步的管理培训”。“进一步”是一个既不明确也不容易衡量的概念，到底指什么？是不是只要安排了这个培训，不管谁讲，也不管效果好坏都叫“进一步”？准确地改进一下目标：在什么时间完成对所有老员工关于某个主题的培训，并且在这个课程结束后，学员的评分在 85 分以上，低于 85 分就认为效果不理想，高于 85 分就是期待的结果。这样的目标就变得可以衡量。实施要求：目标的衡量标准要遵循“能量化的量化，不能量化的质化”。使制定人与考核人有一个统一的、标准的、清晰的可衡量的标尺，杜绝在目标设置中使用形容词等概念模糊、无法衡量的描述。对于目标的可衡量性应该首先从数量、质量、成本、时间、上级或客户的满意程度五个方面来进行，如果仍不能进行衡量，可考虑将目标细化，细化成分目标后再从以上五个方面衡量，如果仍不能衡量，还可以将完成目标的工作进行流程化，通过流程化使目标可衡量。

3．SMART 原则三 A（Attainable）——**可实现性**

可实现性是指目标是要可以让执行人实现、达到的。今天员工的知识层次、学历、自己本身的素质，以及他们个性张扬的程度都远远超出从前。因此，领导者应该更多地吸纳下属来参与目标制定的过程。实施要求：目标设置要坚持员工参与，上下级、同岗位同事沟通，使拟定的工作目标在组织及个人之间达成一致。既要使工作内容饱满，也要具有可实现性。可以制定出跳起来“摘桃”的目标，不能制定出跳起来“摘星星”的目标。

思考题　目标是定得高点好还是低点好？目标的高低对下属完成目标的积极性有什么影响？

[做中学 3-2]　　**一个真实的例子**

1952 年 7 月 4 日清晨，加利福尼亚海岸笼罩在浓雾中。在海岸以西 21 英里的卡塔林纳岛上，一个 34 岁的女人涉水下到太平洋中，开始向加州海岸游过去。要是成功了，她就是第一个游过这个海峡的妇女，这名妇女叫费罗伦丝·查德威克。在此之前她是游过英吉利海峡的第一位妇女。

那天早晨，海水冻得她身体发麻，雾很大，她几乎看不到护送她的船。时间一个一个小时过去，千千万万人在电视上看着。有几次，鲨鱼靠近了她，被人开枪吓跑。她仍然在游。在以往这类渡海游泳中，她的最大问题不是疲劳，而是刺骨的水温。

15 个小时之后她又累又饿，浑身冻得发麻。她知道自己不能再游了，就叫人拉她上船。她的母亲和教练在另一条船上。他们都告诉她海岸很近了，叫她不要放弃。但她朝加州海岸望去，除了浓雾什么也看不到。几十分钟之后——从她出发算起 15 个小时零 55 分钟之后，人们把她拉上船。又过了几个小时，她渐渐觉得暖和了，这时却开始感到失败的打击，她不假思索地对记者说："说实在的，我不是为自己找借口，如果当时我能看见陆地也许就能坚持下来。"人们拉她上船的地点离加州海岸只有半英里！后来她说，令她半途而废的不是疲劳，也不是寒冷，而是因为她在浓雾中看不到目标。查德威克小姐一生中就只有这一次没有坚持到底。2 个月之后她成功地游过同一个海峡。她不但是第一位游过卡塔林纳海峡的女性，而且比男子的纪录还快了大约两个小时。

［分析］

查德威克虽然是个游泳好手，但也需要看见目标，才能鼓足干劲完成她有能力完成的任务。这个故事是要告诉读者，目标要看得见，够得着，才能成为一个有效的目标，才会成为动力，帮助人们获得自己想要的结果。如果人们无法知道自己要向目标前进多少才能达到，就会泄气，甩手不干。而管理者在与下属制定目标时，经常会犯一个错误，就是认为目标定得越高越好，合适的目标是员工跳一跳就能够得着的目标。当员工经过努力之后可以达到目标，目标才会对员工产生吸引力，否则，员工宁可不做，也不愿意白费力气。

4．SMART 原则四 R（Relevant）——相关性

目标的相关性是指实现此目标与其他目标的关联情况。如果实现了这个目标，但与其他的目标完全不相关，或者相关度很低，那这个目标即使被实现了，意义也不是很大。因为毕竟工作目标的设定，是要和岗位职责相关联的，不能跑题。比如一个前台，你让她学点英语以便接电话的时候用得上，这时候提升英语水平和前台接电话的服务质量有关联，即学英语这一目标与提高前台工作水准这一目标直接相关。若你让她去学习 6sigma（一种改善企业质量流程管理的技术），就比较跑题了，因为前台学习 6sigma 这一目标与提高前台工作水准这一目标相关度很低。

5．SMART 原则五 T（Time-bound）——时限性

时限性就是指目标是有时间限制的。例如，我将在 2019 年 5 月 31 日之前完成某事。5 月 31 日就是一个确定的时间限制。实施要求：目标设置要有时间限制，根据工作任务的权重、事情的轻重缓急，拟定出完成目标项目的时间要求，定期检查项目的完成进度，及时掌握项目进展的变化情况，以方便对下属进行及时的工作指导，以及根据异常情况及时地调整工作计划。

总之，无论是制定团队的工作目标，还是员工的绩效目标，都必须符合上述原则，缺一不可。

思考题 **"成为本行业中最具竞争力的企业""财务部的结算服务无违规、无书面投诉""当年的广告投入达到 1 000 万元人民币"，以上各目标的表述符合 SMART 原则吗？**

（二）目标制定过程

制定目标是一项复杂的工作。依据上述基本原则，目标制定一般包括以下几个步骤。

1. 环境和追求分析

目标的确定首先要进行内外环境分析，即全面收集、调查、分析、掌握外部环境和内部条件的有关资料，在大量调研的基础上，对组织内外环境的现状、发展趋势、对组织的影响程度做出客观的分析和判断，以此作为确立组织目标的依据。

思考题　通过对组织内外部环境的分析，要得到什么结果？

（1）愿景和追求分析。通过对组织成员、特别是领导层价值观和志向的分析，明确组织成员愿意做什么、不愿意做什么，以及希望做到何种程度，即明确组织成员的群体价值观和追求。

（2）内部实力分析。通过对以往组织目标执行和完成情况的分析，以及对组织所拥有的物质资源、资金条件、人员素质、管理水平等方面的分析和未来可能发生的变化进行初步分析，按照组织所拥有的资源情况，明确组织能够做什么、不能做什么、通过创新还能做什么，即确定自身的实力。

（3）外部环境分析。通过对影响组织目标制定和组织生存发展的外部环境因素，如国家政治、经济政策和法规、社会消费倾向的变化等在过去若干年中的发展情况和未来可能发生的变化的分析，明确组织在未来若干年中可以为社会做什么，可以利用哪些社会资源，以及不可以做什么，即明确组织未来生存发展可能面临的机会和威胁、可以利用的社会资源。

2. 拟订总体目标方案

在对上述各方面进行系统分析的基础上，可明确总体目标方案可行域，如图 3-3 所示。为了保证组织目标的切实可行性，所提出的各目标方案必须是在外部环境允许（可以做）、内部条件具备（能够做），而且符合组织成员价值观（愿意做且认为值得做）的范围之内（可以做、能够做且希望做）。外部环境不允许（不可以做）或组织力量难以实现（不能做）或组织成员不愿意做（认为不值得或不喜欢做）的都不能列为可行目标方案。

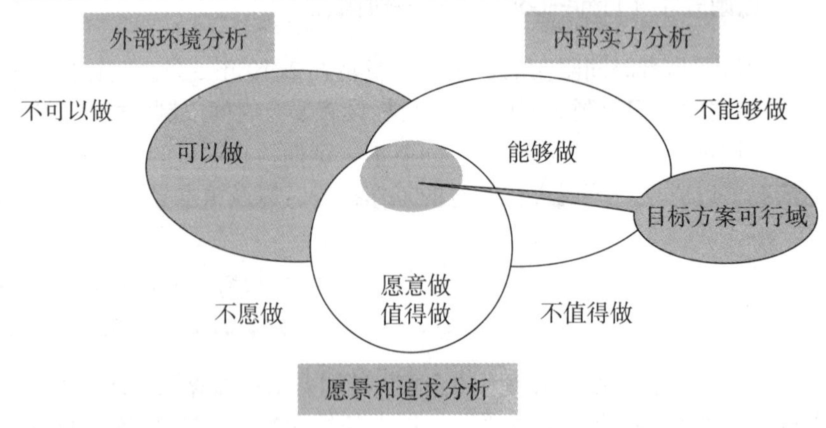

图 3-3　组织目标方案的确定

思考题　在外部环境允许且组织实力具备的情况下，组织成员愿意做和不愿意做，对组织目标实现程度有何影响？

在制订每一个可行的总体目标方案时，都要明确服务对象（为谁做）和服务内容（做什么）

以及贡献率（做到何种程度）。

思考题 第 1 步、第 2 步能否颠倒？为什么？

3．评估各总体目标可行方案并选择决策方案

按照科学决策过程对提出的各可行目标方案进行分析论证，从中选出一个满意的目标方案，作为组织总体目标。评估主要从以下几方面进行，如图 3-4 所示。

（1）限制因素分析：分析哪些因素会影响目标的实现，有多大影响。特别要对比分析组织与竞争者之间的实力，看组织是否有可能在竞争中取得一定的竞争优势。

（2）综合效益分析：对每一个目标方案，综合分析其所带来的种种效益，包括社会的和本组织的效益，看是否是组织能够取得最大效益的方案。

（3）潜在问题分析：对实施每一目标方案时可能发生的问题、困难和障碍，进行预测分析，看组织是否有能力解决这些可能遇到的问题。

通过评估，进一步明确组织的优势与劣势，最后根据发扬优势、避开劣势的原则，确定组织总体目标（应该为谁做、做什么、做到何种程度）。

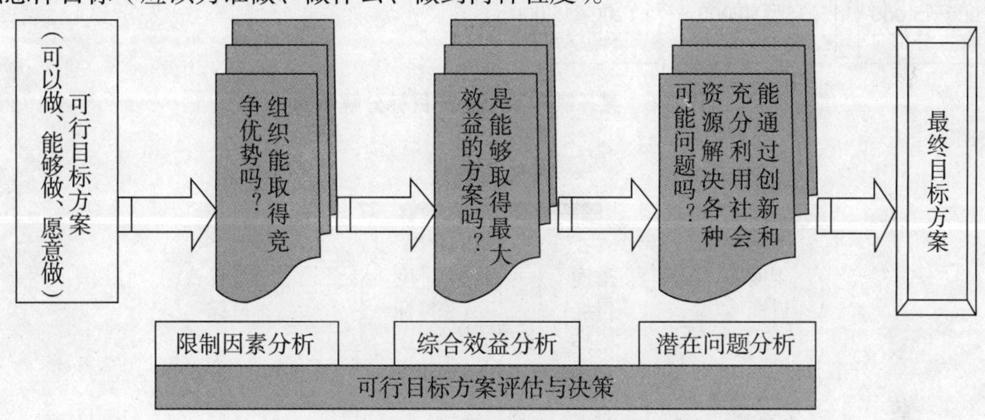

图 3-4 可行目标方案评估意图

思考题 经评估后选择的最终目标方案与前面的可行目标方案有何区别？

4．总体目标的具体化

由于组织目标是分等分层的，所以通过第三步拟定出组织总体目标以后，还需要将组织目标进行细化和分解，形成一个完整的目标体系。

总体目标的具体化，一是要根据组织总体目标制定出相应的战略目标和行动目标，即为了实现总体目标必须做些什么、怎么做、做到何种程度等。例如，一个企业为了获取更多的利润（总体目标），决定要在某一市场投放新产品（战略目标），为此就要在资金筹备、生产规模、营销方式等方面制定出更具体的行动目标。只有通过一系列的行动目标，组织总体目标和战略目标才能付诸实施。二是要将总体目标分解成部门目标和岗位目标，使组织中不同层次和岗位的成员了解，他们应当做些什么才有助于组织总体目标的实现，确认各级成员在组织总体目标实现中应承担的责任和拥有的权利，并规定相应的评价与奖罚制度，使组织目标落实到人，成为组织成员的行动指南。

小知识

某厂某年的目标体系图（部分）如图 3-5 所示。在图 3-6 中，分解到各厂的中功率船用齿轮箱年度生产目标还可以进一步分解为季度、月度生产目标，直至各工序每天的生产目标。

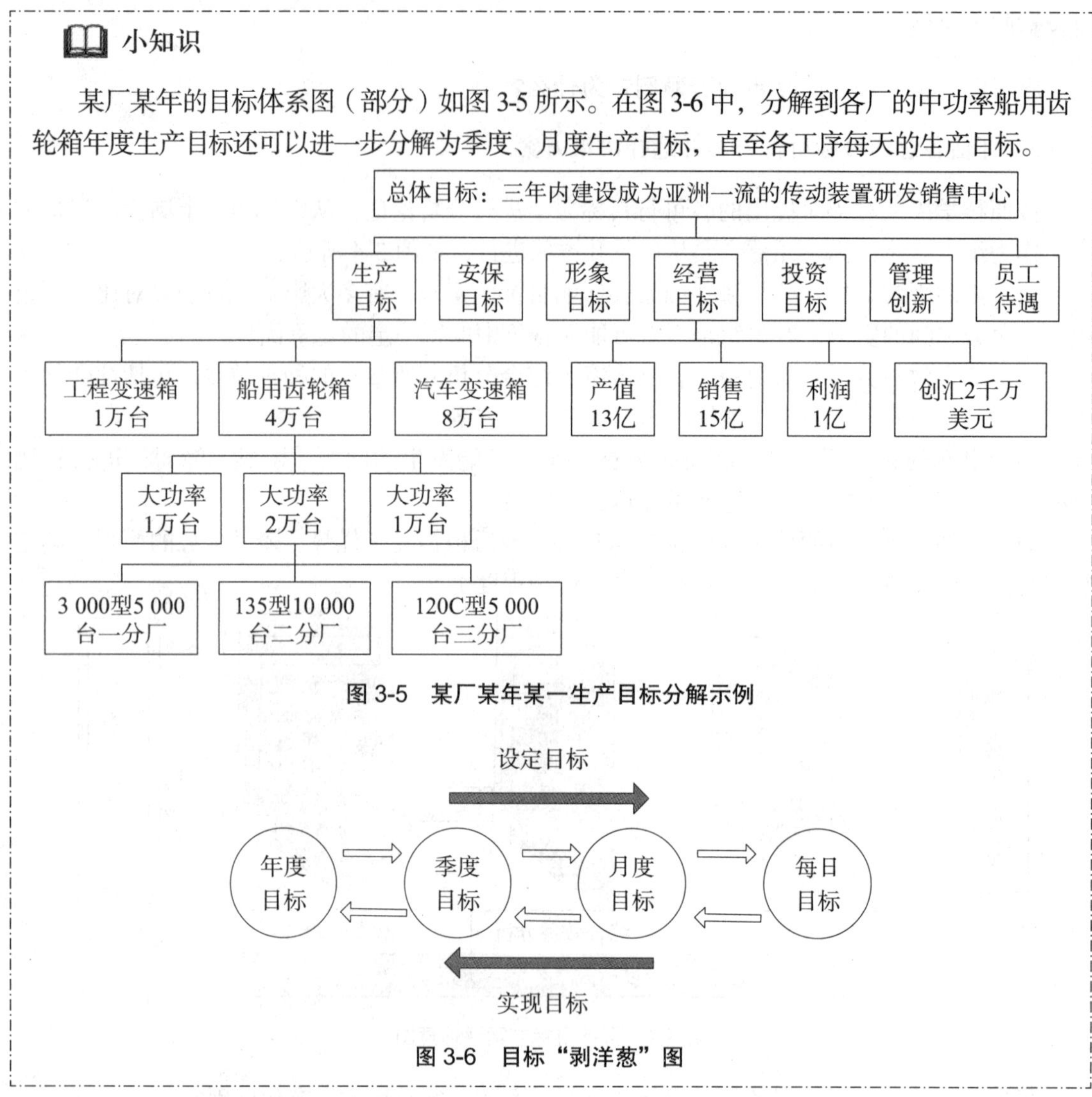

图 3-5　某厂某年某一生产目标分解示例

图 3-6　目标“剥洋葱”图

思考题　经过第 4 步后，得到的是什么结果？

5．目标体系的优化

总体目标具体化后形成的多层次、多部门的目标体系，一般是按一个网络的方式相互连接的，因此如何保证这些目标相互之间的协调，便成为目标制定过程中必须解决的问题。如果目标体系中的各目标互不支援、互不协调，就会在目标的制定及实施中出现对本部门有利而对其他部门不利或有害的现象。例如，生产部门希望以大批量、长周期、重复生产为目标，而销售部门则希望以小批量、短周期、多品种为目标，两者之间若不加以协调，就会影响相互间的合作与配合。组织目标的协调主要包含以下三方面工作。

一是横向协调，即对组织中处于同一层次的不同目标之间进行相互协调，如扩大生产和提高福利，生产、营销、财务各部门之间的目标要有机联系，相互支持。管理的作用就在于力求以有限的资源实现尽可能多或高的目标，因此在制定目标时我们要尽可能将表面上似乎是矛盾的不同性质的目标有机地加以协调。

二是纵向协调，即组织中不同层次的目标之间要上下保持一致，如岗位目标与部门目标之间、部门目标与总体目标之间要保持一致。上一层次抽象的目标要分解细化为下一层次的具体目标，下一层次的具体目标必须能够保证上一层次目标的实现。

三是进行综合平衡，明确各目标的优先顺序和重要程度，以突出重点，避免因小失大。因为尽管进行了横向和纵向协调，在实际执行过程中仍有可能出现目标之间相互冲突的情况，为此，必须事先明确各目标的优先顺序，以便在目标冲突时不会忙中出错，因小失大。

通过上述三方面的协调，最终将形成一个“相互支持的目标矩阵”。

三、目标管理

当一个组织确定了组织目标以后，如何将组织目标转换成各部门以及各组织成员的岗位目标呢？解决此问题的一种较好的方法就是目标管理。

（一）目标管理产生的背景

目标管理（Management by Objectives，MBO）是由美国著名的管理专家德鲁克在 1954 年出版的《管理的实践》一书中提出的一种管理方法。这种管理方法提出后，逐步发展成为许多西方国家及组织普遍采用的一种系统地制定目标并据此进行管理的有效方法。中国于 20 世纪 70 年代末引进了这一方法，并运用于企业管理，取得了明显的效果。目前已成为国内不少企业实际采用的管理方法之一。

目标管理的产生，基于两大背景：一是 20 世纪 40 年代后期，随着科学技术和经济的迅速发展，组织内部的分工越来越细，各类工作的专业性越来越强，使各部门的本位主义和唯我思想得以滋长，各部门之间各行其是、互不往来，组织整体的协调性被忽视，组织内部出现了大量的内耗。在这种情况下，管理者整天忙于协调，到处“救火”，管理呈现出盲目性和随意性，事倍功半。因此，如何在分工日益专业化的情况下，保持各项工作的协调性便成为当时比较突出的问题。二是由于当时占主导地位的科学管理思想比较强调理性而忽视人性，强调命令下属应该如何做，而不考虑下属的思想状况和需求，实行的是“命令式管理”。在这种情况下，管理者与下属之间是监工与操作者的关系，上级事事监督下级，不仅容易引起下属的反感，造成上下级之间的对立，而且也造成了“有人管干一阵，无人管歇一阵”的磨洋工局面；下属由于只是单纯地奉命行事，在工作中找不到乐趣，缺乏安全感，常常处于紧张状态被动地工作，难以取得好的效果。梅奥的“霍桑试验”冲击了泰勒的科学管理思想，提出要实现有效管理，不仅要重视理性管理，也要重视人性管理。正是在这种背景下，德鲁克提出了目标管理思想。

德鲁克指出：“企业的宗旨和任务必须转化为目标，管理者必须通过这些目标对下级进行领导并以此来保证企业总目标的完成。”“没有方向一致的分目标来指导个人的工作，则企业的规模越来越大，人员越来越多时，发生冲突和浪费的可能性就越大。每个企业管理人员或工人的分目标就是企业总目标对他的要求，同时也是他对企业总目标的贡献。只有每个企业管理人员或工人都完成了企业的分目标，整个企业总目标才有完成的希望。企业管理者对下级进行考核和奖惩也是依据这些分目标。”德鲁克还指出：“地区管理人员的目标应该用他和他的地区的销售力量对销售部所做的贡献来说明；工程项目工程师的目标应该用他、他的技术人员和绘图员对工程部做出的贡献来说明……这要求每位管理人员要亲自提出或确定他的部门目标。当然，高一级的管理部门必须保留批准或不批准这些目标的权力。但是，提出目标则是管理人员的责任，实际上这是他的主要责任。”虽然这里讲的是企业的目标管理，但是其思想是适用于一切社会组织的。

综上所述，我们认为，目标管理是以目标为导向，以人为中心，以成果为标准，而使组织和个人取得最佳业绩的现代管理方法。目标管理亦称“成果管理”，俗称责任制，是指在组织员工积极参与的情况下，组织自上而下地确定工作目标，员工在工作中实行“自我控制”，自下而上地保证目标实现的一种管理办法。

思考题　目标管理与“应急式管理”“命令式管理”有何区别?

（二）目标管理的特点

目标管理是一种程序或过程，组织中的上级和下级一起协商，根据组织的使命确定一定时期内组织的总目标，由此决定上下级的责任和分目标，并把这些目标作为组织经营、评估和奖励每个单位和个人贡献的标准。不难看出，目标管理法是一种结果导向型的考评方法，最大特征就是方向明确，即以实际产出为基础，考评的重点是员工工作的成效和劳动的结果。目标管理与传统管理方式相比有鲜明的特点，具体可概括如下。

1．重视人的因素

目标管理是一种具有参与性的、民主的、要求自我控制的管理制度，也是一种把个人需求与组织目标结合起来的管理制度。由于其要求组织成员实现自我管理，在实施目标管理的过程中，组织要充分调动员工的积极性，强调重视人这一因素。在这一制度下，上级与下级的关系是平等、尊重、依赖、支持，下级在承诺目标和被授权之后是自觉、自主和自治的。

思考题　注重行动和注重行动的目的有何区别?

2．建立目标锁链与目标体系

目标管理通过专门设计的流程将组织的整体目标逐级分解，转换为各单位、各员工的分目标。从组织目标到经营单位目标，再到部门目标，最后到个人目标。在目标分解过程中，权、责、利三者已经明确，而且相互对称。这些目标方向一致，环环相扣，相互配合，形成协调统一的目标体系。只有每个人完成了自己的分目标，整个企业的总目标才有完成的希望。

3．重视成果

目标管理以制定目标为起点，以目标完成情况的考核为终结。工作成果是评定目标完成程度的标准，也是人事考核和奖惩的依据，更是评价管理工作绩效的唯一标志。至于完成目标的具体过程、途径和方法，上级并不过多干预。所以，在目标管理制度下，监督的成分很少，而控制目标实现的能力却很强。

思考题　目标管理是否适用于任何场合?

（三）目标管理流程及关键性因素

1. 目标管理的流程

目标管理是一个全面的管理系统，采用系统的方法，将许多关键管理活动结合起来，从而保证高效率地实现组织目标和个人目标。从组织总目标开始，自上而下层层分解目标，各级部门和部门人员明确相应的分目标，即组织总目标对他们工作的要求。随着组织内各级部门分目标的完成，最终自下而上地实现组织总目标。其基本的流程如图 3-7 所示。

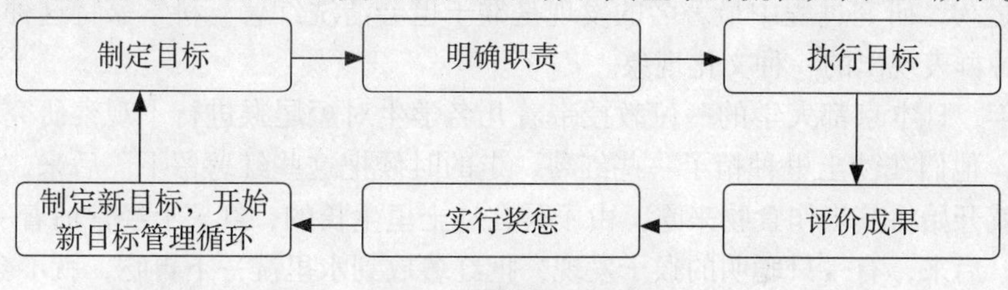

图 3-7　目标管理流程

（1）制定目标。制定目标包括制定组织的总目标和各部门的分目标。总目标是组织未来所开展的活动要达到的状态和水平，其实现有赖于全体组织成员的共同努力。为了协调组织成员之间的努力，各部门就依据总目标制定部门分目标以及个人目标。这就是以总目标为中心的一体化目标体系，是目标管理最重要的阶段。这一阶段可以细分为如下 4 个步骤（见表 3-5）。

表 3-5　制定目标步骤

步　骤	说　明
管理层预定目标，这是一个暂时的、可以改变的目标预案	既可以由上级提出，再同下级讨论；也可以由下级提出，上级批准。无论哪种方式，必须共同商量决定；领导必须根据企业的使命和长远战略，估计客观环境带来的机会和挑战，对本企业的优劣势有清醒的认识，对组织应该和能够完成的目标心中有数
重新审议组织结构和职责分工	目标管理要求每个分目标都有确定的责任主体。因此预定目标之后，需要重新审查现有组织结构，根据新的目标分解并进行调整，明确目标责任者和协调关系
确立下级的目标	首先使下级明确组织的规划和目标，然后商定下级的分目标。在讨论中，上级要尊重下级，平等待人，耐心倾听下级意见，帮助下级发展一致性和支持性目标。分目标要具体量化，便于考核；分清轻重缓急，以免顾此失彼；既要有挑战性，又要有实现可能。每个员工和部门的分目标要与其他分目标协调一致，支持本单位和组织目标的实现
上级和下级就实现各项目标所需的条件以及实现目标后的奖惩事宜达成协议	分目标制定后，要授予下级相应的资源配置权力，实现权责利的统一。由下级写成书面协议，编制目标记录卡片，整个组织汇总所有资料后，绘制出目标图

思考题　目标管理中的目标制定与前面所述的目标确定过程有何区别？

（2）明确职责。在目标制定后，就要明确组织中的部门以及人员的任务和责任。虽然目标管理重视结果，强调自主、自治和自觉，但是这并不等于领导可以放手不管。相反，领导在目标实施过程中的管理是不可缺少的。首先，要进行定期检查，利用与员工经常接触的机会和信息反馈渠道自然地进行；其次，要向下级通报进度，便于互相协调；再次，要帮助下级解决工作中出现的困难问题，当出现意外、不可预测事件严重影响组织目标实现时，也可以通过一定的手续，修改原定的目标，由此目标的执行人负责开展，保证目标的实现。对于目标的一般执行者而言，就需要以实现组织目标对其提出的要求为指导，明确为完成具体落实到自身的分目标而应担负的职责。

[做中学 3–3]　　幸岛短尾猴的故事

位于日本南部宫崎县的幸岛是短尾猴的故乡。日本科学家对幸岛短尾猴的研究已有半个世纪之久，研究过程中最著名的发现是猴子也会清洗红薯。科学家将这种行为看作是非人类种群表现出的一种文化现象。

1952 年，日本京都大学的一位教授带着几名学生对短尾猴进行了观察研究，在研究的过程中，他们在沙土里种植了一些红薯，走的时候把这些红薯留下。后来，猴子发现了红薯，就开始将其当作食物来吃。由于是在沙土里生长的，红薯上经常沾着一些沙子，比较硌牙。后来，有一只聪明的猴子发现，把红薯放到水里洗一下再吃，就不会硌牙了，于是他高兴地把这个发现告诉了身边的猴子，这些猴子也开始用水洗红薯吃。再后来，这些猴子又把这个方法告诉了其他猴子，甚至告诉了其他岛上的猴子。于是，一天，一个令人震撼的场景出现了，在皎洁的月光下，100 多只猴子排着队在水里洗红薯。

思考题　你从这个故事中得到什么启示?

[分析]

这个故事说明：一个人在小范围内做正确的事情时，他的行为可以影响到身边的人，而这种影响可以产生一种聚合效应。目标管理如果没有高层领导的支持和推动，没有高层领导的以身作则和示范作用，则很难推行。目标管理是一种思想和组织行为，领导必须起到带头作用。领导带头谈目标、定目标、回顾目标就是在做正确的事情，而领导的这种行为可以影响到经理层和员工，使大家逐渐培养一种目标管理习惯，最终形成自我控制。

（3）执行目标。组织中各个层级、各个部门的成员在确定自己的分目标后，为了达到其分目标，就必须利用一定的资源，开展一系列的活动，即执行目标。有的分目标很难达到，员工容易有压力，管理者可以将目标分解为小的阶段性目标。在实现大目标的过程中，对每个阶段性目标的成功给予奖励和总结，员工在这个过程中不断获得动力、获得经验，实现最终的目标。同时，为了保证分目标的实现，组织管理人员要给予员工适当的权力，以便开展活动，组织成员也会产生与权力相应的责任心，充分发挥自己的技术和才能，使目标的执行能更有效地进行。

（4）评价成果。对目标执行情况的评价就是对成果的评价，它作为对员工提供奖惩的依据，同时也为上下级沟通提供了机会，成为组织成员自我控制和自我激励的手段。此时成果的评价，不仅是上级对下级的评价，还包括下级对上级的评价，同级之间的相互评价和成员的自我评价等。

（5）实行奖惩。依据上述的各种评价结果，对组织成员进行相应的奖惩。这种奖惩形式是多种多样的，可以是物质的，也可以是精神的，或者是两者兼有的。公平公正的奖惩对于维持和调动组织成员的积极性和工作热情是至关重要的。

（6）制定新目标，开始新目标管理循环。成果的评价和对员工的奖惩既是对这一阶段的目标执行情况和组织成员贡献的总结，也是为下一阶段的工作提供借鉴和参考的经验。在此基础上，组织根据变化的内外环境重新制定新的组织总目标，再由此制定各个层级和部门的分目标，并组织实施，由此便开始了新的目标管理循环。

[做中学 3-4] **海尔的 OEC 管理**

"OEC"管理法——Overall every controland clear 的缩写，即全面质量管理法。O:Overall 全方位，E:Every 每人、Everyday 每天、Everything 每件事，C:Control 控制、Clear 清理。"OEC"管理法也可理解为：日事日毕日清日高，即每天的工作每天完成，每天工作要清理并要每天有所提高。

海尔管理经验促成了企业管理体系再造管理模式管理法的诞生——全方位目标管理。2010 年海尔目标管理培训：每人每日每件事控制清理，全方位地对每人、每日所做的每件事进行控制和清理，做到"日事日毕日清日高"，具体来讲就是企业每天的事都有人管，做到控制不漏项，所有的人均有管理、控制的内容，并依据工作标准对各自的控制项目按规定的计划执行。每日把实施结果与预定的计划指标进行对照检查、总结、纠偏，达到对事物全系统、全过程、全方位的控制、事事控制的目的，确保事物向预定的目标发展。即总账不漏项、事事有人管、人人都管事、管事凭效果、管人凭考核。

思考题　海尔的 OEC 管理的作用?

[分析]

目标体系→日清体系→激励机制，首先确立目标；日清是完成目标的基础工作；日清的结果必须与奖惩挂钩才有效。

2．目标管理时需注意的关键性因素

目标管理是现代企业管理方法中比较流行、实用的管理方法之一。搞好目标管理并非如一般人想象的那么简单，需要注意一些关键性因素。

（1）目标制定必须科学合理。目标管理能不能产生理想的效果、取得预期的成效，首先就取决于目标的制定，科学合理的目标是目标管理的前提和基础，脱离了实际的工作目标，轻则影响工作进程和成效，重则使目标管理失去实际意义，影响企业发展大局。目标的制定一般应该注意如下几方面：难易适中的原则（要有难度但不能让人产生畏难情绪）、时间紧凑的原则、大小统一的原则（年度目标与月度目标、整体目标与局部目标）、方向一致的原则（使所有人都朝一个方向努力）。

（2）督促检查必须贯串始终。在目标管理的过程中，丝毫的懈怠和放任自流都可能危害巨大。实施目标管理时，最有效的还是高层管理人员的重视，其亲自参与目标的制定以及目标管理的解释、协调和指导工作，这样才会更好地把目标管理的思想渗透到组织的每个部门以及相关人员的心中。管理者必须随时跟踪每个目标的进展，发现问题及时协商、及时处理、及时采取正确的补救措施，确保目标运行方向正确、进展顺利。

（3）成本控制必须严肃认真。目标管理以目标的达成为最终目的，考核评估也是重结果轻过程。这很容易让目标责任人重视目标的实现，轻视成本的核算，特别是当目标运行遇到困难可能会影响到目标的适时实现时，责任人往往会采取一些应急的手段或方法，这必然导致实现目标的成本不断上升。管理者在督促检查的过程当中，必须对运行成本作严格控制，既要保证目标的顺利实现，又要把成本控制在合理的范围内。因为，任何目标的实现都不是不计成本的。

（4）考核评估必须执行到位。在目标管理过程中，任何一个目标的达成和项目的完成，都必须有一个严格的考核评估。考核评估的指标要反映对过程的要求，不能只是注重最终的结果而忽视过程，要使员工重视过程，并表现出符合企业长远发展的行为，避免短期行为和偏离企业发展方向的行为。并且考核、评估、验收工作必须选择执行力很强的人员进行，必须严格按照目标管理方案或项目管理目标，逐项进行考核并做出结论，对目标完成度高、成效显著、成绩突出的团队或个人按章奖励，对失误多、成本高、影响整体工作的团队或个人按章处罚，真正达到表彰先进、鞭策落后的目的。

（5）沟通渠道必须畅通无阻。实行目标管理之后，要时刻保持组织的沟通畅通，便于组织内部的意见交换。同时，阶段性目标实现时，要及时传达阶段性成果达成的情况，注重对阶段性成果的肯定和巩固，让员工享受阶段性喜悦，这样更有利于使员工保持积极性以继续为实现目标而努力。由于目标管理的整体性，部门之间需要相互作用，上下级之间需要相互接触，难免会因为各种原因导致矛盾和冲突，阻碍目标管理的顺利推行，畅通的沟通渠道将有助于把目标管理的阻力减少到最小。

[做中学 3-5]　　王勇的目标管理为什么实施不了

王勇曾经在一家有名的外商独资企业中担任销售部经理，成绩卓著。几年前，他离开了这家企业，自己开了一家建材贸易公司，由于有以前的底子，所以生意很不错。年初，他准备进一步扩大业务，在若干个城市设立经销处，同时，扩大经营范围，增加花色品种。

面对众多要处理的问题，王勇决定将部分权力授予下属的各部门经理。他逐一与经理们谈话，一一落实要达到的目标。其中，他给采购部经理定下的目标是：保证每一个经销处所需货物的及时供应；所采购到的货物的合格率必须保持在 98% 以上；采购成本保持在采购额的 5% 以内。采购部经理当即提出异议，认为有的指标不合理。王勇回答说：“可能吧，你尽力而为就是了。”

到年终考核时发现，采购部达到了王勇给他们规定的前两个目标，但采购成本大大超支，约占当年采购额的 8%。王勇问采购部经理怎么会这样时，采购部经理解释说：“有的事情也只能如此，就目前而言，我认为保证及时供应和货物质量比我们在采购时花掉多少钱更重要。”

思考题　你认为王勇在实施目标管理中有问题吗？他应如何改进？

[分析]

目标管理通过专门设计使目标具有可操作性。在这一过程中，组织的整体目标被转换为每一级组织单位的具体目标，再到部门目标，最后到个人目标。这一过程既是自上而下的，又是自下而上的，最终是形成了一个目标的层次结构。在这一结构中，不同层次之间的目标连接在一起，而对每一位员工，目标管理都提供了具体的个人绩效目标。目标管理有四个共同的要素：明确目标、参与决策、规定期限、反馈绩效。本案例中王勇并没有与员工一起商讨目标的制定事宜，而是自己确定目标要员工执行，没有基于环境因素、企业实际情况以及员工的能力所制定的目标缺乏可执行性，王勇要实施目标管理先要与员工一起制定目标并且要进行跟踪指导，目标设置的合理性可参考 SMART 法则。

（四）目标管理的优劣势分析及改进

1．目标管理的优势

（1）协调组织活动。目标管理确定的目标即是期望活动产生的结果，这些目标都是现实可行的。目标的制定依赖于计划工作的保证，同样计划也必须以最终目标为依据才有意义。这就迫使管理人员为实现最终的目标而制订计划和考虑实现目标的手段，再考虑达成这些目标所需的组织机构和人员。这种整合组织的管理工作，能够保证组织各项活动的协调，极大地加强了组织的整体性。

（2）提高组织绩效。目标管理关键就是强调最终目标的达成，这就是以结果为导向。为了实现这些目标，组织必须制订一系列的计划，开展相应的活动，并把活动具体落实到组织中的成员身上，使其明确各自的任务和职责，这就产生了以促进管理工作的改善、提高组织绩效这一结果为导向的计划。

（3）改善组织结构。为了将目标落实到组织岗位上，管理人员必须明确组织的结构状况和岗位情况，从而发现组织结构中存在的问题和缺陷，例如，岗位职责不清或授权不足等问题，进而采取措施改善组织结构，使其有利于组织活动的开展。

（4）激发组织成员的主动精神和责任感。组织成员都参与了目标的拟定，改变了过去被动接受上级下达目标的状态。再把通过的目标进行逐步分解后，落实到具体人，每个人都有其明确的目标，由此产生催人奋发向上的激情和力量。同时，成员也能自己掌握自己的工作和活动，这会极大地激发其主动精神，使其更好地感知自己承担的责任，更加努力地工作。

（5）保证控制实施。控制就是对进行中的计划活动加以衡量和掌控，这个衡量的标准就是组织的目标。组织通过考察开展的计划活动是否有利于目标的完成，本身就是一种结果控制方式。如果发现现实活动与目标之间发生偏差，应及时采取纠偏措施，在保证组织目标达成的同时，也保证控制职能的实现。

2．目标管理的劣势

（1）目标设置困难。目标管理的关键是制定目标，但是科学合理的设置目标是有难度的。特别是有些目标同其他目标之间的联系不紧密时，确定目标及检验和评价的标准就比较困难。例如，许多团队工作在技术上不可解，组织环境的可变因素越来越多、变化越来越快，组织的内部活动日益复杂，组织活动的不确定性很大等，这些都会使得组织的许多活动很难制定数量化目标，只能是定性化。

（2)目标可能缺乏灵活性。目标制定出来之后就是既定的目标，组织上下围绕其开展工作，落实实现目标的具体工作，这时如果调整或修改目标，工作量就会很大。正是由于这一原因，组织的目标制定之后，当组织的主客观情况发生变化时，组织可能还是执行既定的目标。目标的应变性和灵活性差，不利于组织的生存和发展。

（3）强调短期目标。大多数目标管理中的目标通常是一些短期的目标：年度的、季度的、月度的等。一方面，短期目标比较具体，易于分解，而长期目标比较抽象、难以分解。另一方面，短期目标易迅速见效，长期目标则不然。所以，在目标管理方式的实施中，组织常常强调短期目标的实现而忽略了长期目标，或者长期目标和短期目标之间联系不紧密，产生脱节的现象，最终导致行为的短期化。

（4）目标管理基本哲学假设不一定存在。目标管理是建立在对人的基本的哲学假设上的，认为人都是麦格雷戈“X 和 Y 理论”中的“Y”类型。该理论对于人类的动机做了过分乐观的假设，认为组织成员有足够的自觉性和主动性，会主动承担责任和追求工作成就。但是在现实生活中，组织成员是形形色色的，存在机会主义本性，尤其在监督不力的情况下。因此在许多情况下，目标管理所要求的承诺、自觉、自治气氛难以形成，这就等于推翻了目标管理基本哲学假设。

3．改进措施

目标管理有其显著的优点，有利于组织管理活动的开展，同时其缺点也是不容忽视的。为了最大化地利用目标管理为组织管理工作服务，一般来说，就要针对组织的具体情况，对目标管理采取相应的改进措施。

（1）明确目标。为了避免由于组织目标的模棱两可，内容指向不清晰，造成组织成员无所适从，组织在进行目标管理时，首先就要明确组织的目标，明确目标包含的内容，以及相关执行人员的任务和职责，力求所制定的目标是可以测量和考评的具体目标。同时，由于组织中不同岗位的工作性质不同，有些工作岗位就不可能制定完全的定量化目标，只能是定性的概括。定性化虽然增加了目标考核的难度，但是对于组织中的部分脑力劳动者来说，才是公平合理的。所以，现实中具体的目标制定应根据具体的情况做出分析才能确定。但是，最终目标的制定必须是明确的。

（2）共同决策。目标在制定时，要注意避免单边设定的情况即管理者自己决定目标是什么，不管其余目标相关者的意见，这样可能使得制定出来的目标出现偏颇或脱离实际等问题。为了避免此类问题，管理人员在制定目标时，可以邀请多方参与者参与决策，如相关职能部门管理人员、下属员工、外部专家、顾客等利益相关者。这样不仅增加了制定目标的可行性，而且增加了参与者对目标的认同感，有利于目标管理的顺利开展。

（3）规定目标的期限。在制定完目标时，应该同时规定目标开始和完成的期限，这时要根据组织的实际情况，如物质资源、人力资源等情况，多方论证，来确定每个目标完成的预定时间。在公布组织目标时，要求每个目标执行者在预定的时间内达成。时限要清楚，如从 2010 年 5 月开始到 6 月底结束，清楚地写明开始的时间和结束的时间，避免出现因理解不一致而导致组织活动的延误。

（4）不断反馈目标完成的情况。目标管理的执行，是目标层层的分解和落实，每个参与者都有相应的任务和职责。为了参与者及时了解自己工作的绩效结果，明确组织的期望，要不断进行目标完成情况的反馈。可以定期举行一些稽核会议或者不定期地组织管理人员与参与者座谈。一方面，可以避免参与者对工作的茫然，造成工作偏离组织目标的情况；另一方面，可以有效地激励参与者努力实现目标。

正如彼得·德鲁克所认为的，“目标管理与自我控制”完全可以被称为一种管理哲学。

目标管理实质是给我们一种思考现实组织生存和发展的思路，所以我们在理解目标管理的时候，就要辩证地思考其优劣势。在具体运用目标管理时，根据不同组织的不同情况，有区别地实施。

任务二 计划及其制订

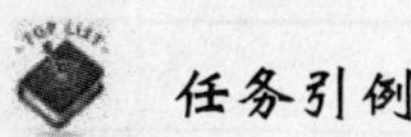

任务引例

难道我没有计划吗

个体户小赵得知近来某高档啤酒销售的差价利润丰厚，就托关系以预付30%款项的方式从厂家批发了5 000箱。同时招一批临时工以每瓶0.2元回扣的报酬组织促销队伍，并安排饮食店和宾馆代销。但因促销不力，2 000箱啤酒积压在库房。小赵的爱人责备他做事没有计划，小赵感到很委屈。

你认为小赵有计划吗？小赵应如何制订计划？

在一个快速成长的企业中，员工对自己的产品和市场充满信心，每年都确立了宏伟的目标，但尽管每天都勤奋工作，常常加班加点，他们却并没有能够达成他们认为应该能够达成的各项目标。他们常常为此感到困惑：市场不应该说不好，产品也一直在开发，员工也拼命地在工作，为什么最终仍不能取得预期的结果呢？

管理理论告诉我们：明确目标固然重要，勤奋工作当然也重要，但如果没有好的计划，我们仍然难以有效地实现目标，我们的勤奋也难以取得预期的效果。因此，无论是个体还是组织，要想更好地实现生活或工作的目标，都需要“计划”。国家政府制订五年计划，是为了确保未来经济发展；企业制订新产品开发和销售计划，是为了保证某种新产品的成功上市；个人对于工作或生活也需要有计划。计划是管理的首要职能，贯穿管理的全过程，计划与其他管理职能关系密切。

一、计划及其作用

（一）计划的概念及内容

计划有两种不同的含义。作为名词，计划是一种结果，指通过文字或数字指标表示出来的工作或行动的具体内容和步骤，是计划工作中包含的一系列活动完成之后产生的一个系列规划；作为动词，计划工作是指事前确定必要的工作方针，以期在未来的发展中能够实现目标的工作过程。广义的计划工作，是指制订计划、执行计划和检查计划三个阶段的工作过程。狭义的计划工作，是指制订计划，即根据组织内外部的实际情况，权衡客观的需要和主观的可能，通过科学的预测，提出在未来一定时期内组织所需要达到的具体目标以及实现目标的方法。在管理学中，计划规定了怎么实现目标，描述了资源的分配、进度以及其他实现目标的必要行动。所以，可以将计划统称为对组织以及组织内部不同部门和不同成员在未来一定时期内的目标以及实现目标的途径的策划与安排。当管理者制订计划时，他们既要规定目标也要编制计划，计划是全体组织成员在一定时期内的行动纲领。计划工作包括调查研究、预测未来、设置目标、制订计划、贯彻落实、监督检查和修正等内容。一项完整的计划，通常包括“5W1H”：做什么（What）、为什么做（Why）、何时做（When）、何地做（Where）、谁去做（Who）和怎么做（How）几方面的内容，如表 3-6 所示。

思考题　按照计划的定义，日常工作中哪些东西是属于计划范畴的？

表 3-6　计划的内容

项目	具体内容
做什么	即需要什么样的行动。这是要明确所进行的活动及其要求，如企业生产计划就要明确所生产产品的品种、数量、进度、费用等，以保证充分利用企业的生产能力，按质、按量、按期完成生产计划，并提供考核依据
为什么做	即为什么需要这项行动。这是要明确计划的目的和原因，使计划执行者了解、接受和支持这项计划，把“要我做”变为“我要做”，以充分发挥下属的积极性、主动性和创造性，实现预期目标
何时做	即何时行动。这是要规定计划中各项工作的开始和结束时间，以便进行有效的控制，并对组织的资源进行平衡
何地做	即在何处采取这项行动。这是要规定计划的实施地点或场所，了解计划实施的环境条件及限制因素，以便合理地安排计划实施的空间
谁去做	即由谁负责这项行动。这需要划分各部门和组织单位的任务，规定由哪些部门和人员负责实施计划，包括每一阶段的责任者、协助者，各阶段交接时由谁鉴定、审核等
怎么做	即如何行动。这需要制定实现计划的措施以及相应的政策、规则，对资源进行合理分配和集中使用，对生产能力进行平衡，对各种引申计划进行综合平衡等

思考题　表 3-6 中的内容对于一项计划来说，是否缺一不可？

（二）计划的特征

1. 目标性

计划的制订和执行是为了使组织以最少的耗费实现其预定的目标。目标的确定不是单凭主观愿望，要以很多预测和分析工作作为基础，符合实际情况。明确的计划能够使组织成员了解组织的目标以及自己的职责，在计划的实施过程中，计划中所规定的工作任务和衡量标准又是控制的依据。所以，计划可以为员工指明方向，可以使整个组织的活动有序、高效，减少重叠和浪费，有利于组织目标的实现。

2. 基础性

就管理的各项职能而言，计划是首要职能，是其他各项职能的基础和依据。因为管理者在确定了目标、拟订了计划之后，才能确定合适的组织结构，才能知道组织在何时需要什么样的资源，获取资源并进行分配与协调，才能控制组织和个人的行为不偏离计划。所以说，计划是管理者行使管理职能的起点和基础。

3．前瞻性

计划是面向未来的，而未来是不可知的，常常会面临新的机遇或挑战。因为计划是在掌握了过去和现在的基础上通过预测未来而做出的工作安排，所以，计划中关于组织未来的行动方案和建议说明具有一定的前瞻性。

4．普遍性

一个组织中各个层次和职能的管理人员都有制订某些计划的权力和责任，各层次的管理活动都需要进行计划，所以，每一位管理人员的工作中都少不了计划。如高层管理者要制订战略计划，中层管理者要确定施政计划，基层管理者要实施作业计划。因此，计划是各级管理人员的基本职能，具有普遍性。

（三）计划的作用

制订计划是一项重要的管理工作，一些管理者和组织失误的原因通常不在于其技术能力，而是因为其缺乏制订有效计划的能力。计划的最终成果是对未来发展的行动方针做出预测和安排，制订有效计划是取得成功的秘诀，计划做得好可取得很多收益。

1．提供方向

明确的目标和具体的如何实现这些目标的方法，可为我们未来的行动提供一幅路线图或行动图，从而减少未来活动中的不确定性。计划是连接现在和未来的一座桥梁。

2．有效配置资源

实现目标可能有多条途径，通过事先的分析，有助于对有限资源做出合理的分配。进一步地，借助计划可以克服由于资源的短缺和未来情况的不确定性所带来的困难，使一些本来无法或难以有效实现的目标得以实现。

3．适应变化，防患于未然

未来的不确定性不可能完全消除，通过事先对未来可能发生的各种可能性的预测，有助于及时预见危险、发现机会，早做准备。从这一角度而言，计划是一种生存策略，它尽管不能决定我们明天一定能成功，但能使我们更好地面对明天。

[做中学 3-6] 蚱蜢与蚂蚁的故事

夏天，一只蚱蜢在草丛里斜倚着草秆，享受着傍晚时光。在它不远的地方，几只小蚂蚁汗流浃背地在运粮食。蚱蜢嘲笑说：“你们真傻，这么好的时光不知道享受。”蚂蚁回答说：“你现在舒服，等到了冬天，就会知道你将为此付出多大的代价了。”后来，深秋来临了，天气越来越冷，蚂蚁在自己温暖的窝里享受夏天准备的食物，而蚱蜢却被冻死了。

思考题 这则寓言说明了什么？

［分析］

蚂蚁和蚱蜢的行动源自他们对未来的认识不同。蚂蚁积极主动地防范风险，应对未来；而蚱蜢则是享受眼前。不同的目标会导致不同的行动。

4．提高效率，调动积极性

由于目标、任务、责任明确，可使计划得以较快和较顺利地实施，并提高经营效率。通过清楚地说明任务与目标之间的关系，可制定出指导日常决策的原则，并培养计划执行者的主人翁精神。

5．为控制提供标准

通过事先明确要做什么、由谁做、要求做到何种程度等，为事中和事后控制提供了标准，有助于提高控制的有效性。

思考题　为什么通过制订计划可使一些原本难以实现的目标得以实现？

（四）计划的类型

计划有多种类型，按时间分，有长期计划、中期计划和短期计划；按广度分，有战略计划和行动计划；按对象分，有综合计划、部门计划和项目计划；按效用分，有指令性计划和指导性计划。

1．按时间分：长期计划、中期计划和短期计划

一般来说，人们习惯把五年以上的计划称为长期计划；一年以上、五年以内的计划称为中期计划；一年及一年以内的计划称为短期计划。长期计划主要回答两方面的问题：一是组织的长远目标和发展方向是什么；二是怎样达到本组织的长远目标。例如，一个企业的长期计划要指出该企业的长远经营目标、经营方针和经营策略等。中期计划来自长期计划，只是比长期计划更为具体和详细，它主要起协调长期计划和短期计划之间关系的作用。长期计划以问题、目标为中心，中期计划则以时间为中心，具体说明各年应达到的目标和应开展的工作。短期计划比中期计划更为具体和详尽，它主要说明计划期内必须达到的目标，以及具体的工作要求，要求能够直接指导各项活动的开展。以企业年度销售计划为例，对按时间划分的计划类型进行说明，如表 3-7 所示。

表 3-7　按时间划分的计划类型

计划类型	长期计划	中期计划	短期计划
时间	五年以上	一年以上五年以下	一年及一年以内
内容	一是组织的长远目标和发展方向是什么；二是怎样达到本组织的长远目标。长期计划以问题、目标为中心	中期计划来自长期计划，只是比长期计划更为具体和详细，它主要起协调长期计划和短期计划间关系的作用。中期计划以时间为中心，具体说明各年应达到的目标和应开展的工作	短期计划比中期计划更为具体和详尽，它主要说明计划期内必须达到的目标，以及本组织具体的工作要求，要求能够直接指导各项活动的开展
举例	企业发展纲要	企业生产能力三年规划	企业年度生产计划

思考题　在组织发展的不同阶段，计划的时间跨度是否应有所不同？

在一个组织中，长期计划和短期计划之间的关系应是“长计划、短安排”，即为了实现长期计划中提出的各项目标，组织必须制订相应的一系列中、短期计划并加以落实，而中、短期计划的制订则必须围绕着长期计划中所提出的各项目标展开。

2．按广度分：战略计划和行动计划

战略计划是由高层管理者制订的具有长远性、全局性的指导计划，它描述了组织在未来一段时间内总的战略构想和总的发展目标，以及实施的途径，决定了在相当长的时间内组织资源的运动方向，涉及组织的方方面面，并将在较长时间内发挥指导作用。

行动计划是在战略计划所规定的方向、方针、政策框架内，为确保战略目标的落实和实现，确保资源的取得与有效运用而形成的具体计划，它主要描述如何实现组织的整体目标，是战略计划的具体化或是战略实施计划。行动计划还可进一步细分为施政计划和作业计划，分别由中层管理者和基层管理者负责制订。

施政计划按年度拟订，明确各年度的具体目标和达到各种目标的确切时间；作业计划则在施政计划下确定计划期内更为具体的目标，确定工作流程、确定人选、分派任务和资源、确定权力与责任。战略计划、行动计划的划分与按计划期的长短划分的计划类型在很多方面有相似之处，但也有一些差别，如表 3-8 所示。

表 3-8 战略计划和行动计划

比较项目	战略计划	行动计划
时间跨度	三年或三年以上	三年以内（周、月、季、年）
范围	涉及整个组织	局限于特定的部门或活动
侧重点	确定组织宗旨、目标，明确战略和重大措施	明确实现目标和贯彻落实战略、措施的各种方法
目的	提高效益	提高效率
特点	全局性、指导性、长远性	局部性、指令性、一次性

思考题　是否每一个组织都应有战略计划和行动计划?

3．按对象分：综合计划、部门计划和项目计划

计划还可按计划对象分为综合计划、部门计划和项目计划。顾名思义，综合计划涉及的内容是多方面的，部门计划只涉及某一特定的部门，项目计划则是为某项特定的活动而制订的计划。综合计划一般是指具有多个目标和多方面内容的计划，就其所涉及的对象而言，它关联整个组织或组织中的许多方面。习惯上人们把年度的预算计划称为综合计划，在企业中它是指年度的生产经营计划。部门计划是在综合计划的基础上制订的，它的内容比较专一，局限于某一特定的部门或职能，一般是综合计划的子计划，是为了达到组织的分目标而制订的。如企业销售部门的年度销售计划就属于这一类型的计划。项目计划是针对组织的特定活动所做的计划，例如，某项产品的开发计划、职工俱乐部建设计划等都属于项目计划。

思考题　为什么有了综合计划后还要有部门计划和项目计划?

4．按效用分：指令性计划和指导性计划

按计划的约束力大小，计划可分为指令性计划和指导性计划。指令性计划是由上级下达的具有行政约束力的计划，它规定了计划执行单位必须执行的各项任务，其规定的各项指标没有讨价还价的余地；指导性计划是由上级给出的一般性的指导原则，具体如何执行具有较大灵活性。

思考题　有人认为现在计划不如变化快，所以没必要制订计划，这话对吗？

直观地看，似乎指令性计划比指导性计划更可取，指令性计划具有明确描述的目标，不存在模棱两可容易引起误解的问题。但在现实中，指令性计划所要求的明确性和可预见性条件会由于内外环境条件的多变而难以得到满足。在这种情况下，指导性计划更可取，由于其没有明确的要求，从而使其具有较好的适应性，另外，由于指导性计划规定了一般性的指导原则，从而使其在多变的环境中具有较好的可控性。灵活性和可控性相结合，是应对多变环境的有力武器。

思考题　你所在的组织中，存在着指令性计划和指导性计划吗？

任务解析

一个好的计划应该有将损失降到最低的应变措施。小赵的计划欠缺应变措施，小赵爱人骂他做事没有计划，个人觉得不是说没计划，而是没有应变措施。所以在制订计划时一定要做好最坏情况计划，以此降低计划带来变化的风险。

二、制订计划的过程

不同类型的计划有不同的特点，但一般来说，计划工作的过程，大体包含以下几个步骤，如图 3-8 所示。

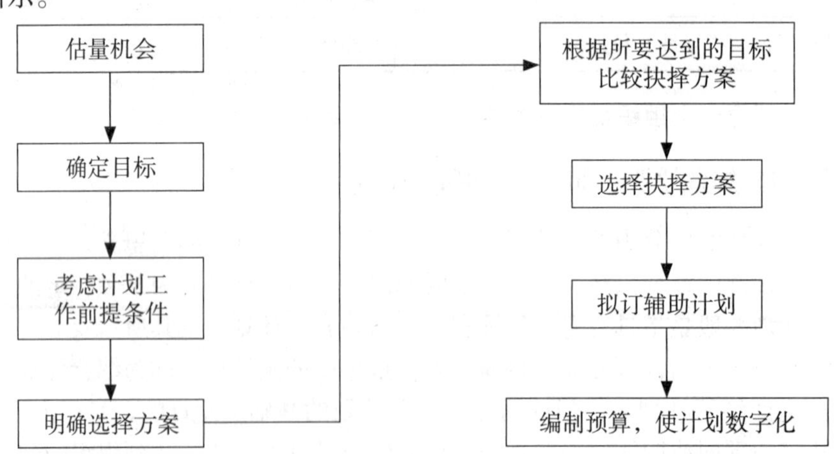

图 3-8　计划工作的步骤

1．估量机会

对机会进行估量是在实际的计划工作开始之前就着手进行的，因而严格说来，它不是计划工作过程的一个组成部分，但它却是计划工作的真正起点。它包括初步考察未来可能出现的机会，以及清楚而全面地了解这些机会的能力。根据本组织的长处和短处摸清所处的地位，明确为什么要去解决这些不确定的问题，期望得到什么结果。一般来说，能否把切实可行的目标确定下来就取决于这一估量。计划工作要求对这类机会的情况做出现实的判断。

2．确定目标

计划工作的第一个步骤就是为整个组织确定计划工作的目标，然后为其所属的每个下级单位确定计划工作的目标。要说明预期成果的目标，就应指明所要做的工作有哪些，重点应放在哪里，要完成什么任务。

3．考虑计划工作前提条件

计划工作的第二个步骤就是确定一些关键性的计划前提，并使有关人员同意使用和加以宣传。这些前提条件包括：说明事实性质的预测资料，运用的基本政策和现行计划。计划工作的前提条件就是假设，换句话说，就是计划实施中的预期环境。一个组织的外部环境是极为复杂的，即使是一个组织的内部环境，在草拟计划时也必须对其进行仔细地考虑。从确定前提条件这个步骤中会引申出计划工作的一个重要原理，即负责计划工作的人员对计划前提条件了解得越透彻，并能始终如一地运用它，那么，组织的计划工作也就能做得越协调。

思考题　如果在制订计划时忽视了其中的某些信息或限制条件，会导致什么结果?

4．明确选择方案

计划工作的第三步是要寻找并检查可供选择行动的计划方案，对于那些不是很容易就能看清的计划方案更要给予特别的关注。不存在合理的抉择方案的计划几乎是没有的。

5．根据所要达到的目标比较抉择方案

在找出可供抉择的方案和考察了它们各自的优缺点之后，计划工作的第四步就是根据计划前提和目标通过考察各种因素对方案进行评价。在大多数情况下，可供抉择的方案数量很多，而与其有关的变量和限定条件也很多，所以评价工作也可能异乎寻常的困难。由于这些复杂性，新型方法论和运筹学及分析法的运用就会对抉择方案很有帮助。

6．选定抉择方案

计划工作的第五步是选定抉择方案，这是确定哪一个计划被采用的关键一步，也是做决策的实质性的一步。有时，对可供抉择方案的分析和评价可能会出现两个或更多的方案都是可取的情况，主管人员就可以决定同时采取几个方案，而不只是一个方案。

7．拟订辅助计划

在做出决策之后，计划工作还没有结束，还要采取第六个步骤，就是为了支持基本计划，还需要制订各种不同的辅助计划。

8．编制预算，使计划数字化

在做出决策并确定计划之后，为使决策和计划具有上述讨论中所指出的那些含义，还要有最后一个步骤，即把决策和计划转为预算，使之数字化。如果预算工作做好了，它可以成为汇总各种计划的工具，也可以成为衡量计划工作进度的重要标准。

另外,为了对突然发生的变化做出迅速的反应,以防止不知所措的局面,有时还需制订“意外应急计划”。意外应急计划制订的步骤与上述步骤相同,但在制订过程中还应注意几个方面:① 按照对组织目标的实现是有利还是不利，把可能发生的意外事件分类；② 按其发生的可能性大小排列，找出需要制订意外应急计划的主要事件；③ 明确这些事件的起因，可能发生的时间，以及事态如果发展到何种程度则应采用何种应急计划；④ 估计各种意外事件的影响，确定每种意外事件可能带来的潜在影响和伤害；⑤ 应急计划应尽可能简单，避免一些不必要的计划成本；⑥ 特别需要指出的是，只能对一些最有可能发生或关键性的事件考虑应急计划。

[做中学 3-7]　　他为什么总能化险为夷

一位老先生退休前的职业是一家飞机制造厂的飞机试飞员。在他 60 多岁光荣退休之后，报纸、广告、电台等纷纷前往采访。这是一个传奇人物，据说跟他一起从事这个行当的伙伴们有的因事故而殉职了，有的由于发生事故而导致身体残疾，而这位老先生，尽管经历了很多次事故和意外，但都化险为夷。记者问他有什么诀窍比别人做得更好。“为什么别人在各种各样的灾难面前躲不过去，而你却能化险为夷呢？”这位老先生解释道:“我有一个习惯，就是我在每次执行任务之前都会做脑内操演。我会设想可能出现的各种情况，假如出现某种情况的时候，我应当如何应对，假如发生某种意外的时候，我如何处理才是最佳的选择。每次执行任务之前，我都会闭上眼睛进行这样的冥想。所以在很多次执行任务过程中，尽管碰到了意外，但对我来讲，却是意料之中的事。”

思考题　为什么计划不如变化快却还需要做计划呢?

[分析]

这是因为计划可以为管理者和非管理者指明方向；通过制订计划促使管理者展望未来，预见变化，考虑变化的冲击，以及制定适当的对策，减少变化的冲击；计划还可以使浪费性和重叠性减至最少；另外，计划设立目标和标准有利于控制。没有计划，就没有控制。

三、制订计划的方法

提高计划工作效率的最好方法就是采用科学的制订计划方法。滚动计划法、网络计划法、运筹学计划方法、计量经济学方法是目前常用的几种方法。本书仅对滚动计划法与网络计划法做简单介绍。

（一）滚动计划法

1．滚动计划法的基本思想

滚动计划法是一种将短期计划、中期计划和长期计划有机结合起来，根据计划的执行情况和环境的变化情况，定期修订未来计划并逐期向前推移的计划制订方法。

滚动计划法是一种编制具有灵活性的、能够适应环境变化的长期计划方法。每次调整时，保持原计划期限不变，而将计划期限顺序向前推进一个滚动期。

采用滚动计划法，可以根据环境条件和实际完成情况，定期对计划进行修订，使组织始终有一个较为切合实际的长期计划作指导，并使长期计划能够始终与短期计划紧密衔接在一起。

在制订工作计划时，一般难以对未来一个时期多种影响计划实现的因素做出准确无误的预测，因此制订出来的计划往往不能完全符合企业未来的实际。在这种情况下，为了使计划能够起到指导企业经营活动的作用，不得不在计划执行过程中经常进行调整。

通常，滚动计划的具体做法是：在制订计划时，同时制订未来若干期的计划，计划内容近细远粗；在计划期的第一阶段完成以后，根据实际情况与计划进行比较并分析原因，然后修订计划使之向前滚动一个阶段；以后根据同样的原则逐期滚动。

2．滚动计划法的制订流程

滚动计划法是指根据一定时期计划的执行情况，考虑企业内外环境条件的变化，调整和修订原来的计划，并相应地将计划期顺延一个时期，把近期计划和长期计划结合起来的一种编制计划的方法。在计划编制过程中，尤其是编制长期计划时，为了能准确地预测影响计划执行的各种因素，可以采取近细远粗的办法，近期计划订得较细、较具体，远期计划订得较粗、较笼统。在一个计划期终了时，根据上期计划执行的结果和产生条件、市场需求的变化等，对原计划进行必要的调整和修订，并将计划期顺序向前推进一期，如此不断滚动、不断延伸。如图 3-9 所示。

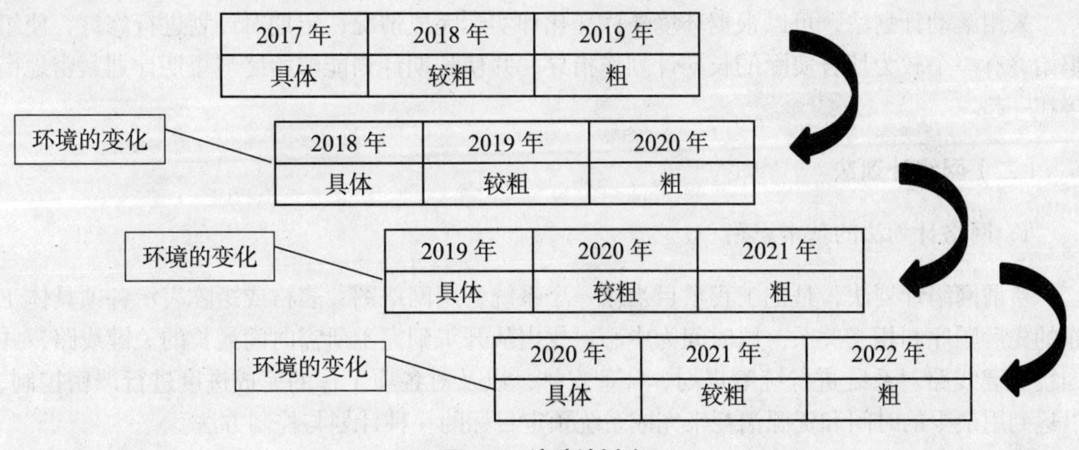

图 3-9 滚动计划法

运用滚动计划法制订工作计划时要注意以下两点。

（1）将工作计划划分为若干个执行期（如年、季度、月、周等）。近期计划作为工作计划的具体实施部分，内容要制订得详细具体，具有指令性；远期计划内容则可以制订得较为粗略笼统些，但必须具有指导性。

（2）计划执行到一定阶段，就根据实际执行情况和环境的变化对以后各期计划内容进行适当的修改或调整，将原来的下一个执行期上升为具有指令性的部分，并向前延续一个新的执行期。

3．滚动计划法的评价

滚动计划法能够根据变化的组织环境及时调整和修正组织计划，体现了计划的动态适应性。而且，它可使中长期计划与年度计划紧紧地衔接起来。

滚动计划法既可用于编制长期计划，也可用于编制年度、季度生产计划和月度生产作业计划。不同计划的滚动期不一样，一般长期计划按年滚动；年度计划按季滚动；月度计划按旬滚动等。

滚动计划法虽然使得计划编辑工作的任务量加大，但在计算机已被广泛应用的今天，其优点十分明显。

（1）可以使制订出来的工作计划更加符合实际，极大地提高工作计划的准确性，更好地保证工作计划的指导作用，提高工作计划的质量。

（2）使用滚动计划法可以使长期计划、中期计划与短期计划相互衔接，短期计划内部各阶段相互衔接，这就保证了当环境变化时能及时进行调整，使各短期计划基本保持一致。

（3）滚动计划法增加了工作计划的弹性，这在环境变化较大的时代尤为重要，它可以提高组织的应变能力。

需要指出的是，滚动间隔期的选择，要适应企业的具体情况，如果滚动间隔期偏短，则计划调整较频繁，好处是有利于计划符合实际，缺点是降低了计划的严肃性。一般情况是，生产比较稳定的企业宜采用较长的滚动间隔期，生产不太稳定的企业则可考虑采用较短的间隔期。

采用滚动计划法，可以根据环境条件变化和实际完成情况，定期对计划进行修订，使组织始终有一个较为切合实际的长期计划作指导，并使长期计划能够始终与短期计划紧密地衔接在一起。

（二）网络计划法

1．网络计划法的基本思路

所谓网络计划法，是把工程项目当作一个系统，用网络图、表格或矩阵表示各项具体工作的先后顺序和相互关系，以时间为中心，找出从开工到完工所需时间最长的关键线路，并围绕关键线路对系统进行统筹规划、合理安排，以及对各项工作的完成进度进行严密控制，以达到用最少的时间和资源消耗来完成系统预定目标的一种计划与控制方法。

例如，在某个星期日，某人在上午九点以后开始干家务，要求十一点半前结束，以便准时参加某个联欢会。具体家务及所需时间为：洗衣三小时、煮饭一小时、吃饭半小时。分别以 A、B、C 代表这三项工作，则可有以下几种安排。

方案 1：如图 3-10 所示，按这样的顺序工作，家务要到下午一点半才能结束，这样就不能按时赴会了。

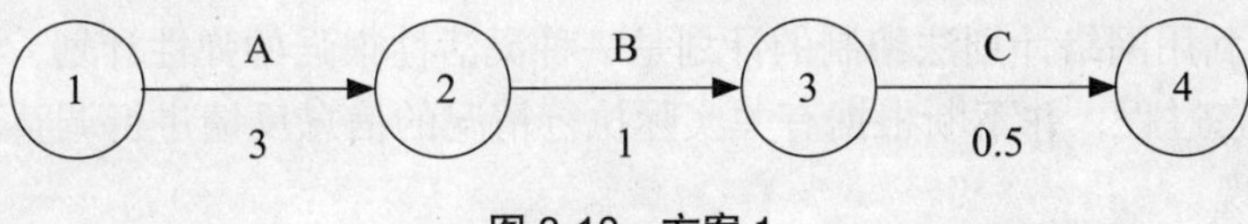

图 3-10　方案 1

方案 2：如图 3-11 所示，按方案 2 的顺序，则家务要延续到十二点半才能结束，同样不能按时赴会。

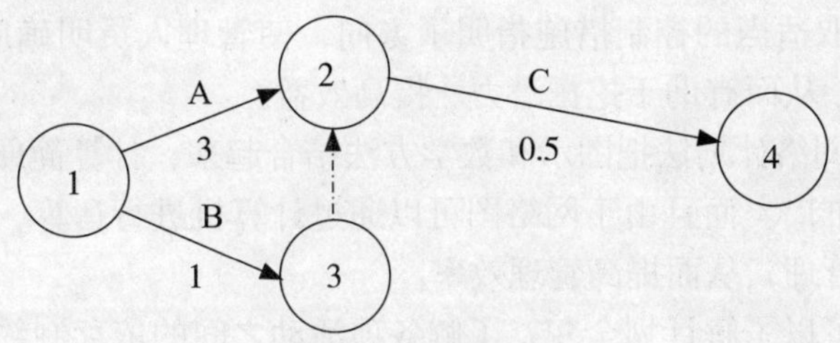

图 3-11　方案 2

方案 3：如图 3-12 所示，要在十一点半准时出门，只能将家务按方案 3 安排。

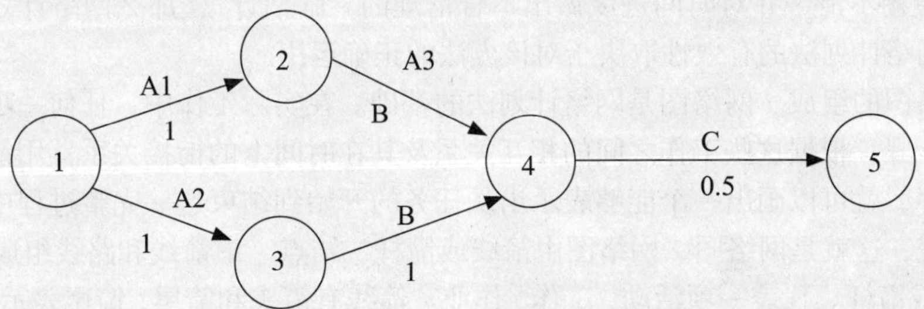

图 3-12　方案 3

这是一个简单的例子，从中可以说明网络计划法并不深奥。在这个例子中，家务劳动作为一项工程，称家务工程，洗衣、烧饭、吃饭为各道工序；总目标是从上午九点到十一点半，要完成上述 3 道工序。通过分析可以看到，洗衣是关键工序，它需时 3 小时，已超过了计划容许的时间限度。这就要求计划执行者要千方百计地对此进行挖潜和革新，利用机动时间来缩短关键工序时间，使全部活动能按时完成。改进的方法是改手工洗衣为机器洗衣，改用肥皂洗衣为用洗衣粉洗衣。

用数学定量分析方法，通过时差的计算，做好工程安排，以最少的人力、物力和时间完成总目标，并达到最好的经济效益，这就是网络计划法所研究的内容。

2．网络图

（1）网络图的基本特点。

① 系统性。网络图通过箭线关系，把计划中的各项工作之间的内在联系和制约关系都清楚地表示了出来，使管理者对他们各自在计划中所处的地位和作用都能一目了然，这就易于对一项复杂的任务有条不紊地进行全面考虑与安排，并可促进相关人员之间的相互了解、协

调和配合，有利于发挥各自的作用，处理好局部和整体之间的关系，从而实现系统整体效益的最优化，保证计划的顺利完成。

② 动态性。利用网络计划法编制的计划是一种灵活性很强的弹性计划，它把计划执行过程看成是一个动态过程，并不断根据有关实际执行情况的信息反馈进行调整和滚动，确保预定目标的最终实现。

③ 可控性。网络图提供了明确的活动分工以及相应的期限要求，这就为管理人员提供了现实的控制标准；网络图通过对每一道工序或作业的计算与分析，指明了计划中的关键工序和关键路线，这就给管理人员指明了控制的重点，从而有助于完善控制效果。不仅如此，网络图还为管理人员采取适当的控制措施指明了方向，使管理人员明确应向关键路线要时间，向非关键部分要资源，从而有助于挖掘潜力、提高效益。

④ 易掌握。由于网络计划法把图示和数学方法结合起来，计算简便，直观性强，容易掌握运用，有利于普及推广。而且由于网络图可以通过计算机进行运算，所以采用网络计划法还有利于实行计算机管理，从而提高管理效率。

虽然通过网络图可以了解计划全貌，了解各项活动之间的依存制约关系，从而掌握关键路线并对其进行有效的控制，但网络图也不是万能的。它推动了计划工作，但并不等于计划工作；它建立了一种正确理解和使用合理控制原则的工作环境，但不会使控制自动进行。如果计划本身模糊不清，并对时间进度做出不合情理的“瞎估计”，那么网络计划法也就毫无用处。所以网络计划法的有效性取决于对该方法的正确运用。

（2）网络图的组成。网络图是网络计划法的基础。在实际工作中，任何一项任务都可以分解成许多步骤，根据这些工作之间的相互关系及其在时间上的衔接关系，用箭线表示出它们的先后顺序，就可以画出一个能够表示出从任务的开始到结束这一完整过程中各项工作之间关系的图表，这就是网络图。网络图由箭线或箭杆、结点、虚箭线和路线组成。

① 箭线或箭杆。代表一项活动、工作、作业。箭线有箭头和箭尾，箭尾表示活动的开始，箭头表示活动的结束。活动是要消耗资源和时间的，活动时间一般写在箭杆的下方，活动的名称除用文字或代号表示外，还可用箭线的起始结点的编号（i）和结束结点的编号（j）来表示，一般写在箭线上面。箭线的长短与活动或作业所需的时间无关，它不是矢量，可长可短可弯曲，但不能中断。在网络图中，箭线把各个结点连接起来，以表明各项作业或各道工序之间的先后顺序和相互关系。

② 结点。用圆圈表示，代表某项活动的开始或结束。结点不占用时间，也不消耗资源，只是表示应当开始或结束的符号。网络中的第一个结点称为始点，表示一项计划最初作业的开始；网络图中的最后一个结点称为终点，表示整个计划最终作业的结束；介于始点和终点之间的结点称为中间结点，表示中间各项作业的开始和结束。在绘制网络图时，对各个结点要按先后次序进行统一编号，始点的编号可以从 0 开始，也可从 1 开始。

③ 虚箭线。用带箭头的虚线表示一种作业时间为零的、实际上并不存在的作业或工序。它只是一个符号标识，既不占时间也不消耗能源，它的作用是把两个结点之间的多项作业分开，以明确表示各项作业或各道工序之间的逻辑关系，并便于计算机识别。例如，在造房子时，浇灌基础后需经过养护和搬砖头，然后砌基础墙，若不用虚箭线将这一过程绘成网络图，效果如图 3-13 所示。

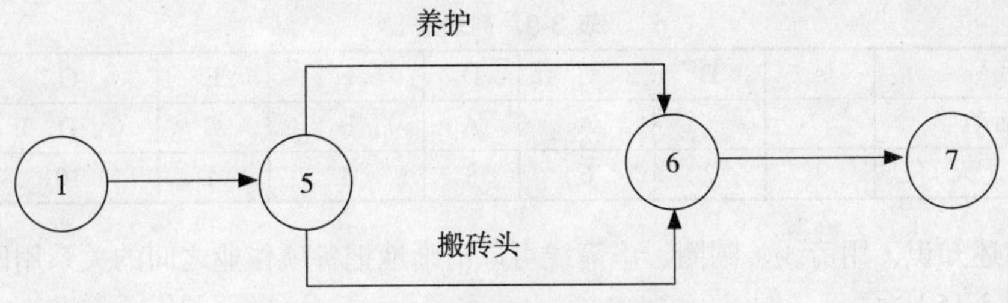

图 3-13 不用虚箭线的错误表示

图中，结点⑤ 至⑥ 既是养护又是搬砖头，没有按原作业顺序要求把养护和搬砖头区分开来，所以这种表示方法是错误的。要正确表示浇灌基础、养护、搬砖头和砌基础墙之间的相互关系，就必须用虚箭线，如图 3-14 所示。

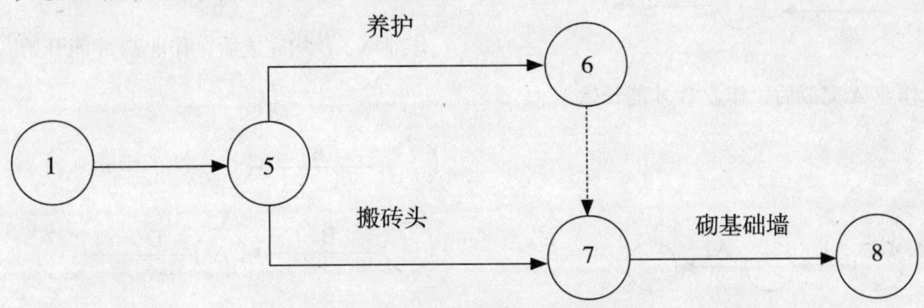

图 3-14 用虚箭线的正确表示

④ 路线。路线是指网络图中从始点开始，沿着箭头方向到达网络终点为止，中间是由一系列首尾相连的结点和箭线所组成的一条通道。在一个网络图上，往往有多条表示时间长短不一的路线，其中，在线路上的各项作业时间之和最大的线路，称为关键线路，它直接影响整个计划完成的时间期限。除关键线路外，网络上的其他线路均为非关键线路。关键线路在网络图中一般用粗线、双线或红线加以标识。

（3）网络图的绘制。每项工程都是由许多作业、活动组成的，这些作业之间都存在着相互依赖、相互制约的关系，必须按照它们之间的逻辑关系进行组织和安排，才能使这些作业顺利进行。例如，产品设计要先于工艺准备，工艺准备要先于车间制造；建筑中基础工程要先于砌墙，不能随意颠倒。一般地，人们常用以下几种方法来表达各项作业之间的相互关系。

① 各作业之间关系表示方法。

第一，列表法。列表法是用表格的形式，将各项作业之间的相互关系、作业时间的衔接用文字记录下来。例如，某工程有 8 道工序，以 A、B、C、D、E、F、G、H 作为各道工序的代号，各工序所需的时间分别为 4、2、6、8、4、4、10、4 天，各工序之间的关系为：A 完成后，C、D 才能进行；B 完成后，E 才能进行；C 完成后，F 才可动工；只有当 C、D、E 都完工了，才能进行 G；当 F、G 完成后即可进行 H。用列表法即可将上述关系表达如下，见表 3-9。

表中的紧前活动是表示当这些活动完工之后，紧接其后的活动才能开始作业，即后续活动是以紧前活动的完工为开工的前提条件的。

表 3-9　列表法

作业代号	A	B	C	D	E	F	G	H
紧前活动			A	A	B	C	C、D、E	F、G
作业时间（天）	4	2	6	8	4	4	10	4

根据前述知识，用箭线、圆圈、虚箭线可以清晰地把各项作业之间的关系用网络图表达出来，如图 3-15 所示。

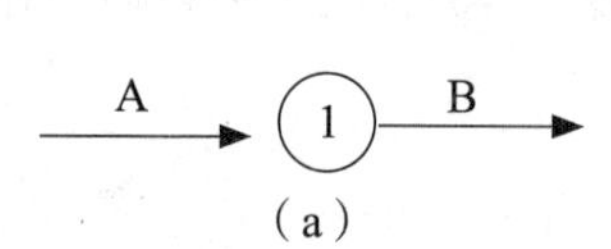

（a）

作业 A 完成后，作业 B 才能开始

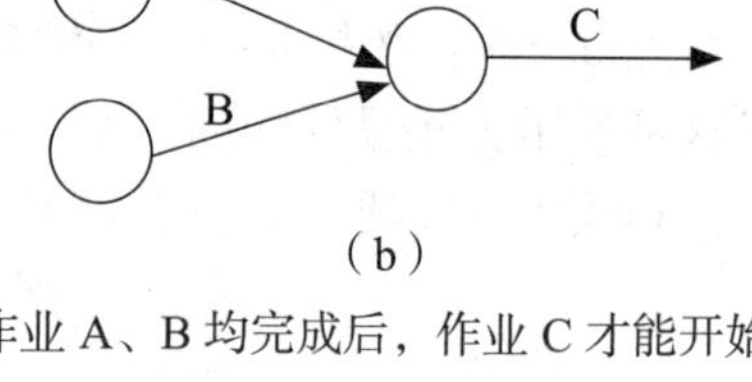

（b）

作业 A、B 均完成后，作业 C 才能开始

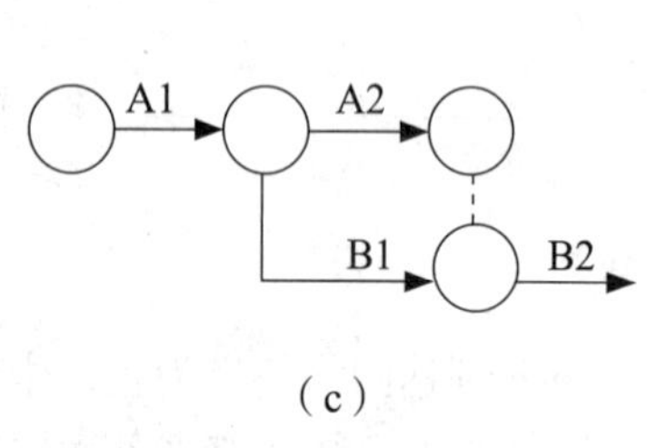

（c）

作业 A 和 B 分两段交叉进行

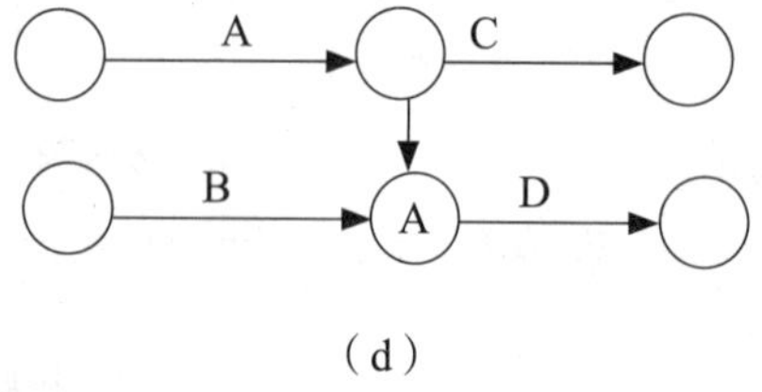

（d）

作业 A 完成后，作业 C 才能开始

作业 A 和 B 均完成后，作业 D 方可进行

但作业 D 直接受控于作业 B 的完成情况

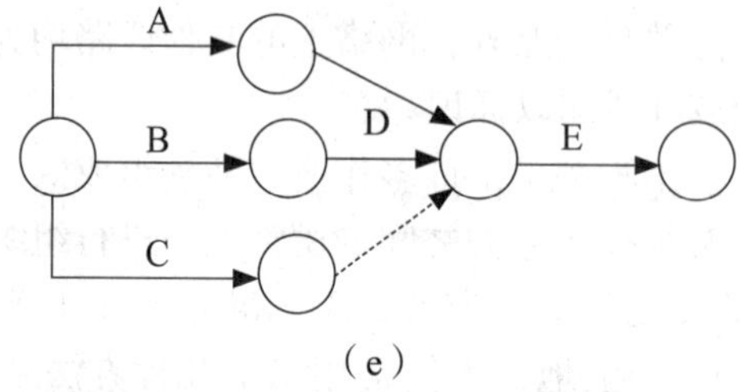

（e）

A、B、C 同时开始；作业 D 紧跟作业 B；

A、B 均完成后，E 才能开始

图 3-15　网络图表示法

第二，逻辑表达式描述法。它是借助符号“<”来描绘各项作业之间的相互关系的。在符号“<”左边，表示紧接前项活动；在符号“<”右边，表示紧接后项活动。表 3-9 也可用下述逻辑程序加以描述：A<C，D；B<E；C<F；C，D，E<G；F，G<H。在上述描述中，若活动代号只出现在“<”的左边，则这些活动为始点活动，如 A 和 B；若只出现在“<”的右边，则是终点活动，如 H；或在“<”两边都有出现，则为中间活动，如 C、D、E、F、G。从始点开始，按逻辑程序就能很快地转换成网络图。

② 网络图绘制的步骤。画网络图的一般步骤是：首先通过调查研究，弄清整个活动过

程，并对计划任务进行分析，弄清它们的内在联系和要求；然后根据计划任务的内在逻辑关系与要求绘出网络图草图；最后绘出正式图。现分述如下。

第一，分析。对某项计划任务进行分析，弄清各项活动之间的关系，明确计划的各种要求。具体地说，就是要进行任务分解，把整个计划活动分解为若干道工序或若干项作业；明确各项作业之间的逻辑关系，按照各作业的先后约束条件，明确哪些作业是前后衔接关系，哪些作业是平行协作关系；确定各项作业所需时间。可用描述法或列表法表示各项作业之间的逻辑关系。

第二，绘草图。根据任务分解、作业时间及先后逻辑关系，画出网络图草图。例如，根据表 3-9，画出网络图草图，如图 3-16 所示。

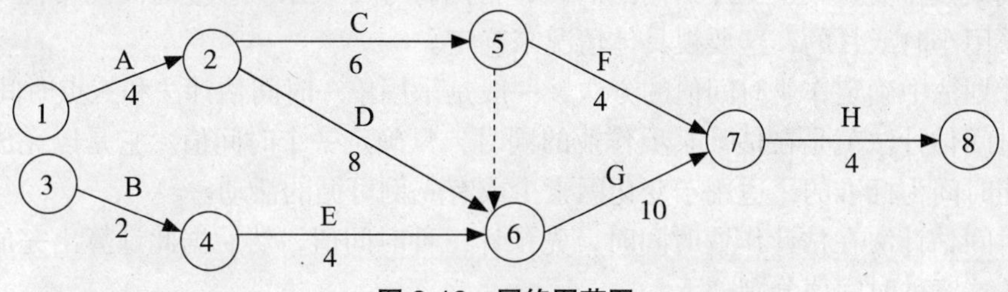

图 3-16　网络图草图

第三，绘正式图。在上述基础上，按照各作业在计划任务中的先后关系，进行规范化。如可将图 3-15 中的结点 1 与结点 3 合并成正式图，如图 3-17 所示。

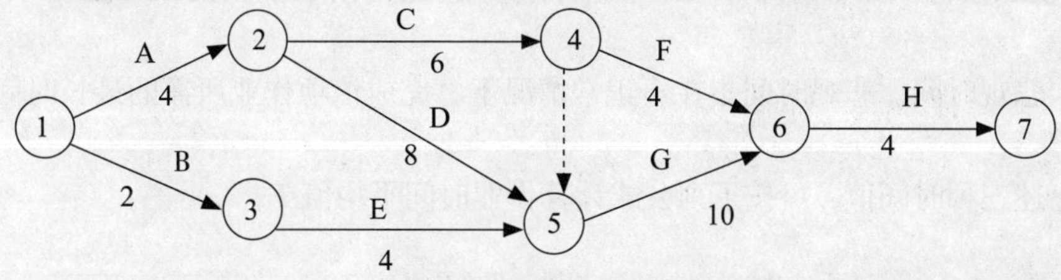

图 3-17　网络正式图

③ 绘制网络图应遵守的规则。

第一，各项活动之间的衔接必须按顺序进行。只有当所有的紧前活动全部完成之后，后续活动才能开始。即只有当进入某结点的箭线作业全部完成后，从该点出发的箭线活动才能开始。

第二，网络图中不允许出现封闭的循环线路。尽管实际计划安排中会有循环现象（如先进行设计 A，制造 B 等活动，再进行检验 C，并根据检验数据调整设计 A 而重新设计 D），但在画网络图时不能画成回路，否则在使用计算机运算时会因出现死循环而无法得出结果。网络图中箭线的方向只能从左到右，不能反方向，以免形成回路。

第三，两个结点之间只能有一条箭线。如在两个结点之间存在多项平行的作业活动，则除保留一项作业活动的结点外，其余活动要通过增加结点，用虚箭线连接，如图 3-18 所示。

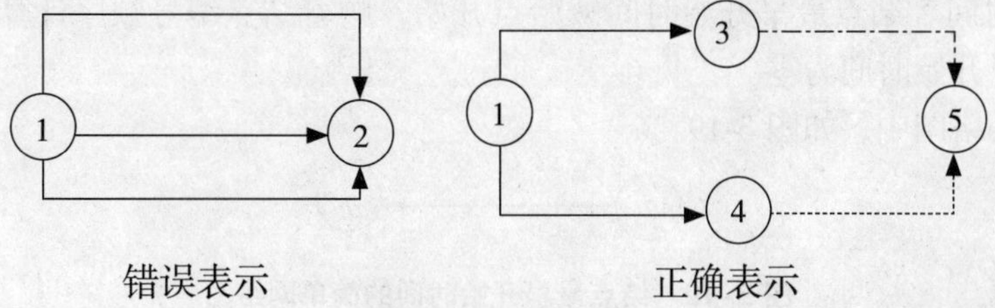

图 3-18　正误表示图

第四,一张网络图中只允许有一个始点和一个终点。如果有多项始点活动，可从一个始点引出；如果有多项终点活动，最后也要汇集到一个终点上。

第五，网络图中的所有结点均需按从小到大的原则进行统一编号，以便识别、检查和计算。编号顺序是从始点到终点,不允许编号重复使用,并且箭头结点的号码必须大于箭尾号码。号码数字要写在结点的圆圈内，以免与作业时间混淆。

（4）作业时间的计算。

① 作业时间的确定。网络图中各项作业的时间值是编制计划和安排活动的基础。作业时间是指完成某项作业、某道工序所需的时间，常用符号 T 表示。作业时间的单位一般用周或日，也有采用小时或月的，这要视具体情况来确定。

网络计划法中确定作业时间值的方法，一般是采用单一时间估计法和三点时间估计法。

单一时间估计法就是在估计某项作业的同时，只确定一个时间值。它是以完成该项作业的最大可能时间为标准的，适用于变化因素少或有先例可循的活动。

三点时间估计法在估计作业时间时，先预计三种时间值，然后据此计算出完成作业时间的平均值。这三种时间值分别如下。

第一，乐观时间。乐观时间是指在顺利的情况下完成作业所需的最少时间，常用符号 a 表示。

第二，正常时间。正常时间即在正常条件下，完成该项作业所需的最可能的时间，常用符号 m 表示。

第三，悲观时间。悲观时间指在不正常情况下，完成该项作业所需的最长时间，常用符号 b 表示。

根据上述三种时间值，可按下列公式计算作业时间平均值 T：

$$T=\frac{a+4m+b}{6}$$

作业时间概率分布的离散程度，即 T 的代表性大小，可用方差 q 来表示。q 越大，表示概率分布的离散程度越大，T 的代表性就越差。反之，q 越小，T 的代表性就越好。q 的计算公式为：

$$q=\frac{b-a}{6}$$

② 作业开始时间和结束时间的计算。

第一，结点最早开始时间（ET）。结点最早开始时间是从该结点开始的各项作业最早可能开始进行的时间。结点最早开始时间从始点开始，顺着结点编号顺序计算，直到终结点。开始结点的最早开始时间为零。

在简单的网络图中，如图 3-19。

图 3–19　结点最早开始时间的简单网络图

则 j 结点的最早开始时间：$ET_j=ET_i+T_{i,j}$，式中：i 表示一项作业箭尾结点的编号；j 表示一项作业的箭头结点的编号；$i\to j$ 表示从结点 i 开始到结点 j 结束的作业；$T(i,j)$ 表示作业 $i\to j$ 的作业时间；ET_i 表示 i 结点的最早开始时间；ET_j 表示 j 结点的最早开始时间。

在复杂的网络图中，如图 3-20。

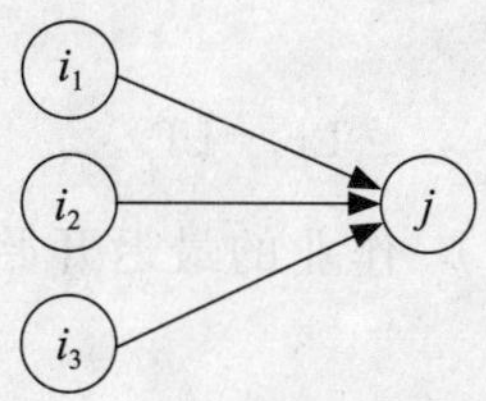

图 3-20　结点最早开始时间的复杂网络图

则 j 结点的最早开始时间：$ET_j=\max\{ET_{ik}+T_{i_k,j}\}$，式中：$i$ 表示一项作业的箭尾结点的编号；j 表示一项作业的箭头结点的编号；$i\to j$ 表示从结点 i 开始到结点 j 结束的作业；$T_{i_k,j}$ 表示作业 $i_k\to j$ 的作业时间；ET_{i_k} 表示 i_k 结点的最早开始时间；ET_j 表示 j 结点的最早开始时间。

第二，结点最迟结束时间（LT）。结点最迟结束时间指，进入该结点的作业最迟必须完成的时间。它从网络图终结点开始，逆着结点编号计算，直到开始结点。终结点的最迟结束时间等于终结点最早开始时间。

在简单的网络图中，如图 3-21。

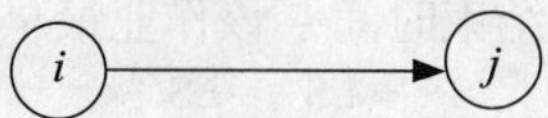

图 3-21　结点最迟结束时间的简单网络图

则 i 结点最迟结束时间：$LT_i-T_{i,j}$，式中：LT_i 表示 i 结点的最迟结束时间；LT_j 表示 j 结点的最迟结束时间。

在复杂的网络图中，如图 3-22。

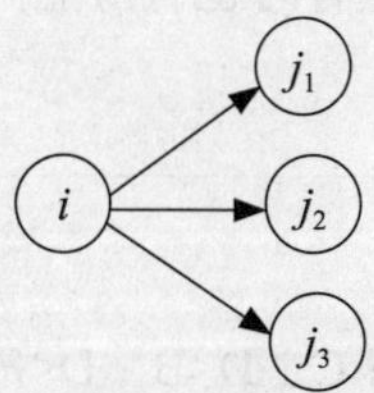

图 3-22　结点最迟结束时间的复杂网络图

则 i 结点最迟结束时间：$LT_i=\{LT_j-T_{i,jk}\}$，式中：LT_{jk} 表示 jk 结点的最迟结束时间；LT_i 表示 i 结点的最迟结束时间。

第三，作业的最早开始时间（$ES_{i,j}$）。作业的最早开始时间是指该作业最早可能开始作业的时间。

$$ES_{i,j}=ET_i$$

第四，作业的最早结束时间（$EF_{i,j}$）。作业的最早结束时间指该作业最早可能结束的时间。

$$EF_{i,j}=ES_{i,j}+T_{i,j}$$

式中 i 表示一项作业的箭尾结点的编号；j 表示一项作业的箭头结点的编号；$i{\rightarrow}j$ 表示从结点 i 开始到结点 j 结束的作业；$T_{i,j}$ 表示作业 $i{\rightarrow}j$ 的作业时间；$ES_{i,j}$ 表示作业 $i{\rightarrow}j$ 的最早开始时间；$EF_{i,j}$ 表示作业 $i{\rightarrow}j$ 的最早结束时间。

第五，作业的最迟结束时间（$LF_{i,j}$）。作业的最迟结束时间是指该作业最迟必须完成的时间。

$$LF_{i,j}=LT_j$$

F. 作业的最迟开始时间（$LS_{i,j}$）。作业的最迟开始时间是指该作业最迟必须开始的时间。

$$LS_{i,j}=LF_{i,j}-T_{i,j}$$

式中：$LS_{i,j}$ 表示作业 $i{\rightarrow}j$ 的最迟开始时间；$LF_{i,j}$ 表示作业 $i{\rightarrow}j$ 的最迟结束时间；$T_{i,j}$ 表示作业 $i{\rightarrow}j$ 的作业时间。

③ 总时差的计算。总时差是指在不影响紧后活动最迟开始时间的条件下，完成某项作业可提供的总时间。总时差又称为机动时间，一般而言，机动时间越大，生产潜力也越大，应采取措施加以利用，以充分发挥人力、物力的作用。

总时差的计算公式为：

某作业的总时差 = 该作业最迟开始时间 − 该作业最早开始时间

= 该作业最迟结束时间 − 该作业最早结束时间

即：

$$S_{i,j}=LS_{i,j}-ES_{i,j}$$

$$=LF_{i,j}-EF_{i,j}$$

④ 关键路线的确定。在网络图中，若某项作业的总时差为零，即没有机动时间，就把它称为关键作业，由关键作业或工序连接而成的路线即为关键路线。关键路线是网络图中费时最长的路线，它决定了项目的最早完工时间或最迟结束时间。凡是关键路线上的作业，其时差均为零。关键路线一般只有一条，但有时也有可能同时出现几条。

（5）网络图应用实例。

[做中学 3–8]

按下列逻辑表达式：B<C ；B<D ；C、D<B ；D<F，绘制网络图。

[分析]

解：按网络图的绘图规则，可画出网络图，如图 3-23 所示。

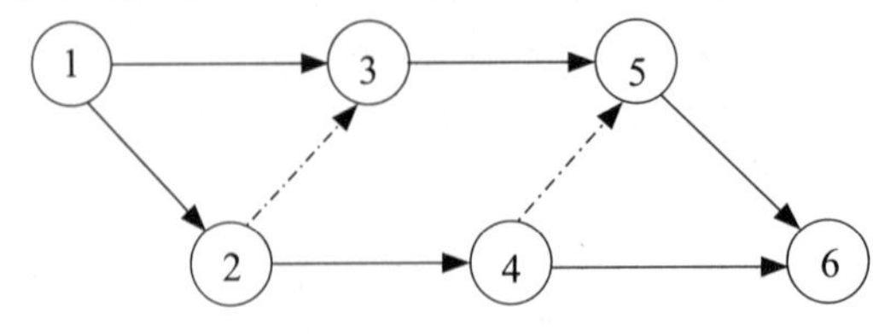

图 3-23　网络图 1

[做中学 3–9]

根据表 3-9，求：① 各结点的最早开始时间和最迟结束时间；② 各项作业的最早结束时间、最迟开始时间和总时差；③ 关键路线及关键路线时间。

[分析]

根据公式，分别计算各项作业、各个结点的开始、结束时间和总时差，具体如表 3-10 所示。

表 3-10 各种时间值

作业序号	作业编号	作业时间	最早开始	最早结束	最迟开始	最迟结束	总时差	作业代号
1	①→②	4	0	4	0	4	0	A
2	①→③	2	0	2	6	8	6	B
3	②→④	6	4	10	6	12	2	C
4	②→⑤	8	4	12	4	12	0	D
5	③→⑤	4	2	6	8	12	6	E
6	④→⑥	4	10	14	18	22	8	F
7	⑤→⑥	10	12	22	12	22	0	G
8	⑥→⑦	4	22	26	22	26	0	H

[分析]

根据关键路线的概念，将总时差为零的作业连接起来，即得到了关键路线为：①→②→⑤→⑥→⑦。

相应地，关键路线时间等于 4+8+10+4=26（天）。

[做中学 3–10]

某工程各项作业之间的逻辑关系及三点时间估计见表 3-10，试绘制网络图，并求解各项作业时间、关键路线及关键路线时间。

表 3-10 三点时间估计值

作业	A	B	C	D	E	F	G	H	I
紧前作业		A	A	B，C	B	D	D	E，G	F，H
乐观时间	12	12	12	8	4	5	0.5	28	6
正常时间	15	15	14	10	6	6	1	30	8
悲观时间	16	18	16	12	8	7	1.5	32	10

[分析]

① 根据表 3-11，画出网络图，如图 3-24 所示。

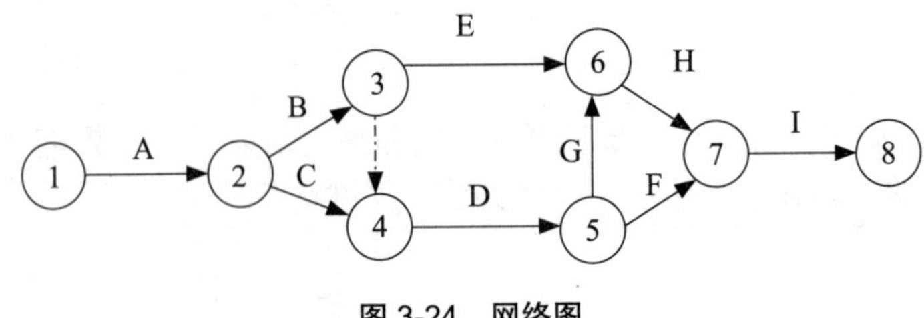

图 3-24　网络图

② 根据公式，求得各项作业时间如下：

T_A=（14+4×15+16）/6=15

T_B=（12+4×15+18）/6=15

T_C=（12+4×14+16）/6=14

T_D=（8+4×10+12）/6=10

T_E=（4+4×6+8）/6=6

T_F=（5+4×6+7）/6=6

T_G=（0.5+4×1+1.5）/6=1

T_H=（28+4×30+32）/6=30

T_I=（6+4×8+10）/6=8

③ 在图 3-24 中，共有 5 条路线：

第一条路线①→②→④→⑤→⑦→⑧的时间是：

15+14+10+6+8=53（天）。

第二条路线①→②→④→⑤→⑥→⑦→⑧的时间是：

15+14+10+1+30+8=78（天）。

第三条路线①→②→③→⑥→⑦→⑧ 的时间是：

15+15+6+30+8=74（天）。

第四条路线①→②→③→④→⑤→⑦→⑧的时间是：

15+15+0+10+6+8=54（天）。

第五条路线①→②→③→④→⑤→⑥→⑦→⑧的时间是：

15+15+0+10+1+30+8=79（天）。

在这五条路线中，第五条路线耗时最长，根据关键路线的概念，可以确定第五条路线就是关键路线。相应的关键路线时间为 79 天。

（6）网络优化。网络优化是借助网络图以加强控制的重要一环，网络优化的基本方法如下。

① 检查整个网络图，看各项作业和各道工序的划分及衔接是否合理，是否存在浪费时间和资源的地方。如果存在不合理和浪费现象，就应当修改网络图，使之合理化、科学化。

② 检查关键路线是否存在机动时间。如前所述，关键路线是从始点到终点诸路线中费时最长的路线，不应存在机动时间。如有机动时间，说明完成这项任务的时间还可以缩短；若在关键路线上的作业时差均为零，则说明该网络图中关键路线的持续时间已经是最短的了。

③ 利用机动力量缩短关键路线，是应用网络计划法达到网络优化目的的主要方法。在网络图中，非关键路线上一般总有几项作业拥有机动时间。如做中学 3-10 中的②→④，

③→⑥，⑤→⑦这几项作业，都有几天机动时间。这时，非关键路线上的力量，既可全部或部分地用于关键路线，以缩短关键路线时间，提前完成任务。也可将非关键路线上的力量全部或部分及时调离该项任务，以免造成窝工浪费。无论采用哪种方法，都能以较少的时间和资源，达到预定的目标。

任务三 认识决策及其过程

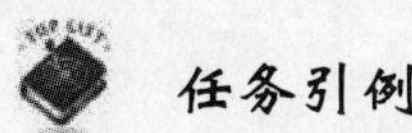

任务引例

你怎样做出决策

回想一下你个人最近做出的某项重要决策，比方说，报考哪一所大学，选择哪一个专业，是否做一份兼职，或者做一份什么样的兼职。

请思考这样几个问题：① 你在决策时所使用的标准是什么？② 列举出你曾经考虑到的备选方案，这些备选方案都是可行的吗？对于每一种备选方案，你拥有多少相关信息？③ 试着回想一下你是如何做出最终决策的。你有没有对每一种备选方案可能的意义和结果认真地思考，即你的决策是理性的吗？或者你是凭直觉做出决定的？

决策是管理工作的基本要素之一。有人曾对高层管理者做过一项调查，要他们回答3个问题："你每天花时间最多的是哪些方面？""你认为每天最重要的事情是什么？""行使你的职责时感到最困难的工作是什么？"结果，绝大多数管理者的答案只有两个字"决策"。

决策是管理的核心，整个管理过程都是围绕着决策的制定和实施而展开的。诺贝尔经济学奖获得者西蒙指出："管理就是决策。"管理成功的关键是明智的决策，组织的兴衰存亡，常常取决于管理者特别是高层管理者的决策正确与否。

一、决策及其类型

（一）定义

科学决策理论认为，决策是为了达到某一特定的目的而从若干个可行方案中选择一个满意方案的分析判断过程。这一定义告诉我们：

1．决策的前提：要有明确的目的

决策或是为了解决某个问题，或是为了实现一定的目标。没有目标就无从决策，没有问题则无须决策。因此，在决策前，要解决的问题必须十分明确，要达到的目标必须具体、可衡量、可检验。

2．决策的条件：有若干个可行方案可供选择

一个方案无从比较其优劣，也无选择的余地，"多方案抉择"是科学决策的重要原则；决策要以可行方案为依据，决策时不仅要有若干个方案来相互比较，而且各方案必须是可行的。

思考题　有比较的决策与无比较的决策对决策实施结果有何影响?

3．决策的重点：方案的分析比较

每个可行方案既有其可取之处，也有其不利的一面，因此必须对每个备选方案进行综合的分析与评价，确定每一个方案对目标的贡献程度和可能带来的潜在问题，以明确每一个方案的利弊。而通过对各个方案之间的相互比较，可明晰各方案之间的优劣，为方案选择奠定基础。

思考题　分析与比较要做到怎样的程度才能满足方案选择的需要?

4．决策的结果：选择一个满意方案

科学决策理论认为，追求最优方案既不经济又不现实。因此，科学决策遵循“满意原则”，即追求的是诸多方案中，在现实条件下，能够使主要目标得以实现，其他次要目标也能够实现得较好的可行方案。

小知识

最佳决策为什么不可能

- 决策既非“白”，亦非“黑”，而是介于二者之间，是“灰”的。
- 组织所处的内外部环境总在不断地发生变化，使得决策依据变幻莫测。
- 不充分的信息影响着方案的数量和质量，所以并不能确定和分析所有的可能方案。
- 由于人的预见能力有限，今天的理想选择不等于明天的理想选择。
- 随着目标和资源的变化，“最优”可能不再最优。
- 由于决策是基于不完全信息，因此过程中的调整和协调不可避免。
- 决策过程受限于“满意感”“有条件的合理性”的限制。
- 管理者经常没有充裕的时间去收集或寻找什么最佳方案。

思考题　这是否就意味着在现实中最优方案并不存在?

5．决策的实质：主观判断过程

决策有一定的程序和规则，但它又受价值观念和决策者经验的影响。在分析判断时，参与决策人员的价值准则、经验会影响决策目标的确定、备选方案的提出、方案优劣的判断及满意方案的抉择。因此，决策从本质上而言是管理者基于客观事实的主观判断过程。

正因为决策是一个主观判断过程，所以对于同一个问题，不同的人有不同的决策是正常现象。也正因为如此，在现实生活中，我们不能以己度人，将自己的决策强加于人；在管理实践中，则要求管理者能够在听取各方面不同意见的基础上根据自己的判断做出正确的选择。

思考题　决策是一个主观判断过程，这是否就意味着决策没有科学性?

（二）决策类型

决策根据它所要解决的问题的性质和内容，可分成许多不同的类型。管理者在进行决策之前，首先要了解所要解决的问题的特征，以便按不同的决策类型，采取不同的决策方法。一般而言，决策可以分为以下几种类型。

1．按照决策的重要程度可分为战略决策、管理决策、业务决策

① 战略决策，是指直接关系到组织的生存发展的全局性、长远性问题的决策。如企业的经营目标、方针、产品更新等的决策。这种决策对于组织的发展具有重要意义，一般涉及时间较长、范围较宽。由于所要解决的问题大多内容比较抽象、复杂且常常是以前没有遇到过的，因此管理者常常要借助自己的经验、直觉和创造力进行判断。战略决策一般由高层管理者做出。

② 管理决策是执行战略决策过程中的基本战术决策。如企业生产计划和销售计划的确定、新产品设计方案的选择、新产品的定价等，均属此类决策。管理决策是为了保证战略决策的实现所做的决策，所面临的大多是实施方案的选择、资源的分配、实际业绩的评估等方面的问题，比较具体，带有局部性且灵活性较大。这些问题大多可以定量化，可以进行系统分析。但当组织处于动态环境中时，由于预测困难，有时也较多地依赖于管理者的经验判断。这类决策大多由中层管理者做出。

③ 业务决策，是指在日常业务活动中为了提高效率所做的决策。如生产任务的日常安排，工作定额的制定等，一般由基层管理者做出。这类决策所要解决的问题常常是明确的，决策者知道要求达到的目标、可以利用的资源，知道有哪些途径，也知道可能的结果，一般可以采用分析工具来帮助抉择。

2．按照决策是否具有重复性可分为常规决策和非常规决策

① 常规决策，是指经常发生的能按规定的程序和标准进行的决策，多指对例行公事所做的决策。由于这类问题经常重复出现，因而可以把决策过程标准化、程序化，可通过惯例、标准工作程序和业务常规予以解决。像请假的批准、退货的处理、库存减少到一定程度时的重新订货等，均属于此类。

② 非常规决策，它所要解决的是不易确定、错综复杂且前所未有的新问题。由于是新问题，因而不能依据业务常规来解决，而需要管理者进行专门的处理。像新产品的研究开发、多样化经营、工程技术等决策均属此类。

思考题　为什么要进行常规决策与非常规决策这样的分类？

3．按决策的性质可分为确定型、风险型、不确定型决策

① 确定型决策，是指可供选择的方案只有一种自然状态时的决策，即各备选方案所需的条件是已知的并能预先准确了解各方案的必然后果的决策。这种决策，由于各方案的条件、后果已知，所以只要比较一下就可做出最佳决策。例如，某企业要贷款，可从三家银行获得，利率分别为 8%、7%、9%，在其他条件相同的情况下，当然是从利率为 7% 的银行贷款。

② 风险型决策，是指可供选择的方案中存在着两种以上的自然状态，哪种状态可能发生是不确定的，但可估计其发生的客观概率的决策。在风险型决策中，决策者知道各备选方案所需具备的条件，但对每一方案的执行可能会出现的几种不同的后果只有有限的了解，决策时需要冒一定的风险。股票投资决策就属此类决策。此类决策一般通过比较各方案的损益期

望值来进行决策。

③ 不确定型决策，是指各备选方案可能出现的后果是未知的，或只能靠主观概率来判断时的决策。例如，某企业拟将一种新产品投放市场，有大批量、中批量、小批量三种生产方案，由于缺乏历史资料，对于产品投放市场后的销路会怎样并不清楚，或只有销路好、一般、差的大致估计，此时的决策即为不确定型决策。处理这类问题无规律可循，一般依靠决策者的经验和直觉来进行决策。确定型、风险型、不确定型决策的转换关系，如图 3-25 所示。

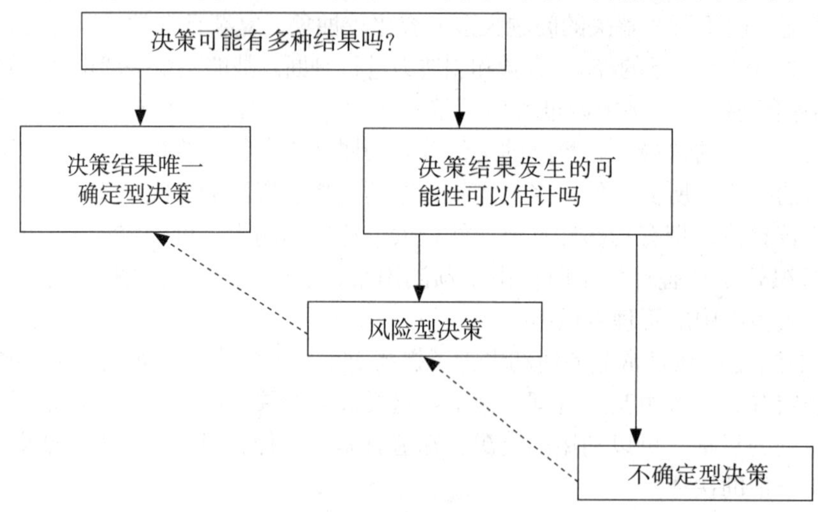

图 3-25　确定型、风险型、不确定型决策的转换关系

4．按照决策主体划分为个人决策和群体决策

① 个人决策是指决策者个人使用自己已掌握的信息，凭着自己的实践经验和智慧，对某些问题做出决策。它适用于对许多紧迫性的问题和常规性业务问题的处理，虽有利于提高管理效率，但因个人的知识、经验有限，容易出现失误。

② 群体决策是指组织通过各种委员会或领导机构并吸收所属机构有关人员参加的形式，按一定程序和方法，对某些重要问题所做出的决策。这类决策适用于对关系到组织全局的、长远发展的战略问题等事件进行决策。群体决策方式有利于交流信息、集思广益，比较客观和科学，也有利于减少或避免决策失误，但常常耗费时间，影响效率，遇紧急问题时容易丧失良机。

③ 群体决策是否比个人决策更有效。群体决策是否比个人决策更有效，取决于你如何定义效果。在精确度上，群体决策趋向于更精确，能比个人做出更好的决策。以速度来说，个人决策更为迅速，以反复交换意见为特点的群体决策也是耗费时间的过程。在创造性上，群体决策比个人决策更为有效。在接受程度上，群体决策更有可能制订出更广为人接受的方案。群体决策的效果还受群体大小的影响，群体越大，异质性的可能性就越大，需要更多的协调和更多的时间促使所有的成员做出贡献。因此，群体不宜过大，小到 5 人，大到 15 人即可。有证据表明，5~7 个人的群体在一定程度上是最有效的。

讨论群体决策的效果还必须注意到群体盲思现象。群体盲思（groupthink）是指决策群体成员屈于群体压力，以不对决策相关信息做正确评估为代价，盲目追求群体和谐和意见一致，都以一个声音说话，从而损害最后决策的质量。

因此，组织在决定是否采用群体决策方式时，主要的考虑是效果的提高是否足以抵消效率的损失。

④ 群体决策和个人决策的冒险倾向。一般而言，重大决策总是由个人而非群体做出，因为群体倾向于谨慎和保守，难以果断行事。但必须注意到，在许多情况下群体的集体行动比所有个别反应的平均水平更具有冒险性。可能的解释是“责任分散假说”，它认为如果没有单独的个人来负责任，人们就都倾向于冒险。因此，在群体决策中一定要警惕“责任分散假说”。

除了以上几种分类外，决策还可根据涉及的时间长短，分为中长期决策和短期决策；按决策的层次，分为高层决策、中层决策和基层决策等。

（三）决策的意义与作用

决策是管理者从事管理工作的基础，在管理活动中具有重要的地位与作用。决策在管理中的重要性主要体现在以下几个方面。

1．决策贯穿管理过程始终

管理者在管理过程中要履行计划、组织、领导、控制等职能。这些工作，一旦展开，就具有相对的稳定性。决策则不同，它是管理者经常要进行的工作，管理者的主要意图均需通过决策来实现，它贯穿组织的各项管理活动。如表 3-12 所示，从目标的确定、资源的分配、组织机构的建立、人员的招聘及对下属的奖惩、纠偏措施的实施等，都需要管理者做出决策。正是基于这一点，西蒙提出了“管理就是决策”的观点。

表 3-12 决策贯穿管理各职能

计划： 什么是组织的长远目标 采取什么策略来实现组织目标 组织的短期目标应该是什么 组织资源如何配置	组织： 需要招聘多少人员 工作如何分配 权力如何分配 采用何种组织形式
领导： 如何对待积极性不高的员工 在一定环境中采用何种领导方式最好 如何解决出现的纷争 如何贯彻某项新措施	控制： 组织中哪些活动需要控制 如何控制这些活动 偏差多大时才采取纠偏 出现重大失误时怎么办

2．决策正确与否直接关系到组织的生存与发展

决策是任何有目的的活动发生前必不可少的一步。组织的兴衰存亡，常常取决于管理者特别是高层管理者的决策正确与否。

长期以来，决策是以个人的知识、智慧和经验判断为基础的，这对于一些情况简单、容易掌握和判断的问题尚可应付，即使失误了影响也不大，易于扭转。但在现代，管理者面临的许多复杂问题，已远不是经验决策所能解决。很多问题都涉及巨额的投资、各方面利益的平衡及众多关系的处理，需要运用多学科的知识审慎判断；而竞争的加剧又需要反应灵敏、及时决策，这就要求决策必须科学化，并努力提高决策的正确率。

3．决策能力是衡量管理者水平的重要标志

要想决策正确，光有主观愿望是不够的。决策是一项创造性的思维活动，体现了高度的科学性和艺术性。有效的决策取决于三个方面：一是具有有关决策原理、概念和方法的坚实知识；二是具有收集、分析、评价信息和选择方案的娴熟技能；三是具备经受风险和承担决策中某些不确定因素的心理素质。由于管理者面临的问题常常涉及众多的因素，错综复杂，因此需要管理者具有多方面的才能方可做出正确的决策，加上决策在管理中的重要作用，决策能力便成为衡量管理者水平的重要标志。

思考题　怎样才能提高自己的决策能力?

二、决策过程

决策过程是指从问题提出到方案确定所经历的过程。决策是一项复杂的活动，有其自身的工作规律，需要遵循一定的科学程序。在现实工作中，导致决策失败的原因之一就是没有严格按照科学的程序进行决策，因此，明确和掌握科学的决策过程，是管理者提高决策正确率的一个重要内容。

一般来说，决策过程大致包括如图 3-26 所示的几个步骤。

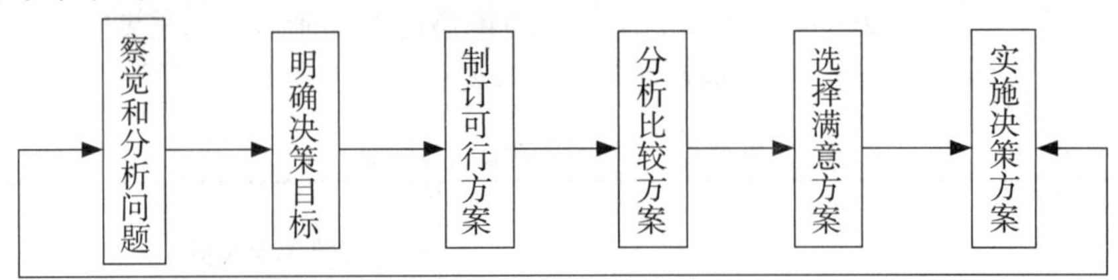

图 3-26　决策过程示意图

1．察觉和分析问题

决策是为了解决现实中提出的需要解决的问题或为了达到期望实现的目标。所谓问题，就是应有现象（或目标）和实际现象（或现实）之间所存在的差距。通过调查、收集和整理有关信息，发现差距，明确奋斗目标，是决策的起点。没有问题，则不需要决策；问题不明，则难以做出正确的决策。

思考题　是否出现问题就需要考虑如何加以解决?

小知识　　两类不同性质的问题

“需改变”的问题：某种需要改变的情况。事情出现了不正常的情况，需要我们改变它“需改变”的问题，即要“改变”它，让问题离我们远去。

“需实现”的目标：需要改变事情的现状，使它符合我们的预期或更加令人满意。“需实现”的目标关注事情未来的状况，即要“实现”它，让我们朝那个方面努力。

“需实现”的目标要转换成为“需改变”的问题：如何改变现状与目标之间的差距?

决策的正确与否首先取决于问题判断的准确程度，因此，认识和分析问题是决策过程中最为重要也是最为困难的环节。就管理者的工作而言，若能始终正确判断问题自然最好，但在实际工作中却常常事与愿违，要么不能正确地判断问题，要么就是触及不到问题的实质。

思考题　现象与实质之间是怎样的关系？

怎样才能正确地判断问题呢？在实际工作中，原因自然不会摆在面上，需要管理者花力气去找。利用图 3-27 所示的问题判断思路，管理者对问题的观察和判断会更加细致和全面。

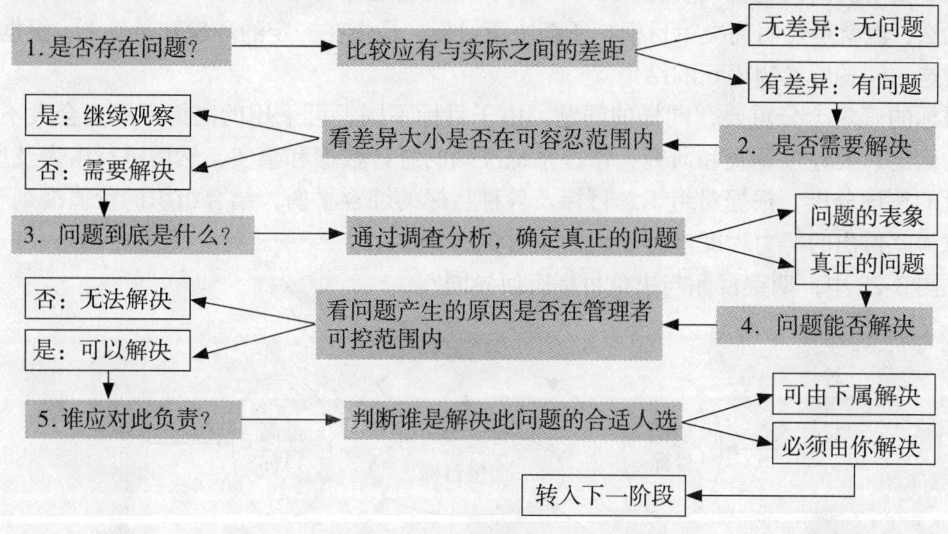

图 3-27　问题判断思路

（1）首先确定是否存在需要解决的问题。发现现有的或潜在的问题是敏锐的洞察力、预见性和高度的敏感性的综合体现。确定是否存在问题的有效方法是将现状与理想（或期望目标）加以比较，若两者之间存在差异，管理者就可断定他面临着问题。

（2）确定问题是否需要解决。在现实生活中，并不是碰到任何问题都要采取相应措施加以解决。由于资源有限，对于一些无关紧要的问题可以采取听之任之的态度，而将精力和资源集中用于处理那些重要的问题。因此，决策的前提是：存在着某个需要解决的问题。判断问题是否需要解决的方法是看差异的大小是否在管理者的容忍范围之内，若在可容忍范围之内，则继续观察，不采取任何措施；若已超出了可容忍范围，就说明问题严重需要解决。

（3）确定问题出在何处，明确真正的问题及其可能的原因。除非问题产生的原因已昭然若揭，否则管理者就要通过收集与问题有关的信息，透过问题的表面现象，找出妨碍目标实现的阻力或出现差异的原因。只有找到了真正的问题及其原因，才能提出有效的解决方法，为正确决策奠定基础。

（4）确定问题是否能够解决。决策是为了解决问题，在需要解决的问题明确以后，还要确定这个问题能不能解决。有时由于客观条件的限制，管理者尽管知道存在某些需要解决的问题，也无能为力，只能暂时先将问题“挂起来”，待条件具备后再“提上议事日程”。如果问题产生的原因在管理者的有效控制范围之内，则问题是能够加以解决的。

（5）确定应由谁来决策。组织中出现任何问题，管理者都负有不可推卸的责任。管理者有责任解决需要解决的问题，但这并不意味着所有需要解决的问题都必须由管理者亲自来解决。应根据对真正的问题及其原因的分析来确定合适的人选，使问题能被合适的人在恰当的时间予以解决。但不管是由管理者解决还是由下属解决，管理者都必须推动并监督问题的解决，并对此承担责任。

思考题　假如你是教学管理人员，请按照上述思路找到导致学生缺课的真正原因。

2．明确决策目标

在所要解决的问题及其责任人明确以后，则要确定应当解决到什么程度，明确预期的结果是什么，也就是要明确决策目标。所谓决策目标，是指在一定的环境和条件下，根据预测，确定对这一问题所希望得到的结果。

目标的确定十分重要，同样的问题，由于目标不同，可采用的决策方案也会大不相同。目标的确定，要经过调查和研究，掌握系统准确的统计数据和事实，然后进行由表及里、去伪存真的整理分析，根据对组织总目标及各种目标的综合平衡，结合组织的价值准则和决策者愿意为此付出的努力程度进行确定，如图 3-28 所示。

在图 3-28 中，期望目标与决策目标有何异同?

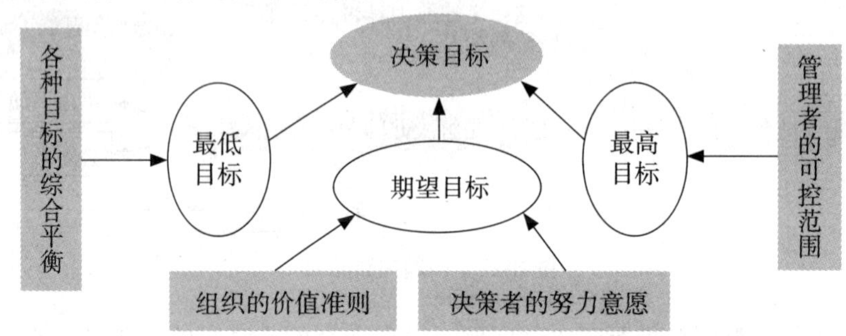

图 3-28　决策目标的确定

3．制订可行方案

决策亦可定义为对解决问题的种种可行方案进行选择的过程。为解决问题，必须寻找切实可行的各种方案。解决问题的方案通常不会太明显，因为如果解决问题的方案显而易见，那么人们可能早已解决这一问题。因此，在通常情况下，管理者所面临的问题需要其付出更大的努力才能够解决。

制订的可行方案要紧紧围绕所要解决的问题和决策目标，根据已经具备和经过努力可以具备的各种条件，充分发挥创造性和丰富的想象力。不要拘泥于经验和实际，也不要忘记不采取任何行动也是备选方案之一。

思考题　我们是否要找出所有的可行方案?

4．分析比较方案

决策过程的第四步是对方案进行评价。为此，首先要建立一套有助于指导和检验判断正确性的决策准则。决策准则表明了决策者主要关心哪几个方面，一般包括目标达成度、成本（代价）、可行程度等。其次根据决策准则衡量每一个方案，并据此列出各方案满足决策准则的程度和限制因素，即确定每一个方案对于解决问题或实现目标所能达到的程度和所需的代价，及采用这些方案后可能带来的后果。再次分析每一个方案的利弊，比较各方案之间的优劣。最后根据决策者对各决策目标的重视程度和对各种代价的承受程度进行综合评价，结合分析比较结果，提出推荐方案。

小知识

方案的分析比较——如何做到“心中有数”

为了选择合适的应聘者，决策者首先讨论确定了决策准则：即表 3-13 中所列的 5 个方面。根据这 5 个方面各自的重要性程度或获得的难易程度，赋予各个方面以不同的权重 V。按照这 5 个方面，对各应聘者进行评价打分得到不同的 R 值。

表 3-13 以应聘者为例的方案分析比较

决策标准	学历	学习能力	交际能力	行业知识	态度	分析	综合评价
衡量标准	大专 1 本科 2 研究生 3	弱 1 中 2 强 3	弱 1 中 2 强 3	弱 1 中 2 强 3	一般 1 中 2 强 3		
权重 V	1	2	2	1	3		
应聘者 A	3	2	1	2	2	学历理想，交际能力弱	17
应聘者 B	3	1	2	3	2	学历和行业知识都理想，学习能力弱	18
应聘者 C	2	3	1	2	3	学习能力和态度很好，交际能力弱	21
比较	ABC	CAB	BAC	BAC	CAB	应聘者	

根据打分结果，可对每一个方案进行分析，明确其利弊，比较各方案优劣，最后结合权重进行综合评价，获得各方案综合评价分。由综合评价分列出推荐方案。

通过这样一种定量分析，我们可以对各方案的利弊优劣做到“心中有数”。

5．选择满意方案

在对各个方案进行理性分析比较的基础上，决策者最后要从中选择一个满意方案并付诸实施。

思考题　选择时是不是就选经过分析最好的那个推荐方案，为什么？

在抉择时要注意：

① 任何方案均有风险。即使在决策过程中绞尽脑汁，选定了一个似乎是最佳的方案，它也必定具有一定程度的风险。这是因为，人的理性是有限的，对问题的认识有限、所能想到的方案有限、分析评价能力有限，因此，因素的不确定性只能减少到最低限度而不可能完全消除，在决策时要将预感、直觉、机遇与事实、逻辑、系统分析结合起来进行抉择。

② 不要一味追求最佳方案。最佳方案可遇而不可求。由于环境的不断变化和决策者预测能力的局限性，以及备选方案的数量和质量受到不充分信息的影响，决策者可能期望的结果只能是做出一个相对令人满意的决策。

在最终选择时应允许不做任何选择。有时，与其乱来，不如不采取任何行动，以免冒不必要的风险。而有时，合并现有方案可能是更好的方案。

6. 实施决策方案

一旦做出决策，就要予以实施。实施决策，应当首先制订一个实施方案，包括宣布决策、解释决策、分配实施决策所涉及的资源和任务等。要特别注意争取他人对决策的理解和支持，这是任何决策得以顺利实施的关键。

7. 监督与反馈

通常的决策过程并不包括这一步骤，但由于决策的正确与否要以实施的结果来判别，而决策实施过程中的控制与评价又对决策的成败起着重要的甚至是决定性的作用，因此，我们就把监督、控制和评价决策结果也列入了决策过程。要求在决策实施过程中建立信息反馈渠道，及时检查决策实施情况，发现差异，查明原因，对已有的决策进行不断的修正和完善，直至解决问题、实现目标或做出新的决策为止。

思考题　按此程序做出的决策是否就是正确的决策？

任务解析

决策是为了达到某一特定目的而从若干个可行方案中选择一个满意方案的分析判断过程；决策过程包括察觉和分析问题、明确决策目标、制订可行方案、分析比较方案、选择满意方案、实施决策方案、评价决策效果。制定有效决策，要特别注意以下问题：找出目前面临的真正问题是什么；考虑所有的可行方案与可能的结果；掌握一切应该知道的信息；根据最重要的事来判断；无论做什么决策都是有风险的；将重要的决策分解成一连串的小决策；区分轻重缓急，掌握正确时机；设定目标与期限，避免陷入困境；理性的逻辑分析与直觉式的预感并用；一旦决定就立刻贯彻执行。

[做中学 3–11]　决策分析过程

王华在一家公司担任中层管理者五年，还没有得到晋升。最近，另一个比他晚几年进入该公司的中层管理者得到了提拔。这件事使他很不安，他开始搜集该公司有关晋升政策的信息。他发现这个组织中管理者晋升的平均时间为三年。既然自己五年还未得到晋升，这表明确实存在问题。他进一步搜集信息，归纳出自己得不到晋升的可能原因有：

- 人际关系没搞好，群众对自己意见较多；
- 直接上司对自己无好感；
- 这家公司已没有适合他担任的高级职位。

参照所掌握的情况，他最后确认，同直接上司的关系没搞好是问题的原因所在，可以肯定，这位上司一定提出过反对他晋升的意见。怎么办？他提出了解决问题的各种备选方案。

- 马上辞职，到其他地方谋职；
- 在找到另一份工作前继续留在该公司；

●同直接上司及上层管理者好好讨论一下自己的问题；

●告知直接上司和上层管理者，如近期内仍得不到晋升，他就辞职。

对各方案进行分析后，王华排除了第四个方案，因为这种威胁的方式可能会使上司更倾向于解雇他；马上辞职风险太大，现在找工作也比较困难，万一在其他地方找不到工作，就会陷入很为难的境地。最终王华决定采取与上司交换意见的方式。为此，王华进行了一番计划，确定了谈话的时间、方式等，并据此与领导进行了交谈。

经谈话，王华得知，事实上他根本不要指望在这里能得到重用。根据反馈，王华制订了一个权变计划：着手在其他地方找工作，在没有找到工作前仍留在原单位继续工作。

思考题　王华的决策过程合理吗?

［分析］

王华的决策过程是合理的。决策的科学性主要体现在决策的理性化，决策不仅是指在某一瞬间做出明确、果断的决定，还指在做决定之前进行的一系列准备活动，并在决定后采取具体措施落实决策方案。决策的质量高低、有效性如何，取决于决策全过程中每一过程的质量，而不只是做出最后决定这一步骤的质量。

三、决策的方法

正确的决策不仅需要充分的信息，遵循科学的原则和程序，还要依靠科学的决策方法。归纳起来，常用的决策方法可分为定性决策方法和定量决策方法两大类。

（一）定性决策方法

定性决策法，即决策的“软技术”，也称主观决策法、软科学方法。它是在决策过程中充分发挥专家集体的智慧、能力与经验，运用经济学、社会学、心理学的方法，在系统研究分析的基础上，根据掌握的情况与资料，提出决策目标、方案、参数，并做出相应的评价和选择。常用的定性决策方法有以下几种。

1．头脑风暴法

头脑风暴法（Brain storming）是比较常用的群体决策方法。这是一种邀请专家内行，在完全不受约束的条件下，针对某一问题敞开思想、畅所欲言、集思广益的决策方法。该方法的要点是：① 不可以反对和评价他人的意见；② 建议越多越好，参与者不要考虑自己建议的质量，想到什么就说出来；③ 鼓励新颖、奇异的想法；④ 可以补充和完善已有的建议以使它更具说服力。这种方法的时间安排应在 1 ~ 2 小时，参加者以 5 ~ 6 人为宜。

2．德尔菲法

德尔菲法（Delphi Method）又称专家意见法，或称专家意见函询调查法，这种方法由兰德公司提出，被广泛用于预测和决策活动。该方法的特点是匿名性和反复性。具体做法是：

首先将需要讨论的问题和有关资料寄给各位专家，征求意见，被征询的专家彼此不认识，互不见面，独立回答问题；然后把专家的意见经过归纳整理后，再匿名反馈给各位专家进一步征求意见。如此反复三四次，直到专家意见比较集中为止。这个比较集中一致的意见即为决策结果。运用该方法的关键是：① 要注意征求意见和信息传递过程中的匿名性，这样便于消除权威和感情的影响；② 要选择好专家和适当的专家人数，一般 10 ~ 50 人为好；③ 拟定好意见征询表，因为它的质量直接关系到决策的有效性。

3．名义群体法

名义群体法（Nominal group）是社会心理学的一个术语，是指不允许每一个成员进行任何口头语言交流的群体，该群体交流的方法是纸和笔。真实群体中由于言语交流抑制了个体的创造力，而名义群体成员思路的流畅性和独创性更高一筹。该方法的基本程序是：在安静的环境中，群体成员之间用书面方式反馈意见，组织者用简洁的语言记下每一种想法并向小组公布，公布时只公布汇编结果，不公布这些建议或方案是由谁提出来的。在此基础上，由小组成员对提出的全部备选方案进行投票，根据投票结果选择所要的方案。当然，管理者最后仍有权决定是接受还是拒绝这一方案。该方法尤其适用于对问题的性质不完全了解且意见分歧严重的决策情形。

4．电子会议

最新的群体决策方法是将名义群体法与计算机网络技术相结合的电子会议（Electronic meeting）。在应邀参加决策的几十名专家面前，每人一台计算机终端，计算机将问题显示给决策参与者，他们把自己的回答打在计算机屏幕上，个人评论和票数统计都投影在会议室的屏幕上。这种方法的主要优点是匿名、诚实和快速。决策参与者能匿名表达任何信息；每个人可以真实发表意见而不会受到惩罚;它消除了闲聊和讨论偏题，且不必担心打断别人的“讲话”。专家们认为，电子会议比传统的面对面会议可以节约一半时间。

5．提喻法

提喻法（Synecdoche）的特点是不讨论决策问题本身，而用类比的方法提出类似问题，或者把决策问题分解为几个局部小问题。会议主持者不讲明讨论的主题，而是围绕主题提出一些相关问题，以启示专家发表见解。运用提喻法的目的仍在于决策问题本身，只不过是绕弯子，不直接讨论决策问题本身，避免当事人之间的个人利害冲突。

（二）定量决策方法

定量决策方法，即决策的“硬技术”，它是指把影响决策的因素（包括过去的或未来的）进行量化，并通过一定的数学运算、比较、判断，进行决策分析的方法。依据决策者掌握情报资料的多少和对未来可能发生情况的了解程度，定量决策方法可以分为确定型决策、风险型决策和不确定型决策 3 种具体方法。

1．确定型决策方法

确定型决策方法的特点是决策问题所处的环境是明确的，每个方案只有一个确定的结果，决策者只需从备选方案中选择一个收益最大或损失最小的方案作为决策方案。

（1）直观判断法。直观判断法是指决策的影响因素不多，经过简单的定量分析，根据决策标准，可以直接判断方案优劣的决策方法。

[做中学 3-12]

申光公司开发某种新产品，经过充分的市场调研和预测，拟订以下开发方案：方案 A，需要投资 250 万元，每年的净收益为 120 万元；方案 B，需要投资 450 万元，每年净收益为 180 万元。已知两方案的寿命周期均为 5 年。

思考题　运用哪个方案最好？

［分析］

可以运用收益成本系数作为这一决策问题的判断指标，故有：

$$方案\text{A}的收益成本系数=\frac{5年内净收益}{方案\text{A}原始投资额}=\frac{5\times120}{250}=2.4$$

$$方案\text{B}的收益成本系数=\frac{5年内净收益}{方案\text{B}原始投资额}=\frac{5\times180}{450}=2.0$$

因此，选择 A 方案。

[做中学 3-13]

某企业经销某种产品，有甲、乙、丙三种方案，损益相同，各自的经销费用分别为 260 万元、240 万元和 230 万元。

思考题　从中选择最优方案。

［分析］

通过对比，选择经销费用最少的丙方案。

（2）量本利分析法。量本利分析法又称盈亏分析法。它是根据对业务量（产量、销售量、销售额、工作量）、成本（费用）、利润三者之间的依存关系进行综合分析，用以进行企业经营决策、利润预测、成本控制、生产规划的一种简便可行的方法。其中心内容是盈亏平衡点的分析。所谓盈亏平衡点是指产品销售收入等于产品总成本时的销售量或销售额。其中，产品成本分为固定成本和变动成本，固定成本是指在一定范围内不随产量变动而变动的成本，变动成本是指随产量变动而变动的成本，图 3-29 为量本利分析法示意图。

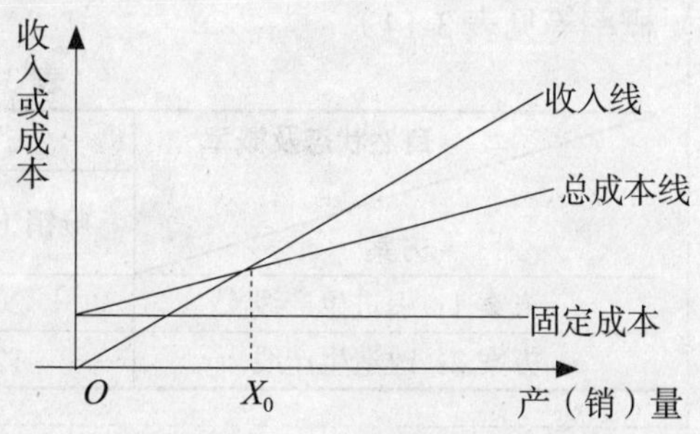

图 3-29　量本利分析图

确定盈亏平衡点的方法举例如下。

例：某企业生产某种产品，单位售价为 300 元，单位产品变动成本为 200 元，生产该产品的固定成本为 4 000 元，试确定盈亏平衡点。

盈亏平衡点是产品销售收入与总成本相等时的销售量。

现设总成本为 Y，则 $Y=F+C_vQ$，销售收入为 S，则 $S=WQ$ 式中：F—固定总成本；C_v—单位产品变动成本；W—单位产品销价；X—销售量；Q_o—盈亏平衡点销售量。

在盈亏平衡时有：$Y=S$，即 $F+C_vQ_o=WQ_o$

则 $Q_o=F/(W-C_v)$

即 $Q_o=4\,000/(300-200)=40$（件），盈亏平衡点的销售量为 40 件。

盈亏平衡点确定下来以后，即可以根据市场销售前景合理安排目标产量。或知道了目标产量，即可以计算出目标利润。可用以下公式：

目标产量：

$$Q=(F+P)/(W-C_v)$$

$$P=Q(W-C_v)-F$$

式中 P 为目标利润，Q 为目标产量

2．风险型决策方法

风险型决策方法常用的是决策树分析法。

决策树分析法是以图解方式分别对各个方案，在不同自然状态下的损益值与概率的乘积进行求和，得出各个方案的期望值，最后经过比较，按照最优期望值（最大期望收益值或最小期望损失值）标准选择满意决策方案。最大期望收益值标准即选择决策树中期望收益值最大者为满意方案，最小期望损失值标准即选择决策树中的期望损失值最小者为满意方案。

决策树是将可行方案、影响因素用一个树形图表示。以决策点为出发点，引出若干方案枝，每个方案枝都代表一个可行方案，在各方案枝末端有一个自然状态（或方案）结点，从状态结点引出若干概率枝（或状态枝），每个概率枝表示一种自然状态，在每个概率枝末梢，注有损益值。下面用实例说明这一方法的运用。

[做中学 3-14]

某钢铁公司要对所生产的某种产品更新换代，为此，就要更新或改造设备。经预测分析，有两个可行方案可供选择：一是引进一条生产线，需要投资 500 万元；二是改造原来的生产线，需要投资 200 万元。使用期限均为 10 年。（它们的损益值、自然状态、概率等见表 3-14）。

表 3-14　各方案损益值表　　单位：（万元）

方案 \ 自然状态及概率	市场销售状态		
	畅销（0.7）	滞销（0.3）	投资
方案 1：引进生产线	200	-20	500
方案 2：改造生产线	120	20	200

思考题　应该选哪一种方案？

[分析]

决策树分析法步骤如下。

（1）从左向右画决策树图形。首先从左端方框（称为决策结点方框）出发，按行动方案引出几条方案枝，每条方案枝均需注明行动方案的内容，即引进生产线、改造生产线。然后每条方案枝到达一个自然状态（或方案）结点，用1、2表示。再由自然状态（或方案）结点按可能出现的自然状态的数目，引出各个状态技（或概率枝），并在每个状态枝上注明状态的内容及其概率，最后引出状态枝末梢，在状态枝末梢注明不同状态下的损益值，如图3-30所示。

（2）计算各方案的收益期望值。

$$\varphi_1=[200\times0.7+(-20)\times0.3]\times10-500=840\text{（万元）}$$

$$\varphi_2=(120\times0.7+20\times0.3)\times10-200=700\text{（万元）}$$

（3）剪枝。经过比较应选择第一方案，剪掉改造生产线方案枝。

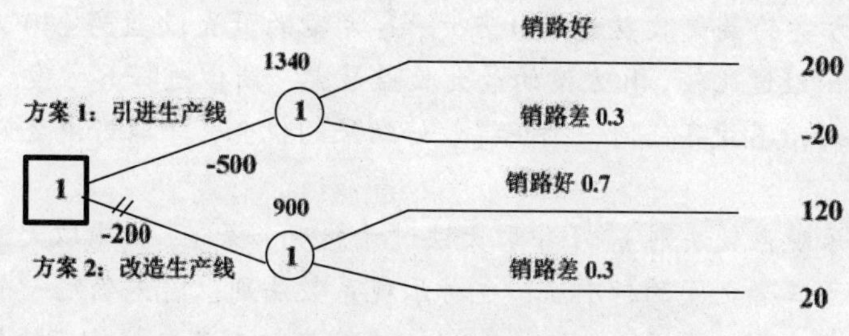

图3-30 决策树图

3．不确定型决策方法

不确定型决策方法是在行动方案的自然状态及发生的概率都未知的情况下所做的决策。由于自然状态的概率未知，这种决策的实质是根据决策者对风险的不同态度，主观给出不同自然状态发生的概率，因此产生了不同的决策方法。常用的不确定性决策方法有小中取大法，大中取大法和最小最大后悔值法等。下面通过举例来介绍这些方法。

[做中学3–15]

某企业打算生产某产品。据市场预测，产品销路有3种情况：销路好、销路一般和销路差。该产品有3种方案：a. 改进生产线；b. 新建生产线；c. 与其他企业协作。据估计，各方案在不同情况下的收益见表3-15。

表3-15 损益值表 单位：（万元）

自然状态 / 收益 / 方案	销路好	销路一般	销路差
a. 改进生产线	180	120	–40
b. 新建生产线	240	100	–80
c. 与其他企业协作	100	70	16

思考题　企业应选择哪个方案?

［分析］

（1）悲观法则（小中取大法）。决策者对未来状态出现情况呈悲观态度，以不利条件作为决策依据。即选择在最差自然状态下收益最大或损失最小的方案作为所要的方案。在本例中，a 方案的最小收益为 -40 万元，b 方案的最小收益为 -80 万元，c 方案的最小收益为 16 万元，所以选择 c 方案。

（2）乐观法则（大中取大法）。采取这种方法的管理者对未来持乐观的态度，认为未来会出现最好的自然状态，因此不论采取哪种方案，都能获取该方案的最大收益。采用大中取大法进行决策时，首先计算各方案在不同自然状态下的收益，并找出各方案所带来的最大收益，即在最好自然状态下的收益，然后进行比较，选择在最好自然状态下收益最大的方案作为所要的方案。

在本例中，a 方案的最大收益为 180 万元，b 方案的最大收益为 240 万元，c 方案的最大收益为 100 万元，经过比较，b 方案的最大收益最大，所以选择 b 方案。由于这种决策方法依据“乐观”原则，不放弃任何一个获得最好结果的机会，争取好中之好，所以决策风险最大。

（3）折中法（乐观系数法则）。小中取大法过于悲观、保守，大中取大法则过于乐观、冒险，于是产生了介于二者之间的折中法，也称乐观系数法则：首先确定一个表示决策者乐观程度的所谓乐观系数，用 α 表示，$0 \leqslant \alpha \leqslant 1$。决策者对未来自然状态的估计越乐观，$\alpha$ 就越接近于 1；越悲观，α 就越接近于 0。因此，α 就是假定只有好坏两种状态时，好状态发生的概率值确定后，计算各方案的期望效益值，取期望效益值最大的方案为最佳方案。本例中，若设 α=0.7，则有：

$$E_a=0.7\times180-(1-0.7)\times40=114$$

以此类推得：E_b=144，E_c=118，由 E_a、E_b 及 E_c 的数值比较可知，b 为最佳方案。这种方法的缺点在于：① 不易确定乐观系数；② 只注意到最好与最坏两个状态。

（4）后悔值法（大中取小法）。管理者在选择了某方案后，如果将来发生的自然状态表明其他方案的收益更大，那么他（或她）会为自己的选择而后悔。后悔值法就是使后悔值最小的方法。采用这种方法进行决策时，首先计算各方案在各自然状态下的后悔值（某方案在某自然状态下的后悔值 = 该自然状态下的最大收益 - 该方案在该自然状态下的收益），并找出各方案的最大后悔值，然后进行比较，选择最大后悔值最小的方案作为所要的方案。这种方法是以后悔值作为评价方案的标准，依据的是“遗憾”原则。它既不过于保守，又不过于冒险，是一种比较稳当的决策方法。

在本例中，在销路好这一自然状态下，b 方案（新建生产线）的收益最大，为 240 万元。在将来发生的自然状态是销路好的情况下，如果管理者恰好选择了这一方案，他就不会后悔，即后悔值为 0。如果他选择的不是 b 方案，而是其他方案，他就会后悔（后悔没有选择 b 方案）。比如，他选择的是 c 方案（与其他企业协作），该方案在销路好时带来的收益是 100 万元，比选择 b 方案少带来 140 万元的收益，即后悔值为 140 万元。各个方案后悔值的计算结果见表 3-16。

由表 3-16 看出，a 方案的最大后悔值为 60 万元，b 方案的最大后悔值为 96 万元，c 方案的最大后悔值为 140 万元，经过比较，a 方案的最大后悔值最小，所以选择 a 方案。

表 3-16 后悔值表 单位：（万元）

自然状态 收益 方案	销路好	销路一般	销路差
a. 改进生产线	60	0	56
b. 新建生产线	0	20	96
c. 与其他企业协作	140	50	0

上述 4 种决策方法，分别以不同的标准和原则作为评选方案的依据，因而同一问题会得到不同的决策结果。企业在实际工作中，解决不确定型决策问题，要同时运用以上 4 种方法进行分析对比，通常将其中被认定为满意的决策方案作为最后选定的决策方案。

项目小结

1．每一个组织都必须表明其存在的意义。组织宗旨表明了社会所赋予这个组织的基本职能或该组织致力于承担的社会基本职责。

2．组织目标是一个组织在未来一段时间内要达到的目的。组织目标具有差异性、多元性、层次性和时间性。不同的组织具有不同的组织目标，在同一个组织中，也会有不同性质的多个目标。

3．在任何一个组织中，除了组织目标，还存在着组织成员的个人目标。管理者要努力寻求组织目标和个人目标之间的结合点，使每一个组织成员在完成组织目标的同时个人目标也能得以实现，从而使组织的功能得以发挥和实现。

4．组织目标的制定一般包括以下几步：进行内外部环境分析，明确环境以及组织的实力、追求；在此基础上，制订若干总体目标方案；对拟定的目标方案进行分析论证，从中选出一个满意的目标方案；对目标进行细化和分解，形成一个完整的目标体系；最后是进行目标体系的优化，获得一个相互支持的目标体系。

5．目标管理是一种综合的以工作为中心和以人为中心的管理方法，它先由组织中的上级管理者与下级管理者、员工一起制定组织目标，并由此形成组织内每一个成员的责任和分目标，明确规定每个组织成员的职责范围，最后又用这些目标来进行管理、评价和决定对每一个部门和成员的奖惩，强调通过目标来进行管理。

6．计划有多种类型，按时间分，有长期计划、中期计划和短期计划；按广度分，有战略计划和行动计划；按对象分，有综合计划、部门计划和项目计划；按效用分，有指令性计划和指导性计划。

7．制订有效计划是取得成功的秘诀。计划可以指明方向，有助于有限资源的合理配置；能使我们防患于未然，更好地面对明天；同时有助于提高效率，调动积极性，并为控制提供标准。

8．计划制订的效率高低和质量好坏在很大程度上取决于所采用的计划方法。常见的现代计划方法有：滚动计划法和网络计划法。

9．决策是为了达到某一特定的目的而从若干个可行方案中选择一个满意方案的分析判断过程。决策制定是一个过程，包括：察觉和分析问题、明确决策目标、制订可行方案、分析比较方案、选择满意方案、实施决策方案、监督与反馈。

10．科学决策的前提是运用科学的决策方法。常见的决策方法有定性决策方法和定量决策方法两大类。定性决策方法常用的有头脑风暴法、德尔菲法、名义群体法、电子会议法和提喻法。定量决策方法分为确定型决策方法、风险型决策方法和不确定型决策方法。

☆习题与训练

一、理论自测题

（一）单项选择题

1．“凡事预则立，不预则废”这句话最恰当地体现了哪一种职能的重要性？（　　）

A. 控制　　B. 计划　　C. 组织　　D. 领导

2．下列计划诸形式中，哪种是主要针对反复出现的业务而制定的（　　）。

A. 目标　　B. 规则　　C. 程序　　D. 预算

3．网络图中的“关键线路”是指（　　）。

A. 占用时间最短，宽裕时间最少的活动序列

B. 占用时间最长，宽裕时间最多的活动序列

C. 占用时间最短，宽裕时间最多的活动序列

D. 占用时间最长，宽裕时间最少的活动序列

4．在管理的各项工作中，居于首要地位的工作是（　　）。

A. 计划　　B. 控制　　C. 组织　　D. 领导

5．为了明确企业计划的外部条件，其中最关键的是（　　）。

A. 定性预测　　B. 定量预测　　C. 环境预测　　D. 销售预测

6．狭义的计划是指（　　）。

A. 制订计划　　B. 执行计划　　C. 检查计划　　D. 完成计划

7．企业计划从上到下可分为多个层次，通常越低层次的目标越具有以下哪种特点？（　　）

A. 定性和定量结合　　B. 趋于定性

C. 模糊而不可控　　D. 具体而可控

8．古人云“运筹帷幄之中，决胜千里之外”。这里的“运筹帷幄”反映了管理职能中的（　　）。

A. 计划职能　　B. 组织职能　　C. 领导职能　　D. 控制职能

9．某企业在推行目标管理中，提出了如下目标：“质量上台阶，管理上水平，效益创一流，人人争上游。”该企业所设定的目标存在着哪方面的欠缺？（　　）

A. 目标缺乏鼓动性　　　　B. 目标表述不够清楚
C. 目标无法考核　　　　D. 目标设定得太高

10．计划工作的任务，不仅要确保实现目标，而且是要从众多方案中选择最优的资源配置方案，以求得合理地利用资源。这是强调计划的（　　）。

A. 目的性　　B. 普遍性　　C. 效率性　　D. 创造性

（二）多项选择题

1．下列选项中不属于企业短期决策的是________。

A. 投资方向的选择　　　　B. 人力资源的开发
C. 组织规模的确定　　　　D. 企业日常营销

2．集体决策的缺点包括________。

A. 花费较多的时间　　　　B. 产生群体思维
C. 产生的备选方案较少　　　　D 责任不明

3．下列选项属于例外问题的是________。

A. 组织结构变化　　　　B. 重大投资
C. 重要的人事任免　　　　D. 重大政策的制定

4．决策者只寻求满意结果的原因有________。

A. 只能满足于在现有方案中寻找
B. 决策者能力的缺乏
C. 选择最佳方案需要花大量的时间和金钱
D. 决策者只需要有满意的结果

5．通过________等方法可以提出富有创造性的方案。

A. 独自思考　　B. 头脑风暴法　　C. 名义群体法　　D 德尔菲法

6．过去的决策会影响现在的决策是因为________。

A. 过去的决策是正确的
B. 过去的决策是目前决策的起点
C. 过去的决策都是现在的管理者制定的
D. 过去的决策给组织内外部的环境带来了某种程度的变化

7．头脑风暴法实施的原则有________。

A. 对别人的建议不作任何评价
B. 建议越多越好，想到什么就说什么
C. 鼓励每个人独立思考
D 可以补充和完善已有的建议使它更具说服力

8．常用的不确定型决策方法有________。

A. 小中取大法　　　　B. 大中取大法
C. 大中取小法　　　　D 最小最大后悔值法

9．________的计划是有效率的。

A. 能得到最大的剩余　　　　B. 能以合理的代价实现目标
C. 成本等于收益　　　　D. 详细

10．计划是________。
A. 面向未来的　B. 过去的总结　C. 现状的描述　D. 面向行动的

（三）判断题

1．滚动计划法是用近细远粗的办法制订计划。（　）
2．计划是一种约束，会降低组织的灵活性。（　）
3．当外部环境的不确定性很高时，采用指导性计划比具体性计划效果更好。（　）
4．目标管理在动态环境中更加有效。（　）
5．目标制定得越难就越能激励员工发挥他们的积极性。（　）
6．在确定计划方案时，应发掘出尽可能多的可行方案并逐一进行详细评估，以选出最优方案。（　）
7. 目的与使命表明了组织存在的根本价值和意义，也就是组织之间相互区别的主要标志。（　）
8. 政策是组织在决策和解决问题时用来指导和沟通思想与行动方针的规定或行为规范。（　）
9．环境的不确定性越大，计划更应当是指导性的，计划期限也应更长。（　）
10．目标的选择是计划工作极为关键的内容，一个成功的计划决不会在选定的目标上存在偏差。（　）

二、项目实训

【实训目标】

1．培养学生创意性思维。
2．培训学生制订计划能力。
3．培养学生分析评价能力。
4．培养学生沟通能力。

【实训内容与要求】

1．将全班分成 A、B 两组，相对而坐，围成圆圈。
2．教师每十分钟发放一个题目（也可以抽签）。
3．第一节由 A 组制订计划，B 组分析评价计划；第二节课 A、B 两组轮换角色。
4．教师公布题目后，负责制订计划的一组用抢答的方式确定制订计划者，经过 5 ~ 10 分钟准备后提出一个简要的计划。
5．制订计划的重点：注重创意思维；注重方案运筹，形成基本合理的可行方案。
6．计划提出后，另一组成员对该计划进行评论，指出其合理之处，存在的问题和不足；制订一方本组人员可对计划做进一步补充和解释说明。
7．每一个计划的题目大约进行 10 分钟，总共利用大约两节课时间。

【成果与检测】

1．对于通过竞争制订计划的学生，记 1 分，计划制订较好者记 2 分。
2．分析评价方态度积极，观点正确，记 1 分，表现突出反驳有力的记 2 分。
3．其他参与发言的同学，一般记 1 分，较好的一般记 2 分。如果计划好，评价也好的总分记 3 分。

4．课程结束后上交书面资料（即计划提纲）。

附：计划项目

1．如果你是班长，怎样抓好一个班级建设？请草拟一份计划书。

2．请为我班策划一次周末联欢活动，草拟计划书。

3．计划在 3·15 消费者权益日策划一次街头宣传活动，请你做一份策划书。

4．如果你想承包一家校园超市，你怎样经营策划？

5．请你为校园“十大歌手大赛”进行策划。

6．请你为高职学院学生会体育部将要进行的足球比赛做一份计划书。

7．最近，某班频繁发生违纪现象，请对此制订一个整顿纪律的工作方案。

8．假如你所在寝室同学之间关系不和，寝室卫生较差，你作为新任寝室长将如何改变这种局面？

9．如果你所在的班级厌学气氛浓厚，学习气氛却不浓，请你制订一份激励全班同学努力学习的方案。

10．学生会举行校内大规模校园文化活动，需要你去拉赞助，请制订一份工作方案。

三、实务技能自测题

1．某企业为扩大某产品的生产，拟建设新厂，据市场预测，产品销路好的概率为 0.7，销路差的概率为 0.3，有三种方案可供企业选择。

方案 1，新建大厂，需投资 300 万元。据初步估计，销路好时，每年可获利 100 万元；销路差时，每年亏损 20 万元，服务期为 10 年。

方案 2，新建小厂，需投资 40 万无。销路好时，每年可获利 40 万元；销路差时，每年仍可获利 30 万元。服务期为 10 年。

方案 3，选建小厂，3 年后销路好时再扩建，需追加投资 200 万元，服务期为 7 年，估计每年获利 95 万元。

请根据上述资料试用决策树法做出决策。

2．你准备存一笔钱，现在有三个银行可供选择。三个银行的利率都是已知的，你面临的决策就是选择哪个银行。这种类型的决策属于什么类型的决策？如果这三个银行都有倒闭的可能，但不知道倒闭的概率。这时的决策属于何种类型的决策？（确定型决策，非确定型决策）

3．你的五个最重要的个人目标是什么？它们是长期的还是短期的？这些目标是否可以考核？

4．分小组了解各自日常计划的情况，看有多少人有制订书面计划的习惯；分析平时不做计划的原因；结合实践，总结计划的利弊。

5．晴雨未卜，出门是否带雨伞研究。

四、案例分析

10 分钟提高效率

美国某钢铁公司总裁舒瓦普向效率专家利请教："如何更好执行计划的方法是怎样的？"利声称可以给舒瓦普一样东西，在 10 分钟内能把他公司业绩提高 50%。接着，利递给舒瓦普一张白纸，说："请在这张纸上写下你明天要做的 6 件最重要的事。"舒瓦普用了约 5 分钟时间写完。利接着说："现在用数字标明每件事情对于你和公司的重要性次序。"舒瓦普又花了约 5 分钟做完。利说："好了，现在这张纸就是我要给你的。明天早上第一件事是把纸条拿出来，做第一项最重要的。不看其他的，只做第一项，直到完成为止。然后用同样办法对待第 2 项，第 3 项……直到下班为止。即使只做完一件事，那也不要紧，因为你总在做最重要的事。你可以试着每天这样做，直到你相信这个方法有价值时，请以你认可的价格给我寄支票。"

一个月，舒瓦普给利寄去一张 2.5 万美元的支票，并在他的员工中普及这种方法。5 年后，当年这个不为人知的小钢铁公司成为世界最大钢铁公司之一。

案例分析关键词：计划、制订计划的原则

【问题】

1．为什么总裁舒瓦普有计划却难以执行？效率专家利的方法的关键在哪里？

2．效率专家利认为"即使只做完一件事，那也不要紧，因为你总在做最重要的事"。你认为制订计划光是做最重要的事够吗？

3．效率专家利执行计划的方法使这个不为人知的小钢铁公司成为世界最大钢铁公司之一。为什么计划能发挥这么大的作用？

项目四　组　织

◆职业能力目标

1. 能清楚组织结构与组织成员之间的关系。
2. 能进行组织结构的设计。
3. 能进行岗位设计及编写岗位说明。
4. 能理解集权与分权的原理。
5. 能了解集权与分权的方法。
6. 能了解组织文化的结构。
7. 能理解组织文化的功能。

◆典型工作任务

了解组织的概念和功能；掌握组织结构设计的基本原则和基本过程；知道岗位特性描述方法，清楚岗位设计的基本方法；熟悉各种常见的组织结构及其优缺点和适用场合。理解权力的含义和重要性，了解授权和分权的过程及基本原则；理解集权与分权的含义及其相对性。掌握组织文化的含义、结构与功能。

任务一　组织结构的设计

任务引例

划　船　队

J划船队和M划船队要进行划船比赛。两队经过长时间的训练后，进行了正式比赛，结果M队落后J队1千米，输给了J队。M队领导很不服气，决心总结教训，在第二年比赛时，一定要把第一名夺回来。通过反复讨论分析，发现J队是八个人划桨，一个人掌舵；而M队是八个人掌舵，一个人划桨。不过，M队领导并没有看重这点区别，而是认为，他们的主要教训是八个人掌舵，没有中心，缺少层次，这是失败的主要原因。

于是，M队重新组建了船队的领导班子。新班子结构如下：四个掌舵经理，三个区域掌舵经理，一个划船员，还专设一个勤务员为船队领导班子指挥工作服务，并具体观察、督促划船员的工作。这一年比赛的结果是J队领先2公里。M队领导班子感到脸上无光，讨论决定划船员表现太差，予以辞退。勤务员监督工作不力，应予处分，但考虑到他为领导班子指挥工作的服务做得较好，将功补过，其错误不予追究；领导班子成员每人获发一个红包，以奖励他们共同发现了划船员工作不力的问题。

为什么M队会两次输给J队呢？

由于生理、心理、物质与社会条件的限制，人们为了达到个人的和共同的目标，就必须合作，于是形成群体，群体发展为组织。组织能够确保人们的社会活动协调进行、顺利达到预期目的。管理者需要按照组织目标，设计出合理、高效的结构和体制，合理配置组织的各种资源，以保证组织目标的顺利实现。

一、组织概述

（一）组织的含义

“组织”既是一个名词，也是一个动词。

组织作为名词，是指为了达到某些特定目标经由分工与合作及不同层次的权力和责任制度而构成的人的集合。如：企业公司、军队、学校、教会等都是组织。组织的名词定义包含了三层含义：组织作为一个整体，具有共同的目标；组织必须有分工和合作；组织要有不同层次的权责制度。

组织作为动词，是指组织工作，即为了实现组织的目标，将必须进行的各项工作和活动加以分类和归并，设计出合理的组织结构、配备相应人员、分配权力并进行整合与协调的过程。

组织工作具体包含以下三方面的内容。

1．组织结构的设计和变革

为了实现组织的目标，组织内部必然要进行分工与合作。如何合理设计和调整组织结构，建立分工合理、协作顺畅的组织模式，并使得分工协作体系能够适应组织的发展，是组织保证不同时期的目标都能够得以实现所要解决的基础问题。

2．人员的合理配置和使用

建立组织结构的目的是为了使组织成员能够协调开展工作，共同为实现组织目标而努力。在建立组织结构的基础上，通过对组织成员的明确分工以及合理配置和使用，充分发挥组织成员的才能，最大限度地发挥群体的力量，才能更好地实现组织目标。因此，人员的合理配置和使用也是一项重要的组织工作内容。

3．权力的分配和关系的协调

在建立组织结构、配置相应人员之后，为了使组织成员能为达成组织目标而履行其职责，应当赋予其完成相应工作所需要的权力；同时，为了保证各项工作、各个岗位、各个部门之间能顺利进行合作，就要对它们相互之间的责任和权力关系进行协调。通过分配权力和协调关系，才能保证各项工作的顺利开展，进而保证组织目标的实现。因此，权力的分配和关系的协调也是组织工作的一项重要内容。

思考题　如何理解组织是一个职务结构和职权结构，组织中的每个人都有特定的职责权利，组织工作的主要任务就在于明确这一职责结构，以及根据组织内外环境的变化使之合理化。

（二）组织的特征

组织既是有形的，也是无形的。我们可以看见各类组织，如政府、学校、企业和医院等，但组织的关键要素并不是一个建筑、一套政策和规章，组织是由人及其相互关系构成的。我们需要从以下几方面来把握组织的特征。

1．目的性

每个组织都有特定的明确目标，其一切活动的开展都是为了实现相应的目标。从本质上讲，组织本身就是为了实现共同目标而采用的一种手段或工具。有了共同的目标，组织成员的协作意愿才能实现，组织才能存续和发展。管理人员需要经常向组织成员灌输共同的目标和愿景，并根据环境的变化和组织的发展不断制定新的目标。

2．整体性

组织作为一个系统，是由许多成员、岗位、部门和层级，按照一定的形式排列组合而成的框架体系。系统整体所达到的功能大于其要素或组成部分的功能的叠加，因此组织整体所具有的性质也大于其各要素性质的叠加。组织在各组成要素之间，还存在纵向等级关系、横向的分工协作关系以及相互的沟通关系，以维持其整体性。

思考题　为什么说组织是一个相互联系的系统，反映着上下关系和横向沟通网络？

3．复杂性

群体的集合使得组织也是一个复杂体。组织目标必须通过各要素之间的分工与合作、沟通与交流、依赖与配合才能达成。组织的复杂性主要反映在复杂的分工上，如职能部门细分化、管理工作的层级划分和工序设备的分布，也反映在分工后各项活动协调的复杂性上。随着组织规模的扩大，分工越细，组织的复杂性体现得越明显。

4．开放性

组织是开放的，具有不断与外界环境进行物质、能量、信息交换的功能。任何组织都不能孤立存在，组织总是处于一定的环境之中，并且同环境相互联系、相互影响。在经济一体化的时代，一个组织如果不与外界交流、联系，不取长补短，就不可能得到迅速发展。组织对环境的开放是组织得以稳定存续的条件，也是组织得以向前发展的前提。

（三）组织的功能

组织以各种方式改变着人们的生活，对现代社会具有重大的影响。组织的功能主要体现在以下几方面。

1．力量汇聚功能

组织的力量汇聚功能主要表现为能够把分散的个体集合成为整体，汇聚各要素的力量，用“拧成一股绳”的力量去达成相应的组织目标。组织的力量汇聚作用体现为“1+1=2”。在日常生活中，组织的力量汇聚功能可以从许多实例中得到具体的体现，如多个搬家工人共同搬运一件大型家具，或多个纤夫合拉一艘船等。

2．力量放大功能

比力量汇聚功能“1+1=2”的效果更进一步，良好的组织还能发挥把组织力量汇集后再进行放大的功能，产生“整体功能大于各要素功能之和”的效果。组织作为系统，其力量放大功能是在力量汇聚功能的基础上产生的，表现为“1+1>2”的效果。只有借助组织力量的放大功能，才能取得“产出”大于“投入”的效益。

3．交换功能

个人之所以加入组织并对其投入时间、精力和技能，是希望能够从组织中得到相应的利益和报酬，以满足个人的需求。组织之所以愿意满足个人的需求，则是希望个人能对组织有所贡献，达成相应的组织目标。组织的交换功能体现为成员为组织做出贡献，并能够从组织中获取相应的报酬作为交换。

从成员的层面来看，往往要求自己所在组织支付给自己的报酬大于自己对该组织的投入；从组织的层面看，通常要求成员的贡献大于组织为成员所投入的相应成本。这就必须借助于组织力量放大功能的发挥，使由个人集合成的整体在总体力量上大于所有组成人员的个体力量之和。

（四）组织的分类

在现实生活中存在着许多组织，它们可以按不同的标准进行分类，主要方式如下。

1．按组织是否营利分类

① 营利性组织。所有的企业组织都属于营利性组织，企业成立及发展的目标就是追求利润最大化，否则企业将无法确定活动的目标和方向。根据罗纳德·科斯（Ronald H. Coase）在《企业的性质》中的阐述，企业组织之所以会产生，就是因为组织内交易比市场交易成本低，并且更为有效。这表明，企业组织的诞生本身就是追求成本最小化、收益最大化的结果。一个企业组织如果不能赢利，它就不能改善员工的状况，也就不可能将投资回报的一部分用于研究、开发新产品，为顾客提供更多、更有价值的新产品和服务，政府的税收也就没了着落，这将影响整个社会的发展。对于整个社会层面而言，利润动机不是自私的，因为在市场机制的诱导下，企业组织在追求自身利润的同时也会带来整个社会福利的增加。

② 非营利性组织。与营利性组织相对的是非营利性组织，如政治组织、文化组织、群众组织和宗教组织等。非营利性组织的主要宗旨是向社会提供各种公共服务，如提供教育、医疗、安全等服务。对提供的相应服务可能要收取一定的费用，这些费用主要用于维持组织的生存。非营利性组织在一般情况下无须向政府纳税，有时还会得到政府的财政补贴。

[做中学 4-1]　　公营机构的运作范本

香港贸发局是专责推广香港特别行政区对外贸易的法定机构。作为一个半官方性质的公营机构，自成立以来，香港贸发局一直致力为香港公司，特别是贸易的主要动力——中小企业，在全球缔造新的市场机会，协助他们把握商机，并推广香港具备优良商贸环境的国际形象。

从收入上来说，香港贸发局大概 80% 以上的收入都是自己赚来的，政府补贴大概只占 15%。作为一个公营机构，又要参与市场竞争，这常常会遭到非议。香港贸发局举办的展会收费低于私人的展览商，如果香港贸发局不办，那参展厂商则要付很高的费用。因为香港贸发局的目的是为了让香港广大的厂商得益。厂商得益就相当于广大的工人阶层得益，他们就有更多的就业机会。

思考题　从香港贸发局的成功运作中获得哪些启示？

[分析]

作为一个半官方性质的公营机构，香港贸发局的运作模式对目前的机构改革有一定的借鉴意义。

2．按组织的社会功能分类

美国学者帕森斯（T. Parsons）认为，可按照社会作用和社会效益对组织进行分类。

① 以经济生产为导向的组织。以经济生产为导向的组织是社会经济生产核心，通常会运用一切资源扩大组织的经济生产能力。这类组织的任务除了生产物质产品，还包括提供劳务等。

② 以政治为导向的组织。以政治为导向的组织的社会功能在于实现某种政治目的，因此其重点是权力的产生与分配，如政府部门。

③ 整合组织。整合组织的社会功能在于整合社会秩序，协调各类冲突，引导人群向某种固定的目标发展，如法院、政党等。

④ 模型维持组织。模型维持组织的功能在于维持固定的社会形式，来确保社会的平衡发展，如学校、社团、教会等。

3．按组织的形成方式分类

① 正式组织。正式组织是指为了实现组织目标、规范组织成员在活动中的关系所特意建立的组织结构。正式组织具有严密的组织结构，主要表现在指挥链、职权与责任的关系以及功能、作用等方面。正式组织是经过精心设计的、为了达到某个目标而按一定程序建立的、具有明确的职责关系和协作关系的群体。

② 非正式组织。非正式组织是人们因互相联系而自发形成的。在没有自觉地制定共同目标的情况下进行的个人联合的行动都可以算作非正式组织。非正式组织通常是为了满足一些社会要求而形成的。这些组织可能存在于正式组织之中，也可能独立存在和运行，如各种俱乐部、团体、协会和类似的其他群体都是非正式组织。

[做中学 4-2]　　无处不在的非正式组织

小王在工程学校毕业之后，到一家大型制造厂的实验室工作。在实验室里，小王的任务是管理四名负责检验生产样品的技术员。一方面小王是他们的监督者和管理者；另一方面又受到这个集体本身的制约，正是这种制约在折磨着小王。他很快就发现他们每个人都在设法保护别人，所以实验室的脏活也就很难确定由谁负责。正是这个团体大大限制了小王作用的发挥，他们每天都只完成同样的实验工作量，根本不考虑小王催促加快检验速度的要求。尽管小王是上级指定的实验室主管，但是经过观察发现，实验室的技术员有问题的时候并不找他，而是经过走廊找其他部门的老技术人员。小王还注意到，其中三名技术员经常一起到咖啡间吃午饭，第四位技术员经常同自己的朋友到临近实验室用餐。小王自己通常与其他实验室的管理人员一同进餐。

思考题　小王遇到了什么问题？

[分析]

小王在实验室发生的情况说明了非正式组织的活动在起作用，小王必须像对待正式组织一样与这些组织一同共事。

思考题　在任何的正式组织中都可能存在着非正式组织，那么，非正式组织是否在任何情况下对正式组织都起着妨碍和破坏作用？

二、组织结构的设计

（一）组织结构设计的任务

组织结构设计的任务具体地说就是建立组织结构和明确组织内部的相互关系，提供组织结构图和部门职能说明书、岗位结构图和岗位职责说明书。

1．组织结构图和部门职能说明书

组织结构是组织设计的结果之一，它是指组织内部的结构框架，可以通过组织的复杂化程度、规范化程度和集权化程度来描述，也可用结构图来表示。组织结构图通过直观的图示方式，明确表明组织中的部门设置情况和层次结构，直观反映了组织内部的分工和各部门的隶属关系，如图 4-1 所示。

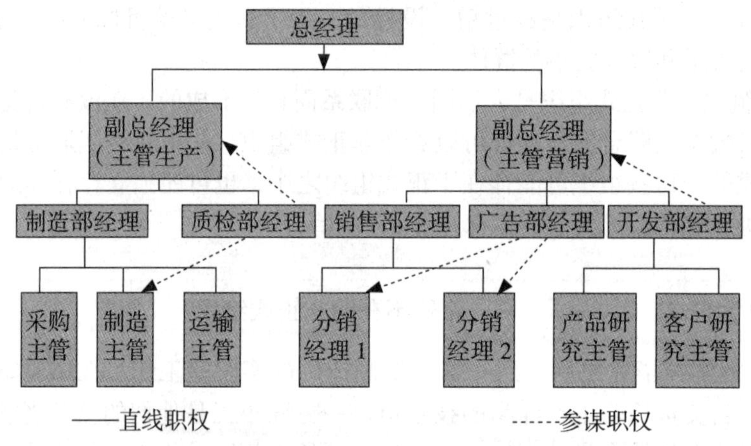

图 4-1　一般企业组织结构图

思考题　你能清楚地描绘出你所了解的某企业的组织结构图吗？

部门是指具有独立职能的工作单元的组合。与组织结构图相对应的是部门职能说明书。部门职能说明书一般包括部门名称、上下级隶属关系、协作部门、部门本职、部门宗旨、主要职能、主要责任、部门权力、岗位设置等内容。通过部门职能说明书，可清楚了解该组织中各部门之间的职能分工情况。

思考题　部门职能说明书为什么要包含上述各方面内容，可以缺少哪一部分？为什么？

2．岗位结构图和岗位职责说明书

为了聚集群体的力量有效地完成实现组织目标所必须开展的各项工作，在明确了部门的职能以后，还要进一步明确部门内部的职责分工，形成相应的岗位结构图和岗位职责说明书，以便将各项工作落实到人。

岗位是由一组有限的工作集合而成的。由于每个人的能力都是有限的，不可能完成大量的各种不同性质的工作，因此需要对各种工作进行合理组合，形成相应的岗位，使工作分工与组织成员的能力相匹配，从而切实保障各项工作能够得以落实。

部门内部的分工情况可用岗位结构图表示，如图 4-2 所示。岗位结构示意图表明了组织中的各种岗位及岗位之间的权力关系，各岗位的具体职责和上岗人员素质要求则可在岗位职责说明书中表明。岗位职责说明书一般包括岗位名称、上下级关系、岗位本职、主要工作、直接责任、岗位权力、岗位素质要求等内容。

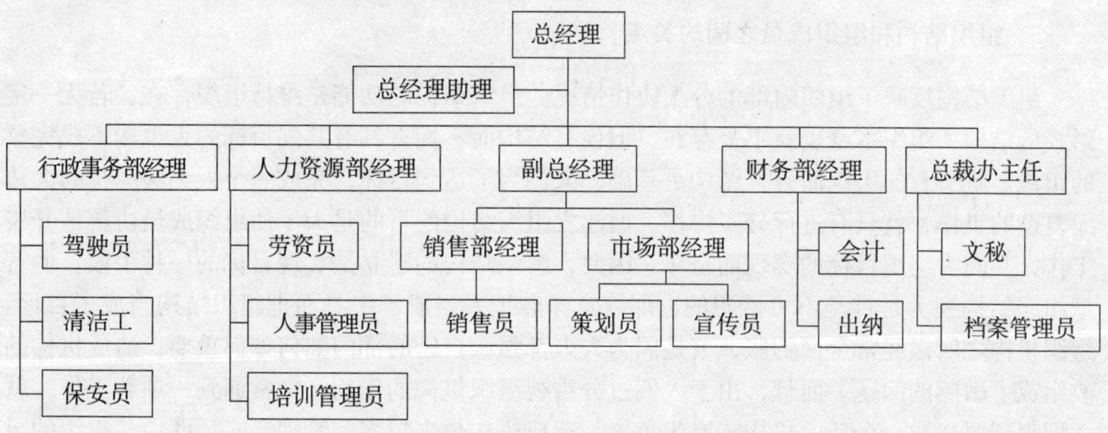

图 4-2　岗位结构示意图

[做中学 4–3]　　工作分析与职位说明书

美国某机械制造有限公司人力资源部经理约翰·安德森，来到生产部经理的办公室，非常焦躁地说："玛丽，我真不知道你到底需要怎样的机械操作工？我已经为你推荐了 4 个人参加面试，并且这 4 个人看上去都大致符合所需岗位说明书的要求，可是，你却将他们全部拒之门外。"

"符合岗位说明书的要求？"玛丽颇为惊讶地回答道："可我所要找的是那种一录用就能够直接上手做事的人；而你给我推荐的人，都不能够胜任实际操作工作，并不是我要找的人。再者，我根本就没瞧见你所说的什么岗位说明书。"

闻听此言，约翰二话没说，为玛丽拿来岗位说明书的复印件。当他们将岗位说明书与现实所需岗位逐条加以对照时，才发现问题所在：原来，这些岗位说明书已经严重地脱离实际，也就是说，岗位说明书没有将实际工作中的变动写进去。例如，岗位说明书要求从业人员具备旧式钻探机的工作经验，而实际工作却已经采用了数控机床的最新技术。因此，工人们为了更有效率地使用新机器，必须得具备更多的数学知识。

听完玛丽关于机械操作工作所需技能及履职的描述后，约翰喜形于色地说道："我想我们现在能够写出一份准确描述该项工作的岗位说明书，并且将这份岗位说明书作为指导，一定能够找到你所需要的合适人选。我坚信，只要我们的工作更加紧密地配合，上述那种不愉快的事情决不会再发生了。”

思考题　岗位说明书有什么作用？你能够从中得到什么启示？

［分析］

首先，必须认识到，岗位说明书在上述案例中，不能准确无误地判断招聘岗位所要求的职责与技能，人力资源部经理约翰·安德森没有岗位说明书的帮助，就很难确定所需岗位应该具备何种专业技能。通过以上案例，可以发现，具有普遍规律性的人力资源管理问题，那就是岗位说明书所描述的岗位与实际工作中的岗位并不是绝对同一的概念。

3．组织结构和组织成员之间的关系

组织结构反映了组织内部的分工协作情况。组织结构的功能是维持组织存在，若无一定形式的结构，组织本身也就不复存在。但仅有结构而不拥有具有共同目标的人也构不成完整的组织。就所有的组织而言，结构是基础，人们为了达到目标，完成一个人无法承担的大量而复杂的工作，就只有进行分工协作。但建立组织结构的目的是为了使组织成员协调地开展工作，共同为组织目标的实现而奋斗。因此，组织结构的建立是实现目标的一种手段。倘若把组织结构视为是神圣不可侵犯的，那就意味着把人当成了工具而把组织结构当成了目标。组织机构之所以经常全面膨胀，就是因为人人都强调自己的部门如何如何重要，造成机构的改组成了敏感的问题。而且，由于人们过分重视组织机构的作用，常常遇到一项新工作，就立即想到要建立一个新的机构来专门负责，造成机构越来越多。管理者必须明白，组织的灵魂是人。

思考题　组织结构与组织、组织成员之间有怎样的关系？

（二）组织结构设计的目的

设计一个好的组织结构十分重要。一个好的组织结构可产生以下效果。

1．通过岗位的明确，使每一位员工从事一组有限的专门化工作，有助于员工专业技能的开发和利用，从而提高工作效率；同时，明确每一个部门和岗位的任务和职责，也有助于对部门和员工进行客观的考核和公平的奖惩，调动组织成员的工作积极性。

2．由于每一个人都归属于一个特定的工作部门，有助于培养员工对组织的忠诚，也有助于对员工进行有针对性的培养和管理。

3．由于组织结构规定了各个部门之间的权责关系，每一个成员都知道各项工作由谁负责和应该向谁汇报，有助于相互之间的协调配合和信息沟通，也有助于员工与其他成员建立稳定的工作关系。

4．通过组织结构，可以清楚地了解组织资源配置是否与组织发展战略相匹配，从而找到落实组织发展战略的薄弱环节并加以改进，使组织结构与战略要求相一致。

总体而言，组织结构的规范化，是一个组织科学管理的起点和基础。

（三）组织结构设计过程

组织结构设计就是设计清晰的组织结构，规划和设计组织中各部门的职责和职权，确定组织中各种职权的活动范围并编制职务说明书。组织结构的设计一般包括以下几个步骤。

1. 岗位设计：工作划分与工作专门化

组织结构设计的第一步是将实现组织目标必须进行的活动划分成内在的有机联系的部分，以形成相应的工作岗位。划分活动的基本要点是工作专门化。工作专门化是指组织中把工作任务划分成若干步骤来完成的细化程度，即组织先把工作分成若干步骤，每一步骤安排一个人去完成。因此，每个人只完成所从事的工作的一部分，而不是全部。

[做中学 4–4] **工作专门化**

20 世纪初，亨利·福特通过建立汽车生产线而富甲天下，享誉全球。他的做法是，给公司每一位员工分配特定的、重复性的工作。例如，有的员工只负责装配汽车的右前轮，有的只负责安装右前门。通过把工作划分成较小的、标准化的任务，使工人能够反复地进行同一种操作，福特利用技能相对有限的员工，只需很短的一段时间就能生产出一辆汽车。

思考题　工作专门化适合于所有类型的组织吗?

[分析]

人们已经认识到了在不同类型的工作中工作专门化所起的作用，但是并不是所有的工作类型或组织形式都适用专门化的工作分工。比如，在麦当劳快餐店，管理人员通过工作专门化来提高生产和销售汉堡包和炸鸡的效率。但是，像苹果公司这样的高科技企业则可以通过丰富员工的工作内容，降低工作专门化的程度来提高生产率。

思考题　怎样设计每一个岗位的工作内容?

2. 部门化：工作的归类

一旦将组织的任务分解成了具体的可执行的工作，下一步就是将这些工作按某种逻辑合并成一些组织单元，如任务组、部门等，这就是部门化过程。将整个组织通过部门化划分为若干个管理单元的目的是为了据此明确责任和权力，并有利于不同的部门根据其工作性质的不同采取不同的政策和加强每个部门内部的沟通与交流。

一个组织的各项工作可按不同原则进行归并，常见的方法有职能部门化、产品部门化、地区部门化、顾客部门化和综合部门化。

（1）职能部门化。即按工作的相同或类似性进行归类，如企业里把从事相同工作的人进行归并，形成生产部门、销售部门、财务部门、人事部门等。由于职能部门化与工作专门化有密切的联系，因此许多组织都采用职能部门化的方式。职能部门化的优点是：有利于对专业人员进行归口管理；便于监督和指导；可提高工作效率。缺点是容易出现部门主义；整体管理较弱。

（2）产品部门化。由于不同的产品在生产、技术、市场、销售等方面可能各不相同，就出现了根据不同的产品种类来划分部门的需要。在这种情况下，各产品部门的负责人对某一产品或产品系列，在各方面都拥有一定的职权。产品部门化的优点是：便于本部门内进行更好的协作；可提高决策的效率；易于保证产品质量和进行核算。缺点是：易出现部门化倾向；整个组织行政管理人员过多，管理费用增加。

（3）地区部门化。即按地理区域设立部门，这种形式不像职能和产品部门化那样普遍，但许多全国性或国际性的大组织常采用此种方式。地区部门化的优点是：能对本地区环境的变化做出迅速的反应。缺点是：和总部之间的管理职责划分较困难。

（4）顾客部门化。即根据顾客的需要和顾客群设立相应的部门。不同类型的顾客，在产品品种、质量、服务、价格等方面会有不同的要求。实行顾客部门化的优点是：可更加有针对性地按需生产、按需促销。缺点是：只有当顾客群达到一定的规模时，才比较经济。

（5）综合部门化。即在同一个组织中，既有按职能划分的部门，也有按其他方面划分的部门以适应各种不同的需要。

思考题　各种部门化方法分别适用于什么场合？请各举一例。

3．确定组织层次：实现统一领导

部门化解决了各项工作如何进行归类以实现统一领导的问题，接下来需要解决的是组织层次问题，即确定组织中每一个部门的职位等级数。

组织层次的多少与管理幅度的大小有直接关系。所谓管理幅度是指某一特定的管理者可有效管辖的直接下属人员数。在一个部门中的操作人员数一定的情况下，一个管理者能直接管理的下属数越多，那么该部门内的组织层次也就越少，所需要的行政管理者也越少；反之，一个管理者能直接管辖的员工数越少，所需的管理者就越多，相应地组织层次也越多，如图 4-3 所示。

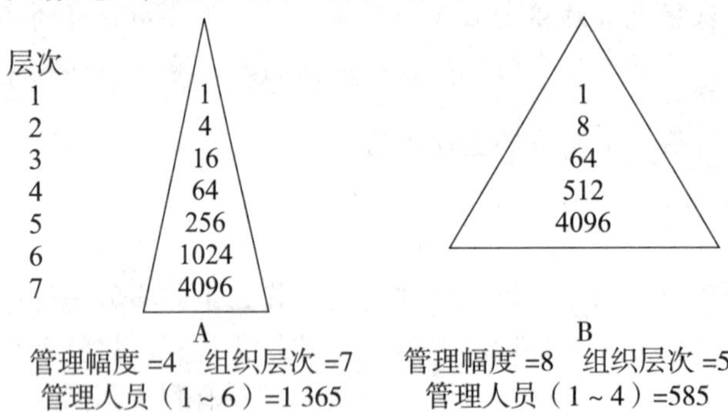

图 4-3　组织层次与管理幅度

由此可见，管理幅度的大小，在很大程度上制约了组织层次的多少。古典组织学家主张狭窄的幅度，以实现有效的控制。但这样一来，就要设置较多的层次，导致决策缓慢。现代组织学家认为，下级憎恨影响人们道德和动机的严密的管理，因此他们主张管理的宽幅度，以减少组织层次，加速组织中信息的传递。

那么，在某一特定的情况下，管理幅度多大合适呢？这主要取决于以下几个因素。

（1）管理者的能力。管理者的综合能力强，就可以迅速地把握问题的关键，就下属的请示给出恰当的指导，并使下属明确理解，从而缩短与每一位下属接触所需的时间，管理幅度就可以大一些，反之则小。

（2）下属的成熟程度。下级具有符合岗位要求的能力，训练有素，则无须管理者事事指点，从而减少向上司请示的频率，管理者的管理幅度就可加大，反之则小。

（3）工作的标准化程度。若下属的工作基本相同，指导就方便，管理幅度较大；若下属的工作性质差异很大，就需要个别指导，管理幅度就小。

（4）工作条件。如助手的配备情况、信息手段的配备情况等都会影响管理者从事管理工作所需的时间，若配备有助手，信息手段先进，则管理幅度可大些。

（5）工作环境。组织环境稳定与否会影响组织活动内容和政策的调整频率与幅度。环境变化越快，变化程度越大，组织中遇到的新问题就越多，下属向上级的请示就越有必要、越经常，而上级能用于指导下属的时间与精力却越少，因为他要花时间去关注环境的变化，考虑应变的措施。因此，环境越不稳定，管理者的管理幅度越小。

一般地，人们把管理幅度较大、组织层次较少的组织称为扁平型结构；把管理幅度较小、组织层次较多的组织称为锥型结构。

在管理幅度确定的情况下，我们可以根据操作人员的多少和各级管理者管理幅度的大小，计算出所需的管理者数和相应的组织层次。

思考题　扁平式组织结构和锥型组织结构，哪一种好？

扁平式组织结构的优点是：由于管理的层次比较少，信息的沟通和传递的速度比较快，因而信息的失真度也比较低，同时，上级主管对下属的控制也不会太呆板，这有利于发挥下属的积极性和创造性。其缺点是：过大的管理幅度增加了主管对下属的监督和协调控制难度。

锥型组织结构的优点是：由于管理的层次比较多，管理幅度比较小，每一管理层次上的主管都能对下属进行及时的指导和控制；层级之间的关系比较紧密，这有利于工作任务的衔接。其缺点是：过多的管理层次往往会影响信息的传递速度，因而信息的失真度可能会比较大，而这又会增加高层主管与基层之间的沟通和协调成本，增加管理工作的复杂性。

4．实行授权：建立职权关系

授权是指组织内部授予的指导下属活动及行为的决定权，这些决定一旦下达，下属必须服从。授权是组织设计的重要内容，它与组织结构内的职位紧密相连，而与个人特质无关。

任何组织内的各个部门及每个管理层次中，必须设置一系列的职位，而且在每个职位上配置合适的人选，每个人都要具有与职位相称的职务，负有一定的责任、义务，同时具有完成工作、履行职责的权利。

根据以上几步，即可明确岗位、部门、组织层次、职权关系等，形成相应的组织结构。

（四）组织设计的原则

组织所处的环境，采用的技术、制定的战略、发展的规模不同，所需的职务和部门及其相互关系也不同，但任何组织在进行机构和结构的设计时，都需遵守一些共同的原则。

1．目标原则

组织是为一定的目标服务的，因此必须根据组织目标来考虑组织结构的总体框架。任何组织都有其特定的组织目标，组织及其每个部分都应当与其特定的任务目标相联系，组织的调整都应以其是否有益于实现目标为衡量标准。在组织设计时，首先要明确该组织的发展方向、经营战略和目标要求，这是组织设计的前提；其次要认真分析，为了保证组织目标的实现需要开展哪些活动、怎样才能做好等；最后围绕这些事务进行岗位设计、设立机构、配备人员。

2．分工与协作原则

组织设计中坚持分工与协作原则，就是要做到分工合理，协作明确，对每个部门及岗位的工作内容、工作范围、工作关系、协作方式等都应有明确规定。分工表明，一个人不需要掌握所有技能，只需要掌握少数几项技能并使之达到熟练的程度，这样在一定的分工基础上加强协作，能够大幅提高组织绩效。在协作中，一是明确部门间的相互关系，寻找容易发生矛盾之处，进行协调；二是对需要协调的各种关系，应有具体的协调方法和惩罚措施。

3．命令统一原则

除了位于组织金字塔顶部的最高行政指挥外，组织中的所有其他成员在工作中都会收到来自上级行政部门或负责人的命令，根据上级的指令开始或结束、进行或调整、修正或废止自己的工作。但是，一个下属如果同时接受两个上司的指令，而这些上司的指令并不总是保持一致的话，那么，下属的工作就会造成混乱。如果两位上司的命令相互矛盾，下属便会感到无所适从。这时，下属无论依照谁的指令行事，都有可能受到另一位上司的指责。当然，如果下属足够聪明，且有足够胆略的话，他还可利用一位上司的指令去影响另一位上司的指令，不采取任何行动。这显然也会给整个组织带来危害。“命令统一”或“指挥统一”的原则指的是“组织中的任何成员只能接受一个上司的领导”。

但是，这条重要的原则在组织实践中常遇到来自多方面的破坏。最常见的有两种情况。图 4-4 表明了组织中各个职务之间的等级关系。

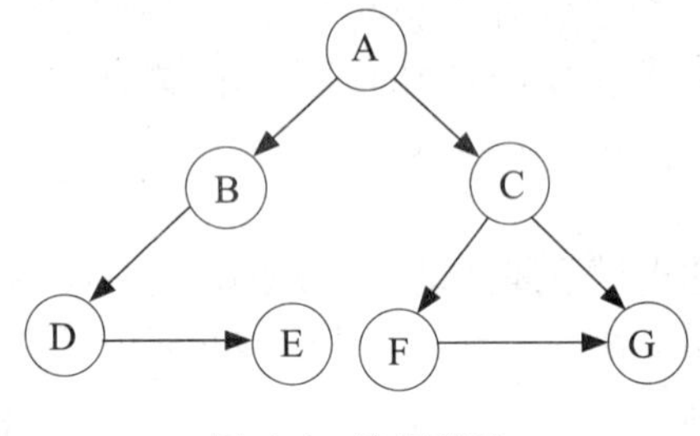

图 4-4　等级关系

（1）在正常情况下，D 和 E 只接受 B 的领导，F 和 G 只服从 C 的命令，B 和 C 都不应闯入对方的领地。但是，如果 B 也向 F 下达指令，要求他在某时某刻去完成某项工作，而 F 也因其具有与自己的直系上司 C 相同层次的职务而服从这个命令，则出现了双头领导的现象。这种在理论上不应出现的现象，在实践中却常会遇到。

（2）在正常情况下，A 只能对 B 和 C 直接下达命令，但如果出于对“效率”和“速度”的考虑，为了纠正某个错误，或及时停止某项作业，A 不通过 B 或 C 而直接向 D、E 或 F、G 下达命令，而这些人对自己上司的上司的命令，在通常情况下是会积极执行的。这种行为经常反复，也会出现双头或多头领导。这种越级指挥的现象给组织带来的危害是极大的，它不仅破坏了命令统一的原则，而且会引发越级请示的行为。长此下去，会造成中层管理人员在工作中犹豫不决，诱使他们逃避工作、逃避责任，最后会导致中间管理层乃至整个行政管理系统的瘫痪。

为了防止上述情况的出现，在组织设计中要根据一个下级只能服从一个上级领导的原则，将各个职务形成一条连续的等级链；在组织实践中，在管理的体制上，要实行各级行政领导负责制，减少甚至不设各级行政主管的副职。

4．权责对等原则

组织中每个部门和职务都必须完成规定的工作。而为了从事一定的活动，都需要利用一定的人、财、物等资源。因此，为了保证"事事有人做""事事都能正确地做好"，则不仅要明确各个部门的任务和责任，而且在组织设计中，还要规定相应的取得和利用人力、物力、财力以及信息等工作条件的权力。没有明确的权力，或权力的应用范围小于工作的要求，则可能使职责无法履行，任务无法完成。当然，对等的权责也意味着赋予某个部门或岗位的权力不能超过其应负的职责。权力大于工作的要求，虽能保证任务的完成，但会导致权力被不负责任地滥用，甚至会危及整个组织系统的运行。

[做中学 4-5] 三只老鼠的责任

三只老鼠一同去偷油喝。找到一个油瓶，三只老鼠商量，一只踩着一只的肩膀，轮流上去喝油，于是三只老鼠开始"叠罗汉"。当最后一只老鼠刚刚爬到另外两只的肩膀上，不知什么原因，油瓶倒了，最后，惊动了人，三只老鼠逃跑了。回到老鼠窝，大家开会讨论为什么会失败。最上面的老鼠说，我没有喝到油，而且推倒了油瓶，是因为下面第二只老鼠抖动了一下。第二只老鼠说，第三只老鼠抽搐了一下，我才抖动的。第三只老鼠说，我因为听见门外有猫的叫声，怕了才抖的。哦，原来如此呀！三只老鼠恍然大悟。原来，它们都没有责任。

思考题 以结果为导向的考核，其不合理性在哪里？

［分析］

如果考核只注重结果，那么一出事情，大家首先想到的就是如何推卸责任，而不是去思考如何解决问题，如何改善提高。当责任比改善更被组织内部所关注时，这个组织就注定是没有未来的。

5．因事设职与因人设职相结合的原则

组织设计的根本目的是保证组织目标的实现，使目标活动的每项内容都落实到具体的岗位和部门，即"事事有人做"，而非"人人有事做"。因此，组织设计中，要求首先逻辑性地考虑工作的特点和需要，要求因事设职，因职用人，而非相反。但这并不意味着组织设计中可以忽视人的因素，组织设计过程中必须重视人的因素。

（1）组织设计往往并不是为全新的、迄今为止不存在的组织设计职务和机构。在那种情况下，也许可以不考虑人的特点。但是，在通常情况下，人们遇到的实际上是组织的再设计问题。随着环境、任务等某个或某些影响因素的变化，重新设计或调整组织的机构与结构，这时就不能不考虑到现有组织中现有成员的特点，组织设计的目的就不仅是要保证“事事有人做”，而且要保证“有能力的人有机会去做他们真正胜任的工作”。

（2）组织中各部门各岗位的工作最终是要人去完成的，即使是一个全新的组织，也并不总是能在社会上招聘到每个职务所需的理想人员。如同产品的设计，不仅要考虑到产品本身的结构合理，还要考虑到所能运用的材料的特征、性能和强度的限制一样，组织机构和结构的设计，也不能不考虑到组织内外现有人力资源的特点。

（3）任何组织，首先是人的集合，而不是事和物的集合。人之所以参加组织，不仅有满足某种客观需要的要求，而且希望通过工作来提高能力、展现才华、实现自我的价值。现代社会中的任何组织，通过其活动向社会提供的不仅是某种特定的产品或服务，而且是具有一定素质的人。可以说，为社会培养各种合格有用的人才是所有组织不可推卸的社会责任。

[做中学 4-6]　　**猴子取食岗位：适度才好**

美国加利福尼亚大学的学者做了这样一个实验：把 6 只猴子分别关在 3 间空房子里，每间 2 只，房子里分别放着一定数量的食物，但放的位置高度不一样。第一间房子的食物就放在地上；第二间房子的食物分别从易到难悬挂在不同高度的适当位置上；第三间房子的食物悬挂在房顶。数日后，他们发现第一间房子的猴子一死一伤，伤的那只缺了耳朵断了腿，奄奄一息；第三间房子的猴子也死了；只有第二间房子的猴子活得好好的。究其原因，第一间房子的两只猴子一进房间就看到了地上的食物，于是为了争夺唾手可得的食物而大动干戈，结果伤的伤，死的死。第三间房子的猴子虽做了努力，但因食物太高，难度过大，够不着，被活活饿死了。只有第二间房子的两只猴子先是各自凭着自己的本能蹦跳取食，之后，随着悬挂的食物高度增加，难度增大，两只猴子只有协作才能取得食物，于是一只猴子托起另一只猴子取食。这样，每天都能取得够吃的食物，并因此很好地活了下来。

思考题　从案例中可以得到什么启示?

[分析]

岗位难度过低，人人能干，体现不出能力与水平，选拔不出人才，反倒会导致内耗。岗位的难度太大，虽努力而不能及，会扼杀人才。岗位的难度要适当，循序渐进，才能真正体现出能力与水平，发挥人的能动性和智慧。

三、岗位职责设计

在组织结构的设计过程中，岗位设计是一项重要的工作。岗位设计也称职务设计或工作设计，是指用一定的方法将各项任务结合起来，形成一组有限的工作，以构成一个完整的岗位的过程。

任何一个组织都是由一个个岗位组成的。由于不同的岗位对上岗人员的要求各有不同，而不同的人也喜欢从事不同类型的岗位工作，因此，如何合理地设计岗位工作内容，使之不仅能够寻找到合适的人员来担任，而且能够充分发挥上岗员工的潜力、提高其工作满意度便成为组织设计人员在进行岗位设计时必须考虑的重要问题。

思考题 如何区分岗位类型?

(一)岗位特征模型

我们都知道教师的岗位与消防员或泥瓦匠岗位存在本质的区别。那么，是什么因素使得这些岗位如此不同呢？哈克曼（J. R. Hackman，1976）提出的岗位特征模型（Job Characteristics Model，JCM）为我们提供了实际的答案。如图 4-5 所示，根据岗位特征模型，任何岗位都可以从以下五个维度描述其主要的特征。而评判一份工作的难度，可以以五项工作核心维度作为标准，见表 4-1。

（1）技能多样化。要求员工使用多种技能从事各种不同的行为的程度。

（2）任务的特性。要求完成全部的和具有同一性的任务的程度。

（3）任务重要性。一个岗位对其他人的工作和生活具有实质性影响的程度。

（4）工作自主性。一个岗位给予任职者在安排工作进度和决定工作方法方面提供的实质性自由、独立和自主的程度。

（5）信息的反馈。任职者从事该岗位工作时所能获得的有关其绩效信息的直接程度和清晰程度。

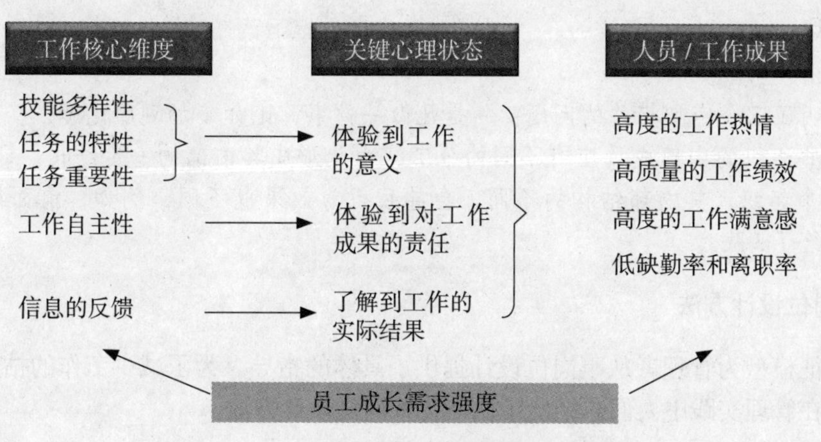

图 4-5 岗位特征模型

表 4-1 不同的工作核心维度评价实例

工作核心维度	高	低
技能多样化	一家汽车修理店的维修人员的工作是电器修理、修理车身和为客户提供咨询服务	一个车辆修理厂的油漆工一天的工作就是给需要修复车面的汽车喷漆
任务的特性	一个橱柜制造者设计一件家具，挑选木材，制造家具并把它完成得尽善尽美	一家家具厂的车工只负责操作车床制作桌面
任务重要性	看护医院中加护病房的病人	擦医院的地板
工作自主性	刑警自主安排自己的工作，与人接触不受监督，并自行决定侦破方法	110 接线员必须根据一个非常具体的程序接听电话
信息的反馈	一个电器工厂的工人组装一个调制解调器，然后通过测试看它是否能够正常运行	一个电器工厂的工人组装一个调制解调器，然后送交质检员，由质检员检测它是否能够正常运行

岗位特征模型指出，技能多样性、任务的特性和任务重要性共同创造了有意义的工作，也就是说，当一个岗位具有以上三种特征时，可以预计任职者将会把他的岗位看作是重要的、有价值的和值得做的。另外，具有工作自主性的岗位会给任职者带来一种对工作结果的个人责任感，而如果该岗位能获得工作绩效反馈，则员工可以知道他所进行的工作效果。

思考题　如何设计岗位以提高上述五方面工作核心维度?

从激励的角度，岗位特征模型指出，当员工能够了解工作绩效，并认为自己从事的是有意义的工作，自己应该对工作结果负责时，他就会获得一种内在的激励。这种内在的激励将提高员工的工作动机、工作绩效和工作满意度，并降低旷工和辞职的可能性。进一步地，该模型还指出，工作核心维度与这些结果之间的关系，受到个人成长需求强度（员工对自尊和自我实现的需要强度）的中和与调整。也就是说，具有高成长需求的员工，面对核心维度特征高的岗位，在心理状态上要比那些只有低成长需求的员工有更高程度的体验；而当这种心理存在时，高成长需求的员工也比低成长需求的员工能做出更为积极的反应。

将各工作核心维度综合成一个单一的指标，可得到以下岗位激励潜力计算公式：

$$\text{岗位激励潜力得分}=\left[\frac{\text{技能多样性}+\text{任务的特性}+\text{任务重要性}}{3}\right]\times\text{自主性}\times\text{反馈}$$

任务解析

案例说明了三个密切相关的问题：一是凡做一件事，比如参加划船比赛，必须有一个组织；二是这些组织的内部成员应有不同的分工，由此形成其内部的一定结构，即组织结构；三是作为一个组织，其内部结构的不同，会导致行为效果也不同，例如，前面例子中的M队两次都输给了J队。

（二）岗位设计方法

岗位特征模型为管理者从事岗位设计提供了具体的指导。为了减少工作的枯燥并提高员工生产力，在管理实践中人们总结出了以下几种岗位设计方法。

1. 职责专门化

一直以来，人们在岗位设计时都注重工作的专门化，即将岗位设计得尽可能简单，将工作划分得更细小和更专业化。根据亚当·斯密的劳动分工和泰勒的科学管理原理，职责专门化有助于提高员工工作熟练程度，从而取得更高的效率和更好的业绩。

根据职责专门化方法，人们将生产线上的工人分为操作工、装配工、质检员、包装工等，将会计工作划分为成本会计、核算会计、管理会计等。

尽管职责的专门化确实可以在短期内提高工作效率，但过于专门化的工作同样会导致员工的不满。由于每天重复地从事狭窄的专业化活动，容易让人感到厌烦和沮丧。随着组织中知识性员工的日益增加，这种根据职责专门化方法设计的岗位越来越受到挑战。

思考题　工作职责专门化为什么会导致员工的不满?

2．职责扩大化

避免职责专门化及其缺陷的一种早期努力是职责扩大化。职责扩大化是通过增加一个岗位所包含的不同任务的数目横向扩展岗位工作内容，从而减少该岗位中同一任务被重复执行的频率。

如图 4-6 所示，通过职责扩大化，增加了该岗位不同性质的任务的数量，从而提高工作的多样化。例如，原来秘书岗位的职责就是文案工作，通过增加另外的任务，如接待来访的客户、购买办公用品、分发邮件等扩大其工作职责。管理者通过将原来划分过细的任务重新组合形成一个内容广泛的新岗位，从而使该岗位的工作技能多样性和任务的特性得到提高。在员工的能力没有被充分利用而且员工渴望更多的挑战和责任时，根据职责扩大化方法设计的岗位往往能使员工对岗位工作更满意。

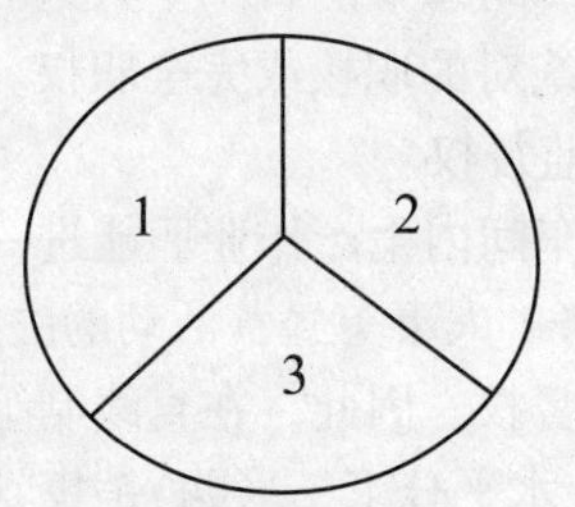

通常的岗位
狭窄的范围
频繁的重复

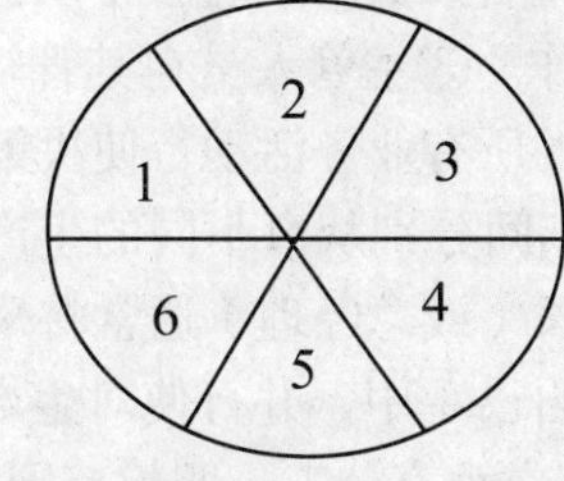

扩大化后的岗位
宽广的范围
较少的重复

图 4-6 职责扩大化

职责扩大化的确可以克服过于专门化的工作缺乏多样性的缺点，但它并不一定能够给员工提供多少挑战性和工作意义。有的员工可能会这样评论工作职责扩大化：“以前我只有一项烦人的工作。现在，通过工作职责扩大化，我有了三项烦人的工作。”

思考题 不同的人对职责扩大化的感受为何不相同？

3．职责丰富化

为了克服职责扩大化的缺陷，人们进一步提出了职责丰富化方法。所谓职责丰富化，是指通过增加工作深度，如增加策划和评估职责，使员工得以对他们的工作实行更大的控制，从而将更多的工作意义和挑战增加到工作之中。例如，银行对柜台工作进行重新整合，由一名员工直接与顾客接触，从头到尾负责一项完整的交易，这样不仅可以改善工作质量，而且能提高员工的责任心和积极性。

职责丰富化意味着员工将被获准做一些通常由主管人员才能完成的任务，如计划和评价自身的工作。丰富化后的岗位应当允许任职者以更大的自主权、独立性和责任感去从事一项完整的活动。当一个岗位被职责丰富化时，任职者有责任计划并完成自身工作，并对自身表现做出评估和纠正。

思考题 除了职责扩大化和职责丰富化方法外，还有什么方法能够克服工作的单调化？

岗位设计不仅包括岗位职责的明确，而且还包括工作时间的安排。在这方面，除了传统的按固定时刻表上下班外，已经出现了弹性工作制、钟点工以及让员工通过网络在家工作、自行决定工作时间等多种形式。

四、组织结构的形式

组织结构是组织设计的结果，一般可用组织结构图来表示。组织结构在整个管理系统中起着框架的作用，并保证组织中的人流、物流、信息流的正常流通。组织结构的完善程度，可以决定组织能否顺利完成目标以及能否促进个人在实际目标中做出贡献。下面我们分别介绍有代表性的一些结构形式。

（一）直线制组织结构

直线制组织结构是最古老的组织结构形式。所谓的“直线”是指在这种组织结构下，职权直接从高层开始向下“流动”（传递、分解），经过若干个管理层次达到组织最底层。其特点是：①组织中每一位主管人员对其直接下属拥有直接职权。②组织中的每一个人只对他的直接上级负责或报告工作。③主管人员在其管辖范围内，拥有绝对的职权或完全职权。即主管人员对所管辖的部门的所有业务活动行使决策权、指挥权和监督权。

如图 4-7 所示，各车间分别从事不同的生产作业职能，在车间内生产作业职能进一步分解到工段以及班组。厂长（或总经理）通常将采购、销售、财务、人事等经营活动的决策权、指挥权和监督权集中在自己手中，并行使对生产经营活动的监督权。因此，在直线制组织结构下，经营管理职能只存在垂直分工（职权范围大小）而不存在水平分工（采购、销售、财务、人事、安全等）。这种组织形式在某种意义上类似逐级承包体制，是一种集权式的组织结构形式。车间主任、工段长、班组长均负责生产作业的管理，但其职权范围是不同的。他们的职权范围在纵向维度上经过逐层分解而趋向缩小。车间主任、工段长、班组长对所管辖领域（部门）的生产作业活动拥有完全职权。

直线制组织结构的优点是：① 管理结构简单、管理成本低；② 上下级关系清晰、统一；③ 决策迅速、责任明确；④ 反应灵活、纪律和秩序易于得到维护。

直线制组织结构的缺点是：① 对组织最高管理者的要求较高，需要通晓多种专业知识；② 权力完全集中于一人，对最高领导者的依赖性大，易发生决策失误；③ 每个人只注意听上级指示，每个部门只关心本部门工作，横向协调差；④ 管理者梯队建设难度大。

这种结构一般适用于没有必要按职能实行专业化管理的小型组织或是技术较简单的组织，以及处于初建阶段、所处环境简单并且易变、组织突然面临困境等情况。以制造业企业为例，直线制组织结构如图 4-7 所示。

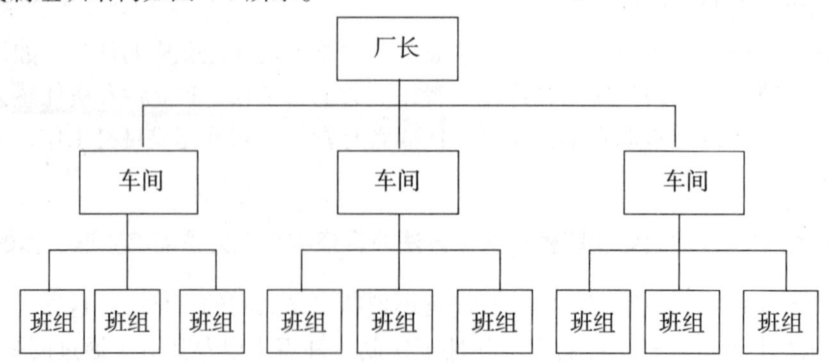

图 4-7　直线制组织结构

（二）职能制组织结构

职能制组织结构实际上是在泰勒提出的管理分工制度下的职能工长制基础上建立的。职能制形式的特点是：采用按职能实行专业分工的管理办法来代替直线制上的全能管理者，各职能部门在自己的业务范围内可直接下达命令或指示，直接指挥下级，下级接受来自组织内各个职能部门的命令，即一个下级同时接受多个上级的领导，并且必须根据专业分工向不同的职能部门汇报工作。

职能制组织结构的优点：① 按照专业职能进行管理分工，可以提高管理的专业化程度；② 减轻了各级行政主管的负担；③ 能够适应复杂的环境变化。

职能制组织结构的缺点：① 多头领导，不利于实施集中、统一的管理；② 不利于明确划分直线人员和职能科室的职责、权限，容易造成管理的混乱；③ 各职能部门各自为政，横向协调困难；④ 管理人员增加，机构较庞大，管理费用较高。

职能制组织形式适用于任务较复杂的社会管理组织和生产技术复杂、各项管理需要具有专门知识的企业管理组织。以企业为例，职能制组织的结构如图 4-8 所示。

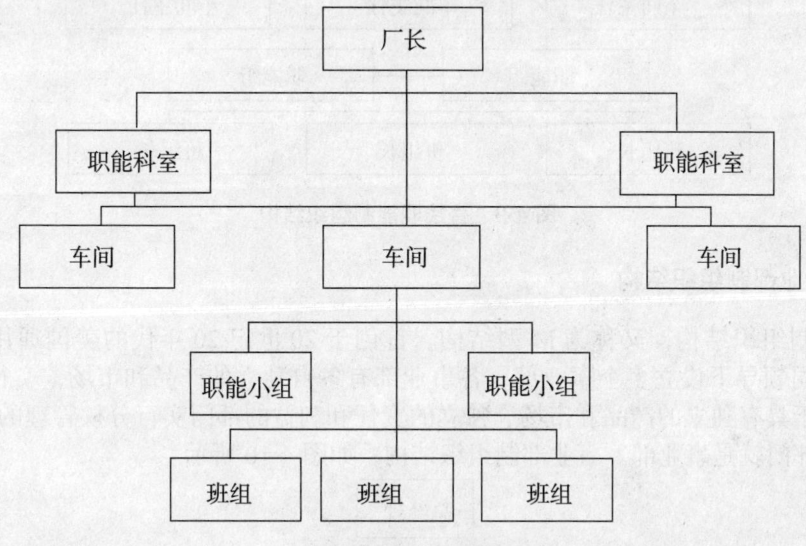

图 4-8　职能制组织结构

（三）直线职能制组织结构

基于对直线制和职能制两种组织结构弊端的认识，根据组织环境的需要，人们创建了直线职能制组织结构，它是综合直线制和职能制两种类型组织的特点而形成的一种组织结构形式。它与直线制的区别在于设置了职能机构；与职能制的区别在于，职能机构只是作为直线管理者的参谋和助手，不具有对下级直接进行指挥的权力。其特点是：以直线制为基础，在各级直线主管之下设置相应的职能部门，即在保持直线制组织统一指挥的原则下，增加了参谋部门。

在这种组织结构形式下，直线部门是骨干，原则上担负着实现组织目标所要完成的任务，如生产销售；而职能部门只是同级直线主管的参谋与助手，可对下级职能机构进行业务指导，但无权对下级直线主管发号施令，除非上级直线主管授予他们某种权力。

直线职能制组织结构的优点是：① 综合了直线制结构和职能制结构的优点，既能保持统一指挥，又能发挥参谋人员的作用；② 分工精密、责任清楚，各部门仅对自己应做的工作负责，效率较高；③ 组织稳定性较高，在外部环境变化不大的情况下，易于发挥组织的集团效率。

直线职能制组织结构的缺点是：① 各职能部门有自己的专责，易产生本位主义；② 直线部门与职能部门之间目标不易统一，职能部门之间横向联系较差，信息传递路线较长，矛盾较多，上级主管的协调工作量大；③ 难以从组织内部培养熟悉全面情况的管理人才；④ 系统刚性大，适应性差，容易因循守旧，对新情况不易及时做出反应。

直线职能制组织结构的适用条件是：规模不大、或产品品种不太复杂、工艺较稳定，可以用标准化技术进行常规性大批量生产的场合，我国大多数企业和一些非营利组织经常采用这种组织形式。以企业为例，直线职能制组织结构如图 4-9 所示。

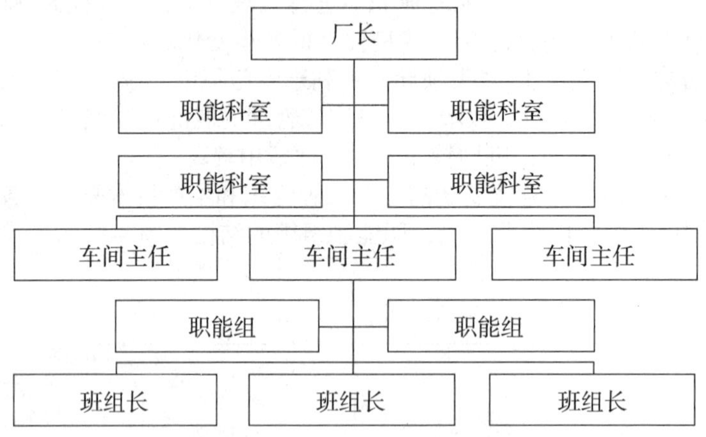

图 4-9　直线职能制组织结构

（四）事业部制组织结构

事业部制组织结构，又称为 M 型结构。首创于 20 世纪 20 年代的美国通用汽车公司，它是在总公司领导下设立多个事业部，各事业部有各自独立的产品和市场，实行独立核算。它是企业对于具有独立的产品和市场、独立的责任和利益的部门实行分权管理的一种组织形态，这样的部门就是事业部。事业部制组织结构，如图 4-10 所示。

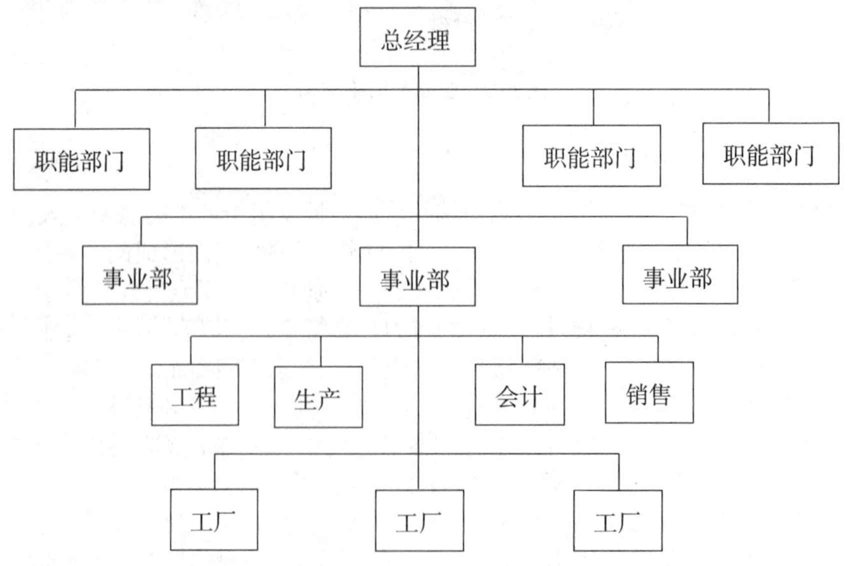

图 4-10　事业部制组织结构

思考题 为保证总公司对各事业部的控制，最高管理层应保持什么权力？

这种组织结构形式最突出的特点是“集中决策，分散经营”，即总公司集中决策，事业部独立经营，这是在组织领导方式上由集权制向分权制转化的一种改革。具体地说，在这种组织结构中，事业部一般按产品或地区划分，具有独立的产品和市场，拥有足够的权力，能自主经营，并实行独立核算、自负盈亏。企业的最高管理层是企业的最高决策机构，它的主要职责是研究和制定公司的总目标、总方针、总计划以及各项政策。各事业部在不违背总目标、总方针和公司政策的前提下，可自行处理其经营业务。

事业部制组织结构的优点是：① 它使高层主管部门摆脱了日常繁杂的行政事务，可以专注于公司的战略决策事务，提高了管理的灵活性和适应性，有利于培养和训练管理人才；②各事业部之间有比较和竞争，可以克服组织的僵化和官僚化，提高其对市场竞争环境的适应性。

事业部制组织结构的缺点是：① 每个事业部都有完备的职能部门，由于机构重复，会造成管理人员增加和管理成本提高；② 各事业部往往具有本位主义，相互之间的支持与协调比较困难，限制了组织资源的共享，因而可能影响到组织长期目标的实现。

[做中学 4-7] **孰优孰劣**

有学者曾经研究了两家工业企业，其中一家采用事业部制的组织结构；另一家则采用职能制的组织结构。这两家企业的其他条件，如生产项目、销售市场、生产技术、原材料等都是相似的。经过研究，他们认为，采用职能制组织结构的企业，在稳定的市场关系占主导地位以及在较长时间内具有相对不变的生产技术和工艺的条件下，往往会取得较好的成果。相反，事业部制的组织结构则相当具有灵活性，特别是当其未来的任务极难预测和需要解决革新问题的时候更是如此。

思考题 这项研究给我们什么启示？

[分析]

在多变的经济社会环境下，处在不同发展时期、不同规模和不同类型的企业必须选择符合自己特定条件的组织结构，超前或一成不变，不按企业实际情况盲目照搬的组织结构都会影响和制约企业健康发展。

（五）矩阵制组织结构

矩阵制组织结构是把按职能划分的部门同按产品、服务或工程项目划分的部门结合起来的组织结构。在组织中，既有按管理职能设置的纵向组织系统，又有按产品、项目、任务等划分的横向组织系统，形成一种纵横交错的矩阵结构形式，其结构如图 4-11 所示。

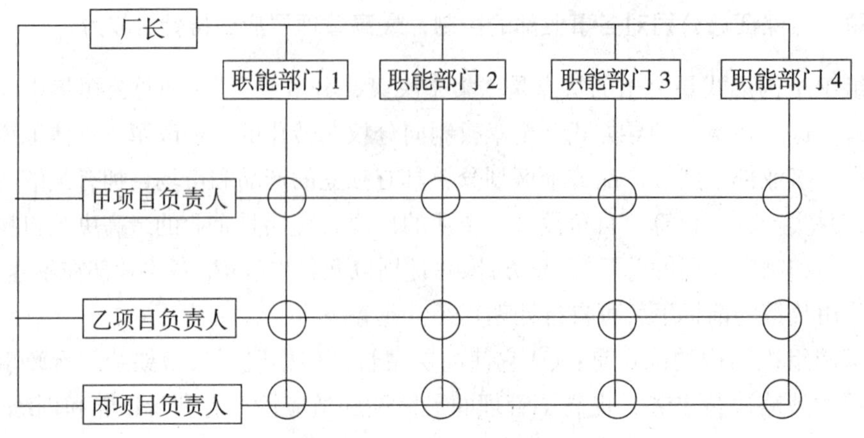

图 4-11　矩阵制组织结构

这种组织结构的特点是：① 采用双重指挥链，每个项目组成员既要接受原所在职能部门的领导，又要在执行某项任务时接受项目负责人的指挥；② 项目组具有临时性特点，项目组成员从各职能部门抽调，一旦项目完成，项目组随之解散，人员返回原部门工作。

矩阵制组织结构的优点是：① 加强了各职能部门之间的协作配合和信息交流，激发了组织成员的创造性；② 提高了组织的适应能力；③ 项目组的建立，加快了特定项目的完成速度；④ 组织的机动性和灵活性增强。

矩阵制组织结构的缺点是：① 决策时间延长；② 双重职权关系易造成管理上的混乱，容易产生“多头领导，政出多门”的现象，使下属无所适从；③ 组织结构稳定性差，项目组成员来自各个职能部门，工作责任感不强，人员之间的磨合需要时间；④ 项目组成员都是临时抽调，项目负责人对组员的工作成效，没有足够的奖励和惩罚权力；⑤ 项目责任人的责任大于权力，不利于对项目的管理和监督。

矩阵制组织结构主要适用于科研、设计、规划项目等创新性任务较多、生产经营环境复杂多变的组织。

（六）新型组织结构形式

传统上，组织采用的正式组织结构通常是垂直的、职能化的组织结构。在这种组织结构中，垂直的决策层次划分形成了鲜明的等级制度，企业内部的所有信息趋于在等级结构中纵向交流，任何一个等级层次上的决策者都可能成为信息进一步交流的障碍；而职能化的部门设置又可能导致不同部门之间各自为政，阻碍相互之间的合作与交流。

自 20 世纪 80 年代中期以来，经济的全球化发展极大地改变了企业的外部经营环境。面对快速变化的市场条件和不断增加的竞争压力，企业的管理人员以及管理界的学者积极探索能够适应不断变化的外部经营环境的新的组织结构形式。由此出现了一系列具有创新性质的组织结构形式，如三叶草制组织结构、网络制组织结构等。

1．三叶草制组织结构

三叶草制组织结构是由英国的管理学家查尔斯·汉迪提出的。他用三叶草的三片叶子比喻现代企业所应具备的组织结构形式。这是一种以基本管理人员和员工为核心、以外部合同工人和兼职工人为补充的组织结构形式。

在这种组织结构中，第一片叶子代表从事核心业务经营的核心员工，他们受过良好的专业化培训，拥有企业建立竞争优势所需要的核心技能、信息和智慧。第二片叶子是由与企业建立了长期合同关系的组织或个人组成的边缘性结构，他们为企业提供维持日常生产经营活动所需的管理和技术服务。可以说，第二片叶子基本上由流动性大且日趋职业化的各类咨询人员或咨询公司构成。第三片叶子代表具有很大弹性的劳动力，如兼职工、临时工和非全日制劳动力。他们不断更换企业，以便把成本和承担的义务降到最低，三叶草制组织结构如图 4-12 所示。

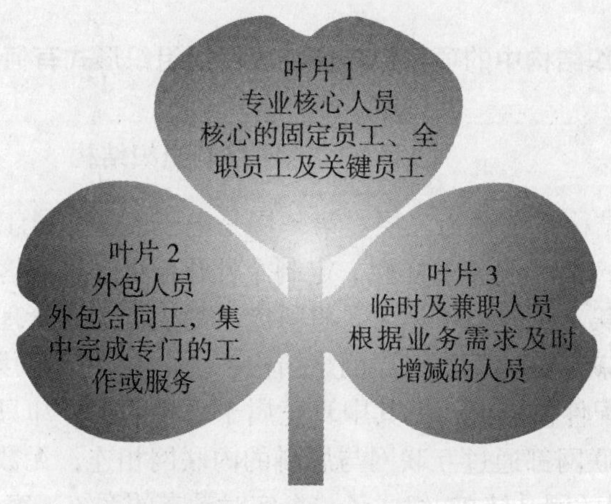

图 4-12 三叶草制组织结构

2．网络制组织结构

所谓网络制组织结构，就是一种以项目为中心，以契约关系为纽带与其他组织在研发、生产制造、营销等方面建立互利互惠、相互协作、相互信任、相互支持的、有效发挥核心业务专长的协作型组织结构形式。这种组织形式使传统的企业间的供求关系得到了扩展，打破了企业与其外部关联者的障碍，使得双方互惠地赢得市场，共享技术，共担风险。

网络制组织结构特点是基于企业间长期业务协作关系而出现，因现代信息技术手段迅速发展而被广泛使用的一种新型组织结构。其结构如图 4-13 所示。

网络制组织结构的优点是：① 这种组织具有更大的柔性和灵活性，可以更好地结合市场需求来整合各项资源，而且容易操作；② 这种组织结构简单、精练，由于组织中的大多数活动都实行了外包，而这些活动更多的是靠电子商务来协调处理的，因而组织结构可以进一步扁平化，效率也更高。

网络制组织结构的缺点是：① 这种组织结构的可控性太差；② 网络制组织结构的有效动作是靠与独立的供应商广泛而密切的合作来实现的，一旦组织所依存的外部资源出现问题，组织将处于很被动的境地；③ 由于项目是临时的，员工随时都有被解雇的可能，因而，员工的组织忠诚度也比较低。

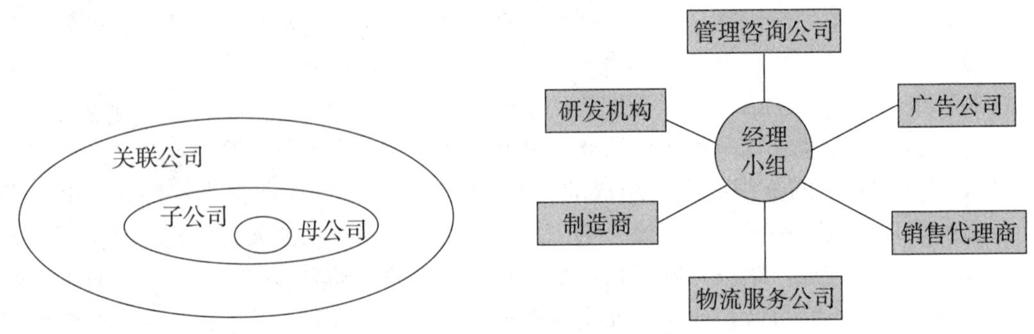

图 4-13　网络制组织结构

思考题　网络制组织结构中的项目组与传统项目组组织形式有何异同?

[做中学 4-8]　**思科公司的网络制组织结构**

思科公司的网络结构系统分为三层：第一层是电子商务、员工自服务和客户服务支持，能实现的网络是产品、服务多样性、定制个性化服务，提高客户的满意度；第二层是虚拟生产和结账；第三层是电子学习。思科庞大的生产关系管理系统（PRM）和客户关系管理系统（CRM）就全部基于这三层网络结构系统之上。思科的第一级组装商有 40 个，下面有 1 000 多个零配件供应商，但其中真正属于思科的工厂却只有两个，其他所有供应商、合作伙伴的内联网都通过互联网与思科的内联网相连，无数的客户通过各种方式接入互联网，再与思科的网站链接，组成了一个实时动态的系统。客户在思科网站下订单，思科的网络会自动把订单传送到相应的组装商手中。在订单下达的当天，设备差不多就组装完毕，贴上思科的标签，直接由组装商或供应商发货，思科的人连包装箱子都不会碰一下。

在网络管理结构中，思科公司提供完备的网上订货系统、网上技术支持系统和客户关系管理系统。客户可以在网上查到交易规则、即时报价、产品规格、型号、配置等各种完备、准确的信息，可以通过互联网进行各种技术服务在线支持。基于这种生产方式，思科的库存减少了 45%，产品的上市时间提前了 25%，总体利润率比其竞争对手高 15% 而不是 1.5%。互联网应用给思科公司每年节约的交易成本是 6 亿美元，这比其竞争对手的研发预算还要多。

更重要的是，由于思科充分利用互联网，传统的企业管理矛盾在这里将不存在，全球范围内每个竞争领域的成本和盈利数据通过公司内联网变得公开和透明，最高层的决策思路通过公司内联网准确无误地传达给最基层的一线员工，从而公司能够充分授权，员工能够快速决策，而这些决策以前只有 CEO 或财务总监才能做出。企业管理极度扁平化，一线的经理能够在每个季度结束后一个星期就知道，为什么原定目标没有达到，是因为网络问题、零部件问题还是因为竞争加剧，这极大地提高了管理效率。结果是，思科每个员工年平均创造的收入高达 70 万美元，是其传统公司竞争对手的 3～4 倍。

思考题　网络型组织结构如何进行运转?

[分析]

网络制组织结构不仅能为像思科这样的企业巨人所应用，对于经营范围单一、分工协作密切的小型公司，更是一种可行选择。采用网络制结构的组织，他们所做的就是通过公司内联网和公司外互联网，创设一个物理和契约“关系”网络，与独立的制造商、销售代理商及其他机构达成长期协作协议，使他们按照契约要求执行相应的生产经营功能。由于网络制企业组织的大部分活动都是外包、外协的，因此，公司的管理机构就只是一个精干的经理班子，负责监管公司内部运营。

（七）网络制组织结构与传统组织结构的对比

与传统的金字塔式的组织结构相比，网络制组织结构的主要特点有以下几个方面。

1．网络性

网络制组织结构的特点之一是它的网络性，即强调组织内部的个体、群体和次级单位之间以及它们与组织环境的关键成分之间的相互依赖性。网络制组织结构模型的边界是“可渗透的”或“半可渗透的”，允许人和信息更便利地通过。

2．扁平性

如前所述，与传统的金字塔式的组织结构相比，网络制组织结构更为精干，管理层次也要少得多。对于组织扁平性的要求，一方面因为随着市场竞争的加剧，组织需要更迅速和更灵活地对市场和技术方面的变革做出反应，从而消除那些高耸的、控制取向的组织结构所引起的延误；另一方面，信息技术方面的变化也消除了对中层经理层次的需要，这些层次的主要任务以前一直集中在组织和传递信息上。比如，在微软公司，研发小组的程序员与公司最高领导比尔·盖茨之间就没有中层领导。

3．灵活性

随着市场竞争的日趋激烈、劳动力的日益多样化以及外部环境的日益复杂和难以预测，要求组织要具有更大的灵活性。目前，许多公司已经强调，要使产品和服务适应特定顾客或顾客群的专门需要。因此，改善产品和服务以适应一系列顾客需要的能力，日益成为一种竞争优势。

4．多样性

网络制组织模式可以在员工工作方式、满足不同顾客的需要以及与其他组织的联合等方面，表现出多样性的特点。比如，网络制组织模式可以为员工提供多样化的工作轨道，包括兼职工作、在家里从事“电信式工作”（在这种工作中，员工通过一台家用电脑与办公室相连）。这些不同的“轨道”是人们可以加以选择的，完全取决于个人的兴趣、家庭情况以及可以脱离公司的程度。

5．全球性（国际性）

中国加入 WTO 以后，将有越来越多的组织与国外的竞争者接触，或直接到国外去建立自己的办事处或工厂。特别是随着国际性运输和通信成本的大大降低、先进的工业社会与新兴的工业社会之间日益均衡化以及市场的全球化等，我们越来越清楚地看到一种新的国际化模式。比如，韩国商业集团三星公司就把它的个人电脑商业总部设在了美国的加利福尼亚。

任务二　权力的分配

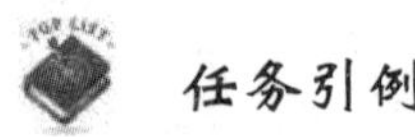

任务引例

子贱放权

孔子的学生子贱有一次奉命担任某地方的官吏。当他到任以后，却时常弹琴自娱，不管政事，可是他所管辖的地方却治理得井井有条，民兴业旺。这使那位卸任的官吏百思不得其解，因为他每天即使起早贪黑，也没有把地方治好。于是他请教子贱："为什么你能治理得这么好？"子贱回答说："你只靠自己的力量去进行，所以十分辛苦；而我却是借助别人的力量来完成任务。"

这个故事对你有什么启发？

在管理实践中，我们常常看到不少组织制定了部门职能说明书和岗位说明书，或通过上岗前的面谈明确各部门、各岗位的职责，使组织中的绝大多数成员都知道自己在组织中的主要职责。但在实际工作中，人们又常常需要就本职工作范围内的事情向上级请示汇报，很多事情也常常需要在上级的协调或干预下才得以进行，使得上级烦事缠身、下级难以尽责。

组织是通过分工协作来发挥其整体功能的。组织结构的设计和人员的确认仅仅明确了组织中每一个人的具体职责分工，组织功能的发挥还需要通过权力的分配来明确各部门、各岗位在组织中的相互协作关系。在一个组织的各种关系中，权力的分布或下放是至关重要的，它是使每一个成员得以履行其职责的必要条件。

一、权力及其类型

所谓权力，是指组织成员为了达到组织目标而拥有的开展活动或指挥他人行动的权力。当某人被任命为销售部经理时，他就应该被赋予自行解决有关销售方面的问题，并指挥本部门中其他成员开展相关销售活动的职务权力。本任务中所指的"权力"是指存在于组织之中、与岗位职责相对应的职位权力，而不是西方管理学教科书中所指的一般意义上的影响力。

在一个组织中，任何一个组织成员都拥有为实现组织目标而开展活动的权力——岗位职权。但作为管理者，他们还拥有指挥他人行动的特殊权力——指挥权。那么，权力又是从哪里来的呢？

思考题　为什么教师有权叫你做作业并决定你的课程成绩？

（一）权力的来源

关于管理者权力的来源，有两种截然不同的观点。传统的观点认为，权力是授予的，某人有权力是因为有人给了他权力。按照这一理论，部门经理的权力来自总经理的授予，总经理的权力来自董事会的授予，董事会的权力则来自股东的委托。

思考题　股东的权力来自哪里?

接受理论对权力是授予的观点提出了质疑，认为权力来自下属接受指挥的意愿。管理者可以对下属发号施令，并对不服从命令的人施以惩罚，但当人们不为所动时，管理者也就无可奈何了。因此，权力的根本在于下属的接受，只有当下属接受其指挥时，管理者的权力才会形成。由于权力来自下属的接受的观点，把权力与管理者影响其下属接受权力的能力等同起来，因此，人们更倾向于权力是授予的观点，在本书中我们把权力看作是组织正式赋予组织成员的权力。

思考题　组织为什么要正式授予每一位组织成员以一定的权力呢?

在一个组织中，之所以要授予每一个组织成员以一定的权力，是因为拥有一定的职权是一个组织成员做好组织所分派的任务的必要条件之一，任何一个组织成员都应该拥有与其在这一组织中的岗位职责相对应的岗位权力。例如，作为一名清洁工，有权要求组织提供必要的清扫工具以履行职责；如果要求清洁工保持地面无痰迹、无纸屑，则必须赋予清洁工对乱丢纸屑或乱吐痰的人予以阻止或惩罚的权力。如果没有相应的权力，哪怕是一名清洁工，也无法履行其岗位职责或承担相应的岗位责任。

通过组织结构的设计，我们明确了各部门和各岗位相应的分工和协作关系，但如果没有相应的权力保障和责任制约，那么分工和协作关系就无法在实际运行中得以落实。例如，在一个组织的分工协作体系中，我们明确了财务部负责公司预算编制的职责，明确了各业务部门应根据财务部的要求提供相应的业务数据以配合财务部的预算编制工作，但如果不赋予财务部考核各业务部门配合情况的权力，则各业务部门可能会以各种理由拖延配合工作或拒不提供配合。在这种情况下，财务部就可能会以业务部门不配合来推卸其没有按期按要求完成公司预算编制的责任，即使公司强行要求其承担相应的责任，财务部也无力尽责。因此，在一个组织中，建立相应的权力和责任体系是分工协作关系得以落实的保证。

思考题　在一个组织中，通常有哪些权力？它们之间有何不同?

（二）权力类型

在一个组织中，除了每一个员工都拥有根据其岗位职责开展活动的权力以外，还存在着三种不同性质的权力：直线权力、参谋权力与职能权力。

直线权力是组织中上级指挥下级工作的权力，表现为上下级之间的命令权力关系。直线权力是管理者所拥有的特殊权力，它与等级链相联系，在组织等级链上的管理者一般都拥有直线权力，他们一方面接受上级指挥；另一方面有指挥下级的权力。

参谋权力是组织成员所拥有的向其他组织成员提供咨询或建议的权力，属于参谋性质。组织中的任何一位成员都拥有参谋权力，他们可以就组织发展中存在的问题发表自己的意见，管理者当然也拥有这种权力。随着组织的日益扩大与日趋复杂，管理者可能越来越难以有足够的时间、精力与知识来有效地完成其职责，因此他们还会设立专门的参谋人员来协助自己，以减轻自己的负担。

思考题　参谋权力是否就是参谋部门或参谋人员所拥有的权力?

人们经常把直线权力、参谋权力直接与业务部门、辅助部门相联系，认为直线权力就是业务部门的管理者所拥有的权力，是对于组织目标实现具有直接的贡献、负有直接的责任的人的权力；而参谋权力则是辅助部门的管理者的权力，旨在协助直线权力有效地完成组织目标。据此，他们把企业中的生产和销售，有时也把财务划分为直线部门，而把采购、人事、质检等部门划分为参谋部门。这种概念所引起的混乱是显而易见的。直线部门中有上下级关系，难道在参谋部门中就没有上下级关系吗？参谋部门固然具有参谋权力，难道其他人员就不能向其上司或同事提供建议吗？采购工作是辅助性的，但采购工作不力，整个组织的效益还会好吗？质量失控，产品还卖得出去吗？直线权力和参谋权力不应该按部门或其所从事的工作来划分，而应按权力关系来理解。我们可以把某一主要从事参谋性质工作的部门称为参谋部门，但在这种部门内部仍有直线权力：部门主管对于其直接下属拥有直线指挥权。与此相反，负责生产的副总裁，领导着一个直线部门，但当他就整个公司的生产政策向总裁提出建议时，他使用的就是参谋权力。

思考题　在一个组织中，参谋人员是不是必需的？参谋权力呢？

职能权力则是某一岗位或部门根据高层管理者的授权而拥有的对其他部门或岗位直接指挥的权力。职能权力是一种有限的权力——只在被授权的职能范围之内有效。以下是一些人员或部门行使职能权力的例子：① 总部的人事部门要求下属单位的管理者执行总部统一的人事政策。② 计划部门向生产部门下达生产计划，要求生产部门据此安排生产。

思考题　你在组织里见过哪些职能权力？试分析为什么要有这些职能权力。

职能权力产生的原因是多方面的。当一位总经理认为采购程序、质量控制标准、生产计划等专门事务不需要他本人处理时，他就会设立采购部门、质检部门、计划部门等，把有关此方面的直线权力授予相应的职能部门，由这些部门代为行使。当下属的管理者由于缺乏专业知识而难以行使某些直线权力时，当上级管理者缺乏过程监督的能力时，组织都可能设立专门的部门或确定某一位专家、另一部门的管理者来行使此方面的权力。

直线权力、参谋权力、职能权力都不限于特定类型部门的管理者。不过在通常情况下，参谋权力和职能权力大多由参谋部门和职能部门的人员行使，因为这两种部门通常由专业人员所组成，他们的专业知识正是行使参谋权力和职能权力的基础。

思考题　职能权力和直线权力、参谋权力有什么区别？

（三）直线权力与参谋权力之间的关系

从定义中可以看到，直线权力是命令和指挥的权力；参谋权力是协助和建议的权力，参谋的职责是建议而不是指挥，只有当他们的建议被管理者采纳并通过等级链向下发布指示时才有效，由此可见直线权力与参谋权力之间的关系是“参谋建议、直线指挥”的关系。

“参谋建议、直线指挥”有两层含义：第一层含义是指直线人员（管理者）在进行重大决策之前要先征询组织成员或参谋人员的意见。管理者和操作者只是为了实现共同目标而进行的一种分工，操作者有权了解管理者的经营策略并对此发表自己的意见；而参谋人员的设立就是为了减轻管理者的负担，或弥补管理者的不足，以避免重大失误。因此，管理者在行使重大问题的决策权时要充分发挥参谋人员的智囊作用或尽可能广泛地征询组织成员的意见。第二层含义是指这两种权力之间性质的不同。参谋权力是咨询性的，行使参谋权力的人员可以向直线人员提出自己的意见和建议，但不能把自己的认识、想法等强加给直线人员，或直接发号施令；指挥的权力应由直线人员来行使，由直线人员来决定方案的取舍及发布指令，并承担最后的责任。这是保证组织命令的统一性和职权对等所必需的。

思考题　当一位管理者按照其下属的意见进行决策造成失误时，这位下属是否要为此承担责任，为什么？

在一个组织内部，直线权力和参谋权力之间经常会发生冲突。根据对实际情况的总结，直线人员对参谋人员的不满主要表现在以下几个方面。

（1）直线人员往往用怀疑的眼光看待参谋人员，认为他们有潜在的削弱直线人员职权的危险。在没有参谋人员的情况下，直线人员自行决定为达到目标所要采取的措施；当有了参谋人员后，对直线人员就有了约束，要求直线人员遇事要和参谋人员商量，听取参谋人员的意见。直线人员常认为如此商量办事，是对直线人员权力的侵犯，是不必要的。

（2）直线人员认为参谋人员不了解实际情况，提出的建议不是不切实际，就是片面偏激。参谋人员只知道站在自己专业的立场上观察分析问题，缺乏整体的、全局的眼光，因而他们的建议常缺乏实际价值或全局观念。

（3）参谋人员只负责提建议，而不承担责任，在工作顺利、有成果时就沾沾自喜，想获取所有的荣誉；在工作失败、决策失误时，又不承担任何责任。特别是有的参谋人员还越权干涉直线人员职权范围内的事务。

而参谋人员虽然理解参谋权力是协助性的，但他们总是想提高自身工作的地位和重要性。和直线人员相比，参谋人员通常都较为年轻，进取心强，受过高等教育，都以提出建议、方案作为其工作成果和履行职责的主要表现。他们对直线人员的不满主要表现在：

① 直线人员不了解参谋人员的作用，把参谋人员看得无足轻重，以致参谋人员总有怀才不遇、英雄无用武之地的感觉。

② 直线人员墨守成规、过于保守，排斥参谋人员的新思想、新观念。

③ 直线人员对参谋人员的工作没有提供足够的条件，而要求又十分苛刻。要求参谋人员在很短的时间内提出建议方案，却又不理睬参谋人员要求提供必要的资料、经费等条件的呼吁；而当工作发生失误时，又往往指责是由于参谋人员所提建议不妥所致，以此推卸责任。

直线权力和参谋权力之间的关系若处理不好，会给组织带来灾难性的后果。为了协调好这两者之间的关系，以下几点是很重要的。

① 双方要明确两种权力之间的关系。要解决问题,先要确立标准。要通过规范化的文件，对直线权力和参谋权力之间“参谋建议、直线指挥”的关系做出明文规定，以便相应人员能各司其职，并形成规范有序的协作关系。

② 直线人员要注意倾听参谋人员的意见，并随时向参谋人员提供有关情况。直线人员若认为不需要参谋协助，就不要设立参谋人员；若由于各种原因设置了参谋人员，那么就应当倾听参谋人员的意见，并为参谋人员开展工作提供必要的条件和信息。

③ 参谋人员要努力提高自己的工作水平，只有努力提高自己的工作水平，才能向直线人员提供有效的帮助，从而体现出自身存在的价值。

④ 创造相互合作的良好气氛。组织中人与人之间友好的合作关系常在减少矛盾方面发挥着重要的作用。直线权力和参谋权力的形成，都是为了实现组织目标，因此组织目标是双方友好合作的共同基础，应反复强调双方在实现组织目标中的相互依赖性，以形成彼此谅解、诚信合作的友好气氛。

（四）直线权力与职能权力之间的关系

与参谋权力不同，职能权力是由直线权力派生的、限于特定职能范围内的直线权力。由于职能权力是高层管理者直接授予的特定权力，因此直线权力和职能权力之间的关系应是“直线有大权、职能有特权”的关系。

“直线有大权、职能有特权”是指在一个组织中，直线人员拥有除了其上层直线人员赋予职能部门的职能权力以外的大部分直线权力；职能部门的管理者则除了拥有对本部门下属的直线权力外，还拥有上层管理者所赋予的特定权力，可在其职能范围内对其他部门及其下属部门发号施令。直线人员在组织规定的各职能范围内的事项要接受职能权力的指挥，如企业中各部门经费的使用要遵守财务部门的有关规定；职能权力则应限定在规定的职能范围之内，如采购部经理有权制定采购程序，但无权决定其他各部门要买什么和买多少等。

严格限制职能权力对于维护管理职位的完整性是十分重要的。由于各种原因，高层管理者把一些直线权力委任给了某些职能部门或岗位，使这些部门或岗位拥有了对同级或下级直线组织的指挥权力，当这样的职能权力扩展到相当大的程度时，同级或下级管理者就可能失去对本部门计划、组织、人事、财务等方面的控制，从而无法开展工作。为了维护一定程度的统一指挥，组织应限定职能权力的作用层次范围。

思考题　职能权力的出现是否会违背组织内部命令统一性原则?

二、授权及授权方法

管理者通过指挥他人的工作来实现组织的目标，正像没有一个人能把为实现组织目标所必须进行的全部任务都担当起来一样，由一个人来行使所有的决策权也是不可能的。既然高层管理者不可能亲自监控一个组织中所有的活动，他们就要把一部分权力授予下层管理者。

所谓授权，就是指上级赋予下级一定的权力和责任，使下属在一定的监督之下，拥有相当的自主权而行动。授权者对被授权者有指挥权、监督权，被授权者对授权者负有汇报情况及完成任务的责任。

[做中学 4–9]　　**谈管理者授权**

某公司某车间岗位设置如下：车间主任一名；工人若干名。车间主任，大学本科学历，29 岁，正规院校相关专业的毕业生。工作态度端正，尽职尽责，管理有思路，外围员工也认为这个车间的工作尚可。但是，本车间人员却始终不能认可这位主任，甚至与他格格不入，对他一肚子意见，车间整体工作受到阻碍。通过调查了解，虽然这位主任吃苦耐劳，工作尽心尽力，但员工最不满意的地方在于他的管理方法上存在一些问题——授权问题。

这位主任在日常工作中无论大事小事，事必躬亲，有工作不知道安排布置，而是自己干，唯恐出现差错，过分强调基层管理人员“身体力行”，弄得工人手足无措。由于这名车间主任不知道授权，导致形成了“领导干，工人看”的局面，使本车间员工产生了抵触情绪。

思考题　作为管理者，这位车间主任问题出在哪里？

[分析]

从以上案例中可以看出一个简单的问题，作为管理人员，要给自己一个合理的定位，根据自己的管理需要，恰当的授权可以推进工作，如果不懂得授权，反而会影响工作。管理是一门学问，而授权是管理中的艺术，是通过别人来实现自己目标的艺术。作为一名管理者，尤其是高层管理者，若想真正通过下属实现你的预期目标，非常重要的一点就是要学会授权。据有关材料显示，在中国，至少有 80% 以上的管理者不懂得授权。由于传统观念的影响，在他们看来，下属的能力永远不如自己，唯恐受权人把事情办砸，所以大事小事，事必躬亲，整天忙得不亦乐乎，成效却不甚显著，甚至会遭到下属的反对或抵触。

（一）授权的益处

授权对于一个组织的发展来说是十分重要的。

管理者进行授权的主要原因有：

1．可使高层管理者从日常事务中解脱出来，专心处理重大问题

随着组织规模的扩大，由于受一定的时间和空间及生理条件的限制，管理者不可能事事过问，而通过授权可使管理者既能从日常事务中解脱出来，又能控制全局。

2．可提高下属的工作情绪，增强其责任心，并增进效率

通过授权，使下属不仅拥有一定的权力和自由，而且也分担了相应的责任，从而可调动其工作积极性和主动性；由于不必事事请示，授权还可以提高下属的工作效率。

3．可培育下属的才干，有利于培养管理者

通过授权，使下属有机会独立处理问题，从实践中提高管理的能力，从而为建设一支管理队伍打下基础，这对于一个组织的长期持续发展是十分重要的。

4．可充分发挥下属的专长，以弥补授权者自身才能之不足

随着组织的发展和环境的日趋复杂，管理者面对的问题越来越多、越来越复杂，而一个人不可能样样精通。通过授权，可把一些自己不会或不精的工作委托给有相应专长的下属去做，从而弥补授权者自身的不足。

思考题　管理者是否应该只分派自己干不了的事给下属？

小知识

授权：有利于获取更大的权力

授权不仅可以使管理者在同样的时间内通过发挥他人的才能创造出更好更多的业绩，而且有利于识别人才、培养接班人，从而有助于自己的晋升发展。而事事亲力亲为不授权，不仅业绩受限于本人的时间和精力，而且会导致下属的无望和无能，从而影响自己的前途。

任务解析

一个聪明的领导人，应该学习子贱，要善于授权，正确地利用部属的力量，发挥团队协作精神。授权不仅能激发下属的工作积极性，也能使团队很快成熟起来，同时，也能减轻管理者的负担。

（二）授权的基本过程

授权的过程包括：分派任务、授予权力、明确责任、确立监控权。

1．分派任务

权力的分配和委任来自于实现组织目标的客观需要。因此，授权首先要明确受权人所应承担的任务或职责。所谓任务，是指授权者希望受权人去做的工作，它可能是要求受权人写一个报告或计划，也可能是要求其担任某一职务或承担一系列职责。不管是单一的任务还是某一固定的职务，授权时所分派的任务都是由组织目标分解出来的工作或一系列工作的集合。

2．授予权力

在明确了任务之后，就要授予其相应的权力，即给予受权者相应的开展活动或指挥他人行动的权力，如有权调阅所需的情报资料，有权调配有关人员等。给予一定的权力是使受权者得以完成所分派任务的基本保证。

3．明确责任

当受权人接受了任务并拥有了所必需的权力后，就有义务去完成所分派的工作并正确运用权力。受权人的责任主要表现为向授权者承诺保证完成所分派的任务，保证不滥用权力，并根据任务完成情况和权力使用情况接受授权者的奖励或惩处。要注意的是，受权者所负的只是工作责任，而不是最终责任。授权者可以分派工作责任，并且受权者还可以把工作责任进一步地分派下去，但对组织的责任是不能分派的。受权者只是协助授权者来完成任务，对于组织来说，授权者对于受权者的行为负有最终的责任，即授权者对组织的责任是绝对的，在失误面前，授权者应首先承担责任。

4．确立监控权

正因为授权者对组织负有最终的责任，因此，授权不同于弃权，授权者授予受权者的只是代理权，而不是所有的权力。为此，在授权过程中，要明确授权者与受权者之间的权力关系。一般地，授权者对受权者拥有监控权，即有权对受权者的工作情况和权力使用情况进行监督检查，并根据检查结果，调整所授权力或收回权力。

（三）授权应遵循的基本原则

授权看起来似乎很简单，但许多研究表明，管理者由于授权不当所引起的失败要比其他原因引起的失败多得多。因此，每一个管理者都要注意研究授权的方法和技巧。怎样才能做到正确授权呢？正确授权大体上要注意以下几条原则。

1．明确授权的目的

授权可以是口头的也可以是书面的，但不管采用何种形式，授权者都必须向受权者明确所授事项的任务目标及权责范围，使其能十分清楚地工作。没有明确目的的授权，会使受权人在工作中摸不着边际，无所适从。具体的书面授权，对于接受和授予双方都很有益处，因此在组织设计中，对于各项职务的工作内容、权责范围应尽可能用书面的形式予以明确，这样不仅能使授权者更容易看到各职务之间的矛盾或重叠，同时也能更好地确定其下属能够而且应该负起责任的事项。

2．职、权、责、利相当

为了保证受权者能够完成所分派的任务，并承担起相应的责任，授权者必须授予其充分的权力并许以相应的利益。只有职责而没有职权，就会使受权者无法顺利地开展工作并承担起应有的责任；只有职权而无职责，就会造成滥用权力、瞎指挥和官僚主义。因此，授权必须是有职有权，有权有责且有责有利。

不仅如此，授权还要做到职、权、责、利相当，即所授予的权力应能保证受权者履行相应职责、完成所授任务，做什么事给什么权；而受权者对授权者应负的责任大小应与授权者所授予的权力大小相当，有多大的权力就应该承担多大的责任；给予受权者的利益必须与其所承担的责任大小相当，有多大的责任就应承诺给予多大的利益。权力太小是受权者无法尽责的普遍原因；权力过多常常会造成对他人职权范围内事务的干涉；缺乏利益驱动则是受权者不愿过多承担责任的主要原因。

思考题　若授权不同的人来做同一项工作，是否应该授予相同的权力？

3．保持命令的统一性

从理论上来说，一个下级同时接受两名以上上级的授权并承担相应的责任是可能的，但在实际工作中存在着较大的困难。因此，通常要求一个下级只接受一个上级的授权，并仅对一个上级负责，这就是命令统一性原则。保持命令的统一性原则，要求：

① 全局性的问题集中统一，由高层直接决策，不授权予下级。

② 各部门之间分工明确，不交叉授权。每一主管都有其一定的管辖范围，不可将不属于自己权力范围之内的权力授予下级，以避免交叉指挥，打乱正常的上下级关系和管理秩序，造成管理混乱和效率降低。

③ 不越级授权。授权者如发现下属职权范围内的事务有问题，可以向下属询问、建议、指示，甚至在必要时命令下属、撤换下属，但不要越过下级去干涉下级职权范围内的事务，

即不要越级授权，这样会使直接下级失去对其职权范围内事务的有效控制，从而难以尽责。

思考题　一个下级要对两个上级负责在实际工作中会产生什么问题?

4．正确选择受权者

由于授权者对分派的职责负有最终的责任，因此慎重选择受权者是十分重要的。在选择受权者时，应遵循“因事择人、视能授权”和“职以能授、爵以功授”的原则。即根据所要分派的任务，来选择具备完成任务所需条件的受权者，以避免出现不胜任或不愿受权等情况。应根据所选受权者的实际能力，授予相应的权力和对等的责任：对既能干又肯干的，要充分授权；对适合干但能力有所欠缺或能力强但有可能滥用权力的，要适当保留决策权。为了正确选择受权者，在授权前，除对受权者进行严格考察外，还可以“助理”“代理”等名义先行试用，合格的再正式授权。

5．加强监督控制

既然授权者要对受权者的行为负责，那么，授权者加强对受权者的监督控制就是十分必要的了。不愿授权和不信任下级的情况多半是因为授权者担心失去对受权者的控制。为此，授权者要建立反馈渠道，及时检查受权者的工作进展情况以及权力的使用情况。对于确属不适合此项工作的，要及时收回权力，更换受权人；对滥用权力的，要及时予以制止；对需要帮助的，要及时予以指点，从而保证既定目标的实现。另外，要注意控制不是去干预受权者的日常行动，否则就会使授权失去意义；监督也不是为了保证不出任何差错，因为人人都会犯错误，只有允许人们犯错误，才能使人们愿意接受授权，并在实践中培养出合格的管理人员。

思考题　在一个对下属的任何工作差错都严加训斥的管理者手下，员工的表现会怎样?

三、集权与分权

当权力的分配是在上下级组织之间进行时，授权就变成了分权。分权是授权的一种形式，是一个组织向其下属各级组织进行系统授权的过程。分权是任何组织内部各组织单元之间形成权力关系的基本手段。

（一）集权与分权的相对性

作为一个组织，为了充分发挥集体的力量，有效地实现共同目标，必然要在内部进行分工，这就要求在组织内部进行分权，由组织经营决策层把部分决策权授予下级组织和部门的管理者，由他们行使这些权力，自主地解决某些问题，从而完成分配给他们的工作。因此，分权对于任何组织来说都是必要的。没有分权，也就没有了上下级组织结构，什么事都要由高层管理者来决定、由高层管理者来直接指挥，也就无法发挥组织分工协作的优越性。

分权的对立面是集权。集权就是决策权都由某一最高层管理者或某一上级部门掌握与控制，下级部门只能依据上级的决定和指示执行，一切行动听上级指挥。任何组织为了保证共同目标的实现，必然要求保持组织行动的统一性，因此，一定程度上的集权对于任何组织来说也都是必要的。一个组织如果一味地分权，把所有的决策权都授予下属各部门，一切问题都由下属各部门自行决定，那么，可以代表组织整体、并用以支配组织整体活动的权力将不复存在，这样就势必造成组织的解体。

由此可见，集权和分权对于一个组织来说都是必要的，如图 4-14 所示，没有绝对的集权，也没有绝对的分权。该由下级获得的权力过于集中，是上级擅权；该由上级掌握的权力过于分散，是上级失职。集权与分权是相对的，在组织设计过程中，要考虑的不是分权好还是集权好的问题，而是如何合理地确定集权与分权的程度，以及哪些应集权、哪些该分权之类的问题。我们在日常生活中把有的组织称为集权型组织或分权型组织，实际上是指这个组织大多数权力集中于上层（以集权为主）或上级只保留少量权力（以分权为主）的状况。

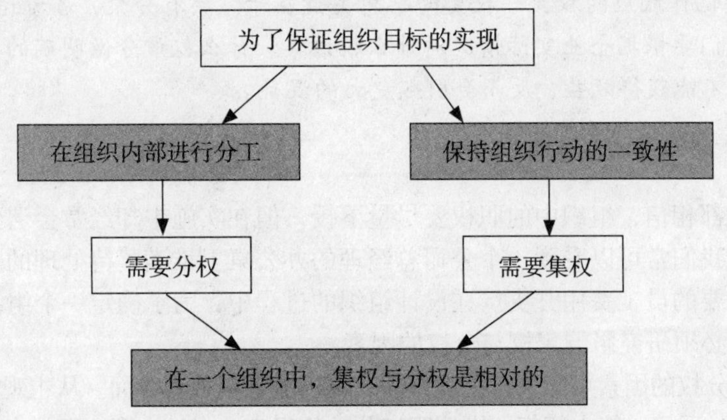

图 4-14 组织中的集权与分权

思考题 请举例说明集权型组织和分权型组织的异同。

[做中学 4-10] **美国通用电气公司**

美国通用电气公司是超大型的跨国公司，是传统企业向高技术企业转换的成功典范，其经营战略是全球同类公司的典范。它采取了较灵活的集权和分权相结合的“全球中心体制”。一方面，母公司在财务、人事和研究开发三大关键领域对子公司进行严密控制；另一方面，母公司又在营销决策、劳动关系、生产关系等方面赋予各子公司较大的自主权。美国通用电气公司在财务治理上实行“集权为主，分权为辅”的方式。总公司设有财务部，是全公司的中心机构，各团体根据各自的不同业务构成来设置其财务机构，直接向公司的财务副总裁负责。子公司只能在总部制定的财务制度范围内活动，在遵守财务制度的情况下，享有完全的财务自主权。

通用公司把事关企业命运的重大决策权集中在公司总部，而把需要灵活反应的具体安排和经营业务分散在各子公司。这种治理模式节省了资源、提高了效率，并通过分散经营充分发挥了子公司各级职员的积极性，提升了经营的灵活性，从而获得了良好的经济效益。集权制和分权制相融合的治理体制已成为跨国公司采用得最广泛的企业治理方式，也是通用公司成功的秘诀之一。

思考题 如何进行集权和分权？

［分析］

当企业规模发展到一定阶段，规模与效率的冲突就变得日益明显。这时，集权还是分权就成了企业管理中一个复杂而艰难的问题。处理集权与分权的关系，既要防止“失控”，又不能“统死”。集权与分权是一对“冤家”，既互相矛盾，又密不可分。怎样才能充分地利用它们，使之发挥最大的整体协调效应呢？要达到这一目标可遵循以下两条原则：① 战略上的集权和战术上的分权。具体到企业管理中，就是少数重要决策权要高度集中，如客户、财务、人事等应由高层集中掌控，多数运行权力要彻底分开，如品种开发、生产、营销等由基层自行掌控。② 因势而变。企业对集权与分权的划分，不能一成不变，而应根据企业内外形势的变化作相应的权变。权变的思想关键在于“兵有分聚，各贵适宜”。在实际的治理工作中，我们要根据企业实际情况对什么权该集、什么权该分做明确的界定，并切实地遵循，否则不仅不能获得效益，反而会引起更大的混乱。

（二）影响集权与分权的主要因素

许多管理者都相信，组织中的职权要尽量下授，但在实施中却经常会遇到不知如何是好的情况。例如，我们常可以看到一个公司总经理的办公桌上堆满了待处理的文件，但他却在审核一些并不重要的员工费用开支。在设计组织的过程中，为了确定一个组织集权与分权的程度和范围，就必须研究影响集权与分权的因素。

影响集权与分权的因素可能来自主观方面，也可能来自客观方面。从主观方面来说，组织首脑的个人性格、爱好、能力等都会影响职权分散的程度。有的人喜欢职权多分散点，以减轻自己的负担，也相信别人会做好工作；有的人喜欢独断专行，事必躬亲，集权程度就会高一点。但一般而言，客观因素比主观因素起着更为决定性的作用。这些客观因素包括以下五点。

1．组织的规模

组织的规模越大，要解决的问题就越多。由于高层管理者所拥有的信息和时间有限，为了防止组织反应迟钝、决策缓慢，他们必然会把更多的决策权授予下级组织管理者。

2．职责或决策的重要性

涉及的工作或决策越重要（可以以成本和对组织未来发展的影响大小来衡量），与此相关的权力就越可能集中在上层。例如，巨额的采购项目、基本建设投资，以及需要全体人员贯彻执行的统一政策的制定等，一般以集权为好。

3．中下级管理人员的素质

分权需要一大批素质良好的中下层管理人员来受权，如果组织中缺少合格的管理人员，高层管理者就很可能倾向于集权，依靠少数高素质的人来管理组织。

4．控制技术的发展程度

分权的目的是为了有助于组织目标的实现，如果分权危及组织的生存与目标的实现，那么分权将被禁止。为了避免组织的瓦解，必须在分权的同时加强控制。防止在一些重大问题上失控，常常是进行集权的理由或借口。控制技术的改进，一般有助于权力的分散。另外，随着控制技术的发展，组织将更容易实现集权控制，也有可能会加强集权倾向。总体而言，控制技术的提高将会加强组织原有的权力分配倾向，集权的更集权，分权的更分权。

5．外部环境的影响

以上讨论的影响分权程度的因素大部分是组织内部的因素。然而，影响集权与分权程度的还有一些外部因素，其中最重要的是政府对各类组织的控制程度。政府的众多规定使得许多事情必须要由高层管理者直接处理，从而使分权受到一定的限制。

思考题　除了以上因素外，还有哪些因素会影响集权与分权的程度？

（三）集权与分权的平衡

集权的优点是可以加强统一指挥、统一协调和直接控制；缺点是会使高层管理者负担过重，经常陷于日常事务之中，无暇考虑大政方针，并且事事请示汇报限制了各级人员的积极性，不利于管理者的培养，难以适应迅速变化的环境。分权的优点是可以减轻高层管理者的负担，增强各级管理者的责任心、积极性和自主性，增强组织的应变能力；缺点是可能会造成各自为政的现象，使协调各部门变得复杂，并且受到规模经济性、有无合格的管理人员等的限制。如何在集权和分权之间恰当地权衡得失，取得平衡，做到“放得开又管得住”“灵活而不失控”，是处理好集权与分权关系的核心。

思考题　母子公司之间应该如何定位？权力如何分配？取决于什么因素？

在这方面，艾尔弗雷德·斯隆（Alfred P. Sloan）为我们提供了正确处理集权与分权关系的典范。在任美国通用汽车公司董事长、总经理时，斯隆提出了“政策制定与行政管理相分离”“分散经营和协调控制相结合”的组织管理体制。这种体制的总体精神是：集中保证整个公司的巩固和成功所必需的重大政策和规划的决策权，在此前提下，实行最大限度的职权分散。这一体制的主要内容包括以下三点。

1．确立两级职责

公司经营的方针、政策，由公司集中决策和控制，方针、政策的执行和运用则分散到各个部门。公司的各个经营部门，是公司的基层执行部门，是利润中心，具有较强的独立性；整个公司的生产经营活动，实际上是靠权力分散时在各经营部门的分工协作下完成的。

2．加强协调支援

各经营部门分散的经营活动，又是在公司总管理处、总裁、部门主管及各职能部门的协调控制和支援帮助下进行的。正是由于这些协调和相互支援，使各分散的经营部门能按整个公司的总目标，积极地去完成任务。

3．维护整体控制

始终把那些维护整个公司的成功与发展所必需的重大政策和方针的决策权保持在公司的

最高领导层。经营和协调均要在公司董事会及其各个委员会所制定的方针、政策指导下统一进行，任何偏离大方向的行为，都将被及时地纠正。这一体制的实施，给通用汽车公司带来了很多好处。

① 各经营部门根据专业化协作原则分工并分散经营，有利于组织大批量集中生产，能更好地利用各种资源以提高工作效率，并且增加了各部门的工作积极性和灵活性。

② 由于各部门分散的经营活动是在高层管理部门所制定的政策和制度下进行的，保证了各部门分散经营时努力的方向一致，维护了大方向的一致性。

③ 公司总管理部门出面对各经营部门进行协调控制和支援帮助，可使分散经营的各部门在相互支援下发挥出最大效力。

④ 由于各经营部门拥有了必需的权力，就可以及时地评价各级人员的贡献，有利于人才的培养；而领导部门则摆脱了日常行政管理事务的纠缠，真正成为一个强有力的决策机构，能集中精力来考虑大政方针。

思考题　这种体制对于集团公司的组织结构设计有何借鉴价值?

由于这种体制适应现代化大公司的需要，并在实践中显露出了卓越成效，因而受到了许多公司、企业的欢迎和管理学家的肯定，不少大公司都采用了这一管理体制。当然，随着经济的国际一体化、信息技术的不断发展、市场竞争的加剧，组织的结构也越来越复杂，管理集中化和职权分散化也面临着越来越多的难题，需要我们不断地进行新的探索。

四、权力分配艺术

（一）权力分配中常见的错误

在权力分配过程中，人们常会出现这样或那样的错误。了解并努力在工作中避免这些错误，是提高管理者组织工作能力的一条重要途径。在权力分配过程中经常发生的错误有以下六点。

1. 职权不清

一个组织中相互之间的职权不清，是引起摩擦及效率低下的最主要原因。缺乏对职权与责任的明确了解，就意味着组织成员对自己在组织中应起的作用不清楚，这样的组织不过是一群推卸责任、争权夺利的乌合之众而已。

2. 有责无权

下属人员通常的抱怨是，上级要他们对工作承担责任，但却不授予其完成工作所必需的权力。由于决策权的缺失，许多不重要的问题也都被提交给上级来处理，使高层管理者受困于细枝末节、连续不断的“救火”之中。在职责不明确或含混不清的情况下，这种问题经常发生。在本应授权的范围内不授权或只明确责任不授予权力，显然是一个错误。

3. 将权力系统与信息系统混淆

广开信息渠道可减少各层次组织及各部门的沟通问题，除非是机密的信息，否则没有理由要求信息系统遵循权力系统。信息的传递应与决策分开，只有决策才需要有管理职权。有不少组织往往迫使信息系统遵循权力系统，要求下级按正确的权力链传递信息，常常造成信息渠道的阻塞。

4．误用职能权力

现代组织的复杂化经常需要授予某居于支配地位的参谋部门以职权，以支配本组织其他部门的活动。但若对职能权力的授予未作规定或不加限制，就会加剧直线部门和职能部门之间的矛盾。

5．多头指挥

职能权力过多会破坏指挥的统一。由于在一个组织中有众多的职能部门，他们对本组织中的其他部门都有一定程度的直线权力，若不加以协调，下级部门或业务部门的管理者就会发现他们除了受主管上级的领导外，还要受众多的具有职能权力的人员的指挥。毫无疑问，当管理者被众多的"婆婆"指挥时，必然会感到灰心丧气。

6．不能均衡地授权

高层管理者如果过多地将决策权在组织中下放也会造成组织的失败。高层管理者必须保持某些职权，特别是影响到整个组织的决策权。

思考题　以上这些问题产生的原因是什么?

（二）授权的艺术

实际授权中出现的问题，大多并不是管理者不了解授权的性质和原则，而是因为他们没能或不愿应用这些原则。导致管理者没能或不愿授权的主要原因有以下三个方面。

（1）管理者自身计划组织能力差，不知道给下级授什么权，以及如何进行授权。这一类管理者平时工作也没什么计划，眉毛胡子一把抓，而且往往对小事投入较多的关注，而对有些大事往往由于没有切肤之痛而予以忽视。在授权时,往往随意而为,结果授权不是职大于权，就是权大于职。

（2）对他人的不信任。这种不信任可能是对下级能力的不信任，怕下级没有能力来完成所要做的工作，认为要把某件事做好就必须由他自己去做，因而拒绝把这些工作放手给别人；也可能是对下级动机的不信任，怕下级"要职要权"，或者担心别人比自己干得更好，从而影响自己现有的地位和未来的晋升，因此不愿授权，或只授权给那些唯唯诺诺不会威胁其地位的人。

（3）职业偏好的影响。一个人善于从事某项职业，往往与其所具有的某些个性特征有关，而通过专门的职业训练又会强化某些个性特征。例如，受过会计学、医学、工程学等方面长期训练的人，往往强调严格的程序、较高的精确性、仔细的观察和缜密的思考，养成了事无巨细亲自过问的习惯。一旦他们走上管理岗位，这种职业习惯就会影响他们进行授权：当他们授权给别人时，总感到不放心、不踏实，一旦有可能，他们就尽可能自己做。有些管理者则是因为本身对权力有特别的偏好，喜欢自己掌握权力，因而不愿意授权。

授权过程涉及授予和接受两方面，下级人员有时也有可能不愿接受上级的授权。下级不愿意接受上级授权的原因一般有以下三种。

（1）担心因干不好而受到上级的训斥或惩罚，因而不愿接受过多的职权，上级说什么，就干什么。在一个管理者经常因下属干不好而予以训斥或惩罚的组织中，人们普遍地倾向于避免接受更多的职权：多做多错，不如不做。

（2）害怕承担更多责任。可能是由于缺乏自信，或者是觉得相应的压力太大，因而不愿担风险，希望一切由上级决策。即使授予其一定的职权，他们也喜欢事事请示上级，形成"反授权"，以便少负责任。

（3）有的人认为即使是多做工作也不会带来更多报酬，因而不愿多承担责任。当一个组织缺乏对于承担额外责任的奖励时，授权往往是困难的。

如何克服这些心理障碍呢？下面是管理者在实际工作中可以参考的一些建议。

（1）建立良好的组织文化。高层管理者要致力于建立相互信任和鼓励承担风险的组织文化。在这种文化中，管理者将会允许下属在改正错误的过程中不断提高，下属也会乐意承担更多的责任，因为他们相信不会因为干不好而使自己受到伤害。

（2）进行充分的交流。当管理者分派任务时，应确保下属理解所授权力的大小、希望达成的预期结果和所要承担的责任。在授权后，当下属有困难时，管理者要及时予以指导和帮助。

（3）对承担更多责任者予以额外的奖励。当管理者对接受更多责任的下属予以可观的额外奖励时，下属将会愿意接受更多的授权。奖励可以是金钱、晋升，也可以是口头的表扬、优越的工作条件等。

（4）提高管理者的素质。要使管理者认识到授权的重要性，懂得有关正确授权的知识；同时要使管理者形成相信下级、愿意放手让下级干和允许下级犯错误的心态。一个人的时间、精力、知识是有限的，不可能任何事都自己去做，而要授权，就必须信任下级并允许下级犯些错误。

（5）建立一定的制度强迫管理者授权。为了防止管理者由于各种个人的原因而不愿授权，组织可采取一些政策，迫使其授权。例如，加大管理者的管理幅度，同时对他们的工作提出一个较高的标准，这时，管理者为了确保任务的完成，除了授权，别无他法。也可以规定管理者只有当他们有了能够接替他们的下级人员时才予以晋升，使管理者注重培养下属。

任务三　认识组织文化

任务引例

台塑集团的"精神会师"

王永庆在中国台湾几乎是家喻户晓的人物，他领导下的台塑集团每年都要举办运动会，届时，台塑在世界各地的代表汇聚中国台湾，除一般的田径、球类比赛项目外，有两项特别引人注目，一项是王永庆带领高层主管和外宾进行的 5 000 米赛跑；另一项是趣味竞赛项目。这些项目难度不大，且都有一些奖品，员工在活动中不仅感到开心有趣，同时能产生对台塑的归属感和凝聚力，因而这种每年一次的运动会被称为"精神会师"。

具体分析举办这样的活动会对员工产生什么样的价值？

毛主席说过:“没有文化的军队是愚蠢的军队。”也可以说,没有文化的企业是愚蠢的企业。塑造组织文化是领导者必须实践的一项职能。员工一旦融入组织文化，组织文化便为全体员工提供了行为准则，不管他们在任何地方工作，都能运用已经融入他们心中的价值观指导自己的行动。组织除了要有硬性的规章制度之外；还要有一种“软性”的协调力和凝合剂。它以无形的“软约束”力量构成组织有效运行的内在驱动力。这种力量就是被称为“管理之魂”的组织文化。组织文化是指组织在长期活动中形成的、为组织成员普遍认可和遵循的、具有本组织特色的群体意识和行为规范的总和以及体现组织群体意识与行为规范的规章制度。组织的运作效率会受到组织文化的影响，组织文化影响着企业的计划、组织、人事、领导和控制等各项管理职能的实施方式。组织文化是一个有机系统，每一个组织都直接或间接地含有其自身的企业文化，但关键在于，这种企业文化是否能适应企业发展的要求，是否能为组织发展带来动力，是否能使组织在激烈的竞争中立于不败之地。因此，从某种程度上讲，有效的组织文化建设是一个再创造的过程，是对原有企业文化进行修改，取其精华，弃其糟粕，建立起一个能适应竞争环境的新型企业文化的过程。

一、组织文化的概念

美国著名管理学家托马斯·彼得斯和小罗伯特·沃特曼在《寻求优势》一书中讲道:“一个伟大的组织能够长久生存下来，最主要的条件并非结构形式或管理技能，而是我们称之为信念的那种精神力量,以及这种信念对组织的全体成员所具有的感召力。”这里的“精神力量”，就是组织文化。

文化与组织联系在一起的时候，是指组织中的成员所共有的价值观念、行为方式、信仰及道德规范。它往往是该组织所特有的，在较长的一段时间里处于比较稳定状态，它确定该组织的风气和人们的行为准则，影响计划、组织、用人、领导和控制等各个管理职能的实施方式。

沃森（IBM创始人）在《企业与理念》一书中写道:“任何一个组织要想生存、成功，首先必须拥有一套完整的理念，作为一切政策和行动的最高准则。其次必须遵守那些信念。”任何组织都有自己的文化，尤其是企业组织，人们常把企业的组织文化称作企业文化或公司文化。世界上优秀的公司都有自己良好的企业文化。例如，国际商用机器公司的宗旨是“以人为核心,并向用户提供最优质的服务”,通用电气公司的口号是“我们最重要的产品是进步”等。优秀的组织文化反映和代表了推动组织发展的整体精神、共同的价值观、合乎时代的道德和追求发展的文化修养。

组织文化是处于一定经济社会文化背景下的组织在长期的发展过程中逐步生成和发展起来的日趋稳定的独特的价值观，以及以此为核心而形成的行为规范、道德准则、群体意识、风俗习惯等。

在20世纪80年代，随着日本企业竞争力的快速增强，许多学者开始对日本企业的管理进行研究，结果他们发现日本的企业文化特征是促使其发展的重要因素。由此，管理学家开始热情洋溢地对企业文化或组织文化进行研究，综合起来主要有以下内容。

（1）人们进行相互作用时被观察到的行为准则，包括使用的语言，或者为了表达敬意和态度时类似一些仪式的做法等。

（2）群体规范。如霍桑试验中所揭示的工作群体的规范。

（3）主导性价值观，包括类似于产品质量、领导者等组织中所信奉的核心价值观。

（4）正式的哲学，包括处理组织和其利益相关者，如股东、员工、顾客的关系时应该信奉的意识形态，以及给予组织中各种政策指导的哲学，如惠普之道。

（5）游戏规则。为了在组织中生存而学习的游戏规则，如一个新成员必须学会这种规则才能被接受。

（6）组织气氛。组织成员在与外部人员进行接触过程中所传达的组织内部的风气和感情。

（7）牢固树立的技巧。包括组织成员在完成任务时的特殊能力，不凭借文字和其他艺术品就能由一代向另一代传递的处理主要问题的能力等。

（8）思维习惯、心智模式、语言模式，包括组织成员共享的思维框架。

（9）共享是指组织成员在相互作用过程中所创造的自然发生的一种理解。

（10）一致性符号，包括创意、感觉和想象等组织发展的特性，这些可能不被完全认同，但是它们会体现在组织的建筑物、文件以及组织其他的物质层面上。

企业文化是各种组织文化中目前发展最成熟、最有代表性的一个分支。什么是企业文化？Terence E. Deal（特伦斯）和 Allan A. Kennedy（阿伦）合著了一部很有影响力的专著——《企业文化》（Corporate Culture）。书中对企业文化的定义是："用以规范企业人多数情况下行为的一个强有力的不成文的规则体系。"美国学者詹姆斯说："企业文化是一座坝，企业行为如同在两岸间奔流的河水，随着时间的推移，奔泻的河水将河道冲刷得更深，从而加强了企业文化，不断重复过去曾使企业走向成功的行为。"在特伦斯等人看来，企业文化作为一种意识形态，不仅是减少经济秩序交易费用的重要制度基础，更重要的是，它对经济主体创新和进取精神的推动，具有和产权界定相匹敌的巨大作用，它可提供选择性经济动力激励，是有效率的经济组织的基础，企业文化是无形的、柔性的。

从约束职能上说，企业文化是企业中的道德守则，是一种软性约束；制度是企业中的法制，是一种硬性约束。企业文化因其无形，所以无处不在，它能对制度规定以外的东西起到一定的影响。企业文化是企业制定一切制度的基础，制度则是企业文化的具体化。

企业文化是指企业在长期实践活动中所形成的并为企业成员普遍遵守和奉行的具有本企业特色的共同价值观念、团体意识、行为规范和思维模式的总和。企业文化的内容包括价值标准、经营哲学、管理制度、思想教育、行为准则、道德规范、文化传统、风俗习惯、典礼仪式以及组织形象等。其中，共同的价值观是形成企业文化的核心。日本著名管理学家土光敏夫说："一个富于创造性的企业，必定有它的理想。正是这个理想，向未来显示出这个企业存在于社会的意义。职工们将从这个理想中看到自己作为集体一员的意义，正是从这里，人们感受到生活的意义。"从这个意义上说，企业文化是企业的灵魂，是推动一个企业向前发展的内在动力资源。

任务解析

企业管理的最高境界就是全面提升企业的核心竞争力，其中包括组织的策略能力、组织能力。企业文化正是从价值观的共识、彼此的默契、能力的提升等多个方面提高企业的核心竞争力，它具有可塑性，并不是企业天然就有的，但可以通过大力提倡，逐步塑造而成，一旦在职工中形成共识，是不会轻易改变的，将长期发挥作用，并悄然无声地渗透到企业的各项工作和职工的各种行动之中。企业应针对自身状况，投入财力和人力，大力栽培和发展优秀的企业文化，来促进企业的繁荣和发展。这样的管理才是最高境界的管理，让员工与企业达成心灵上的契约！台塑集团就是通过在员工中举办各种活动来加强企业文化建设从而提升企业的核心竞争力。

二、组织文化的结构

组织文化的结构大致可分为 4 个层次：第一层是深层的精神文化；第二层是中层的制度文化；第三层是浅层的行为文化；第四层是表层的物质文化。每个层次包括不同的具体内容，具体如图 4-15 所示。

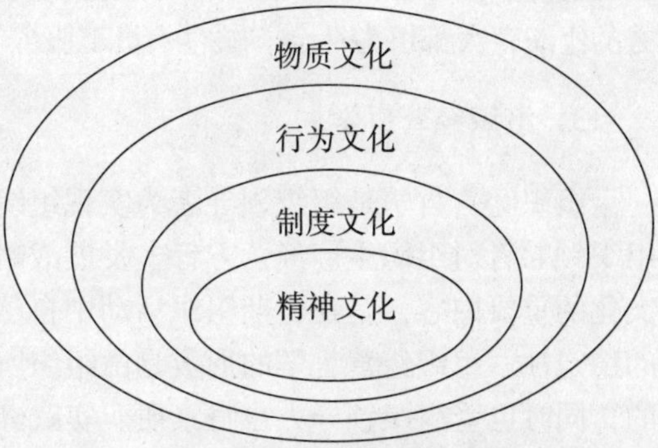

图 4-15 组织文化的结构

思考题 组织文化的灵魂是什么？

（一）深层的精神文化

这是组织文化的最深层，主要是指组织成员共同信守的基本信念、价值标准、职业道德及精神风貌，是组织文化的核心和灵魂，是形成组织文化的物质层和制度层的基础和原因。不同类型的组织对精神文化的培育有着不同的内容，例如，企业组织中，精神文化的培育就以注重创新、培育营销精神等为主要内容，行政组织精神文化培育主要以行政责任精神为导向。

组织文化中有没有精神层是衡量一个组织是否形成了自己的组织文化的主要标志和标准。其主要内容包括以下 4 个方面。

1．组织核心价值观

价值观是人们对客观事物的重要性及性质进行认识评价的准则。组织核心价值观是决定组织其他一系列理念、制度和行为的核心价值观念。组织信奉什么样的价值观，就会产生什么样的经营作风和组织形象。所以，组织的核心价值观是组织文化的基石。组织的精神风貌、经营策略和管理模式可以随环境而改变，但组织的核心价值观是长期稳定、很少改变的。纵观世界上长寿的优秀企业，基本上都具有稳定的、鲜明的核心价值观。

在企业的发展过程中，企业价值观经历了多种形态的演变，其中最大利润价值观、经营管理价值观和企业社会互利价值观是比较典型的企业价值观，分别代表了 3 个不同时期企业的基本信念和价值取向。

（1）最大利润价值观是指，企业全部管理决策和行动都围绕如何获取最大利润，并以此为标准来评价企业经营的好坏。

（2）经营管理价值观是指企业在规模扩大、组织复杂、巨额投资而投资者分散的条件下，管理者受投资者的委托，从事经营管理而形成的价值观。一般来说，除了尽可能地为投资者获利以外，还非常注重企业人员自身价值的实现。

（3）企业社会互利价值观，是 20 世纪 70 年代兴起的一种西方社会的企业价值观，它要求在确定企业利润水平时，把员工、企业、社会的利益统筹起来考虑。

2．组织目标（组织愿景）

组织目标是组织全体成员的共同追求，是组织共同价值观的集中表现，反映了组织领导者和成员的追求层次和理想抱负，是组织文化建设的出发点和归宿。学校的办学宗旨是教书育人，是为社会培养有用的人才；而企业是一个经济实体，必须获取利润，但绝对不能把赢利作为企业的愿景。企业经营实践证明，单纯把赢利作为最高追求，往往适得其反。纵观世界上比较优秀的组织，大都以为社会、顾客、员工服务等作为愿景。

3．组织经营哲学

组织经营哲学是组织领导者为实现组织目标在整个生产经营管理活动中的基本理念，是组织领导者对组织生产经营方针、发展战略和基本信念的哲学思考。组织经营哲学作为组织文化的重要内容，是在长期组织活动中自然形成的，并为全体员工所认可和接受，具有相对的稳定性。组织经营哲学的形成是由组织所处的社会经济制度及周围环境等客观因素所决定的，同时也受组织领导人自身素质、实践经验、思想方法、工作作风等主观因素的影响。只有以正确的组织经营哲学为基础，组织内的资金、人员、设备等才能真正发挥效力。有了正确的组织经营哲学，处理组织生产经营管理中发生的一切问题才会有一个基本依据。

4．组织精神

组织精神是组织有意识地在成员群体中提倡、培养的优秀价值观和良好的精神风貌，是对组织现有的观念意识、传统习惯、行为方式中的积极因素进行总结、提炼及倡导的结果。它是组织现实状况的客观反映，是全体成员共同拥有普遍掌握的理念。因此，组织文化是组织精神的源泉，组织精神是组织文化发展到一定阶段的产物。

每个组织都有各具特色的组织精神，它往往以简洁而富有哲理的语言形式加以概括，在企业中，通常通过厂歌、厂规和厂徽等形式形象地表现出来。

思考题　组织文化的制度文化对组织文化建设的意义是什么？

[做中学 4–11]　**建设同济同捷独特的企业文化**

上海同济同捷科技股份有限公司董事长雷雨成认为企业文化不应是一句口号，不应是企业装饰门面的表面文章，也不是搞几次活动就能完成的。企业千千万万，其情况不尽相同，企业文化也没有定式，关键是联系企业实际情况建设符合企业特征、具有企业独特个性的企业文化。首先要抓住切入点，明确企业文化的内涵和外延，做到有的放矢；其次是做好深化文章，突出自己的个性，因为企业文化贵在个性，企业的生命在于独特的“魅力”个性。而同济同捷创业成功，根源于董事长雷雨成明确提出要创造同济同捷文化。

思考题　企业文化建设可以照搬吗？为什么？

[分析]

企业文化建设不可以照搬。企业文化是具有本企业特色的文化观念、文化形式和行为模式以及与之相适应的制度和组织结构。企业文化强调对企业实行“软”式管理，认为人推动企业发展，并富有很强的内聚力、向心力，每个人都知道企业目标，并为这个目标努力工作，将他们的工作与企业紧密联系在一起。这种企业精神虽然是无形的，但又实际存在，它无形中规范了员工行为。

（二）中层的制度文化

制度文化是人与物、人与组织运营制度的综合部分，它既是人的意识与观念的反应，又是由一定物的形式所构成的。它是组织文化的中间层次，主要是指对组织员工和组织行为产生规范性、约束性影响的部分，它集中体现了组织文化的物质层及精神层对员工和组织行为的要求。制度层主要是规定了组织成员在共同的工作活动中所应当遵循的行动准则。

它的规范性是一种来自员工自身以外的带有强制性的约束，是企业行为文化得以贯彻的保证。主要应包括以下 3 个方面。

1．领导体制

领导体制是组织中的领导方式、领导结构、领导制度的总称。在组织制度文化中，领导体制影响着组织机构的设置，制约着组织管理的各个方面，是组织制度文化的核心内容。

在西方企业中，领导体制走过了 4 个阶段。

（1）家长式领导体制阶段。它是企业家凭借个人经验进行管理决策的阶段。企业家即是企业财产的所有者，又是企业的经营管理者，他们的决策常常带有浓厚的家族、个人色彩。

（2）经理领导体制阶段。19 世纪中期，企业规模不断扩大、技术水平不断提高、生产方式日趋改变，这些变化促进了企业领导体制的变革。单凭个人经验的家长式领导体制已不能适应企业发展的需要，取而代之的是经理制，即一些在企业中精通业务的技术“硬专家”，他们通晓技术、熟悉经营过程，比家长式领导高明得多。

（3）职业“软专家”领导体制阶段。“软专家”领导体制形成于 20 世纪以后，企业生产进一步社会化，企业与企业之间、企业内部进一步专业化，技术水平进一步提高；企业经营的范围日益扩大，任务日益繁重；规模进一步扩大，内部结构更加复杂，与外部环境的联系也日益增强。“软专家”经过系统的经营管理培训，掌握各方面专业知识，具有经营和领导才能，比从专业技术岗位上转行担任领导的“硬专家”要高明，克服了“硬专家”领导体制的不足，对企业的发展产生了巨大的推动力。

（4）企业家集团领导体制阶段。近年来，科学技术和企业规模的不断发展，个人的领导能力已不适应现代企业生产的要求，企业家集团领导体制将逐步代替传统的企业领导模式。特别是集团型企业的增加，跨国公司的增多，它们管理层次多、经营范围广、技术工艺复杂，领导的复杂性急剧增大，企业集团领导体制不仅包括由企业几位最高级领导人组成的集团领导，还吸收各类专家参与领导决策。

2．管理制度

管理制度主要是指组织为有效实现组织目标，在管理实践活动中制定的各种带有强制性义务，并能保障一定权力的各项规定或条例，包括三方面内容。

（1）组织的一般制度，指组织中的工作制度和管理制度，以及各种责任制度。工作、管理制度包括领导工作制度、技术工作制度及技术管理制度、计划管理制度、生产管理制度、设备管理制度、物资工艺管理制度、经济核算及财务管理制度、生活福利工作管理制度、劳资人事管理制度、奖惩制度等，这些成文的制度与某些不成文的厂规厂法，对组织员工的思想和行为起着约束作用；责任制度使每个员工、每个部门都有明确的分工和职责，使整个组织能分工协作，井然有序地高效率工作。责任制度主要包括领导干部责任制、各职能机构及职能人员责任制，以及员工岗位责任制等。

（2）组织特殊制度，主要是指组织的非程序化制度，如员工民主评议干部制度、干部“五必访”制度（员工生日、结婚、死亡、生病、退休时干部要访问员工家庭）、员工与干部对话制度、庆功会制度等。与一般制度相比，特殊制度更能反映一个组织的管理特点和文化特点。

（3）组织风俗，是指组织长期沿袭、约定俗成的典礼、仪式、行为、习惯、节日、活动等。

3．组织机构

组织机构对组织制度文化有着深远影响，是组织文化的载体。不同的组织机构会有不同的组织制度文化；不同的组织制度文化又有不同的组织机构。组织机构是否适应经营与管理的需要，直接影响企业管理的成效。

思考题　组织文化对企业员工的行为有什么影响?

（三）浅层的行为文化

组织行为文化是由组织成员在生产经营、工作学习、宣传教育、人际关系、文体娱乐等活动中的行为所产生的活动文化。它既是组织精神面貌、作风和传统、人际关系的动态体现，又是组织价值观和经营哲学的折射。它主要包括两个方面的内容。

1．组织人的行为

组织的行为文化是通过组织成员的行为表现出来的，从上层的组织领导者到中层的管理者，从组织的模范人物到普通成员，他们的行为都是组织行为文化的最好例证。

组织领导和管理者是组织运营中的主角。他们的行为对组织成员具有示范性作用，他们的思想言行和精神面貌，他们的做事经历引导着组织文化的方向，极大地影响他人的行为。

组织的模范人物是组织的中坚力量，他们的模范行为和事迹往往集中体现了组织的价值观和行为规范，是组织为员工树立的学习榜样，在整个组织行为中具有重要地位和示范作用。组织成员是组织的主体，他们的群体行为决定着组织整体的文明程度和精神面貌。

2．组织人际关系

组织人际关系是组织中的人进行的各种相互交往与联系，它也是生产关系的一种表现形式。组织人际关系的主要作用是树立企业信誉、收集信息、协调谅解、咨询建议、传播沟通、社会交往等。

思考题　组织文化中的物质文化对组织文化建设有何影响？

[做中学 4–12]　　**海 尔 文 化**

中国白色家电业的一位著名企业家“哲商”，就是海尔的张瑞敏。张瑞敏是企业界少有的“哲商”，在他的倡导下，海尔有一套非常科学的管理文化。二十世纪八十年代初，海尔的前身还是一个面临亏损的电冰箱厂，在重重困难下，张瑞敏率众将 76 台存在严重问题的冰箱全部砸毁，决心在全厂树立新的价值观。在这种价值观的引导下，创建了崭新的海尔模式，即具有海尔特色的 OEC 管理模式。OEC 管理，即 O——Overall（全方位），E——Everyone（每人）、Everything（每件事）、Everyday（每天），C——Control（控制）、Clear（清理）。OEC 管理也可表示为：每天的工作每天完成，每天工作要清理并要每天有所提高，即“日事日毕、日清日高”。“日事日毕”，要求当天问题当天解决，防止问题积累。每个车间设立“日清栏”，每个员工使用 3E 工作记录卡，督促每日工作顺利完成。“日清日高”，要求不断改进工作，一天比一天做得更好。车间里挂有一块有员工名字的牌子，在员工的名字下有不同颜色的圆标签，以表示该员工工作的情况。新的价值观产生了科学的管理模式，员工们受到企业文化熏陶，也自觉自愿地坚持完成每日工作、提高每日工作效率。

思考题　从海尔企业文化建设中有何启示？

[分析]

不同的企业文化引领员工向不同的方向发展，员工的行为又让企业文化得以实践。优秀的企业文化会受到员工的推崇，形成巨大的向心力，令员工心甘情愿地向企业所期望的方向发展。

（四）表层的物质文化

物质文化是一种以物质形态为主要研究对象的表层企业文化，它是由企业职工创造的产品和各种物质设施等构成的器物文化。它是形成制度文化和精神文化的条件，往往能折射出组织的经营思想、经营管理哲学、工作作风和审美意识。对一个生产性企业来说，它主要包括如下四个方面。

1．组织环境

组织环境可以体现出组织文化的特点，是组织文化的一种外在象征。组织环境可分为工作环境和生活环境两大部分，主要是指与组织生产相关的各种物质设施、厂房建筑以及职工的生活娱乐设施。

企业的自然环境，建筑风格，车间和办公室的设计及布置方式，工作区和生活区的绿化、美化，企业污染的治理等，都是企业文化的反映。

2．产品的外观、包装和服务

在现代社会中，产品形象、销售者声誉等都是组织文化的具体反映。如美国汽车以豪华、功率大为特点；日本汽车以省油为特点；德国汽车以耐用为特点；法国香水以香味纯正、留香持久而著称等。一个企业只有在具有自己独特的产品时，才能吸引一部分具有特殊需求的顾客。如果产品特点不突出，就要靠其他因素，如包装、价格、销售地点及服务等吸引顾客。

3．技术工艺设备与文明程度

组织的文明程度与技术、设备的现代化密切相关，从一定的意义上讲，组织文化的形成取决于组织内外多种因素，其中组织外部的技术环境、内部的技术条件、组织成员的文化技术水平对组织文化的塑造都有重要的影响。一定的技术工艺设备，不仅是知识和经验的凝聚，也是管理哲学和价值观念的凝聚，因此，组织的技术工艺设备的水平、结构和特性，必将凝结和折射出该组织文化的个性色彩。

4．组织标识

组织标识，即组织的名称、象征物等，是组织文化的可视象征之一，它体现了组织文化的个性。企业的名称不仅是一个称呼，或是一个符号，它能体现企业在公众中的形象。组织的象征物可以制成动物、植物或是带有某种寓意的其他造型，从而反映出一个组织特有的文化色彩。

例如，组织在其环境中往往设有纪念建筑，如雕塑、石碑、纪念标等，在公共关系活动中送给客人的纪念画册、纪念品、礼品等。它们都充当着组织理念的载体，成为组织塑造形象的工具。

三、组织文化的功能

组织文化对于组织行为的影响是无形而持久的，组织文化往往能在很大程度上左右组织成员的行为，甚至超过正式的权责关系、管理制度等发挥的作用。对于许多经历时间较长的组织，在经历了多年的风风雨雨后，成员对文化总有许多个人见解，很多组织在引入新发展战略或者进行变革时，往往是“手术很成功，但是病人却死了”，原因就是忽略了其组织文化会影响组织日常运营行为的考虑。下面主要从组织文化对组织行为的影响、对工作绩效和道德伦理行为等方面的影响讨论组织文化的功能。

思考题　企业为什么要建立组织文化？

（一）导向功能

组织文化的导向功能体现在对组织整体和组织成员的价值取向及行为取向所起的引导作用，使之符合组织所确定的目标，它体现了组织活动的规律和经验。组织文化的导向功能具体表现在两个方面：一是对组织成员个体的思想行为起导向作用；二是对组织整体的价值取向和行为起导向作用。组织文化就是在组织具体的历史环境及条件下将人们的事业心和成功欲化成具体的奋斗目标、信条和行为准则，形成组织成员的精神支柱和精神动力。组织文化建立起的自身系统的价值和规范标准引导组织成员的行为心理，使人们在潜移默化中接受共同的价值观念，使整个组织与组织成员形成有机整体，自觉自愿地把企业目标作为自己追求的目标。

组织文化的导向功能，首先体现在它的超前引导方面。这种超前引导是通过组织的价值观和崇高目标的培训教育起作用的。

一般来说，组织对成员的培育有两方面的内容：一方面是基本技能技术的训练，即科学技术的灌输；另一方面是对职工进行价值观念和崇高目标的灌输。

也就是说，人才的培养内容不仅包括科学知识技术，而且包括组织文化精神的思想内容。组织文化管理模式更加重视思想内容方面的教育和培训，认为组织文化宣传的以组织价值观和崇高目标为主要内容的组织精神，对成员起着人格培养的作用。通过这种组织精神的培训，使组织精神在成员心中达成共识，引导成员齐心协力，为实现组织的大目标做出贡献。这种对成员的培训要持续不断，内容要充实、具体，其形式可以灵活多样，它集中反映了组织的价值观和崇高目标。

除了发挥超前引导作用，组织文化的导向作用还体现在它对成员的跟踪引导。组织文化管理模式主张把代表组织精神的组织价值观和崇高目标化为具体的依据和准绳，使成员能够随时参照，并据此进行自我控制，使自己在组织的各项活动中不致脱离组织的大目标。

（二）约束功能

组织文化可以构成一种无形的约束力，形成一种行为规范，制约员工的行为，以此来弥补规章制度的不足。它在员工的心理深层形成一种定势，构造出一种响应机制，一旦外部诱导信号发生，即可得到积极的响应，并迅速转化为预期的行为。这就形成了有效的“软约束”，它可以减弱“硬约束”对员工心理的冲撞，缓解心理与现实的冲突，削弱由其引起的一种心理抵抗力，从而使企业上下达成统一、和谐和默契。

但组织文化并非只给组织带来积极作用，有时候它会给组织带来消极作用。管理人员对组织的文化进行变革是相当困难的。

当组织环境发生变化时，根深蒂固的组织文化和行为的一致性就可能束缚组织的手脚。如果组织的共同价值观与组织进一步提高效率的目标不相符时，组织文化就可能束缚组织的发展。对于一些具有强文化的组织，当其过去成功的经验措施与环境变化的要求不一致时，甚至可能导致变革失败。

（三）激励功能

组织文化的核心是要创造出共同的价值观念，具有使组织成员从内心产生一种高昂情绪和奋发进取精神的效应。组织文化管理模式把以人为本视为组织的主要价值观念，对激励功能极为重视。但组织文化管理模式与传统的组织管理模式不同之处在于，它由重视激励个体转变为重视激励群体，为提高组织成员的生产积极性、主动性和创造性提供了新型的手段与方法。组织文化对组织行为主体产生的激发、动员、鼓舞、推进的作用就构成了它的激励功能。

人的行为不仅取决于个人心理的需求与动机，而且还取决于他所在的群体的文化因素。

因此，要想激发成员的生产积极性、主动性和创造性，就不能把注意力完全集中于个体的需求与动机上，而应当把视野扩展到对个体行为具有影响的组织需求与动机上，扩展为营造组织文化的激励机制。组织价值观不仅使成员明确组织的发展目标和方向，而且使成员了解工作的目的不仅仅是获取利益，个人的需要也不仅仅是物质上的需要，还有比获取利益和物质需要更重要的东西，那就是满足社会需要和实现自我人生价值。组织价值观所决定的共同目标和共同信仰，能够激发起组织成员赴汤蹈火的激情和忘我工作的精神，促使大家追求更加卓越的目标，把工作干得更好。美国著名心理学家费罗姆提出的“期望理论”认为，假如一个人把自己行为目标的价值看得越大，或自我估计实现目标的可能性越大，那么，这种目标对他的行为的激励作用就越大。

组织文化管理模式一方面采用个人激励的手段与方法，如提供晋升机会，赋予个人更多的责任与权利，在组织内部创造一种相互尊重、平等、民主的气氛等，激发成员追求在出色的组织中工作的愿望；另一方面又采取群体激励的方法，如为组织成员提供统一的价值观念，树立组织的崇高目标，形成具有战斗力的团队精神等，满足成员在出色的组织中工作的愿望。而在组织文化中的价值追求和崇高目标影响下形成的一套完整的行为规范与准则，通过组织英雄人物、典礼仪式及文化网络等因素的强化，为组织成员实践价值追求提供了动力，对个体行为的积极性产生了更持久、更广泛的影响。组织文化对群体精神的激励，强化了个体对群体的归属感、使命感，激发个体为集体做出贡献的决心与信心，促使个体产生稳固的行为积极性。

（四）凝聚功能

组织中每一个群体和每一个成员都有自己的价值评断标准和行为准则，都有自己物质和精神方面的需求，因此不同组织和个人表现出不同的个性特征。这些个性特征想要凝聚为一个整体，需要依靠组织文化。文化是一种极强的凝聚力量。组织文化是一种黏合剂，把各个方面、各个层次的人都汇聚到一个共同的方向，形成组织的共同愿景，对组织产生一种凝聚作用和向心力，使员工个人的思想感情和命运与企业的安危紧密联系起来，使他们对组织产生认同感和归属感，与企业同甘苦、共命运。

组织的凝聚力指的是组织和组织成员的相互吸引力，具体来说是指组织对成员的吸引力，成员对组织的向心力。凝聚力是一种情感，凝聚力既可以通过组织对成员的关爱表现出来，又可以通过成员对组织的依恋体现出来。这种凝聚力还必然会转化为组织发展的推动力，表现为组织与成员结成命运共同体的合力。

组织文化管理模式在强化组织凝聚力方面把亲密情感、价值共识与目标相同作为强化组织凝聚力的关键因素。具有强烈组织文化的组织特别重视组织内部的感情投资，不断地满足组织成员的情感需求，加强组织对成员的吸引力及组织内部人际关系的吸引力。同时，组织文化又为组织内部成员提供统一的行为规范与准则，建立以组织价值为基础的行为模式，从而把成员的行为吸引到现实组织目标的轨道上来。组织文化引导成员追求的崇高目标中除了要充分体现组织的经营理念与经营宗旨外，还要广泛地容纳组织成员的利益要求，使组织成员能够感觉到组织目标的实现就意味着个人利益要求的实现。这样就能最大限度地激发成员为实现组织的崇高目标而勤奋工作、积极进取。

美国管理学家西蒙和马奇提出的提高企业凝聚力的有效方法是，树立良好的企业形象，强化企业目标的共享意识，扩大企业内部信息沟通与交流的渠道，加强企业内部人与人之间的理解与信任，有效地控制企业内部成员之间的竞争强度等。

[做中学 4-13]　襄樊互动网络企业文化满足员工进步的要求

“攻城难，守城更难”，任何一家公司都需要有自己的企业文化和理念来坚定公司员工的信念；而员工也渴望在充满活力、有着文化底蕴的企业中与企业一同成长进步。

襄樊互动网络有限公司是一家新型高科技企业，拥有雄厚的国内外资金实力和先进的技术设备支持，建立了科学的管理运营机制和强有力的市场体系，拥有由优秀职业经理人组成的管理团队和资深 IT 专家组成的技术团队。但若是没有一个共同创造的公司文化，是无法凝聚和留住大量优秀人才的。

为此，襄樊互动网络有限公司总经理刘乐用了大量的时间来构筑具有自身特色的企业文化，包括精神文化、制度文化、行为文化和物质文化。用“诚信”的企业价值观和“共同创造”的企业精神规范员工行为，以共同构筑的精神理念和行为准则为“无声的命令”进行人文式的管理，让襄樊互动网络公司具有了强大的凝聚力，让员工和公司共进退。

思考题　企业文化如何增强员工的凝聚力？

［分析］

企业的领导者应努力创建优秀的企业文化，调动员工的积极性和创造力。一旦企业的价值观变成企业员工共有的价值理念，企业的内化控制无疑就会加强，员工也会以共有的价值观念为准则来自觉监督和调控生产、经营和日常生活，企业的内聚力、向心力和能动力，还有对外的发散力就会增强。企业文化的优劣对于一个企业的成败可谓至关重要。企业文化会自然而然地影响人的思路，员工也希望在优秀的文化中、在充满活力与希望的企业中工作。对企业来说，只有有了统一的优秀的企业文化，才能将员工的思想统一起来，齐心协力地将事情做好。

（五）辐射功能

组织文化综合反映了一个组织的性质、内容和形象，它的展示和传播形式多样、方便、快捷、媒介众多。组织文化可以激发企业员工对本企业的自豪感、责任感和崇尚心理，增强员工的满意度，提高组织成员之间的相互支持，从而改善组织的绩效。良好的组织文化不仅对组织内部以及成员产生巨大的影响，而且还会通过自我的产品、服务和宣传等信息的传播，把组织的管理思想、经营理念、职业道德、价值准则等传播于社会，对社会心理产生影响，这就是组织文化的辐射力。这种辐射力扩展的过程既是组织自我形象树立的过程，也是自我品牌打造的过程，还是各种文化相互碰撞交融的过程。这种辐射力的强弱，直接关系着组织在社会的知名度和影响力，也关系着企业品牌的生存和发展，还关系着社会文化心理的产生与形成。

组织文化的辐射力主要源于自身的文化特性，它作为人类社会文化的重要组成部分，不仅关乎自身的生存与发展，也关乎人类文化的丰富与发展。那么在其存在与发展的过程中，必然对社会产生一定的影响。可以看到，优秀的组织文化总是倡导一种文化精神，引领社会文化的发展，对社会民众的生活追求、价值观念等文化心理产生重大的影响。组织文化的辐射力还源于组织利益的需要。但是从相反的方面看，组织文化也有抑制力和阻止力，会与组织和社会心理产生矛盾与冲突。所以要注意组织文化的不同作用，以发挥其积极作用，消除其不良影响，不断促进组织文化的进步与发展。

项 目 小 结

1. 组织工作是根据组织的目标，将实现组织目标所必须进行的各项活动和工作加以分类和归并，设计合理的组织结构、配备相应人员、分工授权并进行协调的过程。组织管理的任务是通过设计和维持组织内部的结构和相互之间的关系，使组织中的各部门和各成员为实理组织目标而协调一致地工作。

2. 组织设计是指进行专业分工和建立使各部门相互有机协调配合的系统的过程。组织结构是组织设计的结果之一，它是指组织内部的结构框架，可用结构图来表示。

3. 组织结构设计一般包括以下几个步骤：第一步是岗位设计，将实现组织目标必须进行的活动划分成最小的有机关联的部分，以形成相应的工作岗位；第二步是部门化，即将这些岗位按某种逻辑合并成一些组织单元；第三步是确定组织层次，即确定组织中每一个部门的职位等级数，然后形成组织结构图。

4. 岗位设计是指用一定的方法将各项任务结合起来，形成一组有限的工作，以构成一个完整的岗位的过程。可通过技能多样化、任务的特性、任务重要性、工作自主性和信息的反馈来描述一个岗位的特性，可通过职责专门化、职责扩大化和职责丰富化等岗位职责设计方法来提高岗位对员工的吸引力。

5. 常见的组织结构形式有：直线制、职能制、直线职能制、事业部制、矩阵制、三叶草制和网络制。这些组织结构形式各有其优缺点和适用场合。

6. 权力是组织成员为了达到组织目标而拥有的开展活动或指挥他人行动的权力。在一个组织中存在着三种不同性质的权力：直线权力、参谋权力与职能权力。

7. 对于一个组织而言，授权是十分重要的。所谓授权，是指上级给予下级一定的权力和责任，使下属在一定的监督之下，拥有相当的自主权而行动。授权者对受权者有指挥权、监督权，受权者对授权者负有汇报情况及完成任务的责任。

8. 分权是一个组织向下属各级组织进行系统授权的过程，是形成组织内部各组织单元间权力关系的基本手段。与分权相对应的是集权。对一个组织而言，分权与集权都是必要的。影响集权与分权的客观因素包括：组织的规模大小、职责或决策的重要程度、下级管理人员的素质、控制技术以及外部环境的影响等。

9. 组织文化是组织生存的基础、发展的动力，而且关系着组织的兴衰成败。组织文化“由深入浅”分为 4 个层次，分别是深层的精神文化、中层的制度文化、浅层的行为文化和表层的物质文化。

10. 优秀的组织文化对一个组织的生存和发展具有极大的推动作用。其功能主要表现在：① 导向功能；② 约束功能；③ 激励功能；④ 凝聚功能；⑤ 辐射功能。

☆习题与训练

一、理论自测题

（一）单项选择题

1. 以下关于组织的说法中不准确的是（ ）。

A. 组织必须由两个或两个以上的人组成　B. 组织必须有一定的行为准则

C. 组织必须有既定的目标　D. 任意一个群体都可称为一个组织

2. 公司总经理把产品销售的责任和权力委派给一位副总经理M，但同时又要求各地经销部的经理直接向公司总会计师K汇报当天的销售指标，K可以直接向各地经销部经理下达指令。总经理的这种做法违反了管理中的（ ）原则。

A. 责权对等原则　B. 统一指挥原则　C. 分权管理原则　D. 专业管理原则

3. 某公司总经理要求下属人员都按他的要求工作，而副总经理也这样要求下属，结果下属不知如何是好，问题出在（ ）。

A. 总经理与副总经理不信任下属

B. 总经理与副总经理不知道这种做法的坏处

C. 总经理与副总经理违背统一指挥原则

D. 总经理与副总经理有矛盾

4. 企业冗员繁杂，这违背了组织设计中的（ ）原则。

A. 因事设人　B. 按产品设人　C. 命令统一　D. 协调原则

5. 考察一个组织分权程度的关键在于（ ）。

A. 按地域设立部门　B. 按职能设立部门

C. 按顾客设立部门　D. 决策权或命令权是保留还是下放

6. 过去企业内部各分厂（车间）之间是免费提供零部件或半成品，现在企业内部管理体制改革，各分厂实行独立核算，各分厂（车间）之间零部件半成品的转移按内部结转价格核算，这体现的组织管理思想是（ ）。

A. 集权管理　B. 分权管理　C. 按劳分配　D. 经济责任制

7. 某公司总经理把一项物资采购工作授权给采购部经理，结果采购出现差错，给公司造成巨大损失。以下（ ）说法是正确的。

A. 总经理和采购经理都对损失负有责任

B. 总经理对损失有责任

C. 采购经理对损失没有责任

D. 只有采购经理对损失负有责任

8. 某大型集团公司在其各子公司的高层设有参谋，在高层的一次关于参谋问题的会议上，收集到了如下建议，你认为更科学的是（ ）。

A. 设参谋之职违反了命令统一的原则，应取消此职

B. 为了不使参谋成为有职无权的摆设，应授予参谋决策和行动的权力

C. 参谋应当只起服务和协调的作用，不应越权或篡权

D. 参谋应当只起服务和协调的作用，没有权力提出决策建议

9．某公司的一位人事经理把他的职权范围扩大到包括直线部门的人事问题上和对下属管理监督上，直线经理非常不满意，这说明该公司（　　）。

A. 参谋责任制的欠缺　　B. 直线经理忌妒心强

C. 参谋的活动削弱了直线职权　　D. 参谋的意见不可采纳

10．某公司随着经营规模的扩大，由原来的七八个人增加到七八十人。原来的七八个人均由公司经理直接指挥，大事小事均由经理说了算。现在人数增多，经理发现自己经常忙得不可开交，顾了这头，忘了那头；而且公司员工工作有点松散，对经理的一些作法也不满。从管理的角度分析，出现这种情况的主要原因最大可能在于（　　）。

A. 公司增员过多，产生了鱼龙混杂的情况

B. 公司经理的管理幅度太大，以至于无法对员工实行有效的管理

C. 经理管理能力有限，致使员工对其不服

D. 公司的管理层次太多，致使经理无法与员工进行有效的沟通

（二）多项选择题

1．影响有效管理幅度的因素主要有________。

A. 管理者和被管理者的工作内容　　B. 管理者和被管理者的工作能力

C. 管理者和被管理者的工作环境　　D. 管理者和被管理者的工作报酬

E. 管理者和被管理者的工作条件

2．下列因素中有助于管理幅度扩大的有哪些________。

A. 主管所处的管理层次较高

B. 计划制订得详尽周到

C. 主管的综合能力、理解能力、表达能力强

D. 下属的工作地点在地理上比较分散

E. 工作环境稳定，变化不大

3．组织设计的原则包括________。

A. 因人设职与因事设职相结合

B. 命令统一

C. 人人有事做

D. 尽量减轻主要管理者的压力，多设副职

E. 权责对等

4．规模的扩大对组织结构的影响包括________。

A. 分权化　　B. 集权化

C. 规范化　　D. 专职管理人员的数量增加

E. 复杂性提高

5．下列哪些指标能够用来对组织的分权程度做出判断________。

A. 决策的频度　　B. 决策的幅度

C. 决策重要性　　D. 对决策的控制程度

6．下列因素中对分权有促进作用的是________。

A. 组织的规模　　B. 政策的统一性
C. 培训管理人员的需要　　D. 活动的分散性
E. 缺乏受过良好训练的管理人员

7. 下列关于产品部门化的优势，不正确的说法是________。
A. 有利于促进企业内的竞争
B. 有利于节约成本，减少机构的重复设置
C. 有利于企业及时调整生产方向
D. 有利于维护最高行政指挥的权威，有利于维护组织的统一性
E. 有利于高层管理人才的培养

8. 扁平结构的组织具有的优点有________。
A. 信息传递速度快
B. 每位主管能够对下属进行详尽的指导
C. 有利于下属发挥主动性和首创精神
D. 信息失真的可能性小

9. 以下各项，哪项应作为管理干部培训的主要目标？________。
A. 传授新知识与新技能
B. 灌输本企业文化
C. 培养他们的岗位职务所需的可操作性技能
D. 以上都是

10. 关于组织文化的特征，下列说法不正确的是________。
A. 组织文化的中心是人本文化
B. 组织文化的管理方式以柔性管理为主
C. 组织文化的核心是组织精神
D. 组织文化的重要任务是增强群体凝聚力

（三）判断题

1. 组织变革的阻力是消极的，应予以杜绝。（　）
2. 事业部制的优点之一是高层权力比较分散。（　）
3. 直线制企业组织结构是一种古老的形式，对任何企业来说，它都劣于矩阵制组织结构。（　）
4. 综合管理者的管理幅度大于专业管理者的管理幅度。（　）
5. 组织层次过多，不利于组织内部的沟通。（　）
6. 组织就是两个或两个以上人组合成的人群集合体。（　）
7. 分工是社会化大生产的要求，所以分工越细，效率就越高。（　）
8. 考察一个组织的分权程度，关键看决策或命令权下放或保留程度。（　）
9. 规模越小的企业其管理幅度也就越小。（　）
10. “三个和尚没水吃”的典故，反映了要素组合的低效方式，使得整体的力量反而削减。（　）

二、项目实训

【实训目标】

1. 培养团队管理的能力。

2. 培养团队建设的初步能力。

【实训内容与要求】

1. 分析学生所在的班级、小组或寝室的群体状况（和谐程度、优势与缺点、团体氛围等），并表述群体的目标。

2. 每个人制订一份团队建设方案。

3. 课上班级组织交流，每个小组推荐 2 名成员作介绍，并对团队建设问题进行研讨。

【成果与检测】

1. 每人提交一份团队建设方案。

2. 由教师与学生共同对每个人的表现进行评估打分。

三、实务技能自测题

1. 设想你是一家设计大学管理学教学用的计算机软件公司的创建人，公司产品销售状况很好，在短短的一年内公司的销售额已达到 750 万元，人员也已扩大到 50 人，企业正处于一个快速发展的阶段。由于这方面的软件市场正在扩大，许多大公司，特别是原来只为企业提供管理软件服务的大公司也转向开发这一业务，你公司面临的竞争也正在加剧，请你结合管理理论，为你的公司设计一套合适的管理模式，其中包括：管理的风格，管理的基本制度，管理的组织结构。

2. 假设由 60 个人组成一个技术开发部，并将这个部细分为三个科，每个科长直接管理 20 个部下，这是第一个方案；第二个方案是将 60 个人每 10 人分为一个科，一个科长直接管理 10 个部下。这两个方案相比哪一个好？决策时应考虑哪些因素？

3. 请你调查一个你熟悉的企业，绘出该企业的组织结构图，并为组织中的各岗位编制岗位职责和部门主管编制职务说明书。

4. 运用所学知识讨论建设校园文化的重要性，如何建立良好的班级文化？

四、案例分析

（一）美而雅纺织品公司

程世远是美而雅纺织品公司的总经理。一天，印染厂的经理王刚抱怨道：那位直接受总经理指挥的采购部经理买了不合规格的纺织品，并已运货到厂。王刚说：“我特别关照采购部经理，从那家进的纺织品把我们的工序搞乱了，以后别买它的了。”

程世远问：“那你为什么不来告诉我呢？”

王刚说：“我认为直接对他讲了，就不用绕圈子做官样文章了。再说，印染车间主任打电话给那家供应商，叫他们以后别再运这种货来了。”

程世远说：“是吗？我们和那家厂已订了采购合同，他们对此会特别敏感，你这样做真让我们处境难堪。以后，让采购部经理来决定到底用哪家的，别再给供应厂商直接打电话，那是采购部经理的责任。”

王刚说：“那个电话不是我打的，是印染车间主任打的。”

【问题】这家公司在权力与责任方面存在哪些问题？怎样解决？

（二）只管 9 个人

我是海洋农场场长，过去大伙叫我“管得宽”，全场上至“天文地理”，下至鸡毛蒜皮，我无事不管，忙得吃不下饭，睡不好觉，可是农场经营起色不大，一些职工纷纷要求调离。本以为自己辛辛苦苦一心为工作，总能算得上一个党性强、事业心强的领导吧！谁知群众意见这么大，批评我不相信群众，主观武断，说我不务正业，顾此失彼，影响农场的进一步发展，甚至有的群众提出：再要“管得宽”，就罢我的官。真让人想不通。

正在百思不得其解时，省里召开了第六期厂长、经理培训班，我主动参加了学习。学习班老师讲的管理原理对我触动很大，使我意识到以前一些做法从根本上讲，是违背现代管理原则的，我决心利用所学的知识转变观念，对农场领导体制进行改革。我放下架子到群众中去，请他们为农场改革献计献策。

经过一段时间的调查、酝酿，我在全场会议上郑重宣布：从今以后，我只管 9 个人，即三个副场长、总会计师、总经济师、总工程师，还有三个我直接管的科长。这九个人我直接布置工作，他们也直接向我汇报工作，除此之外，其他人找我谈话，一律不接待，请他们各找其主。话音一落，全场哗然，有支持的，有反对的，一时难以统一。

【问题】

1. 你对这位场长宣布“只管 9 个人”的决定有何看法？是支持，还是反对？用学过的管理原理分析。

2.“只管 9 个人”和管全场是什么关系？“只管 9 个人”是不是一律不接待其他人？你认为如何处理好这些关系？

（三）某市的图书馆

某小城市的图书馆共有员工 18 人。其中馆长 1 人和馆员 17 人。馆长为该图书馆设计了一种组织结构，确定了每个人的任务，制定了许多规章制度，并采用集中决策方法。馆长直接管理的有 3 人：1 名助理、1 名负责图书编目和技术服务的副馆长和 1 名负责日常工作和参考资料编辑的副馆长。两名副馆长常常跟馆长抱怨，馆长在做出重要决策时，即使这些决策会涉及两名副馆长各自管理的部门，馆长也从不与他们商量。对此馆长回答说：“我们只是一个很小的图书馆。我熟悉馆内的所有事情，知道下一步将发生什么事和应该怎样去做。所以协调馆内工作最好的办法，就是由我一人做出决策。”

【问题】

1. 描述该图书馆的组织结构类型。

2. 该组织结构类型的优缺点是什么？

3. 如果要改变该图书馆现有的组织结构的话，你主张怎么改？为什么？

项目五　配备组织人员

◆**职业能力目标**

1. 能够清楚组织人员配备的思路。
2. 能够制订招聘计划和招聘方案。
3. 能够制作招聘中的各种表格并编写结构化面试提纲。
4. 能运用组织人员业绩考核常用的方法。
5. 能够设计组织人员培训的方案。
6. 能够了解人力资源规划的基本原理。

◆**典型工作任务**

了解组织人员配备的目的，掌握组织人员配备的工作内容和基本原则；了解人力资源规划的内容，知道招聘人员的基本途径；了解选聘人员的基本方法；清楚考核的目的，掌握业绩考核的常用方法，了解绩效考核的基本过程；明白培训的重要性，了解员工培训的常用方法。

任务一　认识人员配备及人力资源规划

任务引例

庸才还是出类拔萃

在一次工商界的聚会上，几个老板大谈自己的经营心得，其中一个说："我有三个不成材的员工，我准备找机会将他们炒掉。"另一个老板问："他们为什么不成材？"这位老板回答说："第一个整天嫌这嫌那，专门吹毛求疵；第二个杞人忧天，老是害怕工厂有事；第三个整天在外面闲逛鬼混。"第二个老板听后想了想说："既然这样，你就把这三个人让给我吧。"三个人第二天到新公司报到，新老板给他们分配工作：喜欢吹毛求疵的人，负责质量管理；害怕出事的，负责安全保卫；整天在外面闲逛的，负责产品宣传和推销。三个人高高兴兴地就职。过了一段时间，两个老板又碰到了一块，第一个老板问第二个老板，那三个人是不是也让他头痛了。他回答："哪里，他们都是出类拔萃的，由于他们的到来，工厂的盈利直线上升。"

为什么同样的员工放在不同的岗位产生的效果会有如此大的区别？组织应如何进行人员配备和规划？

一个组织的能力大小，在很大程度上取决于组织所聘用与保有的人员的素质，得到并保有合适的员工，是一个组织得以成功的关键之一。组织结构的设计为实现组织目标所必须开展的工作奠定了基础，但若不能根据各岗位的要求选配合适的人员，则再好的组织结构也无法有效地发挥作用。因此，在设计合理的组织结构的同时，还需为所设计的各岗位选配合适的人员。

人员配备是组织设计的逻辑延续，这项工作的主要内容和任务是：通过对工作要求与人员素质的分析，谋求人员素质与工作要求的最佳组合，从而实现员工的不断成长和组织的持续发展。

一、人员配备及其原则

人员配备是指组织通过对工作要求和人员素质的分析，为每一个岗位配备合适的人员以完成实现组织目标所需开展的各项工作的过程。为了做好人员配备工作，必须首先明确人员配备的基本要求、工作内容和基本原则。

（一）人员配备的基本要求

人员配备的目的是谋求人与事的最佳组合，因此，人员配备要求既能满足组织的需要，又能考虑组织成员的需要。

1．人员配备应能满足组织的需要

从组织的需要出发，人员配备应满足以下三方面要求。

（1）使组织系统得以运转。要使组织系统有效运转，必须使组织中的每一个岗位都配备有符合相应岗位素质要求的人，从而使实现组织目标必须开展的各项工作都有相应的人去完成。这是人员配备的基本任务。

（2）为留住人才创造条件。人们总是力图获得最能发挥自己才能并能给自己带来最大利益的工作，而常用的方式就是通过岗位流动和尝试不同的工作。流动对组织成员个人而言也许是重要的，但对一个组织而言，人员的不稳定，特别是优秀人才的外流，往往会导致组织出现人才真空，从而影响组织的正常运转和持续发展。因此，在人员配备过程中，要注意通过轮岗、转岗或岗位的重新设计，为员工才能的充分发挥和实现个人的发展目标创造良好的条件，从而维持员工对组织的忠诚。

思考题　建立竞争上岗制度，是否有利于留住人才？为什么？

（3）适应组织发展需要。组织是一个动态的系统，每一个组织都处于一个不断变化发展的社会经济环境中，组织的目标、战略需要经常根据环境的变化和组织的发展做出适当的调整，由目标和战略决定的组织结构不仅会发生质的改变，而且在部门和岗位的设置数量上也会出现相应的增减。因此，在根据当前的组织结构配备相应人员时，也要考虑组织结构和岗位设置将来可能发生的变化，通过建立客观的考核体系和制度化的培养体系，来适应组织未来发展的需要。

思考题　很多成长型的企业为什么常常出现“人才饥渴症”？即找不到适合新岗位素质要求的人员。

2. 人员配备应考虑组织成员的需要

要做到人与事的最佳组合，人员配备必须能够充分发挥员工的才能，并使其自觉积极地履行好岗位职责，为实现组织目标而努力工作。为此，在人员配备过程中，要考虑到组织成员个人的才能特点、兴趣爱好和需要，做好以下两个方面工作。

（1）使每个人的知识和才能得到公正的评价和运用。工作要求是否与自身能力相符，工作目标是否具有挑战性，工作内容是否符合兴趣爱好，是否使员工怀才不遇，或使员工不堪重负，这些都会在很大程度上影响员工在工作中的积极性、主动性，进而影响工作绩效。

（2）使每个员工的知识和能力得以不断发展和提高。知识与技能的提高，不仅可以满足员工较高层次的心理需要，而且也是组织成员得以不断晋升发展的基础。因此，在人员配备过程中，应使每个组织成员看到这种机会和希望，从而稳定人心、提高工作绩效和适应组织发展需要。

思考题　怎样才能在人员配备过程中使组织成员得到提高能力的机会？

一个人的工作愿望在很大程度上受其能力胜任程度、工作兴趣和工作报酬的影响，如表 5-1 所示。

表 5-1　工作绩效与个人素质

能力胜任程度	工作兴趣	工作报酬	工作愿望
胜任	无	无	不愿意做
胜任	无	有	得过且过
不胜任	有	无	尽兴而为
不胜任	有	有	尽力而为
胜任	有	有	乐于工作

二、人员配备的工作内容

为了达到上述要求，在人员配备过程中，一般要进行以下几项工作。

（一）人力资源规划：确定需要人员的种类和数量

在人员配备的过程中，首先需要知道组织需要何种人员、各需要多少。为此，组织需要明确组织结构中岗位设置情况。人员配备是在组织设计的基础上进行的，人员需要量的确定是以组织设计中的岗位类型和岗位定编数为依据的。岗位类型说明了需要什么样的人，岗位定编数说明了每种岗位各需要多少人。

由于组织是发展的，所需要设置的岗位和各岗位编制数也会随之发生变化。人力资源规划就是管理者为了确保在适当的时候，组织能够为所需要的岗位配备所需要的人员并使其能够有效地完成相应的岗位职责，而在事先所做的计划工作。人力资源规划主要包括三项工作：评价现有的人力资源配备情况；根据组织发展战略预估将来所需要的人力资源情况；制订满足未来人力资源需要的行动方案。通过人力资源规划，可以明确为了实现组织发展目标，在什么时候需要哪些人员、各需要多少，从而为人员的选配和培养奠定基础。

思考题　人力资源规划和战略规划之间是什么关系?

(二)招聘与甄选:选配合适人员

岗位设计和分析指出组织中需要具备哪些素质的人员，而为了获得符合岗位上岗素质要求的人员，就必须对组织内外的候选人进行筛选，以做出合适的选择。为此就要进行招聘与甄选。

招聘是指组织按照一定的程序和方法招聘具备岗位上岗素质要求的求职者担任相应岗位工作的系列活动。求职者可能来自组织内部，也可能来自组织外部，不管求职者来自哪里，为了招聘到合适的人员，都需要依据相应的岗位要求对求职者进行素质评价和选择。甄选是指依据既定的用人标准和岗位要求，对应聘者进行评价和选择，从而获得合格的上岗人员的活动。通过招聘与甄选，组织为相应的岗位配备合适人员。

思考题　如果在一个重要的岗位上安排了一个不合适的人，会产生什么后果?

(三)培训与考核:使人员适应发展需要

培训是指组织为了实现组织自身和员工个人的发展目标，有计划地对员工进行辅导和训练，使之认同组织理念、获得相应知识和技能以适应岗位要求的活动。组织处于不断的发展过程中，对于组织在发展中所产生的人力资源需求，除了以招聘方式从外部吸引合适人员加以补充外，更主要的是通过开发组织现有的人力资源来加以满足。人的思想的统一、技能的提高需要一定的时间，组织明天发展所需要的人员和技能需要在今天就加以培训，培训是组织开发现有的人力资源、提高员工的素质和同化外来人员的基本途径。同时，为员工提供学习机会，使其看到在组织中的发展前途，是维持组织成员对组织忠诚的一个重要方法，因此培训的最终目的既是适应组织发展的需要，也是实现员工个人的充分发展。

为了了解现有的员工是否仍然适应岗位要求，需要通过考核对组织现有的人力资源质量做出评估。所谓考核，亦称绩效评估或考评，即按照一定的方法及程序对在职人员在一段时间内的岗位职责履行情况做出评价。科学的考核有助于对在职人员的工作情况做出客观的评估，从而为员工改进工作提供指导，为培训、奖惩和晋升提供客观依据。

通过不断的培训和考核，不仅为组织获得合适的人员提供了保障，而且促使员工随着组织的发展不断成长，从而始终保持人与事的最佳组合，最终达到组织发展和员工成长的双重目的。

思考题　绩效考核与素质测评有何不同?

三、人员配备的基本原则

为了求得人与事的最佳组合，在人员配备过程中必须遵循一定的原则。

(一)因事择人、适应发展原则

组织中配备一定人员的目的在于希望其能够做好组织所分配的任务，从而为实现组织目标做出其应有的贡献。为此就要求在人员配备过程中，根据工作需要配备具备相应知识和能力的人员，因事择人是人员配备的首要原则。

同时，为了适应组织发展的需要，在岗位设置和人员配备过程中，要留有一定的余地。不能仅根据组织目前的需要配备人员，以至当组织发展需要员工履行更多的职责或需要进一步提高技能时，现有的员工难以胜任或提高，从而减缓组织的发展步伐。在人员配备过程中，要做好人力资源储备，配备一定的培养性人员，或在配备某些岗位的人员时给其留出一定的学习和培训的时间。

（二）因材器使、客观公正原则

因材器使就是要求在人员配备过程中，根据一个人的特长和兴趣爱好来分配工作，以最大限度地发挥其才能和调动其积极性。不同的工作需要不同才能的人才，而不同的人因为其具有不同的素质和能力，能够从事不同的工作。所以，从人的角度考虑，只有根据人的特点来安排工作，才能使人的潜能得到最大程度的发挥，才能使人的工作热情得到最大限度的激发。因此，要根据人的兴趣爱好和才能，分配适合他的工作内容，在条件允许的情况下，尽可能地把一个人所从事的工作与其兴趣爱好、能力特长结合起来。

客观公正原则要求在人员配备过程中，明确表明组织的用人理念，提供平等的就业、上岗和培训机会，对素质、能力和工作绩效进行客观的评价，以最大限度地获得社会和员工的理解与支持。

思考题　怎样才能做到既符合因事择人原则又符合因材器使要求?

任务解析

因材适用，根据员工各自的特点安排职务，使其短处变成长处。配备合适的人才，是发挥组织结构功能、实现组织目标的内在保证。

（三）合理匹配、动态平衡原则

合理匹配是指人员配备除了要根据各个岗位职责要求配备相应的符合岗位素质要求的人员以外，还要求合理配置同一部门中不同岗位和不同层次的人员，以保证同一部门中的人员能协调一致地开展工作，充分发挥群体的功能。

同一部门中人员的合理配置，一是要考虑“能级”问题，二是要考虑互补问题。

“能级”是现代物理学中的概念：原子由原子核和环绕原子核运转的电子层中的电子组成，电子在各电子层上的分布取决于电子的能量大小，处在距原子核较远的电子层上的电子能量较大，较近的电子能量较小。这种电子之间能量大小的差别就叫“能级”。在一个组织中，由于组织成员的素质不同，也可划分成各种能级。为了保证组织具有高效率和高可靠性，不仅要合理划分组织中人员的能级，而且要使不同能级的人员有一个合理的组合。组合不当，就有可能降低组织的效率，而且弊端百出。

能级理论和管理实践证明，稳定的能级结构应是正立三角形：即较少的高级人员、较多的中级人员、更多的低级人员。一个组织中人员能级的分布如果不是正立三角形就会显得不稳定。

倒三角形：其特征是“官多兵少”，结果政出多门，上层决策混乱，下层执行不力。

菱形结构：两头小中间大。低级人员过少，迫使中级人员降级做低级人员的工作，使其能力无法发挥；高级人员相对过少，无人扛大旗，而众多的中级人员晋级无望。这种结构最终将导致中级人员外流。

梯形结构及“一”字形结构：同一能级的人员过多，工作不易安排且易在组织内部形成派系，常常会出现内部不团结现象。

能级问题是从纵向考虑人员配置，要求形成一个合理的结构。而互补问题是横向考虑人员的配置，认为同一层次的人员可以做到能力互补。若成员能力互补，各有所长，又有共同语言，就能较好地进行分工协作；若各成员虽各有所长，但无共同语言，则不易合作；若各成员之间能力相似，则容易相互争斗，形成内耗。

组织在不断地发展变化，工作中人的能力和知识的适应性以及组织对其成员素质的认识也在不断地发展变化，因此，人与事的配合也需要不断地调整。动态平衡原则要求组织根据组织和员工的变化，对人与事的匹配进行动态调整。补充组织发展所需要的人员，辞退多余的或难以适应组织发展需要的人员；将能力提高并得到充分证实的员工提拔到更高层次、需要承担更多责任的岗位上去；将能力平平、不符合现在岗位要求的人通过轮岗或培训使其有机会从事力所能及的工作。通过人与工作的动态平衡，使绝大多数员工能够得到合理使用，实现组织目标所需要开展的工作都由合适的人来承担。

思考题　在一个组织中，人员配备工作由哪些人来负责？为什么？

[做中学 5-1]　　人员优化配置，如何做好岗位职责梳理

重庆某地产公司 A，主营业务是住宅地产、商业地产，经过 8 年的发展，公司在业内也有一定的知名度。公司最近做内部人员优化配置，希望加强公司地产策划、地产运营、地产销售三大核心职能，目前 3 个部门有员工近 300 人，远高于行业标准。目前，公司人员规模庞大，部门壁垒严重，工作成效差。2017 年年底，公司请国内某知名咨询公司协助进行内部管理运营诊断。咨询公司经过调研后，认为需要界定岗位职责，梳理、优化工作流程，逐步建立目标管理体系。这些是公司提高内部运营，提升管理能力的关键。

思考题　请结合案例分析，人员优化配置，如何做好岗位职责梳理。

[分析]

梳理岗位职责，首先要确保部门职能的有效分解，并评估岗位设置的合理性、有效性。确定岗位职责内容，一般通过工作分析进行。岗位说明书主要内容包括：岗位名称、岗位职责、任职资格、岗位汇报关系等。岗位说明书是工作分析的最终结果。在梳理岗位职责时，通常通过调查问卷、沟通访谈、工作日志等方式，对目标岗位的主要工作职责进行梳理，并按照工作的重要性和频度进行排列。确定了初步的岗位职责内容，可以找任职者进行沟通，加以确认和完善。另外，在任职资格方面，要确定任职者的最低标准，包括：学历、工作经验、行业经验、素质要求、个人能力等内容。

四、人力资源规划

人力资源的有效利用首先依赖于科学的人力资源规划。科学的人力资源规划，使组织能够对未来的人力资源供求关系做出预测，有利于对现有的人力资源的充分利用和对未来的人力资源的合理配置。

（一）人力资源规划过程

人力资源规划主要包括三项工作：评价现有的人力资源配备情况；评估未来的人力资源需求；制定相应的人力资源规划。

1．评价现有的人力资源配备情况

在进行人力资源规划之前，首先需要对现有的人力资源状况进行考察。对现有的人力资源的评价一般通过内部调查的方式进行。在计算机系统高度发达的年代，大多数组织都建有人力资源信息系统，因此要形成一份人力资源调查报告并不困难。

评价现有的人力资源配备情况，通常需要收集以下三方面的信息。

（1）人员统计信息。反映现有的人力资源状况，主要由员工个人情况和组织人员整体结构情况两部分组成。员工个人情况包括员工的性别等自然状况以及受教育程度、技能水平、工作经历、受训情况、工作岗位和收入情况等，可通过员工自行填表登记或由人力资源管理部门查阅人事档案材料汇总而成。组织人员整体结构情况是在个人信息的基础上通过综合性统计分析形成的，包括反映组织现有人力资源结构形态的年龄结构、文化程度结构、专业技能结构、岗位等级结构等。

（2）工作岗位信息。人力资源规划就是在组织发展中把一定数量和质量的人力资源配置到特定工作岗位的筹划活动，因此进行人力资源规划必须了解组织内部工作岗位信息。工作岗位信息调查主要包括了解组织内岗位设置情况、岗位职责规范化程度、各岗位对于人员素质的要求、在岗人员的称职等。

（3）组织发展信息。人力资源规划必须考虑到组织的变动因素，组织发展信息调查主要包括两方面：一是组织以往的历史发展数据，如企业历年的人均营业收入、员工数量变化情况、员工晋升和受训情况等；二是组织未来的发展目标和发展战略。在人力资源规划过程中，这两方面信息对于进行人力资源需求预测具有重要参考价值。

2．评估未来的人力资源需求

评估未来的人力资源需求是指根据组织发展目标和发展战略，对未来一段时间内各类人员的需求情况所做的预测。评估未来的人力资源需求，首先应全面而综合地分析决定或影响未来人力资源需求变化的各个因素。一般来说，影响未来人力资源需求的因素有：

（1）组织的发展目标。任何组织都会制定新的发展目标和规划，如扩大组织产品数量和种类、提高劳动生产率、进入新的领域等，这些发展目标的确立，意味着未来人力资源需求将发生相应的变化。

（2）员工的可能变动。员工队伍总是处于不断变动之中，除了内部晋升、调动之外，还存在由于退休、辞职、解雇而产生的员工减少。当员工减少到一定程度时，即使不考虑组织

的发展，单纯为维持组织运作现状也需要补充新员工。

（3）其他方面的因素。除上述两方面因素外，其他如劳动力成本的高低、部门的增减、管理现代化程度、生产自动化程度等，也会不同程度地影响人力资源需求的变化。

在评估未来的人力资源需求时，应综合考虑上述各方面因素的变动情况。

思考题　是否存在根据可获得的人力资源状况决定未来发展目标的情况？

人力资源需求预测方法总体上有两种：一种是从整体到局部的方法，即先预测整个组织总的人力资源需求，然后再分别确定各类及各部门的人力资源需求；另一种是从局部到整体的方法，先分别预测各类及各部门的人力资源需求，在此基础上形成整个组织的人力资源需求。

思考题　这两种方式各适用于什么场合？

3．制定相应的人力资源规划

在对现有人力资源状况和未来人力资源需求做出相应评估后，就可以测算出人力资源现在和未来在数量和结构方面的短缺程度，并指出组织中已经或将会出现超员配置的领域。将这些与对未来可获得的人力资源推测结合起来，就可以着手制定人力资源规划。

人力资源规划通常由组织中的人力资源管理部门或计划管理部门负责组织制定，但因人力资源规划涉及业务活动和财务问题，因此应有业务部门和相关部门人员参与制定。规划的期限长短一般与组织发展规划期限相同。

（二）人力资源规划的内容

人力资源规划涉及组织内人力资源供求配置的诸多方面，人力资源总体规划一般包括以下几方面。

1．人力资源补充计划

在组织发展过程中，由于退休、辞职、解雇等常规人事变动，会导致某些岗位出现空缺，同时，组织规模的扩大和事业的发展，往往会增设岗位，或需要增加员工数量。人力资源补充计划就是以人力资源供求预测为基础，对未来一段时期所需要补充的人力资源的类别、数量及补充渠道等做出预先安排的计划。

2．人力资源调配计划

随着组织的发展和员工素质的变化，员工与岗位间的适配程度也会发生相应的变化，为此，组织往往通过员工内部流动的方式实现人的技能与岗位要求之间的动态平衡。组织内部人力资源流动一般通过两种方式：一是垂直流动，即在不同职务层级之间的流动，通常表现为晋升或降级；另一种是水平流动，即在同一级的不同岗位之间流动，通常称之为轮岗或换岗。人力资源调配计划就是为了适应组织变化和发展的需要，根据对现有员工素质的评价，通过调整和调动的方式，对现有人力资源配置进行合理调整的计划。

3．人力资源开发计划

人力资源是一种可再生的资源，通过对人力资源的开发，可以使之产生新的技能或获得更高的技能。人力资源开发的主要途径是培训，组织通过有计划有步骤地对现有的人员进行分门别类的培训，培养出组织发展所需要的合格人才和新人才。人力资源开发计划就是根据组织发展的需要，就培训对象、培训目标、培训内容、培训方式和时间等进行事先设计，以期通过培训获得组织发展所需要的各类人员的计划。

4．员工职业发展规划

员工职业发展规划是指组织对员工的职业生涯所做的计划安排。为了保有组织发展所需要的各类人员，组织应该表明随着组织的发展和员工的成长，各类员工可在组织中获得怎样的职业发展空间。为此，就需要根据组织发展战略和目标明确各类岗位员工的职业发展规划。

如图 5-1 所示，各人力资源规划子计划之间是相互关联的。例如，组织所需要的人力资源除从外部招聘外，还可通过内部的调配来填补空缺，尤其是上层岗位的空缺，往往由下层人员晋升填补；而员工在晋升或换岗前，往往需要根据新岗位的要求对其进行相应的上岗培训；进一步地，对怎样的人进行怎样的事先培训，以及在有岗位空缺时，调配什么样岗位上的人，又往往根据员工职业发展规划来确定。因此，在人力资源规划的过程中，各方面计划之间应相互协调，以形成一个相互支持和补充的有机整体。

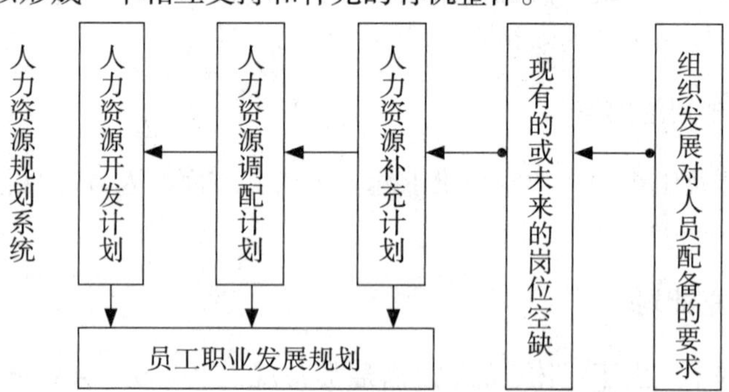

图 5-1　人力资源规划系统构成示意图

任务二　招聘和甄选组织人员

任务引例

华为招聘的七大原则

华为是中国最具影响力的通信设备制造厂商之一，是中国电信市场的主要供应商。华为的成功与其科学的人才战略是密不可分的，从华为的招聘原则便可见一斑。自 1988 年创立以来，从最早在人才市场或是社会上零星招聘，到 20 世纪 90 年代后期主要通过校园招聘选拔和储备人才。不论采用何种方式进行招聘,华为始终遵循一个原则:招聘公司最需要的人才,做到让所有员工能实现人尽其才。

原则 1：最合适的，就是最好的

原则 2：强调双向选择

原则 3：坚持条条都要有针对性的招聘策略

原则 4：招聘人员的职责 = 对企业负责 + 对应聘者负责

原则 5：用人部门要现身“考场”

原则 6：设计科学合理的应聘登记表

原则 7：人才信息储备就是给企业备足粮草

资料来源：张继辰．华为的人力资源管理［M］．深圳：海天出版社，2006.

如案例所述，华为的成功很大程度上是其人才战略的成功。通过人力资源规划，我们知道了企业有哪些职位是空缺的，每个空缺职位需要多少人；通过职位分析，我们知道这些空缺职位需要什么样的人，对任职者的素质有哪些要求？那么接下来我们就要通过员工的招聘，来填补这些空缺职位，保证企业的人员供给。而招聘不是简简单单地把人招进来能工作就行了，而是要思考以下几个问题：如何通过招聘为企业获取人才竞争的优势？怎样从众多的应聘者中为企业选取真正需要的人才？如何以最低的成本投入获取最大的招聘效益？

一个组织的能力大小，在很大程度上取决于组织所聘用与保有的人员素质。得到并保有合适的员工是一个组织能够取得成功的关键因素之一。组织结构的设计为贯彻落实组织目标奠定了基础，但若不能根据各岗位的要求选配合适的人员，则再好的组织结构也无法有效地发挥作用。因此，在设计合理的组织结构的同时，还需要为所设计的各岗位选配合适的人员。

一、人员招聘

（一）人员招聘的概念

所谓人员招聘，是指通过各种方式，把具有一定能力和其他特征的申请人吸引到企业空缺岗位上的过程。人员招聘实际上是一个企业与应聘者个人之间双向选择和匹配的动态过程。人员招聘的最终目的是要实现员工个人与岗位的匹配，也就是人与事的匹配。这种匹配包含两层意思：一是岗位的要求与员工个人素质相匹配；二是工作报酬与员工个人的需要相匹配。实现这双重匹配，才能既保证员工胜任某一岗位，又使岗位对员工保持长久的吸引力。在招聘的过程中要遵循公开、公平、全面考评、择优录取的原则。

（二）影响招聘活动的因素

1．外部影响因素

（1）国家的法律法规。

（2）外部劳动力市场。当空缺职位所需要的人员，在劳动力市场上是供小于求，要吸引更多的人来应聘是很困难的，因此就要投入大量的人力、物力。比如随着信息技术的发展，我国软件业不断发展，每年计算机专业毕业的大学生也在增多，但是高端的 IT 人才（高层的系统分析员、项目总设计师）还是很少，低端 IT 人才出现过剩，那么一般 IT 企业对高端

IT 人才的需求就很大，通常会通过高薪的手段来吸引更多的高端人才前来应聘。低端人才过剩，只要企业需要，招聘信息一发布，薪酬符合市场平均薪酬水平，自然而然就会有很多人前来应聘。

（3）竞争对手。在劳动力市场上，求职者是想找一个薪酬又高又轻松的工作，而企业则想招聘能力又强薪酬要求又不高的员工。由于求职者之间存在竞争，企业之间也存在竞争，特别是那些劳动市场上稀缺，所以企业又急需的人才，所以企业之间的竞争就会更加激烈。因此，在制订招聘计划和策略、发布招聘信息之前要了解竞争对手吸引人才的政策，在招聘中采取对策取得超越竞争对手的比较优势。

2．内部影响因素

（1）企业自身的形象。企业自身形象也会影响招聘的效果。一般来说，企业的自身形象取决于公司的发展趋势、薪酬待遇、工作机会、企业文化等。一般提起科技业、网络业的工作，都会联想到工作时间长、压力大。虽然如此，思科、奎尔通讯、微软等公司仍名列最令人向往企业的前 50 名。所以说企业良好的发展趋势、薪酬待遇和工作机会等决定了企业自身的形象和吸引力，自然而然就会吸引很多人前去应聘，从而获得较好的招聘效果。

（2）企业的招聘预算。招聘是有成本的，你的招聘资金充足，可以选择影响力大的媒体进行宣传，可以扩大招聘的范围，还可以选择高档一点的场所进行面试，或者委托职业招聘机构进行初步的人员甄选来提高招聘的效率。招聘预算的多少要考虑企业的实际承受能力。

（3）企业的政策。企业政策对招聘的影响主要是在内部选拔和外部招聘这两个渠道的选择上，有的企业倾向于外部招聘；有的企业在外部招聘中又倾向于从学校招聘应届毕业生；有的企业则倾向于从社会上招聘有工作经验的人员；还有的企业倾向于内部选拔，各有优势和缺点，在后面会给大家具体讲解这两种招聘渠道。

思考题　企业如何才能拓宽应聘人员规模?

（三）招聘的原则

1．因事择人原则

企业需要人，是以企业发展的需要、岗位的空缺为前提的，根据职位对任职资格的要求来选人，不能专门给一个人设一个职位，这样会造成组织紊乱和资源浪费。

2．能级对应原则

每个人的知识背景、性格、能力等方面都是不一样的，人力资源的选择应该量才录用。是要寻找最适合企业的人，而不是最杰出的人。一般来说，为了找到合适的人才，除了要依据一些固定的挑选规则外，还要避免陷入一些误区。比如说选人用人唯名校是举，认为所有的人才都在名校；以招收高学历高职称人才为时髦；甚至有时候美其名为进行人才储备，为并不需要有太高专业或管理才能的岗位招聘一些高级人才，把一些技术高超的高级人才安排到一些平凡的岗位上，而他们又没有机会发挥他们的才能，那么这些人必然会不安于位，在工作效率上，有时反而不如那些符合基本条件的普通员工。

3．德才兼备原则

古人曾说过：德才兼备者重用，有才无德者慎用，无德无才者不用。这是为什么呢？因为君子可以借才为善，小人却可以挟才作恶。通用公司的前总裁韦尔奇认为“德才兼备，以德为主”，才是企业用人的前提。他还认为无德无才的人不可怕，因为他们没有市场和力量；有才无德的人才是最有迷惑力和破坏力的，许多企业的失败都与错用这种人有关。我们把人招进来，要干吗？就是要栽培他，让他变得更加有才。

4．用人所长原则

企业在招聘的过程中，不可一味地求全责备，应该首先考虑他的长处，也就是他善于做什么，而不是考虑如何弥补他的短处。战国时，秦惠王为山以东各诸侯要联合起来对抗秦国而苦恼。有一次，他对寒泉子说：“苏秦欺负我们太甚，他企图凭借一个人的雄辩之术，来改变山以东六国君主的政策，企图联结合纵之盟来抗拒和侵扰秦国。然而各国诸侯各怀心思，企图和步调都不可能一致，就像把很多鸡绑起来不能栖息在一处，合纵不成，这是很明显的道理。因此想派武安君去会见山以东的各诸侯，让他们明白天下的局势。”寒泉子说：“不可以这样，武安君不擅长外交。”秦惠王说：“我也知道他不擅长外交，可是以他的威名与才华，有两次实践经验不就可以了吗？”寒泉子笑着说：“率领虎狼之师攻城略地，震慑诸侯，迫使他们订立城下之盟，可以派武安君前往；可是出使各诸侯，用三寸不烂之舌来扰乱他们的联盟，为秦国争取外交上的优势，那大王为什么不派擅长外交的张仪去呢？”秦惠王接受了他的意见。很多管理者像秦惠王一样或多或少都有一种倾向，总希望自己的员工是多面手，是全才，文能“坐而论道”，武能弯弓射雕。但实际上，所谓人才，只不过是在某一方面或某几个方面能力突出的人。因此，用人当用长，要发现和利用每一个人的长处。

思考题　怎样为公司选聘合适的员工？

[做中学 5-2]　　技术能力差不多的项目经理，我们如何选择

H 公司是中等规模的软件研发公司，招聘项目经理 1 人，人力资源部通过网络招聘成功物色到 2 名候选人。其中 1 人已结婚生子，个性内向，专业能力较强。曾在相关大型软件行业工作过，有带团队的经历。另 1 人单身，个性外向，喜欢与人打交道。有全面的项目管理体系知识，有项目管理实操经验。公司的主要客户为政府部门，需要反复与政府部门进行需求确认，因为政府部门的需求经常会变更。验收过程长，如果与项目合同不符合，需要进行再开发。验收完毕后才会付尾款。现技术部门认为 A 能胜任，因为 A 技术过硬。业务部门觉得 B 比较合适，因为 B 沟通能力好。

思考题　面对这种情况，你会怎么选？

[分析]

本案例中，招聘的过程应做好工作分析，明确招聘岗位的工作职责。项目经理属于管理类岗位，需要任职者有较强的组织、沟通、协调能力。这种岗位的特点是，技术能力要强，综合素质要高。本案例中，两人都具有项目管理的经验。政府部门的需求经常变更，需要项目经理经常沟通确认。产品开发完毕后，正式验收要符合政府部门的要求，也需要大量的产品功能介绍方面的沟通。所以，结合其岗位职责、任职资格要求，B 更适合公司的实际需求。

思考题　面对这种情况，我会怎么选？

（四）招聘工作的程序

1．确定招聘需求

通过人力资源规划、职位分析和胜任素质模型的建立来确定企业人力资源需求。

2．制订招聘计划

招聘计划需要人力资源部和用人部门共同制订。比如说丰田公司要招销售人员，那么这个招聘计划应该由丰田公司的人力资源部和销售部相关负责人共同制订。

（1）招聘规模。企业准备通过招聘活动吸引多少应聘者，而这个人数不能太多也不能太少，必须控制在一个合适的规模。一般企业都是通过“金字塔模型”来确定招聘规模。比如说职位空缺为 5 个，面试与录用比例为 3∶1，就需要 15 个人来参加面试；如果参与笔试与参与面试的人的比例为 10∶3，就需要 50 个人来参加笔试，如果应聘者与参加笔试的人的比例为 10∶1，企业就要吸引 500 名应聘者，招聘的规模就是 1 000 人。如果企业招聘录用的阶段越多（比如说除了笔试还要进行好几轮面试），招聘规模相应地就越大，而且每一阶段通过的比例越高，招聘的规模就要越大。

（2）招聘的范围。企业要在多大的地域范围内进行招聘活动。一般来说招聘范围越大，招聘效果就越好，但是招聘成本也会增加。对于理性的企业来说，招聘范围应当适度。如果空缺职位属于高层或性质特殊的职位，需大范围进行招聘；普通职位可以在较小的范围内招聘。如果空缺职位所需要的人才在劳动力市场上是稀缺的，招聘范围就要扩大；如果是过剩的，一般在本地进行招聘就可以了。比如说 2015 年以来 A 市的新兴支柱经济是软件产业，A 市软件产业快速积聚，业务扩张迅猛，却面临专业人才相对短缺、竞争激烈的紧迫形势。为此，A 市软件产业企业公开招揽全球优秀人才，在政府的支持下，A 市市政府正式启动了“A 市人才国际巡回招聘活动”，活动主题为“A 市，软件精英的舞台”。

（3）招聘的时间。企业应合理地确定自己的招聘时间，以保证及时填补职位空缺。比如说丰田公司全面招聘体系大体上可以分成六大阶段，前五个阶段的招聘时间大约要持续 5~6 天，第六阶段，新员工需要接受 6 个月的培训，以及工作表现和发展潜能评估。确定招聘时间最常用的方法就是时间流逝数据法，通过对招聘过程中关键决策点的平均时间间隔的计算来确定招聘的时间。那么关键决策点有哪些呢？比如说你登广告后需要在多少天内征集到求职者的简历，你要花多少时间筛选、发送面试通知，然后要进行多少天的面试，面试后你还要花费多少时间做出录用决策，得到录用通知书的人需要多少天做出是否接受的决定，接受职位的人需要多少天才能到企业报到等。最后估算出企业应在职位出现空缺之前多少天开始进行招聘。如果整个招聘录用阶段越多，每个阶段间隔的时间越长，招聘开始的时间就应该越早。在招聘实施过程中，由于某些原因，某个关键决策点的时间发生了变化，要进行随时调整，最终要保证总时间不变，及时填补空缺职位。

（4）招聘预算。计算招聘所花费的费用。

3．招聘

你希望哪些人来应聘，针对这些人你要选择合适的渠道，再采用一定的方法把他们吸引过来。对一个企业来说，要选择合适的潜在应聘者所存在的目标群体，以及采用合适的方式和途径，让应聘者来获知企业的招聘信息。比如说某企业的核心职位需要高级专业技术人才，那么一般的招聘来源主要是一些一流的高新技术企业或者是海归，在这种情况下，企业选择的招聘方法一般会是猎头公司。例如，华为的校园推介会。每年的11~12月，华为都要在全国高校密集的城市举行推介会。推介会一般的流程是先介绍华为的基本情况，包括产品、公司现状、企业文化等。然后是安排一两位华为近年招聘的新员工对参加招聘会的人进行有关自己在华为如何成长的演说。最后就是接收简历了。

4．甄选（关键环节）

第一阶段：初选阶段。主要是对求职者简历的筛选，安排符合职位基本要求的求职者进行笔试或面试。比如华为的人力资源部经过简历筛选，让合格的求职者进行笔试；丰田公司简历的初选是委托职业招聘机构来进行的，专业招聘机构根据应聘人员的工作申请表和具体的能力、经验做初步筛选。

第二阶段：笔试。华为的笔试主要是专业知识和个人素质测试，目的是考察应聘者对基本专业知识的掌握程度和应聘者的个人素质，包括智商、情商、个人素养等。

第三阶段：面试阶段。不同职位的求职者面试的内容是不一样的。比如华为公司对面试公司市场部毕业生的面试，面试的内容会涉及该生对营销理论的掌握程度、个人心态、基本的业务素质，华为希望挑选一个有理想、能吃苦，能够尊重别人且能自重，谦虚、有包容心的人。有些公司的面试是要进行好几轮，比如丰田公司的第一轮面试：对技术岗位工作的应聘者会进行6个小时的现场实际机器和工具操作测试。对其他类型的求职者要求员工进行基本能力、专业知识和职业态度心理测试，评估员工解决问题的能力、学习能力和潜能以及职业兴趣爱好。第二轮面试：应聘人员在公司的评估中心参加一个4小时的小组讨论，讨论的过程由丰田公司的招聘专家即时观察评估。第三轮面试：应聘人员需要参加一个1小时的集体面试，分别向丰田的招聘专家谈论自己取得过的成就，这样可以使丰田的招聘专家更加全面地了解应聘人员的兴趣和爱好，他们以什么为荣，什么样的事业才能使应聘员工兴奋，以便更好地做出工作岗位安排和职业生涯计划。在此阶段也可以进一步了解未来员工的小组互动能力。

5．录用

（1）确定符合企业要求的人选。求职者只要能通过上面几个阶段的考核和甄选，那么基本上就可以被公司录用。

（2）通知录用者和未录用者。做出录用决策后，人力资源部应该及时通过各种方式通知被录用者，一般都是电话通知录用者到公司签三方协议。企业还应在第一时间礼貌地通知未被录用者，让他们了解筛选结果，避免这部分求职者盲目等待。

（3）员工入职。

① 体检。被录用的员工需要参加全面身体检查。以便公司了解员工的身体一般状况和特别的情况，如酗酒、药物滥用的问题。

② 新员工报到，填写新员工档案登记表，签订劳动合同，如果是从其他单位应聘来的员工，还需要办理各种福利转移手续。根据《劳动合同法》的规定，新员工会有一段时间的试用期。劳动合同期限三个月以上不满一年的，试用期不得超过一个月；劳动合同期限一年以上不满三年的，试用期不得超过二个月；三年以上固定期限和无固定期限的劳动合同，试用期不得超过六个月。试用期结束后，公司要给予新员工办理转正手续。

③ 让新员工熟悉公司。以华为为例，面试合格的应聘者会被招聘人员组织参观华为在本地的公司，或者被邀请到一家星级饭店洽谈。在此过程中，应聘者可以更加深入地了解华为，而华为也希望自己可以表现得非常优秀，从而吸引那些优秀的学子加盟华为。这个环节一个必演节目就是举行正式的现场签协议仪式。

④ 开展新员工培训。以联想为例，联想对新员工的指导从其进入公司的第一天开始。上班第一天，有新员工的"首天培训"，主要是熟悉工作环境和要求；紧接着是所在公司的新员工入职培训、集团的"入模子"培训（培训班为全脱产封闭式，共 5 天，其中一天是军训。课程包括联想简介、发展历史、奋斗目标、经营理念、行为规范和团队训练等，以及一系列团队活动，包括卡拉 OK 比赛、拔河比赛、篮球比赛等）及后续的轮岗培训，之后，新员工就可以返回各自的部门和岗位。前两个培训各需一周，轮岗通常需 1~2 周，经过这三个规范过程，新员工的培训就告一段落了。再来看看华为公司的新入职员工培训：新员工入职后，首先要在华为大学进行一个星期的入职培训。为强化华为文化，新员工要 6 点半起来跑操，迟到要扣分，而且还要扣同宿舍员工的分。新员工的文化课程 4 门，每门的教科书都很厚，包括各种文章和案例，有专门老师教授。每个新员工到华为都要配一个导师，导师就是老员工，给新员工讲文化、讲传统、讲流程，解决思想问题和业务问题。

⑤ 正式到新员工所属的部门开始工作，工作之前到相关部门办理一些手续，比如领取办公设备、办公室钥匙等一些日常办公用品。

（五）效果评估

一般要从招聘时间、招聘成本、应聘比率和录用比率这几个方面对招聘的效果进行评估。每一个应聘者所花费的招聘费用越低，说明招聘方法越有效；应聘比率和录用比率越高，说明招聘效果越好。有时候会出现这样的情况：某职位计划招聘 3 个人，由于应聘人员的总体质量不高，跟企业的职位匹配度不高，该部门领导最终面试的时候不满意，最后只录用了一个人，那么就说明这次招聘效果不好。

任务解析

案例说明了员工招聘是企业获取人才以保持自身活力和健康发展的重要环节。招聘是指在企业总体发展规划的指导下，组织依据职位的需求，采取措施吸引更多的求职者来应聘，然后通过科学的测评与选拔，寻找合适的人员来填补空缺职位的过程。良好的招聘活动要达到的目标就是要在恰当的时间，恰当的空间范围，通过适当的渠道，依据恰当的空缺职位的相关信息，以最低的成本招到最合适的人，确保组织的空缺职位由合适的任职者填补，实现最佳的人岗匹配。

小知识

丰田公司的全面招聘体系

丰田公司全面招聘体系的目的就是招聘最优秀的有责任感的员工，为此公司做出了极大的努力。丰田公司全面招聘体系大体上可以分成六大阶段，前五个阶段招聘大约要持续 5~6 天。

第一阶段，丰田公司委托专业的职业招聘机构，进行初步的人员甄选。应聘人员会观看丰田公司的工作环境和工作内容的录像资料，同时了解丰田公司的全面招聘体系，随后填写工作申请表。1 个小时的录像可以使应聘人员对丰田公司的具体工作情况有个概括了解，初步感受工作岗位的要求，同时也是应聘人员自我评估和选择的过程，许多应聘人员知难而退。专业招聘机构也会根据应聘人员的工作申请表和具体的能力和经验做初步筛选。

第二阶段，评估员工的技术知识和工作潜能。通常会要求员工进行基本能力和职业态度心理测试，评估员工解决问题的能力、学习能力和潜能以及职业兴趣爱好。如果是技术岗位工作的应聘人员，则需要进行 6 个小时的现场实际机器和工具操作测试。通过第一阶段和第二阶段的应聘者的有关资料转入丰田公司。

第三阶段，丰田公司接手有关的招聘工作。本阶段主要是评价员工的人际关系能力和决策能力。应聘人员在公司的评估中心参加一个 4 小时的小组讨论，讨论的过程由丰田公司的招聘专家即时观察评估。

第四阶段，应聘人员需要参加一个 1 小时的集体面试，分别向丰田的招聘专家谈论自己取得过的成就，这样可以使丰田的招聘专家更加全面地了解应聘人员的兴趣和爱好，他们以什么为荣，什么样的事业才能使应聘者兴奋，更好地做出工作岗位安排和职业生涯计划。在此阶段也可以进一步了解员工的小组互动能力。

通过以上四个阶段，员工基本上被丰田公司录用，但是员工需要参加第五阶段的全面身体检查。了解员工的身体一般状况和特别的情况，如酗酒、药物滥用的问题。

最后在第六阶段，新员工需要接受 6 个月的工作表现和发展潜能评估，新员工会接受监控、观察、督导等方面严密的关注和培训。

二、招聘的渠道和方法

（一）内部招聘的渠道和方法

1．来源

内部招聘一般的来源是下级职位的上升和同级职位之间的调换或轮换。要做好企业的内部晋升和岗位轮换：首先，要建立完善的职位体系，明确各个职位的晋升轮换关系，以任职资格作为晋升和轮换的依据；其次，要在员工绩效考核的基础上建立员工的职业生涯管理体系；最后，要为企业建立完善的晋升和轮换制度，至少应规定晋升与轮换的条件、范围、时间要求、流程等。

例如，安踏的晋升通道、晋升机会：为了构建良性循环的人才梯队，促进员工与公司共同发展，安踏员工一年有一次晋升机会；晋升时间：公司于每年2月和8月集中办理员工晋升，晋升于每年的3月和9月生效；晋升通道：员工晋升分为管理职晋升和专业职晋升两大类（专业通道：初级专业职、中级、高级、专家级；管理通道：初级管理职、中级、高级、决策层），让有管理能力和管理潜质的员工顺利成长为管理者，也可以让潜心钻研技术、有技术特长的员工通过自己的努力顺利成长为某个领域的专家，很多企业都使用的是这种双向晋升通道，华为也是；提供更多的内部轮岗机会，在横向不同岗位上培养员工的综合能力。

2．方法

内部招聘的主要方法有工作公告法（向员工通报企业内部哪个职位有空缺，吸引相关人员来竞聘）和档案记录法（一般在企业的人力资源部都会有员工的个人资料档案，企业的高层和人力资源部门根据员工的这些档案信息确定符合空缺职位要求的人员）。

（二）外部招聘的渠道与方法

1．来源

学校、竞争者和其他公司、失业者、老年群体、军人和自由雇用者。

2．方法

（1）广告招聘：通过媒体广告向社会公开招聘人才，是应用最为广泛的招聘方法。广告招聘可以迅速地传达企业的招聘信息，还可以帮助企业建立良好的企业形象。可选择的媒体主要有广播、电视、报纸、杂志、互联网等。在选择媒体时应考虑媒体本身承载信息的传播能力、受众群体等因素。招聘广告的内容一般包括：广告标题、组织简介、职位介绍、人事政策、联系方式、其他注意事项。广告内容的设计要遵循AIDA原则（西方推销学中一个重要的公式，指一个成功的推销员必须把顾客的注意力吸引或转变到产品上，使顾客对销售人员推销的产品产生兴趣，使顾客产生购买的欲望，尔后再采取促销行为，达成交易）：你的广告要吸引到很多人的注意，激发求职者对空缺职位的热情，唤起他们求职的愿望，最终要促使他们采取行动。

（2）外出招聘：也就是校园招聘，或者参加各种大型的综合招聘会。很多大型企业都很看重每年的校园招聘，因为能够找到数量较多，素质较高的申请者，而且毕业生可塑性强，工作热情高，对于第一份工作有较强的敬业精神，还有很重要的一点是能够进行自我形象的宣传。但是毕业生对工作和职位容易产生不切实际的期望，应聘者缺乏工作经验，培训时间长，招聘成本较高，招聘周期长。校园招聘需要注意的问题：了解学校招聘的时间和工作程序；与学校毕业生就业工作部门保持较好的关系；针对毕业生的特点设计选拔的流程和选拔方法。

（3）网络招聘：随着互联网的普及，在线招聘因其不受地域和时间的限制，且高效、快捷、费用低、信息传播广泛等优势，成为目前企业普遍采用的招聘方法。常见的职业招聘网站：前程无忧、智联招聘、中华英才网、大街网。有的企业在校园招聘宣讲完后，会让求职者先在网络上投简历。

（4）推荐招聘：通过企业的员工、客户或合作伙伴的推荐进行招聘。

员工推荐的优势：节省招聘广告的费用或职业介绍机构的中介费；能更好地了解应聘者，

招聘成功率较高；鼓励员工关注和参与组织的发展。

员工推荐的劣势：推荐过程有可能受到“徇私”“任人唯亲”等不良因素的干扰，影响招聘的公平性；因工作推荐的关系在公司内部形成一些非正式群体而影响工作的正常开展。经验表明，员工推荐的方法适用于建立了完善而严格的人才选拔机制且内部管理严谨的组织，人数规模以 500 人以上为宜。

（5）借助就业服务公司和猎头公司招聘。就业服务公司：专业的职业介绍中介机构。很多企业把一些招聘业务外包给职业中介机构，一些求职者也会借助于职业中介机构来找工作。猎头公司:在国外，这是一种十分流行的人才招聘方式，引进大陆后我们称之为“猎头”，意思即指“网罗高级人才”。猎头公司从事的是高级人才委托招聘业务，又被称为猎头服务或人才寻访服务。主要是为企业搜寻高层管理人员和专门技术人员。它最大的优点就是能够为企业的关键岗位寻找高素质的应聘者，成功率比较高，他们还掌握了大量相关人员的信息，而且具有很强的说服能力。最大的不足就是收费太高（一般为所推荐人才年薪的 30%），往往会增加企业的招聘成本。

（三）内部招聘与外部招聘的优缺点

1．内部招聘

（1）内部招聘的优势。

① 准确性高。从招聘的有效性和可信性来看，由于对内部员工有较充分的了解，如对该员工过去的业绩评价资料是较容易获得的，管理者对内部员工的性格、工作动机以及发展潜能等方面也有比较客观、准确的认识，使得对内部员工的全面了解更加可靠，提高了人事决策的成功率。

② 适应较快。从运作模式看，现有的员工更了解本组织的运营模式。与从外部招聘的新员工相比，他们能更快地适应新的工作。

③ 激励性强。从激励方面来分析，内部招聘能够给员工提供发展的机会，强化员工为组织工作的动机，也增强了员工对组织的责任感。尤其是各级管理层人员的招聘，这种晋升式的招聘往往会带动一批人的一系列晋升，从而鼓舞员工士气。同时，也有利于在组织内部树立榜样。通过这种相互之间的良性互动，可以在组织中形成积极进取、追求成功的氛围。

④ 费用较低。内部招聘可以节约大量的费用，如广告费用、招聘人员与应聘人员的差旅费等,同时还可以省去一些不必要的培训项目,减少组织因岗位空缺而造成的间接损失。此外，从组织文化角度来分析，员工在组织中工作了较长一段时间后，已基本融入了本组织的文化，对本组织的价值观有了一定的认同，因而对组织的忠诚度较高，离职率低，避免了招聘不当造成的间接损失。许多企业都特别注重从内部选拔人才，尤其是管理者，特别是高层管理者。如著名的 GE 企业董事长，对 GE 企业和全世界的企业管理都做出巨大贡献的韦尔奇就是从企业内部选拔出来的。GE 中国有限公司董事长曾坦言：“韦尔奇的接班人肯定是从内部产生的，因为外部的人根本不了解 GE 这个企业的结构和管理系统……”

（2）内部招聘的不足。尽管内部招聘有如上所述的许多优势，但其本身也存在明显的不足，主要表现在以下几个方面。

① 因处理不公、方法不当或员工个人原因，可能会在组织中造成一些矛盾，产生不利的影响。内部招聘需要竞争，而竞争的结果必然有成功与失败，并且失败者占多数。竞争失败

的员工可能会心灰意冷、士气低下,不利于组织的内部团结。内部选拔还可能导致部门之间“挖人才”现象，不利于部门之间的团结协作。此外，如果在内部招聘过程中，按资历而非按能力进行选择，将会诱发员工养成“不求有功，但求无过”的心理，也给有能力员工的职业生涯发展设置了障碍，导致优秀人才外流或被埋没，削弱企业竞争力。

② 容易造成“近亲繁殖”。同一组织内的员工有相同的文化背景,可能会产生“团体思维”现象，抑制个体创新，尤其是当组织内部重要岗位主要由基层员工逐级升任，就可能会因缺乏新人与新观念的输入，而逐渐产生一种趋于僵化的思维意识，这将不利于组织的长期发展。许多观察人士认为，通用汽车公司 20 世纪 90 年代所面临的严重问题就是与其长期实行的内部招聘策略有关。幸运的是，通用汽车公司已经意识到这点，也开始注意吸收新鲜血液。

③ 有可能出现“裙带关系”的不良现象。“裙带关系”一方面损害了招聘的公平公正原则;另一方面也滋生了组织中的“小团体主义”,引发组织内的斗争,从而削弱了组织发展的动力。

④ 采用内部招聘的方法，在培训上有时并不经济。因为一次活动产生了两类需要培训的员工：一类是被提拔的员工；另一类是填补该员工留下的空缺的员工。

⑤ 采用内部招聘的方法，尤其是管理者的内部提拔，有一种把人晋升到他所不能胜任的职位的可能。此外，由于是从基层逐步晋升上来，组织的高层管理者多数年龄偏大，不利于冒险和创新精神的发扬。而冒险和创新则是处于新经济环境下组织发展至关重要的两个因素。要弥补或消除内部招聘的不足，需要人力资源部门做大量的更为细致的工作。

2．外部招聘

（1）外部招聘的优势。外部招聘相对于内部招聘而言，成本比较大，而且也存在较大的风险，但具有以下优势。

① 带来新思想和新方法。从外部招聘来的员工对现有的组织文化有一种崭新的、大胆的视角，而较少有感情的依恋。典型的内部员工已经彻底地被组织文化同化了，受惯性思维影响，既看不出组织有待改进之处，也没有进行变革、自我提高的意识和动力，整个组织缺乏竞争的意识和氛围，可能呈现出一潭死水的局面。通过从外部招聘优秀的技术人才和管理专家，就可以在无形中给组织原有员工施加压力、激发斗志，从而产生“鲇鱼效应”（采取一种手段或措施，刺激一些企业活跃起来投入市场中积极参与竞争，从而激活市场中的同行业企业）。特别是高层管理人员的引进，这一点尤为突出，因为他们有能力重新塑造组织文化。例如,惠普公司的董事会出人意料地聘用朗讯公司的一个部门经理来担任首席执行官（CEO），以重塑惠普公司的文化。

② 有利于招聘一流人才。外部招聘的人员来源广，选择余地很大，能招聘到许多优秀人才，尤其是一些稀缺的复合型人才。这样可以节省内部培训费用。

③ 起到树立形象的作用。外部招聘也是一种很有效的交流方式,组织可以借此在其员工、客户和其他外界人士中树立良好的形象。

（2）外部招聘的不足。

① 筛选难度大、时间长。组织希望能够比较准确地测量应聘者的能力、性格、态度、兴趣等素质，从而预测他们在未来的工作岗位上能否达到组织所期望的要求。而研究表明，这些测量结果只有中等程度的预测效果，仅仅依靠这些测量结果来进行科学的录用决策是比较困难的。为此，一些组织还采用诸如推荐信、个人资料、自我评定、同事评定、工作模拟、

评价中心等方法进行招聘。这些方法各有各的优势，但也都存在不同程度的缺陷。这就使得录用决策耗费的时间较长。

② 进入角色慢。从外部招聘来的员工需要花费较长的时间来进行培训和定位，才能了解组织的工作流程和运作方式，这会增加培训成本。

③ 招聘成本大。外部招聘需要在媒体发布信息或者通过中介机构招聘，一般需要支付一笔费用，而且由于外界应聘人员相对较多，后续的挑选过程也非常烦琐与复杂，不仅耗费了很多的人力、财力，还占用很多的时间，所以外部招聘的成本较大。

④ 决策风险大。外部招聘只能通过几次短时间的接触，就必须判断候选人是否符合本组织空缺岗位的要求，而不像内部招聘那样经过长期的接触和考察，所以，很可能因为一些外部因素（例如应聘者为了得到这份工作而夸大自己的实际能力等）而做出不准确的判断，进而增加了决策的风险。

⑤ 影响内部员工的积极性。如果组织中有胜任招聘岗位的人未被选用或提拔，即内部员工得不到相应的晋升和发展机会，内部员工的积极性可能会受到影响，容易导致“招来女婿，气走儿子”的现象发生。因此，外部招聘一定要慎重。

3．实施内部招聘与外部招聘的原则

① 高级管理人才选拔应遵循内部优先原则。高级管理人才为组织服务，一方面是依靠自身的专业技能、素质和经验为组织服务：另一方面是对组织文化和价值观念的认同，愿意为组织贡献自己全部的能力和知识，而外部招聘人员是无法在短期内完成和实现的。

② 外部环境剧烈变化时，组织必须采取内外结合的人才选拔方式。当外部环境发生剧烈变化时，行业的经济技术基础、竞争态势和整体游戏规则发生根本性的变化，知识老化周期缩短，原有的特长、经验成为学习新事物、新知识的一种障碍，组织受到直接影响。这种情况下，从组织外部、行业外部吸纳人才和寻求新的资源，成为组织生存的必要条件之一。不仅因为组织内部缺乏所需专业人才，时间也不允许坐等组织内部的人才培养成熟，因此必须采取内部招聘与外部招聘相结合、内部培养与外部专业服务相结合的措施。

③ 处于成长期的组织，应当广开外部渠道，由于发展速度较快，仅仅依靠内部招聘与培养无法跟上组织的发展。同时组织受人员规模的限制，选择余地相对较小，无法得到最佳的人选。这种情况下，组织应当采取更为灵活的措施，广开渠道，吸引和接纳需要的各类人才。同时，处于快速成长期的组织，由于提供给新员工的职位比较多，员工在短时间内得到晋升的机会大，利用外部招聘可以很容易吸引人才、留住人才。外部招聘可通过招聘广告、学校、媒体、网络以及一些特色招聘方式来完成，电话热线、接待日等特色招聘形式能吸引更多的人来应聘。

思考题　如果你是管理者，你更倾向于哪一种招聘方式?

三、员工甄选

（一）含义

（1）运用一定的工具和手段对招聘到的求职者进行鉴别和考察。

（2）通过他们的知识技能、能力和人格特点，预测他们的工作绩效。

（3）依据空缺职位所要求的任职资格条件，挑选出企业所需的，合适的职位空缺填补者。

（二）甄选常用的方式——面试——应聘者与面试考官面对面交流

1．面试的分类

① 从面试所达到的效果来分，面试可分为初步面试和诊断面试。初步面试用来增进用人单位与应聘者的相互了解，在这个过程中应聘者对其书面材料进行补充（如对技能、经历等进行说明），组织则对其求职动机进行了解，并向应聘者介绍组织情况，解释职位招聘的原因及要求；诊断面试则是对经初步面试筛选合格的应聘者进行实际能力与潜力的测试，它的目的在于招聘单位与应聘者双方补充深层次的信息，如应聘者的表达能力、交际能力、应变能力、思维能力、个人工作兴趣与期望等，组织的发展前景、个人的发展机遇、培训机会。这种面试对组织的录用决策与应聘者做出是否加入组织的决策至关重要。

② 从参与面试过程的人员来看面试，可分为个别面试、小组面试和成组面试。个别面试是一个面试人员与一个应聘者面对面地交谈，这种方式有利于双方建立亲密的关系，双方能深入了解对方，但这种面试的结果易受面试人员的主观因素干扰。小组面试是由两三个人组成面试小组对各个应聘者分别进行面试。面试小组由用人部门与人力资源部门的人员共同组成，从多种角度对应聘者进行考察，提高面试结果的准确性，克服个人偏见。成组面试也称集体面试，它是由面试小组对若干个应聘者同时进行面试。在集体面试过程中，通常是由面试主考官提出一个或几个问题，引导应聘者进行讨论，从中发现、比较应聘者的表达能力、思维能力、组织领导能力、解决问题的能力、交际能力等。集体面试的效率比较高，但对面试主考官的要求较高，主考官在面试前要对每个应聘者有大致的了解，在面试时要善于观察，善于控制局面。

③ 从面试的组织形式来看，面试可分为结构型面试、非结构型面试、压力面试。

结构型面试。结构型面试是在面试之前，已有一个固定的框架（或问题清单），主考官根据框架控制整个面试的进行，严格按照这个框架对每个应聘者分别做相同的提问。这种面试的优点在于，对所有应聘者均按同一标准进行，可以提供结构与形式相同的信息，便于分析、比较，同时减少主观性，且对考官的要求较少。研究表明，结构型面试的信度和效度较好。其缺点是过于僵化，难以随机应变，所搜集信息的范围受到限制。

非结构型面试。这种面试无固定的模式，事先无须做太多的准备，主考官只要掌握组织、职位的基本情况即可。在面试中往往提一些开放式的问题，如“谈谈你对某件事情的看法”“你有何兴趣与爱好”等。这种面试的主要目的在于给应聘者充分发挥自己能力与潜力的机会，由于这种面试有很大的随意性，主考官所提问题的真实目的往往带有很大的隐蔽性，要求应聘者有很好的理解能力与应变能力。

小知识

通过测试毅力进行招聘

某独资企业欲招聘若干管理人员，通知所有应聘者在某月某日某时整在位于某某大厦的公司总部统一面试。等到面试那天，公司派人提前在该大厦大厅内接待前来应聘的人员，并请大家在大厅内等候，等到所有应聘人员到齐之后，接待人员告诉大家一个不幸的消息：电梯坏了，需要由接待人员带领大家，爬几十层楼梯到公司的办公室参加面试。有些人听后立即就走了，有些人爬到一半后也放弃了，只有少数几个人坚持到最后。结果，就是这些坚持到最后的应聘者被录用了。这是一个典型的非结构型面试。事实上，电梯根本就没有坏，主考官就是想考一考应聘者的吃苦耐劳和坚韧不拔的精神。

压力面试。有的企业会采取压力面试，有意制造紧张气氛，以了解求职者将如何面对工作压力，面试官通过提出生硬的、不礼貌的问题故意让候选人感到不舒服，针对某一事项或问题做一连串的发问，打破砂锅问到底，直至无法回答。其目的是确定求职者对压力的承受能力、在压力前的应变能力和人际关系能力。面试官通常会问："你经历太单纯，而我们需要的是社会经验丰富的人，为何还来参加我们的招聘？"还有一种是诱导性的问题。比如："你认为金钱、名誉和事业哪个重要？"这样提问似乎是一项单项选择，但是实际上对于应聘者而言，三项都比较重要，选择任何一项或放弃任何一项都显得不妥。比如，面试者要去应聘的职位是一家公司的财务经理，面试官提出这样的问题："你作为财务经理，假如总经理要求你在 1 年之内逃税 100 万元，那你会怎么做？"假如面试者绞尽脑汁地去想一堆逃税的方案则掉进了圈套，被直接淘汰出局，因为这道题目是面试官用来测试其商业道德操守的。压力面试一般用于招聘销售人员、公关人员、高级管理人员。

2．面试的过程

首先要进行面试准备，包括选择面试考官，一般面试官是由人力资源部和各业务部门的人员组成；明确面试时间，在面试之前要了解应聘者的基本情况，准备好面试评价表和面试提纲，对不同类型的求职者，采用不同的面试方式，并且安排好面试场所。其次是正式面试，要经历三个小阶段，先以轻松的话题引入，一般是要求职者做一个自我介绍，然后进入正题，对员工的能力和素质进行考察，最后就是收尾，一般可以让应聘者提出自己感兴趣的问题由面试官进行解答。

面试官在面试的过程中需要注意提问的技巧。下面给大家列出了四种形式。

一种是行为型问题，就是围绕与工作相关的能力，让求职者讲述一些关键的行为实例（行为事件描述法，运用 STAR 准则）。二是情景型问题，就是假设一种情景，让求职回答当他处于这个情景中他会怎么做。例如，你是饭店某部门经理，如果你的下属向你提了一个公关或业务上的建议，而你仔细考虑后觉得并不实用，你会怎样答复这位职员？如果有人对你的工作提出批评，你会怎么做？三是智能型问题，就一些社会问题让求职者谈谈自己的看法。四是意愿型问题，主要是要了解求职者的求职动机。一般跳槽之后，到另一家公司去面试的时候，考官十有八九会问求职者为什么要离开原来的公司。最后，面试结束，考官填写面试评价表，并对每一位参加面试的求职者的情况进行综合评定，做出录用决策。

作为一名求职者，要做哪些面试准备工作？

（1）充分了解应聘单位。对用人单位的性质、地址、业务范围、经营业绩、发展前景、对应聘岗位职务及所需的专业知识和技能等要有一个全面的了解。

（2）使自己的能力与用人单位工作的要求相符合。"知彼知己，百战不殆。"求职者面试前应对自己的能力、特长、个性、兴趣、爱好、长短处、人生目标、择业倾向有清醒的认识。参加面试时，通过显示你对相关知识的掌握和理解来表达你希望进入这一行业工作的愿望。

（3）模拟考官可能询问应聘者的问题，对可能遇到的问题进行准备。

（4）练习处理对你面试不利的事情。即使曾有一些不愉快的受挫经历，即使自己曾经犯过错，也可作为一段可供学习的经验加以陈述。务必用积极的事情抵消消极的事情，最好不要说有损自己形象的话。

对自己要有一个清晰的认识：

① 写出几件自己认为可以称得上成功的事情，并逐一分析这些成就，列出你最主要的几项技能。

② 同一件事情，各人有各自截然不同的处理方式，这取决于每个人不同的个性。为弄清自己的个性，可以通过分析成就，用一些形容词来归纳自己的性格。

③ 确定与你的个性、兴趣相符的工作环境。工作环境不仅指具体的环境，更重要的是工作单位的文化背景。一位求职者到一家由几个工程师开设的公司面试，她说："那里给人的感觉就像军队，棕色的地毯、黄色的屏风、陈旧的家具……我不会在那儿工作的。"

做好心理准备：面试就好比是一场考试，在测试每个人的能力，也在测试每个人的心理素质和临场发挥。因此，求职者要面试成功，就应该充满信心。

业务知识准备：与应聘岗位相关的专业知识、业务技能等要熟知，备上一份求职材料，供招聘者查阅参考。准备当天可能用到的个人资料或作品，携带相关证件，以便在面试过程中进一步向招聘者提供有关自己的相关资料。

体能、仪表准备：面试前要保证充分的睡眠和愉快的心情，以保持良好的精神状态，面试前还应注意修饰自己的仪表，使穿着打扮等与年龄、身份、个性及应聘的岗位协调。

思考题　企业如何组织招聘面试?

任务三　考核与培训组织人员

任务引例

小王的绩效考核

小王在一家私营公司做基层主管已经有3年了。这家公司在以前不是很重视绩效考评，但是依靠自己所拥有的资源,公司发展得很快。不久前,公司从外部引进了一名人力资源总监，至此，公司的绩效考评制度才开始建立起来，大多数员工也知道了一些有关员工绩效管理的具体要求。

在上一年年终考评时，小王的上司要同他谈话，小王很是不安，虽然他对自己一年来的工作很满意，但是不知道他的上司对此怎么看。小王是一个比较内向的人，除了工作上的问题，他不是很经常地和上司交往。在谈话中，上司对小王的表现总体上是肯定的，同时，指出了他在工作中需要改善的地方。小王也同意此看法，他知道自己有一些缺点。整个谈话过程是令人愉快的，离开上司办公室时小王感觉不错。但是，当小王拿到上司给他的年终考评书面报告时，感到非常震惊，并且难以置信，书面报告中写了他很多问题、缺点等负面的东西，而他的成绩、优点等只有一点点。小王觉得这样的结果好像有点"不可理喻"。小王从公司公布的绩效考评规则上知道，书面考评报告是要长期存档的，这对小王今后在公司工作的影响很大。小王感到很是不安和苦恼。

请您结合本案例回答下列问题。

① 绩效面谈在绩效管理中有什么样的作用?

② 人力资源部门应该围绕绩效面谈做哪些方面的工作?

③ 年终考评书面报告与绩效面谈时情况悬殊使小王感到不安和苦恼，导致这样的结果原因何在?怎样做才能避免这个问题的产生?

通过招聘的层层筛选后获得的人员并不一定符合岗位工作要求，在实际工作中也不一定能获得令人满意的工作绩效。有些人员在选聘时所表现出来的能力并不一定能在实际的工作中体现出来；同时，组织的要求和员工的能力都在不断的变化中，当员工能力的变化与其所在岗位的要求不相适应时，组织就需要通过岗位调整或培训使两者保持平衡。因此，在人员上岗以后，如何对其工作表现进行客观考核，如何对员工进行持续的培训以适应组织发展的需要，是保持人与事形成最佳组合所必须进行的工作。

一、人员的考核

所谓考核（也称评估)，是指相关部门或人员（考核主体）按照一定的方法和程序（考核方法和程序)，对组织中各部门、各岗位（考核对象）在一定时期内（考核期）表现出来的工作绩效或能力素质（考核内容）所做的评价。

根据考核内容的不同，人员考核可分为绩效考核和素质评价两大类。绩效考核注重于评价考核对象在考核期内履行岗位职责的情况；素质评价则侧重评价考核对象在考核期内所表现出来的符合岗位要求的程度和进一步发展的潜力。两者之间既有交叉又有区别，在素质评价中，对考核对象素质的评价依据之一就是考核对象在工作中表现出来的工作绩效，但素质评价也不仅仅包括绩效评价，还包括态度以及各方面能力的评价；而绩效考核尽管也能通过对考核对象工作绩效的衡量，在一定程度上了解考核对象的品质和能力在工作中的发挥情况，但它注重的是结果。

在实际工作中，我们往往是在上岗前或换岗前进行素质评价，以确定考核对象是否具备岗位条件，在上岗后则主要通过绩效考核来了解其符合岗位要求的程度。在本任务中，我们所说的考核一般是指绩效考核。

（一）考核的目的和作用

在实际工作中，人们常常把绩效考核仅仅作为奖惩或人事安排的依据。事实上，绩效考核是组织管理中的一项重要工作，具有重要的意义和作用。

思考题　在管理实践中，为什么要进行绩效考核?

在一个组织中，进行绩效考核的目的和作用主要表现在以下几个方面。

1．保证组织目标的实现

通过绩效考核，可分解落实实现目标必须开展的各项工作，并及时了解各项工作的进展情况，从而明确责任、促进组织内部之间的沟通、及时发现工作中存在的问题，以便理顺工作关系、适时采取纠偏措施，确保计划和目标的最终实现。这应该是绩效考核的首要目的。

2．促进员工的成长

通过实行绩效考核，可使员工事先明确工作要求，以充分发挥自己的才能；通过绩效考核，可及时了解员工的工作情况，发现其长处，指导其改进不足，从而帮助员工在工作中不断成长与进步;通过绩效结果的反馈,可使员工清楚自己的进步和贡献,从而享受工作的乐趣。所以,绩效考核也是促进员工成长和使员工乐于工作的重要手段。

3. 为人事晋升和公平奖惩提供客观的依据

通过科学的绩效考核,可对员工的工作绩效、胜任工作岗位的程度做出客观的评价,从而有助于给予员工以公平的报酬和奖惩;为人事调整提供客观的依据,有助于保持人事配备的动态平衡和员工队伍的优化;通过绩效考核,可以了解员工在工作中存在的普遍不足,从而为培训工作的开展提供依据。

对于管理者而言,通过绩效考核可落实各下属的职责,借以整合各岗位的工作来达成本部门的各项目标;同时,绩效考核也提供了管理者与下属一起检查工作行为的机会,通过考核,可指点并激励下属把工作做得更好。对被管理者而言,通过绩效考核可明确自己的任务及要求,从而明了工作的意义;通过考核可了解自己的弱势和长处,从而有意识地改进和完善自我,并不断明确个人的职业生涯;同时,通过考核结果,可看到自己的价值并享受成就感。

在现代社会中,没有一个组织愿意看到对自己的薪资付出没有回报控制的状况,也没有一个员工愿意看到自己的付出不能得到相应的公平回报的状况。因此,对各项工作进行检查考核是一个组织管理规范化和员工追求自身价值实现的必然趋势,我们对待绩效考核的正确态度应该是支持而不是反对。应正确面对考核工作,积极参与考核内容和考核方法的讨论,在考核中逐步明确自己的工作职责与工作要求,以正确开展工作,对各项考核内容按考核要求积极开展工作,以充分体现自己的价值。

(二)考核的基本原则

为了使考核达到上述目的,充分发挥其应有的功能,在绩效考核过程中,必须遵循以下基本原则。

1. 考核内容的目标导向原则

考核内容的目标导向原则要求考核内容紧紧围绕着被考核者应该完成的组织所分配的各项工作。考核的首要目的是保证组织目标的实现,因此,在考核时应着重考核被考核者岗位职责履行情况和工作计划完成情况,并且把那些对组织目标实现有重大影响的工作或容易出现问题的薄弱环节作为重点考核内容。

2. 考核过程的客观公正原则

客观公正是考核发挥功能的基础,考核过程的客观公正原则要求在整个考核过程中保证公正公开,使考核结果能够客观反映被考核者的实际工作绩效。为此,要事先明确考核内容、工作要求和奖惩方法,明确考核规则;事中由责任权力部门或岗位按事先确定的规则进行客观评价;并在事后公开反馈,允许申诉。客观公正的考核,可得到被考核者的认可,从而发挥其相应的作用;反之,就会挫伤被考核者的工作积极性,并使考核本身失去意义。因此,客观公正是考核的基本要求之一。

3. 考核方式的适用有效原则

考核方式的适用与否,直接关系到员工对考核的接受程度和最终考核结果的有效性,考核方式的适用有效原则要求所采取的考核方式必须与本组织的发展阶段、发展水平、管理基础、成本承受能力和企业文化理念相适应，并能客观、全面地反映被考核者的实际绩效。

4．考核结果的挂钩使用原则

考核的目的是保证组织目标的实现和促进员工的成长，并为人事决策提供客观依据，考核结果的挂钩使用原则是指考核的结果应与偏差的纠正、问题的解决、员工的培训指导以及激励奖惩相挂钩；根据考核结果来确定需要重点解决的问题，决定对员工的培训，决定员工的工资报酬和奖惩、晋升或降职。如果考核结果不与这些环节挂钩，那么不管考核是多么客观公正、科学规范，都不能起到其应有的作用，考核最终就会变成一件毫无意义的事情。

思考题　考核结果是否必须反馈?

任务解析

1．说明员工绩效面谈的作用

① 使考评者与被考评者对绩效管理有更加全面深入的认识。通过绩效面谈使得考评者对绩效管理的目标、考评方法、程序有进一步的认识，有利于下一轮绩效考评工作的开展。

② 将员工绩效考评的情况反馈给员工。考评者要将员工绩效的真实信息反馈给员工本人，对员工的成绩、优点进行表扬，要指出员工的问题、缺点，使之改正。

③ 依据考评结果制订绩效改进计划。制订绩效改进计划是考评者与被考评者共同的事情，考评者要给被考评者一定的指导。

2．围绕绩效面谈，人力资源部门应该做到

① 对考评者以及被考评者明确考评的目的。

② 明确绩效面谈的目的。

③ 对考评者的面谈技巧的培训。

3．分析问题产生原因

（1）年终考评书面报告与绩效面谈时情况悬殊使得小王感到苦恼和不安。实际上，产生这样问题的原因可能有下列几种情况。

① 公司的绩效考评系统：公司上下对绩效管理的目的不清。

② 小王的上司对小王有偏见。

③ 小王的上司没有很好的绩效面谈技巧，不敢谈小王的缺点和问题以及如何克服问题的产生。

（2）提出解决问题的对策。

① 考评前绩效目标制定要明确、客观、量化。

② 考评过程中要公正、公开、公平、考评者要注意员工绩效信息的收集。

③ 考评结束后要注意考评结果的反馈，考评者与被考评者要就考评的最后结果达成一致，共同制订员工的绩效改进计划。

（三）考核的方式方法

如何进行有效的考核，国内外组织在实践中逐步形成了多种考核方法，其中最常见的考核方法有关键绩效指标考评法、360 度考评法、平衡记分卡。

1．关键绩效指标考评法（Key Performance Indicator，KPI）

关键绩效指标考评法是通过对工作绩效特征的分析，提炼出最能代表绩效的若干关键指标，以此作为基础进行绩效考核的模式。关键绩效指标考核是建立在“你不能度量它，就不能管理它”的假设基础之上的，所以，关键绩效指标必须是那些能有效量化、能够衡量组织战略实施效果的关键指标。关键绩效指标考评法的目的是建立一种机制，将组织战略转化为组织的内部过程和活动，以不断增强组织的核心竞争力和持续地取得高效益。关键绩效指标考评法的优点是考核重点突出，将注意力集中于与组织目标的实现密切关联的关键指标，有助于保证组织战略的实施和目标的实现；强调抓住组织运营中能够有效量化的指标进行考核，提高绩效考核的可操作性与客观性。缺点是关键指标的选取和定量受到组织原有管理基础的很大制约，若组织的管理基础薄弱，就很难量化关键指标，从而影响关键绩效指标考核的运用。

2．360 度考评法（360° Feedback）

360 度考评法也称全员评价法，它通过征询被考核人的上级、同级、下级和服务的客户等各方面的意见来对他的工作进行评价，根据评价结果的反馈，使其清楚自己的长处和短处，从而达到提高员工素质的目的。360 度考评法可以结合被考评者的述职报告进行，其优点是克服单一评价的局限，可以获得全面的评价；缺点是容易受到评价者主观因素的影响。360 度考评法主要适用于员工的素质评价和能力开发。

[做中学 5–3]

某公司客户经理的 360 度考评结果如图 5-2 所示。

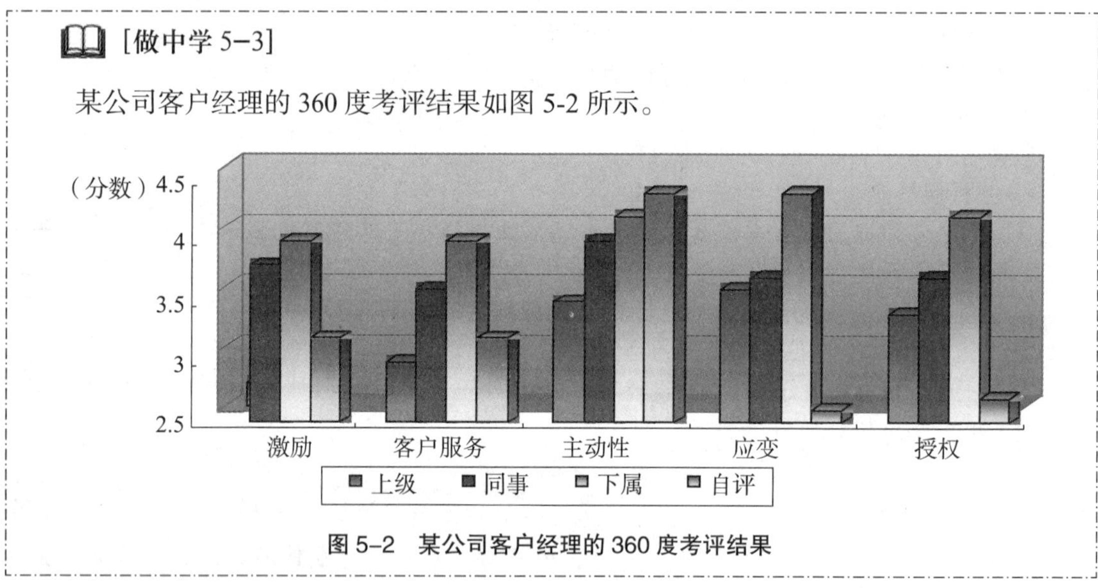

图 5–2　某公司客户经理的 360 度考评结果

思考题　1. 请对 360 度考评法反馈的结果进行分析。

2. 对该员工在培训与发展方面提出建议时应注意哪些问题?

［分析］

1. 总体来看，下级与同事的评价相对较高，而上级评价相对较低，自我评价除主动性外，也相对较低。需要注意的问题有：

（1）在授权、应变和主动性方面做得较好，应继续发扬这些长处。

（2）在应变和授权方面个人自评与他人评价，尤其是下级评价差异较大，应认清自我，树立信心，努力提高工作水平。

（3）在激励、客户服务等方面表现一段，需要再接再厉，提高这些方面的素质与技能，以取得更大的成绩。

2. 在提出培训与发展建议时应注意如下问题：

（1）应就需要提高的能力与员工达成一致。

（2）应了解员工是否有提高与进一步发展的意愿。

（3）应就激励、客户服务以及专业基础方面的培训进行讨论，确定可能采取的方式，如参加专业知识方面的培训，进行公关礼仪方面的训练，参加现代管理及领导能力方面的培训，等等。

（4）应就培训与发展所需要的资源进行讨论。

3．平衡记分卡（Balanced Scorecard）

平衡记分卡是由哈佛大学的罗伯特·卡普兰（Robert Kaplan）教授和来自波士顿的顾问大卫·诺顿（David Norton）在1990年共同开发的一种新的绩效评价方法。曾被《哈佛商业评论》列为20世纪最有影响力的75个理念之一。平衡记分卡将企业绩效评价有序地分为财务、顾客、企业内部流程和企业学习成长四个方面，这使之成为一种超越财务或会计的财务指标与非财务指标相融合的战略绩效评价方法。平衡记分卡以信息为基础，通过分析哪些是完成企业使命和目标的关键成功因素和评价这些关键成功因素的项目，并不断检查审核这一过程，以把握绩效评价，促使目标实现。其优点是建立一个系统的过程来实施战略和获得相关反馈，从企业战略出发，不仅考核现在，还考核未来；不仅考核结果，还考核过程，适应企业战略与长远发展的要求，便于阐明企业战略和传播企业战略，同时将个人、部门间和组织的计划加以衔接以实现共同目标。其缺点是事先必须具有明确的发展战略，并需要花费较多的精力于指标选择和层层分解上。这对于那些战略不明、管理基础薄弱、成本承受能力较弱的组织和初创公司而言，往往是可望而不可即的。

思考题　从成本角度分析，上述三种考核方法中哪一种成本相对较低？

其他考核方法还有目标管理法、述职评价法等。每一种考核方法都反映一种具体的管理思想和原理，都具有一定的科学性和合理性，同时，每一种考核方法都有自己的局限性与适用条件范围，管理者需要根据本组织的特点形成不同的考核方案。

思考题　在考核方法的选择过程中应考虑到哪几方面的因素？

（四）考核的基本步骤

科学的考核要求遵循一定的程序，针对不同的考核对象，确定合适的考核内容，选择适当的考核者，依据客观的考核标准进行公正的考核，并根据考核结果采取相应的行动，以有效地发挥考核的作用。一般来说，考核包括考核准备阶段、考核实施阶段和考核结果处理阶段，每一个阶段中又包含若干基本步骤，如图 5-3 所示。

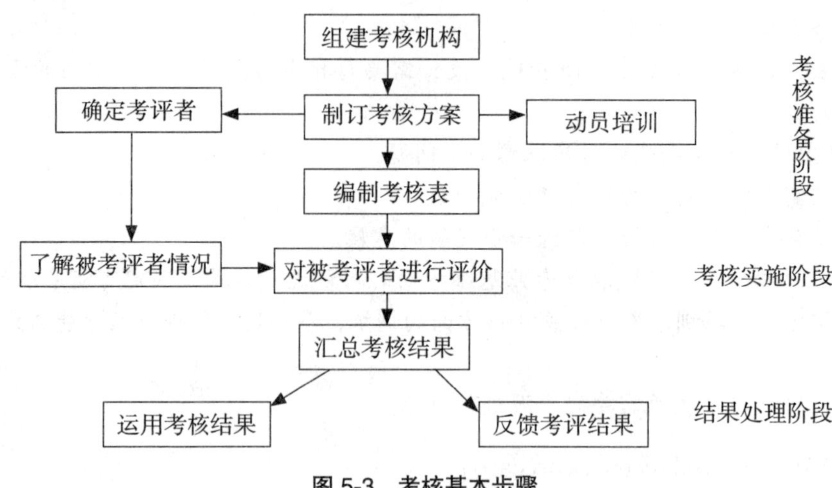

图 5-3　考核基本步骤

1. 考核准备阶段

考核准备阶段包括组建考核机构、制订考核方案、编制考核表、确定考评者和培训动员等预备性工作。

（1）组建考核机构。

考核机构常称为考核委员会或考核领导小组，由组织的领导成员、人力资源部门和其他相关部门负责人组成。考核机构主要负责组织落实考核各项工作，如确定考核原则、审议考核方案、仲裁考核争议等。具体的考核方案的拟订、考核表的编制、考核面谈的进行、考核结果的处理一般由组织中的考核日常管理部门，如人力资源部负责。

（2）制订考核方案。

考核机构必须明确在本组织中采用何种考核方法，以及如何进行考核。在此基础上，由考核日常管理部门负责制订考核方案。考核方案一般应规定考核对象范围，明确列入考核的人员层次和类别；确定考核表的基本形式、基本内容和考核期限；规定考核的方法、实施程序和时间安排；明确考核者和被考核者的职责，考核结果的运用；规定反馈和申诉程序、纷争解决方式等。审核通过后，以组织考核制度的形式颁布。

（3）编制考核表。

为了实施考核，在进行考核前需要根据考核方案编制相应的考核表。考核表根据所采取的考核方法的不同和考核对象类别的不同而有不同的形式，但无论采用何种形式的考核表，都必须注意科学设计考核表的栏目并尽可能标准化，格式简便易行，便于考核者填写和计算机处理。

（4）确定考评者。

考评者是指在考核中对被考核人实施评价的人员。根据考核方法的不同和考核对象的不同，考评者的选取也各不相同。在 360 度考评法中，考评者通常包括与被考评者发生工作关系的各方面人员：上级、下级、同级、顾客等。在关键绩效指标考评法中，部门的考评者一般由财务部、人力资源部、市场部等职能部门负责相应指标的核实。不管采用何种考核方法，考评者应尽可能按责权对等原则确定，即根据其对组织所负有的责任给予其对相关支持人员工作绩效的评价权力。

思考题 赋予全体人员对其他人的绩效评价权有何利弊?

(5)培训动员。

思想动员和考核培训也是考核准备阶段必不可少的一项工作。要在考核实施前，由公司领导或考核机构负责人向组织成员说明考核的目的、意义、必要性，讲解考核方案的有关内容，如考核的方法、程序、时间安排等，以提高组织成员对考核工作的认可程度，消除顾虑，明确要求，使全体参与人员认真积极地参加考核活动。

思考题 对于考核，人们最容易产生的顾虑是什么?

2. 考核实施阶段

完成了各项考核准备工作以后，就可进入考核实施阶段。考核实施阶段的主要工作包括了解被考评者的工作情况和对被考评者的工作进行评价两部分内容。

(1)了解被考核者情况。

要对被考评者的工作进行评价打分，首先需要了解被考评者的工作情况。了解被考评者的工作情况可采取被考评者向考评者述职、考评者和被考评者进行面谈、被考评者直接向考评者提交工作成果、考评者对被考评者的各项工作进行检查等方式进行。

(2)对被考核者进行评价。

在了解被考评者相应工作情况的基础上，由考评者根据事先确定的评价标准对被考评者的各项工作绩效做出相应评价。考核结果是否公正客观，在很大程度上取决于在这一环节考评者打分时是否有客观标准，是否公正。

3. 结果处理阶段

考核结果处理阶段的主要工作是汇总考评结果、反馈考评结果和运用考核结果。

(1)汇总考核结果。

考评人员通过量表等考核表格对被考评者做出评价后，考核管理部门就要组织人员对考评结果进行汇总。在这一过程中，统计人员按照考评结果，分别统计出每一位被考评者的最终得分。

(2)反馈考评结果。

在获得考评结果后，为了促进工作和指导被考评者改进工作，同时检验考评者是否客观公正，考评者应向被考评者反馈考核结果。反馈可以采用面谈的方式，也可采用书面的形式，被考评者若对考评结果不服或有异议，可在规定的期限内向考核机构申诉，由考核机构进行调查核实并提出处理意见。

思考题 不少组织规定只受理书面申诉，为什么?

(3)运用考核结果。

当被考评者对结果无异议或考核机构对申诉意见做出最终裁决后，就要按考核方案中的规定，将考核结果与被考评者的报酬、岗位调整、奖惩、培训等挂起钩来，并将考核结果存入组织人事档案信息系统，作为日后人事处理的依据之一。同时，要针对考核中发现的问题，提出相应的工作绩效改进方案，并将其列入下一期的考核内容中，通过考核推动问题的解决和预期目标的实现。

[做中学 5-4]　　某企业绩效管理主要步骤和方法

第一步，对于部门主管以上领导干部，年终由主管领导召集下属员工开会。共同听取述职报告，再由员工及上级领导根据其一年来的表现填写"年度领导干部考核评议表"。该表汇总后将分数按"领导、部门内同事、下属"（2 ∶ 3 ∶ 5 的权重）加权平均得出总分。

第二步，全体员工共分四组排序：一般员工、主管、部门经理、高层领导。每组按考评结果分五个等级，每一等级所占比例如表 5-2 所示。

表 5-2　考评等级占比

等级	A	B	C	D	E
比例	10%	30%	54%	5%	1%

第三步，考评结果运用：A 等级范围的人有机会获得晋升，E 等级的人将被淘汰或降级。

思考题　1. 请指出前两个步骤使用了哪些绩效考评方法？

2. 上述考评方法有哪些不足之处？请针对这些不足提出改进建议。

［分析］

（1）使用评分方法。

第一步使用了多考核主体，或多维度、多视角、360 度考评方法。采取领导、部门内同事、下属分别评分的方法。

第二步使用了强制分布法，将一般员工、主管、部门经理、高层领导四组进行排序，每组分五个等级，这种方法称为强制分布法。

（2）考评方法的不足与改进建议。

① 领导、部门内同事、下属能反映管理者或员工行为的多维度水平，但尚不够全面。还应增加自我考评，必要时增加外部考评，提高考评者的全面性。

② 强制分布比例可以进一步优化，E 级的比例偏低，而 A 级和 B 级的比例偏高。应克服强制分布法的不足，根据自身情况适当调整比例。

③ 考评结果只应用到晋升和淘汰，使用范围较窄。还可以应用于人力资源管理多个方面，扩大激励效果。

二、人员培训

培训是组织给新雇用的员工或开发现有人力资源和提高员工素质以适应组织发展要求的基本途径。组织发展中所产生的人力资源需求，除以招聘方式从外部吸引人员加以补充外，更主要的是通过开发组织现有的人力资源加以满足。基本符合岗位要求的员工能否创造出优秀的业绩，也与组织的培训密切相关。了解员工需要何种类型的培训、何时培训、以何种方式培训，是人力资源管理工作中的重要内容。

（一）培训的目的和意义

从以上培训的定义中可以看出，培训不仅要有助于组织目标的实现，而且要能满足员工成长和发展的需要。其最终目的是为了实现组织和员工的共同成长。培训在组织发展和人力资源管理中具有以下几方面的作用和意义。

1．通过员工知识与技能的培训，增强他们适应岗位的能力。人既不是天生就会做很多事情，也不是天生就知道如何运用自己的潜能。要使员工发挥潜能、胜任岗位工作，就必须对其进行培训。

2．培训有助于统一思想，强化组织成员对组织价值观的认同。每个组织都有自己的文化、价值观念、行为准则，员工只有了解并接受本组织的文化理念，才能在其中有效地工作。

3．培训有助于员工自我发展目标的实现，从而有利于员工队伍的稳定。

4．培训有助于开发员工的潜能，使组织现有的人力资源得到充分的利用。

思考题　通过培训就能使员工认同组织的价值观吗？

（二）培训的种类

培训的种类可按不同标准进行划分，如表 5-3 所示。其中按培训对象划分与按培训内容划分之间存在着交叉关系，如对普通员工的培训内容涉及操作技能、文化知识和组织文化培训，对专业人员的培训主要是专业知识培训等；按培训目的划分与后两种划分方式之间具有包容关系，即岗前培训、在岗培训、转岗培训和升职培训，涉及各类培训对象和各方面内容。

表 5-3　培训种类及其划分

划分标准	类别			
按培训目的	任职前培训（岗前培训）	适应性培训（在岗培训）	转换工作培训（转岗培训）	晋升职务培训（晋升培训）
按培训对象	普通员工培训	专业人员培训	技术人员培训	管理人员培训
按培训内容	专业知识培训	操作技能培训	文化知识培训	组织文化培训

由于本章着重于人事配合，所以在此主要介绍岗前培训、在岗培训、转岗培训和晋升培训。

1．岗前培训

岗前培训是指对新录用人员在正式上岗之前进行的培训。岗前培训的内容主要包括：组织的历史、现状和发展目标，组织文化、职业道德和规章制度教育，岗位知识和技能。目的是使新进人员对组织有一个感性认识，了解组织文化，并初步掌握岗位知识和技能，以便能较快地融入组织并胜任岗位。岗前培训通常在组织内进行，培训时间根据岗位要求的难易程度而定，从几天到几个月不等。

2．在岗培训

在岗培训是指为使在职人员适应工作要求而进行的培训。在岗培训的内容和目的主要包括：按照岗位职责和任职要求进行知识和技能培训，使工作行为和自身素质不符合工作要求者能胜任工作；给员工补充新知识、新技能、新方法和新观念，以适应岗位工作的新要求；

进行相关岗位技能和知识培训，为员工今后的发展奠定基础。在岗培训可采用多种方式，可定期或不定期、脱产或不脱产地进行，时间可长可短、可集中可分散，依据实际需求而定。

3．转岗培训

转岗培训是对需要转换岗位、工种或职业的人员所进行的定向培训。转换岗位是人力资源调配过程中产生的必然现象，在组织发展中，有一部分新的人力资源需要由组织内部现有人员来补充，这就需要对这部分人进行培训以适应新的工作岗位的要求。转岗培训的内容是以新的工作岗位所需要的知识和技能为主，目的是使员工能尽快适应新岗位的要求。培训可采用“跟岗培训”或脱产培训方式。

4．晋升培训

晋升培训是指对计划晋升职务的人员进行的专项培训。目的是使晋升者提高工作能力、开阔视野、转换角色，以适应新职务的要求。晋升培训的内容根据其晋升职务高低及所需素质分层次设计。培训方式可采取脱产集中学习或在所晋升的职务层级进行不脱产培训。

思考题　员工通过培训提高了能力后可能离开原来的组织，管理者对此应该怎么办？

[做中学 5-5]　　**一次无效的员工培训**

RB 制造公司是一家位于华中某省的皮鞋制造公司，拥有近 400 名工人。大约在一年前，公司因产品有过多的缺陷而失去了两个较大的客户。RB 公司领导研究了这个问题之后，一致认为：公司的基本工程技术方面还是很可靠的，问题出在生产线上的工人，质量检查员以及管理部门的疏忽大意、缺乏质量管理意识。于是公司决定通过开设一套质量管理课程来解决这个问题。质量管理课程的授课时间被安排在工作时间之后，每周五晚上 7:00~9:00，历时 10 周，公司不付给来听课的员工额外的薪水，员工可以自愿听课，但是公司的主管表示，如果员工积极地参加培训，那么这个事实将被记录到他的个人档案里，以后在涉及加薪或提职时，公司将予以考虑。

课程由质量监控部门的李工程师主讲。主要包括各种讲座，有时还会放映有关质量管理的录像，并进行一些专题讲座，内容包括质量管理的必要性、影响质量的客观条件、质量检验标准、检查的程序和方法、抽样检查以及程序控制等。公司所有对此感兴趣的员工，包括监管人员，都可以去听课。

课程刚开始时，听课人数平均 60 人左右。在课程快要结束时，听课人数已经下降到 30 人左右。而且，因为课程是安排在周五的晚上，所以听课的人员都显得心不在焉，有一部分离家远的人课听到一半就回家了。

在总结这一课程培训的时候，人力资源部经理评论说：“李工程师的课讲得不错，内容充实，知识具有系统性，而且他很幽默，使得培训引人入胜。听课人数的减少并不是他的过错。”

思考题　1. 您认为这次培训在组织和管理上有哪些不合理的地方？

2. 如果您是 RB 公司的人力资源部经理，您会怎样安排这个培训项目？

［分析］

1. RB 公司的培训不合理之处

（1）没有对员工进行培训需求调查与分析，使得培训工作的目标不明确，也不了解员工对培训项目的认知情况。

（2）培训时间安排不合理，在周五晚上进行培训，致使学员心不在焉，影响培训效果。

（3）没有对培训进行过程监控，不能及时发现问题、解决问题。

（4）对培训工作的总结程度不够，没有对培训的效果进行评估。

（5）没有详细的培训计划，具体表现在对受训员工的奖励问题上，没有制度性的规定，不利于提高受训员工的学习积极性。

2. 作为 RB 公司的人力资源部经理，在此次培训工作中应该做到

（1）首先进行培训需求分析，了解员工对质量监管培训的认识，了解员工的要求。

（2）对培训做总体的规划，包括合理的培训时间、地点，培训经费预算，培训讲师的安排甚至对讲师的培训等。

（3）选派合适的人选对培训的全过程进行监控，及时发现问题、解决问题。

（4）培训结束时，对受训人员进行培训考核，了解培训工作的效果。

（5）对培训的过程以及结果进行总结，保留优点，剔除问题及缺点，为下一次培训积累经验。

（三）培训的方法

1. 在职培训与脱产培训

（1）在职培训。在职培训是指通过聘请有经验的人员或专职教师指导员工边学习边工作的培训方式。它主要包括职前教育、教练法、助理制、工作轮调等。在职培训的优点是：第一，节约训练成本；第二，学员能迅速得到工作绩效的反馈，实践性强。其缺点是：虽然在职培训不发生直接成本，但可能存在一些潜在风险，如可能会损坏机器设备、生产出不合格产品、浪费原材料等。

（2）脱产培训。有选择地让部分员工在一段时间内离开原工作岗位，进行专门的业务学习的培训方式，称为脱产培训。其形式有选送员工到正规院校或国外进修、派员工参加专业机构组织的短期培训、开办业余学校等。这种方式的培训花费较高，但收益也较明显。

思考题　如何建立内部培训机制？

2. 传统与现代培训方法

（1）讲授法。讲授法也称课堂教学法，是由培训讲师借助一定形式（以语言为主）向学员传授课程内容的方法。该方法的优点是：在时间、资金、人力上都很经济，成本较低；适于理念性知识的培训。缺点是：单向信息沟通，学员比较被动，参与程度低；缺少实践机会，反馈效果差；效果在很大程度上取决于培训讲师的演讲水平。

（2）视听教学法。该方法是指，把要讲授或示范的内容做成幻灯片、电影、录像等声像资料，通过现代视听技术对学员进行培训。这种方法主要运用人的视听感官向学员传授知识或

技能。其优点是：运用视觉与听觉的感知方式，直观鲜明；可形象地说明一些难以用语言或文字描述的特殊情况；可重播。缺点是：制作和购买的成本高；内容易过时；适合本组织员工特点的教材也不易选择；易受教材和场所等硬件资源的制约，等等。该方法很少单独使用，往往与其他方法结合在一起使用。

（3）讨论法。讨论法是通过学员之间的讨论来解决疑难问题。一般而言，先由讲师介绍一些基本概念及原理，然后由学员根据教师提供的有关材料讨论并回答问题。该方法并不注重知识的传播，其重点在于意识的培养和灵感的激发。这种方法的优点是：学员参与程度高，学习兴趣浓厚；鼓励学员积极思考，促进能力开发；能提高学员口头表达能力和与他人交流的能力。其缺点是：不利于学员系统地掌握知识和技能。

（4）案例法。案例法是通过向培训对象提供相关的背景材料，让其进行分析并提出合适的解决方法。在对特定案例的分析、辩论中，提高学员发现问题、分析问题及解决问题的能力。该方法费用低，反馈效果好，但占用的时间较多，对培训讲师及学员双方的要求都比较高。

（5）角色扮演法。角色扮演法就是给学员创造一个接近真实情况的培训情境，由学员扮演其中的一个角色，以角色的身份去处理各种问题和矛盾，由此增强其对所扮演角色的感受，并培养和训练其解决问题的能力。该方法提供机会让学员实践其所学，并通过实际操作加深对技能的理解和掌握，实践性非常突出，效果明显；费用相对较低，多用于人际关系能力的培养。缺点是：强调个体，不重视集体，不利于学员团队精神、集体意识的培养；操作复杂。

（6）观摩范例法。该方法是指由培训讲师进行现场演示，学员观察并模仿的一种方法。它结合成人学习的特点，经济实用，适用于操作性知识的学习。此方法存在监督性较差的缺点。

（7）网络培训法。网络培训法又称电子学习（E-Learning），是以多媒体和互联网技术为媒介，依靠单机、局域网或互联网提供的交互式环境进行员工培训。这种方法使用灵活，符合分散式学习的新趋势，节省学员集中培训的时间与费用；信息量大，尤其适用于新知识、新理念的传递。其最大的缺点是需要投入大量成本进行建设，需要技术支撑，中小企业难以承担。

（8）虚拟现实。虚拟现实（Virtual Reality）是指通过使用专业设备和观看计算机屏幕上的虚拟模型，向受训者提供三维学习方式，受训者可以感受模拟的环境并同各种虚拟的要素进行沟通，同时还可利用技术来刺激受训者的多重知觉。例如，可以通过可视界面、可真实传递触觉的手套、踏板或运动平台来创造一个虚拟环境。利用各种装置，将受训者的运动指令输入电脑。这些装置可以让受训者产生身临其境的感觉（即到达某种特定的环境）。受训者获得的知觉信息的数量、对环境传感器的控制力以及受训者对环境的适应能力都会影响到这种身临其境的感觉。

思考题　如何确定培训项目？

虚拟现实这种方法的优点在于它可使员工在安全的环境下进行“危险性”操作。研究表明，当工作任务较为复杂或需要广泛运用视觉提示时，虚拟现实培训最有成效。虚拟现实的另一优点是可以让受训者进行连续性学习。发展虚拟现实培训的障碍在于劣质设备会影响人们身临其境的真实感（如触觉反馈不佳，感觉和行动反应的时间间隔不合理）。由于受训者的感觉被“歪曲”，因此有时他们可能会产生“模拟病”，如恶心、头痛等。

小知识

西门子公司的人才开发

西门子公司是一家拥有40万名员工，以电子、电器为主产品的高科技跨国公司，迄今为止已整整走过了150多年的发展历程。据有关人士调查表明，欧洲的企业平均寿命通常都在20～40年，许多竞争者在国际商业大舞台上，转瞬即逝。那么，西门子公司为什么不仅能够成功地走出了一条长盛不衰之路，而且在强手如林、竞争激烈的今天仍然保持着强劲的发展势头令世人瞩目呢？西门子公司的管理者认为：创新是公司的命脉，技术是造福人类的力量，领先的技术是立于不败之地的保障。因此，他们始终把人才开发、推动科技进步作为公司发展的首选之策。从世界上第一台指针式发报机的诞生到现代高科技太阳能芯片的生产，在100多年的科技发展较量中，西门子公司在同领域始终是一路领先。该公司现有员工中大学本科以上学历者已超过50%。目前，公司每年还要接收3 000名新大学生，仅用于这批学生的继续教育费就高达3亿马克。另外，公司每年还要投入70亿美元和45 000名人员专门用于研究与发展，以迎接本领域的挑战。

（四）培训的效果评价

为了对培训投入的产出效益做出价值评估，在培训结束后要进行培训效果评价。进行培训效果评价必须事先确立效果标准。由于培训效果可从多种角度进行评价，因而评价效度标准也是多样的。常用的培训效果评价效度标准有以下三种。

1．受训者对培训的反映

受训人员作为培训的参与者，在培训中或培训后会形成一些感想及意见，他们的这些反映可作为评价培训效果的依据。受训人员对培训的反映涉及培训的各个方面，如培训目标是否合理、内容是否实用、方式是否合适、教学方法是否得当、教员是否称职等。通过受训者对上述各方面感受的问卷调查反馈，可以对该次培训效果做相应的评价。

2．受训者的学习成果

培训是一种学习知识和技能的活动，受训者通过培训所获得的知识水平或掌握的技能程度，可以反映出培训的效果。受训者的学习成果可通过考试来了解。如果受训者在培训结束后参加外部组织的统一资格考试，则受训者的考试成绩能更客观地反映培训的效果。

3．受训者的工作行为变化

培训的目的之一是提高员工的工作能力，因此受训者能否将培训中获得的信息、知识和技能应用到实际工作中并产生相应的效果，是评价培训效果的重要标准之一。可以通过访谈等形式了解受训者回到工作岗位一段时间以后的工作态度、操作技能、行为规范、问题解决等方面发生的变化，判断培训导致受训者工作行为变化的程度，并由此确定培训的效果。

很多管理者都希望培训能够带来立竿见影的效果，希望员工听课以后就可以迅速地将所学知识运用到工作中，迅速转化为工作业绩的提高。但这只能是一种理想，培训是一种潜移默化的东西，需要反复地、长年累月地进行灌输与实践。培训可能无法立刻见效，但可能几十年一直有效。培训能够取得多大的效果，不仅取决于培训，而且也取决于受训者。

项目小结

1．人员配备是指组织通过对工作要求和人员素质的分析，为每一个岗位配备合适的人员以完成实现组织目标所需开展的各项工作的过程。人员配备的目的是谋求人与事的最佳组合，因此人员配备要求既能满足组织的需要，又能考虑到组织成员的需要。

2．在人员配备过程中，一般要进行以下几项工作：进行人力资源规划，以确定人员需要的种类和数量；进行招聘与甄选，以选配合适人员；进行培训与考核，以使人员适应发展需要。

3．为了求得人与事的最佳组合，在人员配备过程中必须遵循以下原则：因事择人、适应发展原则；因材器使、客观公正原则；合理匹配、动态平衡原则。

4．人力资源的有效利用首先依赖于科学的人力资源规划，人力资源规划主要包括三项工作：评价现有的人力资源配备情况；根据组织发展战略预估将来所需要的人力资源；制订满足未来人力资源需要的行动方案。

5．组织能否根据组织发展的需要和岗位任职要求招聘到所需数量的合格人才，直接决定了一个组织人力资源的整体质量。人员招聘过程由若干个先后衔接的环节所组成。

6．在人员上岗以后如何对其工作表现进行客观考核，是组织工作中保持人与事最佳组合所必须进行的工作。考核是指相关部门或人员按照一定的方法和程序，对组织中各部门、各岗位在一定时期内表现出来的工作绩效或能力素质所做的评价。

7．进行绩效考核的目的是：保证组织目标的实现，促进员工成长，为人事晋升和公平奖惩提供客观的依据。为此，要遵循考核内容的目标导向原则，考核过程的客观公正原则，考核方式的适用有效原则，考核结果的挂钩使用原则。

8．培训是组织开发现有人力资源和提高员工素质以适应组织发展要求的基本途径。按培训目的分，培训可分为岗前培训、在岗培训、转岗培训、晋升培训等。

☆习题与训练

一、理论自测题

（一）单项选择题

1．人力资源的需求量主要是根据职务的________来确定的。

A. 数量　　　　B. 类型

C. 数量和类型　　　　D. 高低

2．人力资源计划过程的第一个步骤是________。

A. 编制人力资源计划　　B. 招聘员工

C. 选用员工　　D. 培训员工

3．以所空的职位和工作的实际要求为标准来选拔符合标准的各类人员，这是人力资源计划中人员配备原则的________。

A. 因事择人原则　　B. 因材器使原则

C. 用人所长原则　　D. 人事动态平衡原则

4．根据人的能力和素质的不同，去安排不同要求的工作，这是人力资源计划中人员配备原则的________。

A. 因事择人原则　　B. 因材器使原则

C. 用人所长原则　　D. 人事动态平衡原则

5．在用人时不能够求全责备，管理者应注重发挥人的长处，这是人力资源计划中人员配备原则的________。

A. 因事择人原则　　B. 因材器使原则

C. 用人所长原则　　D. 人事动态平衡原则

6．为了提高企业的经济效益，在人力资源管理时应该________。

A. 因人设事　　B. 因事择人

C. 因人设事和因事择人相结合　　D. 以上答案都不对

7．组织及时寻找、吸引并鼓励符合要求的人到本组织中任职和工作的过程称为______。

A. 员工招聘　　B. 选用员工

C. 发掘有能力的人才　　D. 留住人才

8．“尺有所短，寸有所长”说明在进行人员配备时________。

A. 不能对员工的工作要求过于苛刻，宽松的环境更能使员工有超常的发挥

B. 应该允许员工犯错误，特别是高层员工

C. 学历高的人工作表现不一定好，学历低的人也会有惊人的表现

D. 就具体的工作职位来说，应安排最擅长该工作的人

9．与外部招聘相比，内部提升的优点是________。

A. 来源广泛，选择余地大　　B. 不会产生不满情绪

C. 能更快地胜任工作　　D. 以上所有选项

10．从外部选聘主管人员是人员配备的一种重要途径，这种做法具有若干有利之处。在下面所列举的几条优点中，不正确的是________。

A. 为组织带来新鲜血液

B. 利用外部优势

C. 有利于提高组织成员的士气，调动工作积极性

D. 有可能缓和内部竞争职位者之间的矛盾

（二）多项选择题

1．人力资源计划的任务包括________。

A. 估量人力资源变化趋势

B. 系统评价组织中人力资源的需求量
C. 选配合适的人员
D. 制订和实施人员培训计划
E. 评价工作绩效

2. 人力资源计划过程包括________。
A. 编制人力资源计划　　B. 招聘员工
C. 选用员工　　D. 培训员工
E. 职业生涯发展

3. 在人力资源计划过程中，以发掘有能力的人才并加以选用为目的的活动包括________。
A. 编制人力资源计划　　B. 招聘员工
C. 选用员工　　D. 职前引导
E. 培训员工

4. 在人力资源计划过程中，为留住人才，使员工技能得以更新的活动包括________。
A. 招聘员工　　B. 选用员工
C. 职前引导　　D. 培训
E. 职业生涯发展

5. 编制人力资源计划是人力资源计划程序中的第一步，这一步又细分为________。
A. 评估现有的人力资源状况　　B. 职前引导
C. 评估未来人员资源状况　　D. 制订一套相适应的人力资源计划
E. 职业生涯发展

6. 人员配备要遵循的原则有________。
A. 因事择人原则　　B. 因材器使原则
C. 因人设事原则　　D. 用人所长原则
E. 人事动态平衡原则

7. 组织招聘员工的原因包括________。
A. 新设立一个组织　　B. 组织扩张
C. 调整不合理的人员结构　　D. 员工因故离职而出现职位空缺
E. 吸引人才

8. 员工招聘的标准包括________。
A. 管理的愿望　　B. 良好的品德
C. 勇于创新的精神　　D. 专业对口
E. 较高的决策能力

9. 依据培训的目标和内容不同，员工培训的形式可分为________。
A. 专业知识与技能培训　　B. 职务轮换培训
C. 提升培训　　D. 设置助理职务培训
E. 设置临时职务培训

10. 绩效评估的程序与方法包括________。
A. 确定特定的绩效评估目标　　B. 确定考评责任者

C. 评价业绩　　　　　　　　　　　　　　D. 公布考评结果，交流考评意见

E. 根据考评结论，将绩效评估的结论备案

（三）判断题

1. 在组织中，人力资源管理主要是人力资源管理部门的事，各直接管理人员应着重搞好生产经营。（　）

2. 员工招聘是指企业到外部寻找和吸引那些有能力、又有兴趣到本单位任职的人，并从中选出适宜人员予以录用的过程。（　）

3. 招聘员工是人力资源计划过程中的第一步。（　）

4. 人员配备既可遵循因事择人的原则，也可遵循因人设事的原则。（　）

5. 组织用人时不能求全责备，管理者应注重发挥人的长处。（　）

6. 人员配备应遵循人事动态平衡的原则。（　）

7. 强烈的管理愿望是有效开展工作的基本素质。（　）

8. 良好的品德是每个组织成员应具备的基本前提。（　）

9. 在职培训是依据培训目标和内容而划分的一种培训形式。（　）

10. 绩效评估不仅可以作为加薪、晋升、调职、开除的依据，而且可以为分析员工的优缺点和制订相应的培训计划提供依据。（　）

二、项目实训

【实训目标】

培养人员招聘工作的能力；训练应聘的能力与心理素质。

【实训内容与要求】

1. 角色扮演的情景设定：根据模拟公司的工作计划建立组织结构，各模拟公司组织招聘各部门负责人（班级统一制定编制或职数，根据该班人数，每个公司拟招聘三人）；各模拟公司招聘由总经理主持，公司成员均为招聘组成员；每名学生可向不超过三家公司（不含本公司）应聘；各公司根据每名应聘者的表现决定聘任；招聘程序按课程讲授内容进行，同学们先在课下进行精心准备，在课上完成角色扮演。

2. 各公司要制订招聘计划，包括招聘目的、招聘岗位、任用条件、招聘程序，特别是聘用的决定办法。

3. 每个人要写出应聘提纲或应聘讲演稿。一定要体现出应聘竞争优势。

4. 课下以公司为单位，组织招聘活动；全班 6 个公司分为两大组，第一节课前三家公司招聘，后三家公司的成员应聘；第二节进行轮换；聘任由招聘公司成员集体投票决定（先将票交由教师保管，在两轮聘任结束后，按得票多少决定，并公布）。

注意：

（1）每人到一家公司只能竞聘一个职位（可以再到其他公司竞聘）。

（2）招聘包括应聘者自述、答辩、投票决定聘任等程序构成。

（3）同意聘任某人，则在相应职位格内画圈，一个职位只能聘任一人，否则投票作废。

（4）第一轮招聘结束后进行统计，每个职位得票最多者被正式聘任，由“公司总经理”

将聘任名单交给老师。

【成果与检测】

1. 各公司提供招聘计划书。

2. 每个人提供应聘提纲或讲演稿。

3. 评估各公司招聘组织状况好坏，并以前来应聘的人数为重要衡量指标。

4. 评价每个人的表现，特别是受到其他公司聘任的频次。

5. 由教师做出统计与综合评估。

面试评分表

<table>
<tr><td colspan="2">准考证号</td><td></td><td>姓名</td><td>性别</td><td>报考单位</td><td>职位</td><td></td></tr>
<tr><td colspan="2">面试测评要素</td><td>专业水平</td><td>分析和解决问题能力</td><td>语言表达能力</td><td>应变能力</td><td>职位要求的其他相关因素</td><td>合计</td></tr>
<tr><td colspan="2">分值</td><td>60</td><td>20</td><td>10</td><td>5</td><td>5</td><td>100</td></tr>
<tr><td colspan="2">评分要点</td><td>能否紧密结合工作业务回答问题；专业知识与业务水平</td><td>工作思路是否清晰，判断分析问题是否准确、深刻、透彻，有无创见；解决问题的办法、措施是否得当</td><td>语言表达的逻辑性、条理性、简练性、准确性、流畅性及感染力和说服力</td><td>反应的机敏程度；临场应变情况，面对压力心理承受能力和自制力；处理问题的灵活性和有效性</td><td>个人的志趣、知识、经验、成就、文化素养、个性特征、仪表气质等与拟任职位的适应程度</td><td></td></tr>
<tr><td rowspan="3">评分标准</td><td>好</td><td>48~60</td><td>16~20</td><td>8~10</td><td>5</td><td>5</td><td rowspan="3"></td></tr>
<tr><td>中</td><td>36~47</td><td>12~15</td><td>6~7</td><td>3~4</td><td>3~4</td></tr>
<tr><td>差</td><td>0~35</td><td>0~12</td><td>0~5</td><td>0~2</td><td>0~2</td></tr>
<tr><td colspan="2">要素得分</td><td></td><td></td><td></td><td></td><td></td><td></td></tr>
<tr><td colspan="2">考官评语</td><td colspan="6">考官签字：
年　月　日</td></tr>
</table>

三、实务技能自测题

1. 根据对熟悉的任课教师适岗情况的分析，运用本项目知识内容，分组讨论“让合适的人做合适的事，并取得满意的工作绩效”的办法，并形成相应的策略措施清单。

2. “每个人都希望从事一件具有挑战性的工作，从而使自己有成长的机会”，请用人力资源开发的观点来解释这种说法？

3. 假设你需要到人才市场上招聘企业策划人员，你将会创造什么样的新招聘方法？如果你是应聘者，你又将如何很好地回应这些方法？（可在本班同学中分组进行此项模拟招聘活动，在活动过程中可采用面试和问卷式等不同形式）

4. 在管理实践中怎样才能避免发生“外来的和尚好念经”或“墙内开花墙外香”的偏差？

四、案例分析

某公司生产部门主管李某的绩效考核

李某是某公司生产部门主管，该部门有 20 多名员工，其中既有生产人员又有管理人员。该部门采用的考评方法是“排队法”，每年对员工考评一次。具体做法是：根据员工的实际表现给其打分，每个员工最高分为 100 分，上级打分占 30%，同事打分占 70%。在考评时，20 多人互相打分，以此确定员工的位置。李某平时很少与员工就工作中的问题进行交流，只是到了年度奖金分配时才对所属员工进行打分排序。

【问题】

（1）该部门在考评中存在哪些问题?

（2）产生问题的原因是什么?

项目六 领　导

◆职业能力目标

1. 能够熟练运用领导理论对下属进行有效领导。
2. 能够区分领导的不同类型与风格。
3. 清楚知道领导的内涵与作用。
4. 能够运用不同的领导方式对下属进行有效领导。
5. 能够区分领导与管理的区别。

◆典型工作任务

知道领导的内涵及作用；理解领导与管理的区别；了解领导的特质理论；掌握领导的行为理论；理解领导的权变理论；知道领导的不同类型；掌握具体的领导方法与技巧。

任务一　认识领导

任务引例

山田的工作表现

日本某工业总公司的创始人、总经理山田，习惯在下班前把办公桌清理一下，把没干完的工作材料装进包里带回家做。他以对人粗暴而闻名，看见员工做得不对，立刻就会发怒，甚至动手打人。工作中虽没有犯错，但没有创新的人，也会遭到责骂。但事后山田会反省，并向员工解释发怒的原因。

公司员工并不讨厌山田，因为山田总是率先去做棘手的事、艰难的活儿，亲自示范，以无声的方式告诉员工，你们也要这样干。例如，为了谈一宗出口生意，山田在一家餐馆里招待外国商人。外国商人在洗手间不小心弄掉了金牙，山田二话没说，挽起袖子帮助客人捞出金牙，当场嘱托员工对金牙做消毒处理后还给客人。外国商人被山田的行为深深打动，当场就签订了合约。

资料来源：郝云宏，向荣．管理学［M］．杭州：浙江工商大学出版社，2010.

思考题　山田采用了一种什么样的领导方式？这种领导方式是否有效？山田的表率作用是否能够影响员工的行为？

毫无疑问，领导对组织具有极大的实际意义。是什么造就了一个杰出的领导？不同行业的各个层次的经理人对这个话题都感兴趣。这个问题的答案将有助于改进组织绩效和获得个人事业的成功。如何发挥领导职能？本任务将学习领导的含义及类型、领导的权利、领导的管理。

一、领导的含义

《现代汉语词典》里面对“领导”一词的定义是：动词，率领并引导朝一定方向前进；名词：担任领导工作的人。这个词仔细琢磨起来，还真有那么一点意思。首先“领导”是由“领”和“导”两个均有一定含义的字所组成的。按照《现代汉语词典》的意思，可以理解为“率领”+“引导”，也可以理解为“带领”+“训导”，即“领导”一词还包含了一层教练的意思。分析来看，首先，在事情的处理上，领导要有模范带头作用，要力争成为他人学习的楷模；其次，很重要的一点就是对同业者的培养、培训和指导。两者之中缺少任何一点都是不当的。

孔茨认为：领导是一门促使其部属充满信心、满怀热情来完成他们的任务的艺术；特里认为：领导是影响人们自动为达成群体目标而努力的一种行为；布兰查得则认为：领导是一种过程，使人得以在选择目标及达成目标上接受指挥、引导和影响。

因此，综合上述分析，我们认为领导就是一种影响力，是对人们施加影响，从而使人们心甘情愿地为实现组织目标而努力的过程。具体而言，可以从以下四个方面对领导的内涵做进一步的分析与理解。

（一）领导是一种社会行为

领导的本质是人与人之间的关系，任何领导活动都不会由单个人构成。只有领导者而没有被领导者就构不成领导。

（二）领导本身是一个动态的过程

领导的过程是由领导者、被领导者和所处环境之间的相互作用构成的。领导行为必须在一定的环境下进行，领导者和被领导者都必须处于一定的客观环境之中，共同为适应环境、改造环境而开展活动。领导有效性不仅受到领导者的影响，也受到诸如被领导者、组织环境等一系列相关因素的影响。

（三）领导是一种有目的的行为

领导的过程是指领导者向被领导者施加影响以改变被领导者的行为，创造有利于领导的环境，从而有效地实现目标的活动过程。就其最终的结果来说，领导工作必须讲求有效性。领导应能有效地调动和激励每个成员、每个次级群体的积极性和创造性，处理好领导者、被领导者和所领导组织的系统活动，使之成为一个有机的系统发挥功能，实现高效化，以取得预期的社会效果，这也是领导的根本目标。

（四）领导是一个有序的行为过程

在领导过程中，要发挥计划、组织、协调、指挥、激励、监督等一系列功能。领导过程的这些环节前后相连，紧密相扣，任何一个环节上的失误都可能导致整个过程的失败，使预定的目标难以实现。

二、领导类型

领导是一个复杂的概念，人们可以从很多不同的角度来认识它。

（一）按领导的性质与形式划分

1．个人领导与集体领导

个人领导一般是较小规模生产活动的领导，主要是通过领导者个人的决策来实施领导。

集体领导（群体领导）是在社会化大生产的前提下，由各种各样的专家组成的领导集团，通过分工合作，共同实施领导。个人领导被集体领导所代替是历史发展的必然趋势。

2．直接领导与间接领导

直接领导是指领导者通过指示、命令，实施的面对面领导。

间接领导是指通过某些中间环节实施领导的行为过程。

3．正式领导与非正式领导

正式领导是指在组织机构中有正式职务、权力和地位的领导者运用主要功能带领组织成员完成组织目标的行为过程。

非正式领导是指虽然组织并未赋予某个人职务和权力，但由于其个人的条件（如丰富的知识和经验、超群的能力和技术或者善于关心人等），在组织成员中具有一定的影响力，能够促使一定目标和任务的顺利完成，这种人是一种事实上的领导者，他可以通过自己的才能、智慧和影响力，满足组织中某些局部的、特殊的需要。

（二）按领导风格划分

1．集权式（专制式）领导与民主式领导

（1）集权式（专制式）领导是指把管理的制度、权力相对牢固地进行控制的领导者。由于管理的制度权力是由多种权力的细则构成的，如奖励权、强制权和收益的再分配权等，这就意味着对被领导者或下属而言，受控制的力度较大。在整个组织内部，资源的流动及其效率主要取决于集权领导者对管理制度的理解和运用，同时，个人专长权和影响权是行使上述制度权力成功与否的重要基础。这种领导者把权力的获取和利用看成是自我的人生价值。这种领导者的优势在于，通过完全的行政命令，管理的组织成本在其他条件不变的情况下，要低于在组织边界以外的交易成本。这对于组织在发展初期和组织面临复杂突变的变量时，是有益处的。但是，长期将下属视为某种可控制的工具则不利于他们职业生涯的良性发展。

（2）民主式领导是指向被领导者授权，鼓励下属参与，并且主要依赖其个人专长和影响力影响下属。从管理学角度看，意味着这样的领导者通过对管理制度权力的分解，进一步通过激励下属，去实现组织的目标。不过，由于这种权力的分散性使得组织内部资源的流动速度减缓，因为权力的分散性一般导致决策速度降低，进而增大了组织内部的资源配置成本。

但是，这种领导者对组织带来的好处也十分明显。通过激励下属，组织发展所需的知识，尤其是意会性或隐性知识，能够充分地积累和进化，员工的能力结构也会得到长足提高。因此，相对于集权式领导者，这种领导者更能为组织培育21世纪越来越需要的智力资本。

2．魅力型领导与变革型领导

（1）魅力型领导是指远远超出一般的尊重、影响、钦佩和信任的对追随者的情感具有震慑力的一种力量和气质。富于领袖魅力的领导者对下属具有某种影响力，这种影响力来自：为下属建立一个令人憧憬的目标。例如，马丁·路德·金有一个对更美好世界的梦想，肯尼迪宣称要把人类送上月球等；形成某种公司价值体系；信任下属从而赢得下属的尊重。他们总是创造一种变革的环境，努力为追随者建立起一种富于竞争、成功与信任并传递高度期望值的氛围。他们都是善于雄辩的演讲者，显示出高超的语言技巧，而这种技巧能够帮助他们激励和鼓舞群众。如华特·迪士尼能用讲故事的方式迷倒人们，他具有巨大的创造才能，并能够把高品位、敢冒风险和创新等重要价值观逐渐灌输到组织中去。拥有这些品质的领导者能激发起追随者的信任、信心，使追随者接受服从自己的领导、钦佩他们更高的工作绩效，做到与追随者同悲同喜。

（2）变革型领导是指鼓励下属为了组织的利益而超越自身利益，并能对下属产生深远且不同寻常的影响。他们关心每一个下属的日常生活和发展需要；他们帮助下属用新观念看待老问题从而改变下属对问题的看法；他们能够激励、唤醒和鼓舞下属为达到群体目标而付出更大的努力。

任务解析

很显然，在任务引例中，总经理山田的领导方式更倾向于魅力型领导。这种领导方式侧重于通过以身作则等表率作用来树立个人的权威及影响力，而非靠正式的法定权力来树立威信并让下属服从。

3．事务型领导与战略型领导

（1）事务型领导指通过明确角色和任务要求，激励下属向着既定的目标活动，并且尽量考虑和满足下属的社会需要，通过协作活动提高下属的生产率水平。他们对组织的管理职能推崇备至，勤奋、谦和而且公正，把事情理顺、工作有条不紊地进行为自豪。这种领导重视非人格的绩效内容，如计划、日程和预算，对组织有使命感，并且严格遵守组织的规范和价值观。

（2）战略型领导是指用战略性思维进行决策。战略型领导是将领导的权力与全面调动组织的内外资源相结合，实现长远目标，把组织的价值活动进行动态调整，在市场竞争中站稳脚跟的同时，积极竞争抢占未来商机领域的制高点。战略型领导认为，组织的资源由有形资源、无形资源和有目的地整合资源的能力构成。管理人力资本的能力是战略型领导者最重要的技能。战略型领导的行为的有效性，取决于他们愿意进行坦荡、鼓舞人心且务实的决策。他们强调同行、上级和员工对于决策价值的反馈信息，讲究面对面的沟通方式。战略型领导一般是指组织的高层管理人员，尤其是首席行政长官（CEO）。其他战略型领导还包括企业的董事会成员、高层管理团队和各事业部门的总经理。

[做中学 6–1] **岳明被罢免**

岳明在一家空调销售公司任总经理。他刚接到有关公司销售状况的最新报告：销售额比上年同期下降了 25%、利润下降了 10%，而且顾客的投诉上升。更为糟糕的是，公司内部员工纷纷跳槽，甚至还有几名销售分店的经理提出辞呈。他立即召集各主管部门的负责人开会讨论解决该问题。会上，岳明说："我认为，公司的销售额之所以下滑都是因为你们领导不得力。公司现在简直成了俱乐部，每次我从卖场走过时，我看到员工们都在各处站着，聊天的、煲电话粥的，无处不有，而对顾客却视而不见。他们想的是多拿钱少干活。要知道，我们经营公司的目的是为了赚钱，赚不到钱，想多拿钱，门儿都没有。你们必须记住，现在我们迫切需要的是对员工的严密监督和控制。我认为现在有必要安装监听装置，监听他们在电话里谈些什么，并将对话记录下来，交给我处理。当员工没有履行职责时，你们要警告他们一次，如果不听的话，马上请他们走人……"

部门主管们对岳明的指示都表示赞同。唯有销售部经理李燕提出反对意见。她认为问题的关键不在于控制不够，而在于公司没有提供良好的机会让员工真正发挥潜力。她认为每个人都有一种希望展示自己的才干、为公司努力工作并做出贡献的愿望。所以解决问题的方式应该从和员工沟通入手，真正了解他们的需求，使工作安排富有挑战性，使员工们以从事这一工作而感到自豪。同时在业务上给予指导，花大力气对员工进行专门培训。

然而，岳明并没有采纳李燕的意见，而是责令所有的部门主管在下星期的例会上汇报要采取的具体措施。但是好景不长，由于他实行的是"恐怖统治"，威逼、贬低手下的管理人员，对他们工作中的丁点儿错误都大发雷霆。他的乖张暴戾导致众叛亲离，公司的最高管理层最后几乎瓦解。他的直接下属因为害怕将坏消息告诉他而挨骂，不再向他提供任何坏消息。员工的士气是有史以来最低落的，结果公司在短暂的复苏后又再次陷入困境。最后，公司不得不将他罢免。

思考题　为什么岳明最后被罢免?

[分析]

岳明作风强硬，对工作要求严格认真，对下属要求绝对服从，独裁，做事不讲情面等这些做法都可以体现出他的领导风格是集权式领导。集权式领导是以力服人，即靠权力和强制命令让人服从。这种领导方式的优点是：能够很快做出决定并通过严格管理予以实施，能够达到既定的任务目标。但是，这种领导方式的缺点就是：可能会带来反叛，集权式的领导者只注重工作的目标，仅仅关心工作的任务和工作的效率，他们对团队的成员不够关心，被领导者与领导者之间的心理距离比较大，领导者对被领导者缺乏敏感性，被领导者对领导者存在戒心和敌意，容易使群体成员产生挫折感和机械化的行为倾向。团队的目标和工作方针都由领导者自行制定，具体的工作安排和人员调配也由领导者个人决定。团队成员对团队工作的意见不受领导者欢迎，也很少会被采纳。可以说，这种集权式领导风格在短期内可以起到一定的作用，但长期来看，这不利于组织的发展。因此，最终岳明被罢免是情理之中的事情。

三、领导的作用

领导意味着组织成员的追随与服从。正是其下属和组织其他成员的追随和服从，才使领导者在组织中的地位得以确立，并使领导的过程成为可能。而下属和组织的成员追随和服从某些领导者的原因，就在于这些被他们信任的领导人能够满足他们的思想和需求，正是在充满艺术性的领导过程之中，领导者巧妙地将组织成员个人愿望和需求的满足与组织目标的实现结合起来。当然，要实现这种结合，领导的过程就不可避免地要与沟通、激励等发生联系，这也揭示了领导工作实际上包含了其他与人的因素相关的活动内容，如激励、沟通、营造组织气氛和建设组织文化等内容。

思考题　作为一个领导者应该发挥什么样的作用？

领导活动对组织绩效具有决定性的影响，领导的作用具体体现在以下三方面。

（一）沟通协调作用

组织的目标是通过许多人的集体活动来实现的。即使组织制定了明确的目标，但由于组织中成员对目标的理解、对技术的掌握和对客观情况的认识也会因他们个人知识、能力、信念等方面的差异而不同，人们在思想认识上发生分歧、在行动上出现偏离目标的现象都是不可避免的，因此需要领导者来协调人们的关系和活动，使组织成员步调一致地朝着共同的目标前进。

（二）引导作用

在组织的集体活动中，领导者应当通过引导、指挥、指导或先导活动，帮助组织成员最大限度地实现组织的目标。尽管引导、指挥、指导和先导等活动在形式上略有差异，但共同的要求都是：领导者不是站在组织成员的后面去推动、督促，而是作为带头人来引导他们前进，鼓舞人们去奋力实现组织的目标。领导者只有站在群众的前面，用自己的行动带领人们为实现组织的目标而努力，才能真正起到指挥的作用。

（三）激励鼓舞作用

任何组织都由具有不同需求、欲望和态度的个人所组成，组织成员个人目标与组织目标不可能完全一致。领导活动的目的就在于把个人目标与组织目标结合起来，引导组织成员满腔热情地为实现组织目标做出贡献。领导工作的作用在很大程度上表现为调动组织中每个成员的积极性，使其以高昂的士气自觉地为组织做出贡献。如果领导不具备鼓励、鼓舞的能力，那么即使组织内拥有再多的优秀人才，也很难发挥其整体作用。

[做中学 6–2]　**韩 信 点 兵**

司马迁《史记·淮阴侯传》记载：韩信是我国古代杰出的军事家，他作为统帅带领汉军打垮了楚霸王项羽强大的武装力量，为刘邦统一天下，建立汉朝，立下大功，因而被封为楚王。汉高祖刘邦在位几年后，有人上书说韩信居功自傲，要谋反，刘邦对韩信早就有了猜疑，为防止韩信造反，他就设置圈套将韩信抓了起来。不久，刘邦又赦免了韩信，撤掉了他的王位，只给了他一个淮阴侯的封号。韩信知道刘邦忌才妒能，心中闷闷不乐，于是经常托病不去朝见皇帝。刘邦反而经常找韩信谈话，议论各位将军才能的大小，刘邦问韩信："像我这样的人，能带多少兵？"韩信说："你最多只能带十万人。"刘邦又问："那你呢？"韩信答话："我带兵多多益善。"刘邦说："你带兵多多益善，怎么又被我抓住了呢？"韩信说："陛下虽然不能带更多的兵，但您却善于统帅和指挥将领，所以我就被您抓了。"

思考题 1. 领导是实现组织目标所必须履行的职能吗？
2. 领导工作有哪些作用？

［分析］

1. 领导是实现组织目标的重要前提，领导方法得当，组织可以更高效地完成工作；领导方法不当，即使手下有很多的员工也难以高效、高质量地完成工作任务。

2. 领导工作的作用主要包括以下3个方面。

（1）更有效、更协调地实现组织目标。领导工作的作用，在于引导组织中全体人员有效地领会组织目标，使全体人员充满信心。通过领导，协调组织中各个部门、各级人员的各项活动，从而使全体人员步调一致地加速组织目标的实现。

（2）有利于调动人的积极性。主管人员通过领导工作，把组织成员的精力引向组织目标，并使他们热情地、满怀信心地为实现目标做出贡献。换言之，领导工作的作用也就表现在调动组织中全体人员的积极性，使他们以持久的士气和最大的努力，自觉地做出自己的贡献。

（3）有利于个人目标与组织目标的结合。主管人员通过领导，帮助组织的成员明确自己所处的地位，对社会、对组织所应承担的义务，让他们体会到个人与组织是紧密联系在一起的，从而自觉地服从组织目标，主动地放弃一些个人不切实际的需求；同时，主管人员也要创造一种环境，在实际组织目标的前提下，在条件许可的范围内，满足个人的需求，使之对组织产生信赖和依靠的感情，从而为加速实现组织目标而做出贡献。

四、领导与权力

领导权力指领导者有目的地影响和改变下属心理和行为的能力。权力是领导的基础，也是领导者发挥功能的基本条件。自古以来，人类社会总是凭借权力来维护秩序与稳定。在组织中，各级领导者之所以能对下级员工施加影响，率领和引导员工为实现组织目标而努力，原因就在于他们拥有相应的领导权力。

思考题 **领导与权力有什么关系？他们之间有什么不同与联系？**

（一）权力的分类

组织中的权力可分为正式权力和非正式权力两大类。

1. 正式权力

领导者因在组织中担任一定的职务而获得的权力为正式权力，它是由组织正式授予管理者并受法律保护的。这种权力与特定的个人没有必然的联系，它只同职务相联系，是管理者实施领导行为的基本条件。正式权力是与职位有关的权力，又称职位权，也称制度权，亦称行政性权力。正式权力包括以下几个方面。

（1）法定权力。法定权力就是组织中等级制度规定的正式权力，与合法的职位联系在一起，组织正式授予领导者一定的职务，从而使领导者具有权力地位和支配地位，使其有权对下属进行指挥和命令。这种支配权是管理者的地位或在权力层级中的角色所赋予的。

（2）强制权力。强制权力是和惩罚权相联系的迫使他人服从的力量，这种权力的基础是下属的惧怕。在企业环境中，当下属人员意识到违背上级的指示或意愿会导致某种惩罚，如降薪、扣发奖金、被分配不称心的工作、免职等，就会被动地遵从其领导，这种权力对那些认识到不服从命令就会受到惩罚或承担其他不良后果的下属是最有效的。

（3）奖励权力。奖励权力是决定给予还是取消奖励报酬的权力。这种奖励包括物质的，如奖金等；也包括精神的，如晋职等。奖励权建立在利益性遵从的基础上，当下属认识到服从领导者的意愿能带来更多的物质或非物质利益的满足时，就会自觉接受领导，领导者也因此享有相当的权力。

2. 非正式权力

非正式权力是由领导者自身的素质和行为造就的，也称为非职位权力，又称个人权力。这种来自个人的权力在领导者从事管理工作时，能增强领导者的影响力；即便领导者不担任管理职务时，这些因素仍会对人们产生较大的影响。这种影响来源于下属服从的意愿，有时会比正式权力显得更有力量。非正式权力主要包括以下两个方面。

（1）专长权力。专长权力是指领导者由于具有某种专门的知识和特殊的技能或学识渊博而获得同事及下属的尊重与佩服，从而在各项工作中显示出在学识上或专长上一言九鼎的影响力。专长权力与职位没有直接的联系，许多专家学者，虽然没有什么行政职位，但是在组织和群体中具有很大的影响力，其基础就是专长权力。

（2）感召权力。这是与个人的品质、魅力、经历、背景等相关的权力。感召权力是指领导者有优良的领导作风、思想水平、品德修养，从而在组织工作中树立起德高望重的影响力，这种权力是建立在下属对领导者承认的基础之上的，它通常是与具有超凡能力或卓著名声的领导者相联系的。

从以上分析可知，领导者影响力的大小对其实施领导职能、做好管理工作有着十分重要的影响；特别是非正式权力的影响力，直接决定着领导效能。因为，即使领导者拥有了职位和权力，形成了强制性的影响力，人们不敬重他，不信任他，在执行他的命令时必然是勉强消极的，有时甚至是敷衍的，这种领导就成了人们所说的那种有权无威的领导者。

（二）权力的运用

运用任何一种影响力的领导都可能会遇到三种反应——承诺、服从和抵抗。承诺，是在下属接受和认同领导的时候。服从，则是指下属愿意接受领导的意愿，只要这样做不增加额外的负担。也就是说，下属对正常的、合理的、显然属于正常范围的要求，虽然是例外要求，只要不做出任何额外的或超出正常水平的工作要求，下属会做出服从的反应。抵抗，是指下属拒绝或对抗领导的意愿，其原因在很大程度上是讨厌这位领导。具体有关权力的类型及运用结果见表 6-1 所示。

表 6-1　权力的类型及运用结果

领导影响力的来源	结果的类型		
	承诺	服从	抵抗
感召性权力	很可能。如果下属认为这一要求对领导很重要	可能。如果下属认为这一要求对领导不重要	可能。如果下属认为这一要求可能伤害领导
专家性权力	很可能。如果要求很强烈并且下属认同领导的目标	可能。如果要求很强烈但下属对领导的目标缺乏兴趣	可能。如果领导的行为令人不快，或下属反对领导目标
法定性权力	可能。如果要求合理并且态度宜人	很可能。如果要求或命令是合法的	可能。如果要求令人不快或不适当
奖励性权力	可能。如果运用方式隐晦并且个人化	很可能。如果运用方式机械和非个人化	可能。如果表现出操纵或令人不快的特点
强制性权力	可能很少	可能。如果表现为帮助性的和非惩罚性的	很可能。如果表现出敌意或操纵

[做中学 6–3]　　授权的障碍

B 公司的李老板从某大企业挖来了精明强干的刘先生担任公司的总经理，并将公司的大小事务均交由刘先生全权处理。由于得到授权，刘先生便结合公司的特点和实际情况，对公司的经营模式和管理体制进行了大胆的变革，将公司原先的品牌经营模式转变为 OEM（贴牌生产）服务模式，并提出了颇具创新意识的 OEM 改进方式，变被动的 OEM 服务为主动的 OEM 服务，得到众多客户的认同与支持。然而，当刘先生意欲更深入地推动企业的变革时，他发现其实自己手中的权力十分有限，虽然李老板总是客客气气地对其进行鼓励，但刘先生的内心却非常困惑，久而久之，刘先生的变革锐气便渐渐地消失了。

资料来源：张满林 . 管理学［M］. 北京：中国经济出版社，2010.

思考题　在这个案例中，刘先生进行改革的障碍是什么？你有什么好的建议？

［分析］

在这个案例中，刘先生进行改革的主要障碍是权力不够。就是由于刘先生没有得到充分的信任与授权，导致刘先生在进行深入改革的过程中遇到了很大的阻碍，使得改革无法得以顺利推进。因此，为了改革的顺利进行，刘先生必须要得到进一步的授权，获得更大的权力，包括人事任免、奖惩等正式权力。

五、领导与管理

领导现象与管理现象自古就有，不过“管理”一词出现的时间要远早于“领导”。在很长的一段时间内，“领导”与“管理”是合二为一的。在日常生活中，人们往往将领导者与管理者混为一谈。那么,领导与管理有什么区别？美国著名学者史蒂芬·柯维曾做了这一个生动比喻：一群工人在丛林里清除低矮灌木。他们是生产者，解决的是实际问题。管理者在他们的后面拟定政策，引进技术，确定工作进程和补贴计划。领导者则爬上最高的那棵树，巡视全貌，然后大声嚷道：“不是这块丛林！”韦尔奇先生也以其丰富的领导实践和人生感悟，形象地指出：“把梯子正确地靠在墙上是管理的职责，领导的作用在于保证梯子靠在正确的墙上。”

思考题　“领导”与“管理”有什么关系？他们之间有什么不同与联系？

事实上，“领导”和“管理”是两套各司其职而又相辅相成的行为，“领导”与“管理”的关系主要体现在以下两个方面,一方面,“领导”是从“管理”中分化出来的,“领导”与“管理”都是一种在组织内部通过影响人的协调活动，实现组织目标的过程；另一方面，领导活动和管理活动在现实生活中，具有较强的复合性和相容性。在现实生活中，管理者在从事管理工作的同时，也承担了领导工作，如中层管理者，对上，他是作为某一级管理者的角色出现的，主要承担执行上级领导决策的任务；对下，则充当着领导者的角色，对部门的发展承担着决策者的角色，因此，很难将领导活动与管理活动从一个管理者的行为中严格地区分出来。“领导”与“管理”的关系说明，对于一个组织或群体来说，“领导”和“管理”犹如车之两轮，只有相辅相成才能发挥作用；反之，如果两者都不具备或都很弱或只具备其一，组织便很难生存和发展下去。

总之,“领导”与“管理”密切相关,许多时候人们把两者混在一起,认为管理者就是领导者，领导过程就是管理过程。其实，他们之间的功能和作用还是有明显区别的。可以从十个方面来加以比较，分别是含义、任务、对象、作用、途径、工作重点、时空观、风险意识、用人方略及素质要求，具体如表 6-2 所示。

表 6-2　领导与管理的区别

区别	领导	管理
含义	领导是带领一个群体和影响这个群体实现目标的过程	管理是负责并促使某项工作顺利进行，把事情做好的过程
任务	领导的主要任务是给组织指引前进方向，为组织确定奋斗的目标	管理的任务在于贯彻落实领导提出的路线、方针和政策
对象	领导的对象主要是人及其组织	管理的对象主要是事，虽也包括人，但多为物、财、信息及管理系统
作用	领导的作用主要是统帅和协调全局性的工作	管理的作用主要是做好领导安排的局部范围或某一方面工作
途径	领导通过决策为组织指明方向	管理通过强制的办法将人们置于正确的方向并实现对其控制
工作重点	领导着重于分析研究和解决本部门与外界相关的重大、长期和广泛的问题	管理工作则注重于解决部门内的一些非重大、短期、策略性和技术性的具体问题

续表

区别	领导	管理
时空观	领导者着眼长远	管理者在计划和预算中只注重几个月多则一两年
风险意识	一般而言，领导者经常追求有风险甚至危险的工作	管理者更加看重秩序，会本能地回避风险或想方设法排除风险
用人方略	领导者择人的标准是适应	管理者择人的标准是专业化
素质要求	领导者要确定管理者所做的事情是否正确	管理者是有效地把事情做好

由此可见，领导与管理的区别是深刻而广泛的：

领导具有务虚性——管理具有务实性；

领导具有全局性——管理具有局部性；

领导具有超脱性——管理具有操作性；

领导具有战略性——管理具有战术性。

[做中学 6-4]　　一个只有领导者的组织

有一天动物园的袋鼠从笼子里跑出来了，于是领导开会讨论，宣布一定要加强动物园管理。会后，管理员决定将笼子的高度由原来的十公尺加高到二十公尺。结果第二天他们发现袋鼠还是跑到外面来，所以他们又决定再将高度加高到三十公尺。没想到隔天居然又看到袋鼠全跑到外面，于是管理员们大为紧张，决定一不做，二不休，将笼子的高度加高到一百公尺。

长颈鹿和袋鼠们说："你们看，这些人会不会再继续加高你们的笼子？"袋鼠说："很难说，如果他们再继续忘记关笼子的门的话。"

思考题　一个组织里，只有领导者没有管理者，会怎么样？

[分析]

一个组织中，管理者处理复杂的问题时，他们通过制订计划，设计规划的组织结构及监督计划实施的结果从而达到有序化和稳定化。好的管理者在发现问题之时会及时向上汇报情况并提出合理方案，力保工作顺利展开。如果没有一个好的管理者，领导者下传的意志就贯彻不到位，影响组织的发展。

任务二　领导理论及运用

任务引例

爱穿工作服的总裁——本田公司的创始人本田宗一郎

当我们在旅行中或在电视里看到驰骋在世界五大洲的本田轿车和摩托时，会自然而然地想起本田公司的创始人——本田宗一郎。这个奇迹的创造者并非富家子弟，也不是名牌大学的高才生。本田宗一郎出身清贫，没钱上学，一生全靠自我奋斗、自学成才。他是从修自行车起家的，在艰苦的创业道路上曾屡遭挫折。他的公司只认才干，不认文凭，不拘一格选拔人才是他一贯的用人之道。在公司里，经常可以看到他身穿白色工作服和工人们一同出入车间，同桌进餐。本田认为，这样有利于沟通意见，协调关系，也能够及时了解工人的生产情况和情绪。在他眼里，工人绝非机器，如果将工人和机器置于同等地位，那么企业就要破产了。他鼓励员工发牢骚、提建议、献计献策，工人的建议被采纳后记录评分，当积分达到某一标准时，颁发“本田奖”或免费出国旅游。因此，工人非常喜欢这位爱穿工作服的总裁。

资料来源：赖文燕．管理基础与实务［M］. 北京：北京交通大学出版社，2010.

思考题　在本田宗一郎身上，体现了哪种领导理论？

领导是一种迷人的社会现象，它超越文化和国度的界限，发生在所有的组织团队中。从古至今，许多成功的领导者向我们展示着领导的巨大魅力和威望。那么如果一个人想要成为卓越的领导者，他应该从哪些方面着手，又要如何做呢？为了回答这些问题，我们将对领导进一步研究与探讨，介绍几种比较经典的领导理论。

一、特质理论

自从人类社会产生以来，领导活动就已存在，但真正意义上的领导科学是在 20 世纪初期伴随着对领导的实证研究而产生的。早在 20 世纪 20 年代，心理学家和管理学家们就对领导的品质进行了大量的研究，希望发现领导者和非领导者在人格特点、生理属性、智力或是个人价值观方面的差异。那时，有很多研究者都认为，领导者和被领导者在本质上是有差异的，这些理论经过发展后就形成了“伟人论”，因为它主要关注那些公认的社会、政治、军事方面的伟人的天生禀赋和特征，认为这些特质是与生俱来的，是由遗传基因决定的，这就是特质理论。

（一）特质理论的代表研究

所谓特质，是指一个人区别于其他人的个人特点，包括体形、外貌、年龄、性别、人格特点、价值观及社会交往能力等。虽然关于领导特质的研究很多，但对特质理论贡献最大的是斯托格迪尔，他是第一位对领导特质进行系统总结的研究者。他分别在 1948 年和 1974 年进行了两次全面的调查，在第一项调查中，他分析了 1904—1947 年完成的 124 种特质研究，并鉴别出八种重要的领导特质，是关于不同群体里的个人如何成为领导的；在第二项调查中，他分析了 1948—1970 年完成的 163 种特质研究，总结出九种重要的领导特质。通过对每一个观点的仔细研究，他就个性如何促进领导的有效性勾勒出了一幅更加清晰的画面。特质理论的其他主要贡献者还有鲍莫尔、柯克帕特里克和洛克等，他们也都分别采用不同的研究方法，提出了一些与领导力相关的特质，具体如表 6-3 所示。

思考题　与领导力有关的特质有哪些呢？

表 6-3　与领导力有关的特质

斯托格迪尔（1948 年）	斯托格迪尔（1974 年）	洛克和柯克帕特里克	鲍莫尔
才智	成就	内在驱动力	合作精神
机敏	韧性	领导愿望	决策才能
洞察力	洞察力	诚实与正直	组织能力
责任感	主动性	自信	恰当授权
主动性	自信心	智慧	应变能力
韧性	责任感	工作相关知识	责任感
自信心	协调能力		创新能力
社交能力	宽容		风险承受力
	影响力		尊重他人意见

根据相关的理论和研究，学者们最终提取了六项对领导者来说比较重要的特质，分别是领导愿望、洞察力、自信、诚实与正直、才智和工作相关知识。接下来，我们将详述这六项特质。

1．领导愿望

根据麦克利兰的需要理论，领导者都具有较强的权力动机，所以他们有强烈的愿望想要去影响、说服和帮助他人，而且他们乐于承担责任。

2．洞察力

与管理者不同，领导者是相对于变革而言的，他们的主要任务是发动并引导组织变革，因此他们必须具有较强的洞察组织内外部环境的能力，才能抓住机遇、规避风险、发挥优势、弥补劣势，从而带领整个团队不断发展。同时，领导者还要有自我意识和对他人需求的敏感体察，以使他们看清楚那些可能被忽视的细节，并且对未来的发展趋势有更准确的判断。

3．自信

领导者要对自己做出的判断、决定、观点以及个人能力有信心。一个自信的领导者会受到下属的尊敬，能让下属相信自己的目标和决策是正确的，从而使他们更好地完成任务。

4．诚实与正直

领导者通过真诚无欺和言行一致，博得下属的钦佩和忠诚，从而在彼此之间建立起相互信任的关系。尤其在当今社会，诚实正直更是使人们减少怀疑、互相信任的基础。

5．才智

领导者需要具备足够的才智来收集、整理和解释大量信息，并能够确立目标、解决问题和做出正确决策。

6．工作相关知识

领导者不仅要具有一般的知识，还要精通专业领域知识。有效的领导者对有关企业、行业和技术的知识十分熟悉，广博的知识能够使他们做出睿智的决策，并能够认识到这些决策的意义。

（二）特质理论的总结

作为最早出现的经典领导理论，特质理论还是有其自身优势的。直观看来，它是很吸引人的。因为，在社会舆论中，领导者一般被描述为天赋异禀、行事不凡的人。特质理论正与这种观念相辅，因为它就是建立在领导者与众不同的基础上的，而其之所以与众不同正是由于他们拥有的特质。另外，特质理论为领导者的选拔提供了一些标准。它告诉我们成功的领导者应该具备的特质，以此为依据我们就可以鉴别出具有什么样特征的人可能成为优秀的领导者，从而提高在人力资源招聘甄选环节上的准确性。

不可避免地，特质理论也有一些不足之处。例如，特质理论没有考虑情境因素，正如斯托格迪尔所说：多样化情境中不存在某一套特定特质能够区分领导者和非领导者。在某些情境下可以成功的人拥有的特质在其他情境中并不一定见效。同时，该理论在原因和结果的区分方面还没有足够的证据。换言之，是某些特质导致了有效的领导，还是工作的成功导致了领导者表现出某些特质呢？关于特质理论的许多最重要的领导力都只是非常主观的推测。因为在特质上的发现广泛而多元，所以对于这些数据的意义解释就很主观。对领导特质的研究，并没能验证出与领导结果相关的个性特征。它强调特质区分，却没有指出领导特质如何影响团队成员及其工作。研究者过分关注特质与领导者之间的联系，却未曾尝试将这些特质与其他结果如生产力或员工满意度相联系。正是因为特质理论存在的这些局限性，研究者们逐渐转移了注意力。到20世纪40年代末，有关领导特质的研究已不再占据主导地位，领导理论开始偏向对领导者行为的考察，领导行为理论应运而生。

[做中学6–5]　**遴选一名新的研发主管**

桑德拉是五大湖食品公司负责研发的副总裁，该公司是一个拥有1 000名员工的大型快餐企业。由于公司最近进行了一次重组活动，桑德拉需要选用一名新的负责发展、测试新产品，同时直接向她汇报工作的研究主管。五大湖食品公司的研究部门中有200名员工。因为桑德拉已经感受到董事会要求她提高公司的总体增长率和生产效率的压力，因此这一主管人选的确定就显得特别重要。桑德拉遴选出了3名候选人。由于每位候选人都有极强的能力，桑德拉很难做出选择。

第一名候选人是亚历克萨·史密斯，是公司的老资格员工，还在高中时就在公司的收发室做兼职，毕业以后在公司先后担任了10个不同的职位，现任新产品市场开发的主管。而亚历克萨的业绩也多次说明她具有极强的创造力和洞察力。亚历克萨已经为公司发展了4条新的生产线，并使它们打入市场。此外，亚历克萨还以其强调工作的持续性而闻名于公司内部：每当开始一个新的项目，她一定会坚持参与直到项目结束。这或许就是她参与的4条生产线都能获得成功的原因。

第二名候选人是凯尔希·梅茨，她已经在公司工作了5年，现在是质检部门主管，在公司以聪明著称。在加入公司之前，她从哈佛大学获得了工商管理硕士学位，并且是她所在班级中的佼佼者，人人都认为凯尔希终有一天会自己开公司做老板。同时凯尔希还很有亲和力，她的社交活动和人际关系总是能够得到很高的评价。公司高层无论谁都可以说出和凯尔希合作时愉快的事情。加入公司以来,她已为公司开发投产了2条生产线。

第三名候选人是托马斯·圣地亚哥，他为公司服务了10年。在公司确定发展方向和制订战略计划的时候，公司的高层管理者常常会向他咨询。他一直潜心专注于公司的远景建设。他信奉公司的价值理念并积极促进公司目标的发展。他的诚实正直是尤为突出的一项品质。员工都很相信托马斯是公正的，并且能够一视同仁地对待他们，可见托马斯在公司是很受人尊敬的。在他为公司效力期间，参与开发了3条新的生产线。

由于公司高层的压力，桑德拉知道在这个新设立的职位上的人必须是最合适、最优秀的。现在桑德拉所面对的问题就是如何进行挑选。

思考题 1. 桑德拉应该选择哪一位候选人?

2. 这个案例中体现了特质理论有什么不足之处?

［分析］

桑德拉无法通过以上描述去判断选择哪一位候选人。亚历克萨具有极强的创造力和洞察力。凯尔希具有亲和力和良好的社交能力。托马斯·圣地亚哥诚实正直。他们都具有领导特质理论中的某种特质。这个案例体现了特质理论有局限性，该理论没有考虑情境因素，在某些情境下可以成功的人拥有的特质在其他情境中并不一定见效。

由于特质理论的局限性，研究者将关注点转到对领导行为的研究上，希望它能为有效领导提供更好的解释。行为理论认为，任何人只要采取恰当的行为方式都可以成为有效的领导者。因此，它主要关注领导者做什么和如何做，并致力于揭示：是领导者的行为方式而不是他们的个性特征使其成为一个领导者。相对于特质理论来说，行为方式更容易习得，从而使任何人都能成为一个有效的领导者。自20世纪40年代末至60年代中期，行为理论在西方的领导理论研究领域一直占据主导地位。自60年代开始,亚洲的研究者也开始关注领导研究,并提出了一些在学术界比较有影响力的行为理论。

二、行为理论

（一）领导风格理论

领导风格理论的创始人是美国著名的社会心理学家勒温。他认为不同风格的领导者会采用不同的领导方式，这将会影响组织的气氛，进而影响员工的行为和生产效率。领导风格划分为专制型、民主型和放任型三种。

1. 专制型

这是一种独断专行的领导行为,具有专制风格的领导者往往靠权力和强制命令让人服从。其具体特点有以下几种。

（1）权力定位于领导者，独断专行、从不考虑别人意见、所有的决策都由领导者自己决定，下级没有任何参与决策的机会，只能察言观色，奉命行事。

（2）领导者只从工作和技术方面来考虑管理，主要依靠行政命令、纪律约束、训斥和惩罚，而只有偶尔的奖励。

（3）领导者很少参加群体的社会活动，与下级保持相当的心理距离。

2．民主型

这是一种民主的领导行为，具有民主风格的领导者往往以理服人，以身作则。具体的特点有以下几种。

（1）权力定位于群体，领导主要从人际关系方面考虑管理，认为领导者的权力是由他领导的群体赋予的。被领导者受到激励以后，会自我领导，富有创造力。

（2）所有的决策都在领导者的鼓励和协作下由群体讨论决定，而不是由领导单独决定，决策是领导者及其下级共同智慧的结晶。

（3）领导者并不具体安排下属的工作，给个人较大的工作自由、较多的选择性与灵活性，分配工作时尽量照顾个人的能力、兴趣和爱好。

（4）领导者主要应用个人权力和威信，而不是靠职位权力和命令使人服从。他积极参加集体活动，与下级没有任何心理上的距离。

3．放任型

这是一种俱乐部式的领导行为，权力定位于群体每个成员个人手中。领导只作任务布置，既不监督执行，也不检查完成情况，组织中毫无规章制度，对员工采取放任的态度。

勒温通过实验发现，放任型的领导风格工作效率最低，只达到社交目标，而完不成工作目标。专制型的领导虽然通过严格管理达到了工作目标，但群体成员没有责任感，情绪消极，士气低落。民主型领导工作效率最高，不但完成工作目标，而且群体成员关系融洽，工作主动积极，有创造性。

在实际工作中，这三种极端的领导作风并不常见，大多数领导人的领导作风往往是处于两种极端类型之间的混合型。勒温的研究对于实际管理工作和研究很有意义，但也存在一定的局限。这一理论仅仅注重领导者自身的风格，没有充分考虑领导者所处的实际情景因素。

（二）领导行为四分图理论

领导行为四分图理论是由美国俄亥俄州立大学的研究者在1945年提出来的。该大学工商企业研究所从1945年开始，开展了一项关于领导行为的调查，将所测结果进行因素分析，得到两个基本的领导行为维度，分别称为“关心人”和“关心组织”。“关心人”是指领导者重点强调建立相互信任的气氛，尊重下级的意见与员工的感情，关心他们的利益和需求，鼓励下级发表意见等。“关心组织”是指领导者重视组织设计，明确职责和关系，确立组织、群体与个人的工作目标，建立明确的组织形态、信息沟通渠道及工作程序方法。

研究者们认为，“关心人”和“关心组织”是相互独立的两个维度，这两种行为维度在不同的领导者身上或同一领导者身上的高低、强弱并不一致。领导行为是这两个维度的任意组合，即可以用两个坐标的平面组合来表示，用四个象限来表示四种类型的领导行为，它们是:低关心人低关心组织、低关心人高关心组织、高关心人高关心组织、高关心人低关心组织，具体如图6-1所示。

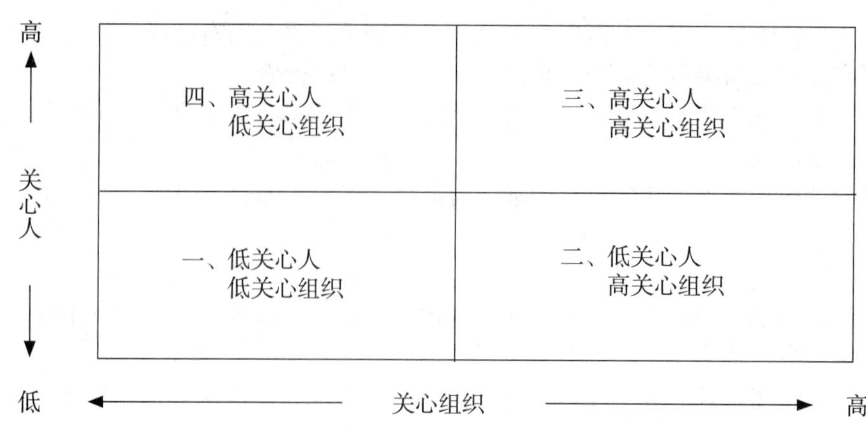

图 6-1　领导行为四分图

（1）低关心人低关心组织：低关心人低关心组织的领导，对组织对人都不关心，一般来说，这种领导方式效果差。

（2）低关心人高关心组织：低关心人高关心组织的领导，最关心的是工作任务。

（3）高关心人高关心组织：高关心人高关心组织的领导，对工作和下属都比较关心，一般来说，这种领导方式较好。

（4）高关心人低关心组织:高关心人低关心组织的领导,较为关心领导与下级之间的合作,重视相互信任和相互尊重的气氛。

当然，以上四种领导行为哪种最好，哪种最差，不能一概而论，要根据具体情况而定。

（三）管理方格理论

在领导行为四分图的基础上，美国得克萨斯大学的行为科学家布莱克和莫顿于 1964 年就企业中的领导方式提出了领导方格理论。这一理论用一张横轴纵轴均九等分的方格图表示，横坐标为领导者对生产的关心程度，纵坐标为领导者对人的关心程度。在坐标轴上由 1 到 9 作为标尺，整个方格中共有 81 个小方格。每个小方格表示“对工作关心的程度”和“对人关心的程度”这两个基本因素相结合的一种领导方式，具体如图 6-2 所示。

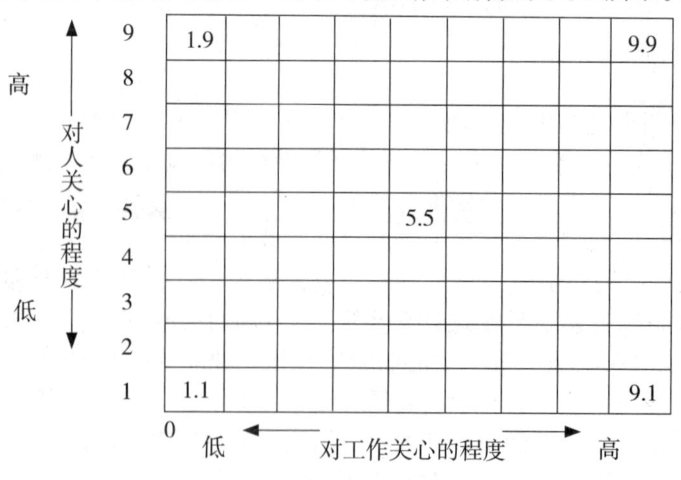

图 6-2　管理方格图

在评价领导者时，可以根据其对生产的关心程度和对员工的关心程度，在图上寻找交叉点，这个交叉点就是他的领导行为类型。

布莱克和莫顿在 81 个方格中，列出了五种基本的领导方式。

（1.1）型：虚弱型领导。这种类型的领导者对人对工作都不关心，他只以最小的付出来完成必须做的工作。

（9.1）型：任务型领导。这类领导者高度关心生产和效率，不关心人，一味要求下属服从。

（1.9）型：俱乐部型领导。这类领导者只关心人而不关心工作或生产，对下属一味迁就，重在塑造轻松友好的气氛。

（5.5）型：中间型领导。这种领导者对人的关心度和对生产的关心度保持一般状态。只图维持一般的工作效率与士气，安于现状。

（9.9）型：协作型领导。这种领导者既关心生产和工作，又关心人，通过协调和综合各种活动，促进工作和生产的发展，鼓舞士气，使大家和谐相处并发扬集体精神。

在上述五种典型的管理类型中，布莱克和莫顿认为最有效、最理想的领导类型是（9.9）型，其次是（9.1）型，再次是（1.9）型和（5.5）型，最次是（1.1）型。他们同时指出，各种领导类型的优劣不能一概而论，而应根据环境的变化而定，以最能获得理想工作效果的类型为最好。

任务解析

本田宗一郎先生在公司里，经常和工人们一同出入车间，同桌进餐。本田也能够及时了解工人的生产情况和情绪。在他眼里，工人绝非机器，他鼓励员工发牢骚、提建议、献计献策，工人的建议被采纳后记录积分，当积分达到某一标准时，颁发“本田奖”或免费出国旅游。因此，从该案例中可以看出本田宗一郎所采取的领导方式更符合（9.9）型的协作型领导。这种领导者既关心生产和工作，同时也关心人，他通过协调和综合各种活动，促进工作和生产的发展，鼓舞士气，使大家和谐相处并发扬集体精神。

（四）领导方式连续统一体理论

在人类历史上，记载了领导的各种不同的领导行为方式，从强制、威胁和要求到花言巧语、恳求、贿赂和乞讨，从彻底的独裁到完全的民主，各种领导行为形成了一个连续统一体。该理论的代表人物是美国学者罗伯特·坦南鲍姆和沃伦·施密特，他们在 1958 年发表的《怎样选择一种领导模式》一文中，提出了领导行为连续统一体理论。他们认为领导风格并不是只有独裁和民主两种极端的方式，而是在这两种极端的方式之间存在一系列领导方式，这种领导方式是随着领导者或主管人员授予下属的自主权程度（即从以领导者为中心到以下属为中心）而连续变化的，如图 6-3 所示。

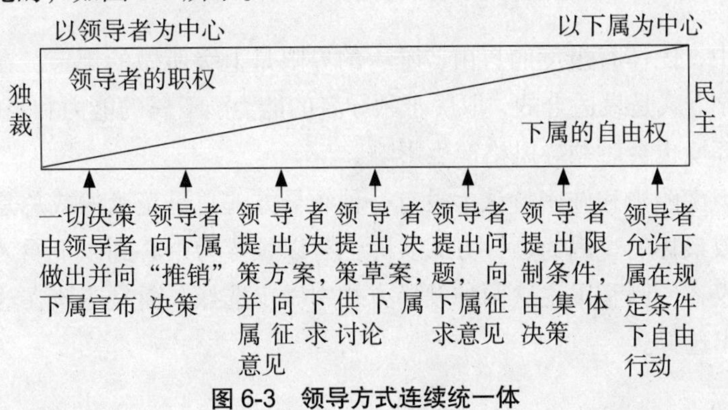

图 6-3 领导方式连续统一体

图中列出了七种典型的领导方式，民主与独裁是两个极端的情况，从左到右领导者运用职权逐渐减少，下属的自由度逐渐加大，连续统一体理论中的领导方式包括以下几种。

1．一切决策由领导者做出并向下属宣布

在这种方式中，领导者确认一个问题，考虑各种可行的方案并从中选择一个，然后向下属宣布，以便执行。下属没有参与决策的机会，只有无条件地服从，不折不扣地执行。

2．领导者向下属“推销决策”

在这种方式中，仍然由领导者做出决策，但领导者不是简单地宣布决策，而是要说服下属接受他的决策。领导者对自己的决策坚信不疑，无意去修改、调整自己的决策，其关心的是如何让下级了解他的战略思想，更好地贯彻执行。

3．领导者提出决策方案并向下属征求意见

领导者确定了大的方针、路线后，在一些局部问题和细节上听取部下的建议，并适当地进行微调。

4．领导者提出决策草案，供下属讨论

在这种方式中，领导者先对问题进行思考，提出一个方案，然后交给有关人员讨论，广泛听取意见后再做出决策，决策权仍然掌握在领导者手中。

5．领导者提出问题，向下属征求意见

在这种方式中，领导先不提任何方案，以免束缚下属，下属根据领导所提的问题，提出各种解决的方案，领导从中选择较满意的方案，再运用自己的优势加以完善。

6．领导者提出限制条件，由集体决策

在这种方式中，领导主要解释需要解决的问题，如何解决则由集体讨论，再由集体表决通过，领导者也只是具体成员中的一分子。

7．领导者允许下属在规定条件下自由行动

在这种方式中，团体有极度的自由，唯一的界限是上级所做的规定。在这一系列的领导方式中，何种领导方式是最适合的，取决于领导者的能力、下属的能力和当时的情境。此外，组织环境和社会环境也会对领导风格产生影响。

经过研究，坦南鲍姆和施密特认为没有一种领导方式总是正确的或总是错误的，也没有哪一种是最好的或最坏的。因为领导方式实际上有以领导为中心到以下属为中心的多种多样的方式，故不应仅在专制和民主这两种领导方式中做出选择，而是应该在这一系列连续变化的领导方式中做出选择。

[做中学 6-6] **马克的领导模式**

马克是一家涂料公司粉刷部的主管，其手下有 20 名员工。他进行了一项为期 4 个月的关于粉刷事务的直接和间接花费的分析，分析结果与他的上司得出的粉刷服务效率低下而又花费昂贵的看法完全符合。因此，马克对整个部门进行了重组，制定出一套新的进度计划程序，重新确立评估绩效的标准。马克说他刚开始新工作时的准则是“唯任务论”，就像一个军事训练官一样根本不理会下属反映的情况。在他看来，在工作中不允许出现任何差错，所以他应该严格要求员工们。但随着时间的推移，马克逐渐改变了他的领导模式，变得比较宽松，而不是只会通过下命令来领导了。他把部分责任交给了两位向他负责和报告的组长,但同时还保持和每一个员工近距离交流。他还喜欢和员工开玩笑，偶尔也会带些美食给员工品尝。他在“索取”的同时也注意“付出”。马克为他的部门感到骄傲。

因为马克成功的领导，粉刷部的工作成绩有了显著的提高，现在已经被公司视为最具效率的部门。顾客们对粉刷服务的好评率高达 92%，这是公司所有服务项目中最高的。

思考题　请运用行为理论分析马克的领导模式随着时间是如何变化的。

[分析]

由以上的案例分析可知，马克的领导模式在刚开始时是属于“低关心人高关心组织”的模式。但是随着时间的变化，其领导模式也发生了转变，由“低关心人高关心组织”模式转变为“高关心人高关心组织”模式，这种模式的转变带来了积极的结果。

思考题　行为理论存在什么不足呢?

行为理论本身也存在不足。和特质理论一样，行为理论也没有找到一个可以在所有情境中通用的行为模式。有关领导行为的研究不足以说明领导者的行为和员工的相应表现是如何联系在一起的。正如尤科所说的:“这么多研究，其努力的结果大都是矛盾而无结论性的。”行为理论认为最有效的领导类型是“高关以人高关的组织模式”，即高任务导向和高人员导向的模式。而实际上，它并不是在所有情境中都最有效，只是在某些前提条件下才能够成功。因为不同的情境要求领导者采取不同的领导行为。

由于特质理论和行为理论存在的缺陷，尤其是在情境方面的缺陷，研究者们开始对情境进行关注，这就是我们接下来要介绍的领导权变理论。

三、权变理论

（一）菲德勒的权变领导模型

美国当代著名心理学和管理专家弗雷德·菲德勒在大量研究的基础上提出了有效领导的权变理论（1951 年）。他认为不存在一种普遍适用的领导方式，任何形态的领导方式都可能有效，其有效性完全取决于领导方式与环境是否适应。菲德勒分析环境因素，发现有三个因素直接影响领导的有效性，即：领导与成员关系、任务结构、职位权力。

领导与成员关系：指领导者受到下级爱戴、尊敬和信任以及下级情愿追随领导者的程度。

任务结构：指工作任务的明确程度和部下对任务的负责程度。任务清楚，工作的质量就比较容易控制，也更容易为组织成员规定明确的工作职责。

职位权力：指领导者所处的职位具有的权力和权威的大小。一个具有明确的高职位权力的领导比缺乏这种权力的领导者更容易得到他人的追随。

菲德勒按照这三种因素，从最有利到最不利（Ⅰ～Ⅷ），把领导者所处的环境分为八种类型，具体如图 6-4 所示。

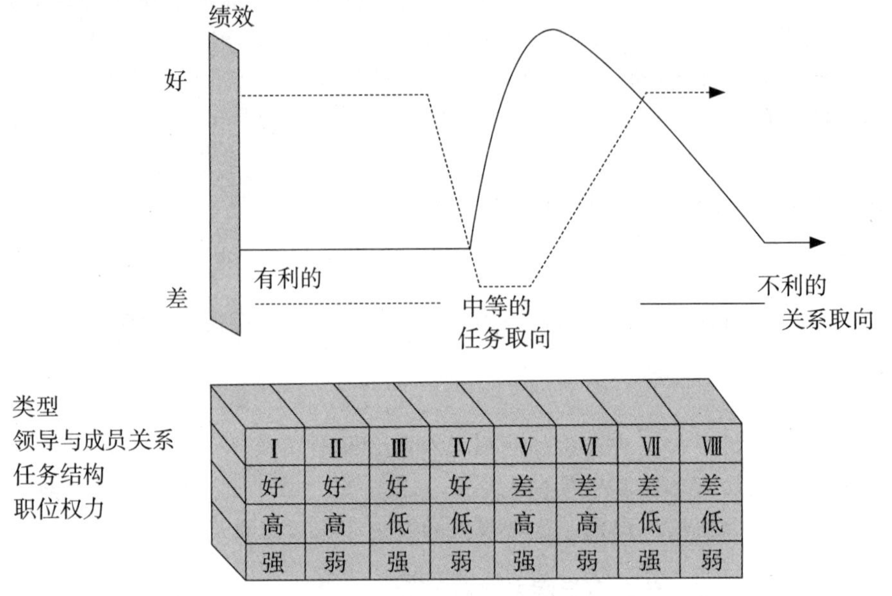

类型	Ⅰ	Ⅱ	Ⅲ	Ⅳ	Ⅴ	Ⅵ	Ⅶ	Ⅷ
领导与成员关系	好	好	好	好	差	差	差	差
任务结构	高	高	低	低	高	高	低	低
职位权力	强	弱	强	弱	强	弱	强	弱

图 6-4　菲德勒权变领导模型

菲德勒认为，从这些研究材料中，可以得出两个结论。

1. 以人际关系为中心的领导方式，在对领导者有利情况为中间状态的环境中效率较高，以工作为中心的领导方式在对领导者非常有利或非常不利的环境中效率较高。所以，不能说哪种领导方式最好或不好，必须把环境、领导者和下属的情况、工作类型等方面的因素综合起来考虑。不同的情况适合采取不同的领导方式。

2. 要提高领导效率，可以从决定领导效率高低的两个方面来着手，即① 改变领导者的个性和领导方式；② 改变领导环境。这可以从上述三个因素入手，即或者改变领导同下属的关系，如改变下属的组成，使下属在经历、文化水平、技术专长等方面同领导者更适合，更愿意追随领导者；或者改变工作结构程度的高低，如详细规定工作的内容，明确工作任务等；或者改变领导者的地位权力，如授予领导者更大的权力等。

（二）目标—途径理论

目标—途径理论由罗伯特·豪斯提出。他认为，领导者的效率是以能激励下级达成组织目标，并在其工作中使下级得到满足的能力来衡量的。

目标—途径理论认为，有四种领导方式可供同一领导者在不同环境下选择使用。

1．支持型领导方式：这种领导方式对下级友善、关心，从各方面给予支持。领导者的责任和作用就在于改善下级的心理状态，激励他们去完成工作或对工作感到满意，帮助下级达到目标。

2．参与型领导方式：领导者在做决策时与下属商讨，征求并采纳下级的建议。

3．指导型领导方式：让下属知道对他们的期望是什么，并给予下级以相当具体的指导；支持下级为实现目标所做的努力；为如期完成任务清扫障碍；增加下级获得个人满意感的机会；等等。

4．绩效导向型领导方式：领导者给下级提出挑战性的目标，并相信他们能达到目标。领导者要向下级讲清工作任务，承认并刺激下级对奖励的要求；奖励达到目的的成就。领导者的这种作用越大，对下级的激励程度越高，就越能帮助下级达到目标。

目标—途径理论认为，下级的特点和任务的性质这两个变量决定领导的方式。具体如图 6-5 所示。

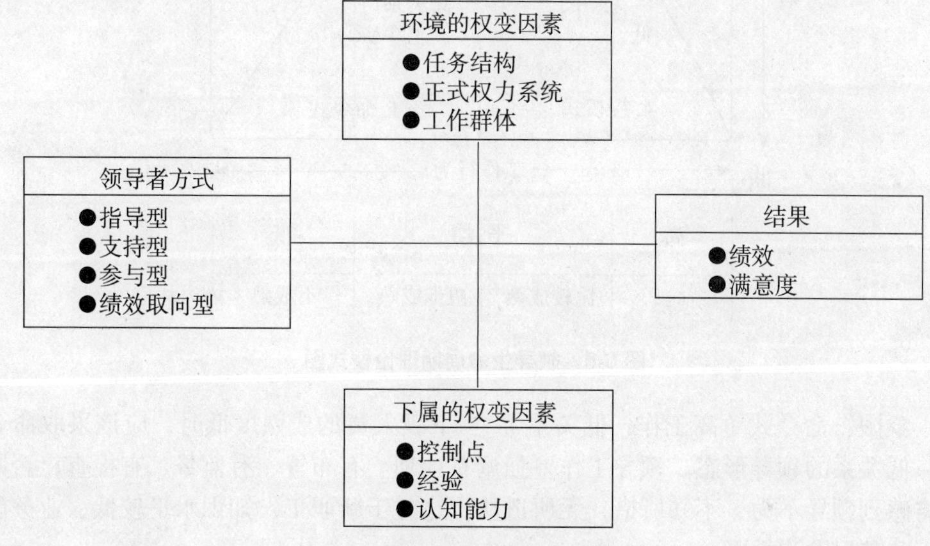

图 6-5 目标—途径理论模型

下级接受领导方式的程度，取决于这种领导方式能否满足下级的需要。如果下级觉得有能力完成任务，很需要荣誉和交往，他们不喜欢指导型领导方式，就应选择支持型领导方式。如果工作任务是常规性的，目标和达到目标的途径都是一目了然的，在这种情况下，领导者还去发号施令就会引起下级的不满。但是如果工作任务变化性很大，下级经常干些自己不熟悉和没把握的事，这时领导者如能及时告诉他们目标和达到目标的途径，采用指导型的领导方式，因能适应当时情况，下级会欣然接受。

（三）领导的生命周期理论

领导生命周期理论也称领导寿命循环理论，是由美国心理学家卡曼首先提出的，后来由赫西和布兰查德进一步发展。该理论的观点是：领导者的风格应适应其下属的成熟程度。在被领导者日趋成熟时，领导者的行为要做出相应的调整，这样才能称为有效的领导。

领导生命周期理论是基于领导者的工作行为、关系行为与被领导者成熟程度之间的曲线变化关系来研究领导方式的。它强调以领导者对下级的行为来考察其效率。根据领导生命周期理论，当下级成熟程度提高时，领导行为也需相应地变化，从以工作为主逐渐转变为以关系为主，最后需要重视其自主性。

该理论认为，随着从不成熟到走向成熟，领导行为应按下列程序逐步推移：高工作与低关系、高工作与高关系、低工作与高关系、低工作与低关系。具体如图 6-6 所示。

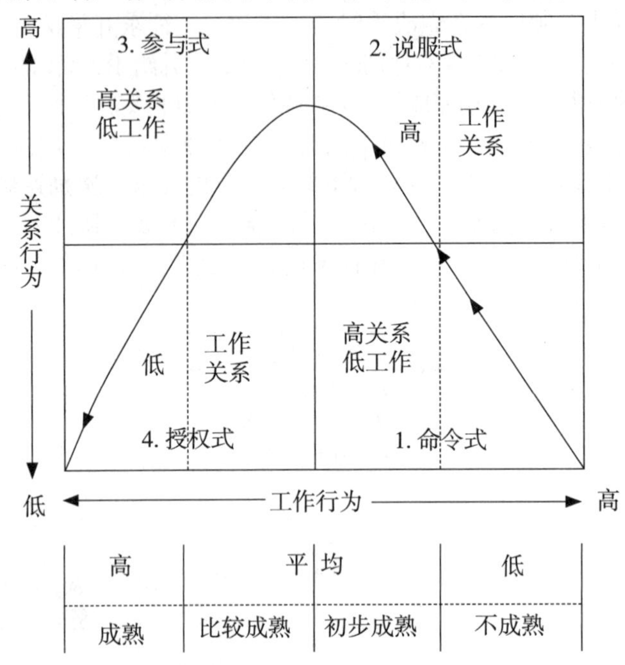

图 6-6　领导生命周期理论模式图

第一象限：命令式（高工作，低关系）。当下级人员的成熟度低时，应该采取命令式的高工作、低关系的领导形态。领导工作要强调有计划、有布置、有监督、有检查；否则，下级人员将感到领导不力，不知所措，无所适从。这对于新职工，知识水平较低、业务能力较差的职工和基层尤为重要。

第二象限：说服式（高工作，高关系）。当下级人员的成熟度进入初步成熟时，采取任务行为、关系行为并重的说服式领导形态较为适宜。这时，布置工作不仅要说明干什么，还要说明为什么这样干，以理服人，不搞盲从。

第三象限：参与式（高关系，低工作）当下级人员更趋成熟时，领导者的任务行为要减少、放松，关系行为要加强，采取参与式。领导者要向下级人员沟通信息，交流感情，吸收下级参与领导，提供情况和建议，改善关系，增强信任感。

第四象限：授权式（低关系，低工作）。当下级人员成熟度很高，水平很高，工作熟悉，技术熟练时，领导者应采取低工作、低关系的授权式领导，提出任务后，放手让下级去干，充分发挥下级的主观能动性；在下级需要时，可以帮助和支持。否则，过多的关心和支持反而会引起下级的反感，认为上级不放手、不信任，从而挫伤积极性，造成猜疑，影响工作成效。

[做中学 6−7]　　**副总家失火以后**

一家公司的销售副总，在外出差时家里失火了。他接到妻子电话后，连夜火速赶回家。第二天一早去公司向老总请假，说家里失火要请几天假安排一下。按理说，也不过分，但老总却说："谁让你回来的？你要马上出差，如果你下午还不走，我就免你的职。"这位副总很有情绪，无可奈何地从老总办公室里出来后又马上出差走了。老总听说副总已走，马上把党、政、工、团负责人都叫了过来，要求他们分头行动，在最短的时间内，不惜一切代价把副总家里的损失弥补回来，把家属安顿好。

思考题 用管理方格理论分析这位老总属于哪一种领导类型？为什么？

［分析］

这位老总属于管理方格理论中的协作型领导。因为老总对工作和下属的关心都达到了较高点。协作型领导既关心生产和工作，又关心人，通过协调和综合各种活动，促进工作和生产的发展，鼓舞士气，使大家和谐相处并发扬集体精神。

思考题 见表 6-4 比较领导特质理论、领导行为理论与领导权变理论的不同之处？

表 6-4 三种领导理论的比较

领导理论	基本观点	研究目的	研究结果
领导特质理论	领导有效性取决于领导者个人特性	好的领导者应当具备怎样的素质	各种优秀领导者的描述
领导行为理论	领导有效性取决于领导行为和风格	怎样的领导行为和风格是最好的	各种最佳的领导行为和风格描述
领导权变理论	领导有效性取决于领导者、被领导者和环境的影响	在不同的情况下，哪一种领导方式是最好的	各种领导行为权变模型描述

任务三 学会领导

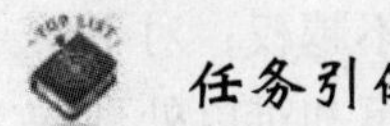

任务引例

有远见的董事长

东方电脑公司是一家科技应用企业。公司创办时，董事会破格从其下属的电脑服务部聘任优秀员工 A 为公司经理。理由是：A 在电脑应用及智能化工程实施方面的技术水平较高，属内行。A 上任三个月，工作积极、勤奋，带领员工刻苦钻研技术业务。但他不知道怎么经营和管理，公司经营停滞不前。董事会决定将其撤换掉，但如果处理方法不当会挫伤 A 的工作积极性，并对各方面产生负面影响。如何平衡，董事们提出了各自的想法。董事 C 的看法：把他增选进董事会，然后兼任公司技术负责人。董事 Z 的看法：让他做分管技术的副经理，享受经理待遇。董事 Y 的看法：我们需要的是懂管理，能带领员工扩大经营规模，创造效益的经理，既然他不行，那就撤职让他专干业务，那不就行了吗？现在的企业对人的管理不必太顾虑，该咋办就咋办。董事 S 的看法：把他调回，给他 3 000 元苦劳奖，开个离职欢送会，大家吃顿欢送饭。董事长 H（领导层的权威）的看法：①A 为一个有技术的优秀员工，是我们企业的财富，是我们没有给他摆好位置，这是我们的失误；②A 正是公司最需要的专业人才，公司正要依靠这样一些技术尖子来发展，调走他会影响公司技术工作；③目前我们选定的经理J虽有经营管理经验，但技术业务不太熟，需要A帮助，增选A进董事会不合适，若他作为董事兼技术总负责，而不是董事的新任经理在领导工作中会有难度；④若简单把A撤换掉，会产生很大的负面影响，这个问题不宜简单化；⑤我的意见是设总经理，由我兼任。设两个总经理助理，拟聘的经理J任总经理助理负责公司日常的经营管理工作，A任总经理助理兼技术部经理，对年轻的优秀员工A（24岁），我们应采取积极培养的方针，通过传、帮、带，使他既在业务上保持高水平，又在经营管理方面能有所突破。通过一段时间的运作，在适宜时，我退出，那时必须建立一套稳定的、能力强的领导班子。H的意见通过后立即得到了实施，公司的经营状况有了起色，A依然积极勤奋。半年后，H退位，J任总经理，A任副总经理分管技术，公司运转良好。

资料来源：孙永正．管理学［M］. 北京：清华大学出版社，2011.

思考题　怎样才能当好一个企业领导者?

领导者在领导管理过程中，常常会出现这样的现象，同一层次的领导者，在相同的工作条件下，为完成同样的工作任务而付出同样的劳动，但工作效果却不尽相同：有的得心应手，事半功倍；有的手忙脚乱，事倍功半。究其原因，往往在于领导者领导艺术高低不同所致。可以毫不夸张地说，领导艺术是决定事业成败的关键因素之一。所以一个有责任心和事业心的领导者，应该从理论上学习领导艺术，在实践中探索领导艺术，在工作中自觉地讲究领导艺术。

思考题　怎样才能当好一个企业领导者?

一、领导用权

（一）谨慎用权

一个领导者必须找准自己的位置，明确自己的职责范围，努力做到对上不越权，对下不侵权。对自己职权之内的事情要认真负责，敢作敢为，当然对事关全局的大事和难以处理的棘手问题也要请示汇报或征求意见。对不属于自己职权范围内的事，不要擅自做主，随便表态，以免引起领导者之间的猜疑，给工作造成不必要的损失。

（二）相宜授权

授权就是要给下属一定的权力，使其在处理问题时有相当的自主权，同时也让下属承担一定的责任，做到责、权、利一致。授权是领导者的分身术，有利于调动下属的积极性，培养锻炼下属的能力，对完成群体目标起着很大的作用。授权时要注意以下几点。

首先，因事择人，视能授权。要把权力授予那些品行好、有专长、有处事能力的人。

其次，要明确职权范围。领导者要向下属讲清所授权力的责任范围，讲明执行任务时要达到的具体目标，使下属在准确领会意图后积极主动地开展工作。

最后，要授权留责，监督控制。授权留责是对下属信任的表现，并不是推卸责任。出了问题领导者应勇于承担责任，好让下属放心大胆地工作。当然授权不等于放任自流，领导者仍需监督控制，以免偏离方向或滥用权力。

任务解析

要当好一个企业领导者要学习用权。在涉及人事调动方面一定要谨慎，尽可能做到人职匹配，这样才有利于人尽其才和组织的长远发展。

二、领导待人

（一）尊重关心他人，坦诚相待

领导者无论职位高低都要坦荡真诚地善待别人，与下属建立良好和谐的人际关系。待人要谦虚、温和，说话要文明礼貌，以富有魅力的真诚微笑接待他人。

（二）处理好上下级及同事的关系

1．对上级要尊重。要认真听取上级指示，汇报请示要抓住中心，简洁明了。要正确对待上级的批评，要了解上级的工作习惯，适应领导的工作方式。

2．对下级要关心爱护，平等对待，不要盛气凌人，居高临下。批评下属时要态度诚恳，不要揭老底，要就事论事、设身处地、与人为善。

3．处理同级关系，相信友谊是最好的润滑剂，要尊重他人、关心他人、支持他人。当发生意见分歧时，要力求在坚持原则的前提下求同存异，在发生矛盾冲突时，要学会忍让、学会宽容、学会理解。

三、领导沟通

（一）要符合身份，注意分寸

要根据不同的环境、不同的对象，采用不同的表达方式。只有这样，才会收到良好的谈话效果。

（二）不要轻易许诺

人与人交往都看重一个“信”字，接受了任务就要如期完成，许诺了就必须兑现。说话不算数、不守信用的人是得不到下属的爱戴的。

（三）要风趣幽默

采用这种方法能缩短彼此之间的距离，使双方容易沟通，气氛活跃，消除陌生感，增加信任感。当然风趣幽默并不是没有分寸的耍嘴皮子，而是入时入事，入情入理，给人以心灵启迪。

（四）委婉机巧

在谈话中有很多不便直接表达的内容，需要用委婉机巧的语言来表达。对于涉及机密、隐私或有意刁难的提问，可采用“答非所问”“无效回答”“诙谐作答”等。有的提问不怀好意，如直接回答就会中圈套，而采用巧妙回避的办法，就会绕开对方话题，变被动为主动。

[做中学 6–8]　　苏·雷诺兹的领导素质

苏·雷诺兹，今年22岁，即将获得哈佛大学人力资源管理的本科学位。在过去的两年里，她每年暑假都在康涅狄格互助保险公司打工，填补去度假的员工的工作空缺，因此她在这里做过许多不同类型的工作。目前，她已接受该公司的邀请，毕业之后将加入互助保险公司成为保险单更换部的主管。

康涅狄格互助保险公司是一家大型保险公司，仅苏所在的总部就有5 000多名员工。公司奉行员工的个人开发，这已成为公司的经营哲学，公司自上而下对所有员工都十分信任。

苏将要承担的工作要求她直接负责25名职员。他们的工作不需要培训而且高度程序化，但员工的责任感十分重要，因为更换通知要先送到原保险单所在处，要列表标明保险费用与标准表格中的全部变化，如果某份保险单因无更换通知的答复而将被取消，还需要通知销售部。

苏工作的群体成员全部为女性，年龄跨度从19~62岁，平均年龄为25岁。其中大部分人是高中学历，以前没有过工作经验，她们的薪金水平为每月1 420~2 070美元。苏将接替梅贝尔·芬彻的职位。梅贝尔为互助保险公司工作了37年，并在保险单更换部做了17年的主管，现在她退休了。苏上年夏天曾在梅贝尔的群体里工作过几周，因此比较熟悉她的工作风格，并认识大多数群体成员。她预计除了丽莲·兰兹之外，其他将成为她下属的成员都不会有什么问题。丽莲今年50多岁，在保险单更换部工作了10多年，而且作为一个“老太太”，她在员工群体中很有分量。苏断定，如果她的工作得不到丽莲·兰兹的支持，将会十分困难。

苏决心以正确的步调开始她的职业生涯。因此，她一直在认真思考一名有效的领导者应具备什么样的素质。

资料来源：赖文燕. 管理基础与实务［M］. 北京：北京交通大学出版社，2010.

思考题　影响苏成功成为领导者的关键因素是什么？

［分析］

每一个组织的领导者，都具有一定的权力。领导者的权力包括职权和权威。权力主要来自两个方面：一是来自职位的权力，即职权。这种权力是由领导者在组织中所处的职位所决定的。它是由上级和组织赋予的，并由规章、制度明文规定的，属于正式的权力。这样的权力随职务变动而变动。在职就有权，不在职就无权。职权的基本内容包括对组织活动的决定权、指挥权，对组织成员的奖惩权。人们往往出于压力和习惯不得不服从这种权力。职权与个人因素（学历、能力、资历、人际关系等）无关。二是来自领导者个人的权力，即权威。这种权威不是由领导者在组织中的位置所决定的，而是由其自身的某些特殊条件和才能所决定的。例如，领导者具有高尚的品德，丰富的经验，卓越的工作能力，良好的人际关系；领导者善于体贴关心他人，令人感到可亲、可信、可敬，不仅能完成组织目标，而且善于创造一个激励的工作环境，以满足群众的需要，等等。这种权威不随职位的消失而消失，而且这种权威对人的影响是发自内心的。领导者的权威是由四种因素构成的，即品格、才能、知识和情感。

项目小结

1. 领导是一种影响过程，是影响个体、群体或组织去实现期望目标的各种活动的过程。

2. 领导的类型：按领导的性质与形式划分为个人领导与集体领导、直接领导与间接领导、正式领导与非正式领导。按领导风格划分为集权式（专制式）领导与民主式领导、魅力型领导与变革型领导、事务型领导与战略型领导。

3. 领导的作用具体体现为沟通协调作用、引导作用和激励鼓舞作用。

4. 领导权力指领导者有目的地影响和改变下属心理和行为的能力。权力是领导的基础，也是领导者发挥功能的基本条件。组织中的权力可分为正式权力和非正式权力两大类。正式权力包括法定权力、强制权力、奖励权力；非正式权力主要包括专长权力、感召权力。

5. 在管理学领域中，有三种比较典型的领导理论，即特质理论、行为理论和权变理论。特质理论主要是通过研究领导者的各种个性特征，来预测具有怎样性格特征的人才能成为有效的领导者；行为理论主要研究领导者的行为及其对下属的影响，以期寻求最佳的领导行为；权变领导理论集中研究特定环境中最有效的领导方式和领导行为。

6. 根据相关的理论和研究，特质理论提出了六项对领导者来说比较重要的特质，分别是领导愿望、洞察力、自信、诚实与正直、才智和工作相关知识。

7. 行为理论包括领导风格理论、领导行为四分图理论、管理方格理论、领导方式连续统一体理论。

8. 领导风格理论的创始人是美国著名的社会心理学家勒温。他认为不同风格的领导者会采用不同的领导方式，这将会影响组织的气氛，进而影响员工的行为和生产效率。领导风格划分为专制型、民主型和放任型三种。专制型是一种独断专行的领导行为，具有专制风格的领导者往往靠权力和强制命令让人服从。民主型是一种民主的领导行为，具有民主风格的领导者往往以理服人，以身作则。放任型是一种俱乐部式的领导行为，权力定位于群体中每个成员个人手中。领导只作任务布置，既不监督执行，也不检查完成情况，组织中毫无规章制度，对员工采取放任的态度。勒温通过实验发现，放任型的领导风格工作效率最低，只达到社交目标，而完不成工作目标。专制型的领导虽然通过严格管理达到了工作目标，但群体成员没有责任感，情绪消极，士气低落。民主型领导工作效率最高，不但完成工作目标，而且群体成员关系融洽，工作主动积极，有创造性。这一理论也存在一定的局限，仅仅注重领导者自身的风格，没有充分考虑领导者所处的实际情景因素。

9. 领导行为四分图理论是由美国俄亥俄州立大学的研究者在 1945 年提出来的。用四个象限来表示四种类型的领导行为，它们是：低关心人低关心组织、低关心人高关心组织、高关心人高关心组织、高关心人低关心组织。低关心人低关心组织：低关心人低关心组织的领导，对组织对人都不关心，一般来说，这种领导方式效果差。低关心人高关心组织：低关心人高关心组织的领导，最关心的是工作任务。高关心人高关心组织：高关心人高关心组织的领导，对工作和下属都比较关心，一般来说，这种领导方式较好。高关心人低关心组织：高关心人低关心组织的领导，较为关心领导与下级之间的合作，重视相互信任和相互尊重的气氛。

当然，以上四种领导行为哪种最好，哪种最差，不能一概而论，要根据具体情况而定。

10. 在领导行为四分图的基础上，美国得克萨斯大学的行为科学家布莱克和莫顿于 1964 年就企业中的领导方式提出了领导方格理论。这一理论用一张横轴、纵轴均九等分的方格图表示，横坐标为领导者对生产的关心程度，纵坐标为领导者对人的关心程度。在坐标轴上由 1 到 9 作为标尺,整个方格中共有 81 个小方格。每个小方格表示“对工作关心的程度”和“对人关心的程度”这两个基本因素相结合的一种领导方式。布莱克和莫顿在 81 个方格中，列出了五种基本的领导方式:（1.1）型：虚弱型领导。这种类型的领导者对人对工作都不关心，他只以最小的付出来完成必须做的工作。（9.1）型：任务型领导。这类领导者高度关心生产和效率，而不关心人，一味要求下属服从。（1.9）型：俱乐部型领导。这类领导者只关心人而不关心工作或生产，对下属一味迁就，重在塑造轻松友好的气氛。（5.5）型：中间型领导。这种领导者对人的关心度和对生产的关心度保持一般状态。只图维持一般的工作效率与士气，安于现状。（9.9）型：协作型领导。这种领导者既关心生产和工作，又关心人，通过协调和综合各种活动，促进工作和生产的发展，鼓舞士气，使大家和谐相处并发扬集体精神。在上述五种典型的管理类型中，布莱克和莫顿认为最有效、最理想的领导类型是（9.9）型，其次是（9.1）型，再次是（1.9）型和（5.5）型，最次是（1.1）型。他们同时指出，各种领导类型的优劣不能一概而论，而应根据环境的变化而定，以最能获得理想工作效果的类型为最好。

11. 权变理论包括菲德勒的权变领导模型、目标—途径理论、领导的生命周期理论。

12. 菲德勒的权变领导模型提出有三个因素直接影响领导的有效性,即:领导与成员关系、任务结构、职位权力。领导与成员关系：指领导者受到下级爱戴、尊敬和信任以及下级情愿追随领导者的程度。任务结构:指工作任务的明确程度和部下对任务的负责程度。任务清楚，工作的质量就比较容易控制，也更容易为组织成员规定明确的工作职责。职位权力：指领导者所处的职位具有的权力和权威的大小。一个具有明确的高职位权力的领导比缺乏这种权力的领导者更容易得到他人的追随。

13. 目标—途径理论由罗伯特·豪斯提出。他认为，领导者的效率是以能激励下级达成组织目标，并在其工作中使下级得到满足的能力来衡量的。目标—途径理论认为，有四种领导方式可供同一领导者在不同环境下选择使用。分别是支持型领导方式、参与型领导方式、指导型领导方式、绩效导向型领导方式。支持型领导方式:这种领导方式对下级友善、关心，从各方面给予支持。领导者的责任和作用就在于改善下级的心理状态，激励他们去完成工作或对工作感到满意，帮助下级达到目标。参与型领导方式：领导者在做决策时与下属商讨，征求并采纳下级的建议。指导型领导方式：让下属知道对他们的期望是什么，并给予下级以相当具体的指导；支持下级为实现目标所做的努力；为如期完成任务清扫障碍；增加下级获得个人满意感的机会；等等。绩效导向型领导方式：领导者给下级提出挑战性的目标，并相信他们能达到目标。领导者要向下级讲清工作任务，承认并刺激下级对奖励的要求；奖励达到目的的成就。领导者的这种作用越大，对下级的激励程度越高，就越能帮助下级达到目标。

14. 领导的生命周期理论称为领导寿命循环理论。领导生命周期理论是基于领导者的工作行为、关系行为与被领导者成熟程度之间的曲线变化关系来研究领导方式的。它强调以领导者对下级的行为来考察其效率。根据领导生命周期理论，当下级成熟程度提高时，领导行为也需相应地变化，从以工作为主逐渐转变为以关系为主，最后需要重视其自主性。该理论认为，随着从不成熟到走向成熟，领导行为应按下列程序逐步推移：高工作与低关系、高工作与高关系、低工作与高关系、低工作与低关系。

15．学会领导是决定事业成败的关键因素之一。所以一个有责任心和事业心的领导者，应该从理论上学习领导艺术，在实践中探索领导管理艺术，在工作中自觉地讲究领导艺术。领导者在用权、待人、谈话方面都应讲究艺术，使自己的领导工作事半功倍，得心应手。

☆习题与训练

一、理论自测题

（一）单项选择题

1．将领导者划分为集权式领导者和民主式领导者是以（　　）为标准划分的。

A. 领导者权力运用方式　　B. 领导者的地位
C. 按制度权力的集中与分散程度　　D. 领导者在领导过程中的思维方式

2．提出目标—途径理论的是（　　）。

A. 罗伯特·豪斯　　B. 布莱克　　C. 莫顿　　D. 菲德勒

3．某一具体的领导方式并不是到处都适用的，领导者的行为若想有效，就必须随着被领导者的特点和环境的变化而变化的领导理论是（　　）。

A. 管理方格理论　　B. 特质理论　　C. 目标—途径理论　　D. 权变理论

4．处长李铭现任职已有五年，其业绩在局里颇有口碑。李铭是局长老王一手提拔的，两人一向关系密切，但最近出现了一些不和谐的征兆。李铭私下抱怨老王不给自己留面子，在下级面前对自己呼来喝去，对自己的工作也干预太多。老王则觉得李铭“翅膀”硬了，不像过去那样听话了。根据生命周期理论，你认为老王应采取的较为合适的领导方式是（　　）。

A. 高工作高关系　　B. 高工作低关系　　C. 低工作低关系　　D. 低工作高关系

5．根据领导生命周期理论，领导者的风格应该根据其下属的成熟度而逐渐调整。因此，对于建立多年且员工队伍基本稳定的高科技企业的领导者来说，其领导风格逐渐调整的方向应该是（　　）。

A. 从参与型向说服型转变　　B. 从参与型向命令型转变
C. 从说服型向命令型转变　　D. 从命令型向说服型转变

6．下列哪种领导方式的特点是对员工和生产几乎都漠不关心，只以最小的付出来完成必须做的工作（　　）。

A. 虚弱型领导方式　　B. 任务型领导方式
C. 俱乐部型领导方式　　D. 中间型领导方式

7．组织中的权力可分为哪两大类（　　）。

A. 专长权力和感召权力　　B. 法定权力和强制权力
C. 正式权力和非正式权力　　D. 强制权力和奖励权力

8．目标—途径理论与菲德勒的权变模型的不同点在于目标—途径理论是（　　）。

A. 假定一个领导者的风格可以是灵活多样的，则可以表现出任何一种或所有的领导风格
B. 基于特质理论，而不是权变理论

C. 采用的风格是基于任务而不是员工需要

D. 基于以上所有因素，唯独没有菲德勒的权变模型

9. 领导方式连续统一体理论列出了几种典型的领导方式（　　）。

A.5 种　　B.6 种　　C.7 种　　D.8 种

10.（　　）适用于下属非常不成熟的情况。

A. 高工作低关系　　B. 高工作高关系

C. 低工作高关系　　D. 低工作低关系

（二）多项选择题

1. 领导的非正式权力包括（　　）。

A. 奖励权力　　B. 专长权力　　C. 感召权力　　D. 强制权力

2. 菲德勒的权变理论认为，影响领导有效性的因素有（　　）。

A. 领导与成员关系　　B. 任务结构　　C. 外部环境　　D. 职位权力

3. 四分图理论把领导行为归纳为（　　）。

A. 积极因素　　B. 消极因素　　C. 体制因素　　D. 体谅因素

4. 管理方格图设计的维度包括（　　）。

A. 对工作的关心　　B. 对人的关心　　C. 对岗位的关心　　D. 对目标的关心

5. 目标—途径理论认为哪两个变量决定着领导的方式（　　）。

A. 任务的性质　　B. 外部的环境　　C. 职位的权力　　D. 下级的特点

6. 领导权变理论的研究目的和研究结果是（　　）。

A. 好的领导者应当具备怎样的素质

B. 在不同的情况下，哪一种领导方式是最好的

C. 各种最佳的领导行为和风格描述

D. 各种领导行为权变模型描述

7. 领导方式主要理论有（　　）。

A. 领导特质理论　　B. 领导行为理论　　C. 领导期望理论　　D. 领导权变理论

8. 领导行为理论主要有以下哪些理论（　　）。

A. 领导风格理论　　B. 四分图理论

C. 管理方格理论　　D. 领导方式连续统一体理论

9. 下面哪些特质是领导特质理论提出的（　　）。

A. 洞察力　　B. 自信　　C. 领导能力　　D. 工作相关知识

10. 下面哪些领导方式是管理方格理论提出的（　　）。

A. 虚弱型领导　　B. 任务型领导　　C. 俱乐部型领导　　D. 协作型领导

（三）判断题

1. 一个人可能是领导者，却并非管理者。（　　）

2. 领导者的权力主要分为强制权力和法定权力两大类。（　　）

3. 在下属非常不成熟的情况下使用高工作高关系。（　　）

4. 能够成为领导者是因为他们具有与生俱来的技能和能力。（　　）

5．只要具备某些特质，就可以成为一个好的领导者。（ ）

6．在管理方格理论中，布莱克和莫顿认为最有效、最理想的领导类型是中间型领导。（ ）

7．领导行为四分图理论，四种领导行为中高关心人高关心组织的领导方式最好，低关心人低关心组织的领导方式最差。（ ）

8．作为一个领导者，应该发挥沟通协调作用、引导作用和激励鼓舞作用。（ ）

9．权变理论是由菲德勒提出的。（ ）

10．作为领导者，在沟通方面要做到合于身份，注意分寸，不要轻易许诺，要风趣幽默、委婉机巧。（ ）

二、项目实训

【实训目标】

增强对领导风格与方式的感性认识。

【实训内容与要求】

（1）阅读名人或者企业家传记。

（2）应用所学领导理论，分析其领导风格。

【成果与检测】

（1）完成一份领导风格分析报告。

（2）在班级进行交流与讨论。

（3）由教师根据分析报告的内容及讨论表现评估打分。

三、实务技能自测题

1．请对某一个企业或公司的领导者进行访谈，了解其在领导工作中采用的领导方式和技巧。

2．以“最好的领导方式是民主式还是专制式”为题，进行一次分组辩论。

3．在现实生活当中，你也许会遇到这样的情况，那就是同样的一位领导者，其采用同样的领导方式，为什么有些人会喜欢并认同，而有些人却不喜欢不认同？请谈谈你的看法与理解。

四、案例分析

哪种领导类型最有效

ABC 公司是一家中等规模的汽车配件生产集团。最近，董事长对该公司的三个重要部门经理进行了一次有关领导类型的调查。

1．安西尔

安西尔对他本部门的产出感到自豪。他总是强调对生产过程、出产量控制的必要性，坚持下属人员必须很好地理解生产指令以得到迅速、完整、准确的反馈。当安西尔遇到小问题时，会放手交给下级去处理，当问题很严重时，他则委派几个有能力的下属去解决问题。通常情况下，他只是大致规定下属人员的工作方针、完成怎样的报告及完成期限。安西尔认为只有这样才能促成下属之间更好的合作，避免重复工作。安西尔认为对下属人员采取敬而远之的态度对一个经理来说是最好的行为方式，所谓的“亲密无间”会松懈纪律。他不主张公开谴责或表扬某个员工，相信他的每一个下属都有自知之明。

据安西尔说，在管理中的最大问题是下级不愿意接受责任。他讲到，他的下属可以有机会做许多事情，但他们并不是很努力地去做。

他表示不能理解在以前他的下属人员如何能与一个毫无能力的前任经理相处，他说他的上司对他们现在的工作运转情况非常满意。

2．鲍勃

鲍勃认为每个员工都有人权，他偏重于管理者有义务和责任去满足员工需要的学说，他说他常为他的员工做一些小事，如给员工两张下月在伽里略城举行的艺术展览的入场券。他认为，每张门票才 15 美元，但对员工和员工的妻子来说却远远超过 15 美元。通过这种方式，肯定员工过去几个月的工作。

鲍勃说他每天都要到工厂去一趟，与至少 25% 的员工交谈。鲍勃不愿意为难别人，他认为安西尔的管理方式过于死板，安西尔的员工也许并不那么满意，但除了忍耐别无他法。

鲍勃说他已经意识到在管理中有不利因素，但大都是由于生产压力造成的。他的想法是以一个友好、粗线条的管理方式对待员工。他承认尽管在生产率上不如其他单位，但他相信他的雇员有高度的忠诚与士气，并坚信他们会因他的开明领导而努力工作。

3．查里

查里说他面临的基本问题是与其他部门的职责分工不清。他认为不论是否属于他们的任务都安排在他的部门，似乎上级并不清楚这些工作应该由谁做。

查里承认他没有提出异议，他说这样做会使其他部门的经理产生反感。他们把查里看成是朋友，而查里却不这样认为。

查里说过去在不平等的分工会议上，他感到很窘迫，但现在适应了，其他部门的领导也适应了。

查里认为纪律就是使每个员工不停地工作，预测各种问题的发生。他认为作为一个好的管理者，没有时间像鲍勃那样握紧每一个员工的手，告诉他们正在从事一项伟大的工作。他相信如果一个经理声称为了决定将来的提薪与晋职而对员工的工作进行考核，那么员工则会更多地考虑他们自己，由此而产生很多问题。

他主张，一旦给一个员工分配了工作，就让他以自己的方式去做，取消工作检查。他相信大多数员工知道自己把工作做得怎么样。

如果说存在问题，那就是他的工作范围和职责在生产过程中发生的混淆。查里的确想过，希望公司领导叫他到办公室听听他对某些工作的意见。然而，他并不能保证这样做不会引起风波而使情况有所改变。他说他正在考虑这些问题。

【问题】

1．你认为这三个部门经理各采取什么领导方式？试预测这些模式各将产生什么结果？

2．是否每一种领导方式在特定的环境下都有效？为什么？

项目七 激 励

◆**职业能力目标**

1. 能够熟练运用激励的原则对下属进行有效激励。
2. 能够区分过程激励理论与内容激励理论。
3. 清楚知道激励内涵及过程。
4. 能够区分不同的激励类型及作用。
5. 能够运用不同的激励方法对下属进行有效激励。

◆**典型工作任务**

明确激励的内涵及过程；理解激励在管理中的作用；掌握激励的过程理论及内容理论；知道激励的原则；掌握具体的激励方法与技巧。

任务一 认识激励

任务引例

知识激励、物质奖励和精神鼓励三位一体

华晨华通路面机械有限公司是国内生产经营高等级路面机械、建设机械产品的重点骨干企业。

为了能够充分调动人员在公司自主创新的积极性，公司首先采取知识激励，激励员工参加学历培训和继续教育，因此公司已形成以多名高技术创新型人才为主体的企业科技创新队伍。其次是物质奖励，该公司积极推行科技奖励实施办法，对自主创新取得成果的科技人员和能工巧匠给予重奖。与此同时，该公司大力实施精神鼓励政策，定期开展一些竞赛活动，评选出创新型先进人物登上企业明星榜，广泛进行宣传。因此，在公司内部形成求才、求知、求新、求进的创新氛围。

知识激励、物质奖励、精神鼓励有效地刺激了创新型人才，企业成为开发知识潜能的“放大器”，自主创新能力不断增强，技术创新成果层出不穷。

资料来源：http：//hr.bjx.com.cn/html/20110205/259434．shtml.

思考题　华晨华通路面机械有限公司成功的诀窍是什么呢?

在组织中，成员是否能保持旺盛的士气、高昂的工作积极性，对于组织目标的实现具有至关重要的作用。管理者不仅需要有领导组织的本领，更要知道如何去激励成员，使之在组织的各项活动中发挥最大的潜能。如何了解员工的行为，并适度地激发、鼓励员工在工作中竭尽所能，充分调动其工作积极性，已经成为实施科学管理的关键。因此，研究如何根据员工的心理活动规律科学实施激励，在管理工作中有着特殊的意义，一个有效的管理者必须牢固掌握相关的激励理论、技巧，对成员进行有效激励，才能实现组织的目标。本任务接下来就跟大家一起探讨有关激励的含义、过程、作用及类型。

一、激励的含义

激励源于英文 motivation，意为激发和鼓励，是指人类活动的一种内心状态。它具有加强和激发动机的作用，推动并引导行为朝向预定目标。当动机促使人们为达到目标而努力时，就形成激励。激励原是心理学的概念，是某种动机产生的原因，也是一种精神力量或状态，发挥加强、激发和推动作用，以引导人们的行为指向目标的活动过程。美国管理学家罗宾斯把动机定义为个体通过高水平的努力而实现组织目标的愿望，而这种努力又能满足个体的某些需要。激励也是人力资源的重要内容，是指激发人的行为的心理过程。激励这个概念用于管理，是指激发员工的工作动机，也就是说用各种有效的方法去调动员工的积极性和创造性，使员工努力完成组织的任务，实现组织的目标。

思考题　到底什么是激励?

因此，综合上述分析，我们认为激励就是组织通过设计适当的外部奖酬形式和工作环境，以一定的行为规范和惩罚性措施，借助信息沟通，来激发、引导、保持和规范组织成员的行为，以有效地实现组织及其个人目标的过程。具体而言，可以从以下三个方面对激励的内涵做进一步的分析与理解。

（一）激励有一定的被激励对象

从激励的含义可以看出，激励是一个适用于各种动机、欲望、需要以及其他类似的力量的通用术语。因而，激励的对象主要是人，或者准确地说，是组织范围中的成员或被领导者。

思考题　激励的对象诱发的行为是由什么引起?

正确认识激励的对象，有助于体现管理学的领导职能。从内涵看，激励意味着组织的领导者应该从行为科学和心理学的基础出发，认识成员对组织的贡献行为，即认识到人的行为是由动机决定的，而动机是由需要引起的。动机产生以后，人们就会寻找能够满足需要的目标，而目标一旦确定，就会进行满足需要的活动。从需要到目标，人的行为过程是一个周而复始，不断进行，不断升华的循环。通过认识激励的对象，可以认识到，需要是人类行为的基础，不同的需要在不同的条件下会诱发不同的行为。

（二）激励有一定目的

任何激励行为都具有目的性，这个目的可能是一个结果，也可能是一个过程，但必须是一个现实、明确的目的。从这个意义上说，虽然一般来说激励是领导者的工作，但任何希望达到某个目的的人都可以将激励作为手段。

思考题　激励的目的是什么?

（三）激励是一个过程

人的很多行为都是在某种动机的推动下完成的。对人的行为的激励，实质上就是通过采取相应的行为以实现目标，然后再根据人们新的需要设置诱因，如此循环反复。具体过程如图 7-1 所示。

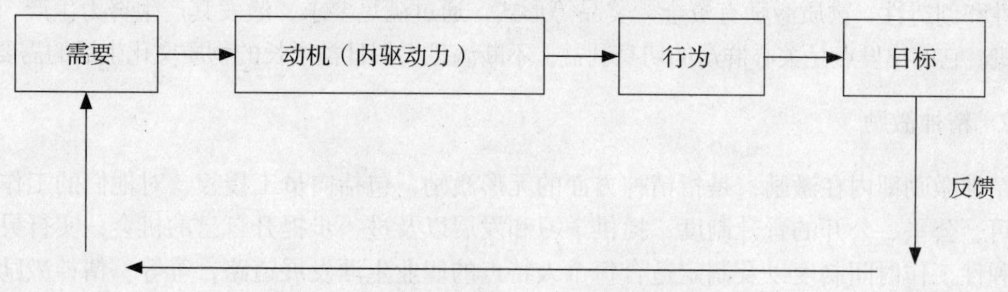

图 7-1 动机、需求和行动之间的关系图

[做中学 7–1] **猎 手 和 雁**

从前，有位年轻的猎手，他枪法极准但总捕不到大雁，苦恼的他找一位长者求教。长者把他领到一片大雁栖息的芦苇地，指着站得最高的一只大雁说："那只大雁是放哨的，我们管它叫雁奴。它只要一发现异常情况就会向雁群报警，所以接近雁群往往是很困难的。但我有办法，你现在故意惊动雁奴再潜伏不动。"年轻人照做了。

雁奴发现年轻人后立即向同伴发出警告，正在栖息的雁群闻讯后纷纷逃走，但没发现什么，便又飞回原地。长者让年轻人如法炮制了好几回。终于，几乎所有的大雁都以为雁奴谎报"军情"，纷纷把不满发泄在雁奴身上，可怜的雁奴被啄得伤痕累累。"现在，你可以逼近雁群了。"长者提醒道。于是，年轻人大摇大摆地走进了芦苇地，雁奴虽瞧在眼里但也懒得再管，年轻人举枪……悲剧往往就是这样发生的：忠诚的人被误解，被误解的人不能坚持到底。

思考题 猎手和雁之间突出了激励的什么内容？要做到激励需要有哪些因素？

［分析］

在以上的故事中，由于有了长者的激发、鼓励和建议，年轻人学会了运用捕猎的技巧成功的抓到雁。显然，并不是所有人都能成为激励的对象，长者之所以能够指点年轻人，是因为年轻人枪法准，又肯听话。因此，年轻人的行为是指向雁，而长者的行为是指导年轻人。要想达到目标，就需要动机和行动。

二、激励的类型

激励是一个复杂的概念，人们可以从不同的角度来认识它。

（一）按激励的不同层面划分

1．物质激励

物质激励是指运用物质的手段使受激励者得到物质上的满足，从而进一步调动其积极性、主动性和创造性。物质激励有资金、奖品等形式，通过满足要求，激发其产生努力生产、工作的动机。它的出发点是关心群众的切身利益，不断满足人们日益增长的物质文化生活的需要。

2．精神激励

精神激励即内在激励，是指精神方面的无形激励，包括向员工授权，对他们的工作绩效的认可，公平、公开的晋升制度，提供学习和发展以及进一步提升自己的机会，实行灵活多样的弹性工作时间制度以及制定适合每个人特点的职业生涯发展道路，等等。精神激励是一项深入细致、复杂多变、应用广泛，影响深远的工作，它是管理者用思想教育的手段倡导企业精神，是调动员工积极性、主动性和创造性的有效方式。

任务解析

公司对职员实施了系统的激励，即知识激励、物质激励和精神激励，从多层次满足员工的心理需要，从多侧面激发员工积极努力工作的动力，在实践中产生较大的激发力量，取得良好的激励效果。实施激励是一个系统工程，缺乏系统性的激励难以全方位调动不同层次员工的积极性，难以产生较高的激励效益。管理者应学会用正确、合适的方法去引导，而不是逼迫，从而有效地激发员工的潜力，提高效率，使组织目标与个人目标在现实中达到统一。

思考题　如果没有精神的支持，还能够有效地提升个人的工作热情吗?

（二）按激励的手段划分

1．正激励

所谓正激励，就是对个体的符合组织目标的期望行为进行奖励，以使这种行为更多地出现，提高个体的积极性，主要表现为对员工的奖励和表扬等。

2．负激励

所谓负激励，是指当组织成员的行为不符合组织目标或社会需要时，组织将给予惩罚或批评，使之减弱和消退，从而抑制这种行为。负激励的具体表现主要为：警告、纪律处分、经济处罚、降级、降薪、淘汰等。

正激励与负激励作为激励的两种不同类型，目的都是要对人的行为进行强化，不同之处在于二者的取向相反。正激励起正强化的作用，是对行为的肯定；负激励起负强化的作用，是对行为的否定。

（三）其他分类形式

1．需求激励

需求激励最先解释什么叫作激励，它揭示了人们的行为根源存在需求，而需求有层次之分。了解哪些需求对于人们更重要，有助于我们搞清楚人们的动机，以及哪些需求对于人们具有激励作用。

思考题　需求是什么？它为什么如此重要？

2．过程激励

这种激励是从优化管理过程出发，使被管理者始终保持激奋状态。它为管理者提供一种分析工具，使他们能够理解并管理下属的激励状态。其中，期望激励和公平激励都启发管理者，从下属的角度进行思考，斟酌自己的决策，以便在各种不同的环境中发挥下属的作用。

思考题　激励是结果还是过程？

3．目标激励

这种激励强调行为是目标的函数。能导致满意结果的行为有可能再发生，导致不满意结果的行为则不大可能再发生。因此，建立目标是一种激励员工工作表现的有效管理技术。当然，目标应该是具体的、具有挑战性的，而且是可以达到的，并伴随反馈的。建立目标在不同的员工中得到不同的效果，只有正确地使用这种技术才能改进员工的工作表现。

思考题　一旦有了动机，我们还需要目标。什么样的目标能够指引我们前进？

[做中学 7-2]　**半根香蕉的激励故事**

一天深夜，一个软件工程师攻克了一个难关。小伙子异常兴奋，很想与别人一起分享成功的快乐。夜深人静，他不好意思打电话打扰同事。突然他发现最顶头的那间办公室里的灯亮着，便跑进去对里面的人说："我成功了！"这个人正是公司的总裁，他看着这个年轻人手舞足蹈，笑着回答说："我们一定要庆祝下！"他拉开抽屉，最终找出一根香蕉，把香蕉分成两半，两个人坐在办公室桌上边说话边吃那根香蕉。毫无疑问，对这个工程师来说，总裁的半根香蕉是最高的奖赏。这个领导者很懂得照顾员工的心理需求。

而一个 IT 公司主管和一位女职员发生了冲突。女职员有个 3 岁的男孩，一天她的小孩生病，幼儿园打电话让她把孩子接回家，以免传染给其他的小朋友。这位母亲很着急，因为平常工作很忙，有时星期天还要加班，很少能照顾孩子。她就跟主管请几天假，想回家照顾孩子。可是那段时间恰好公司比较繁忙，主管不同意，还说了一句话："你孩子病的可真不是时候。"这位母亲非常气愤，提出了辞职。

思考题　比较两个事例，说明产生不同结果的原因？

[分析]

在第一个案例当中，对这个工程师来说，总裁的半根香蕉是最高的奖赏，这个总裁很懂得照顾员工的心理需求。在第二个案例当中，这个 IT 公司的主管不近人情，没能够站在员工的角度为员工着想。

三、激励的作用

在传统的组织和人力资源管理中，激励的作用根本没有得到足够的和系统的认识，管理者只是自觉或不自觉地运用激励手段，进行人力资源的管理和开发。但随着“人”的因素在组织生存和发展中的作用日益提升，人们越来越发现作为组织生命力和创造力源泉的“人”的状态往往直接影响组织的面貌，其作用主要表现在以下几个方面。

1．激励有利于实现企业目标的需要

企业的目标，是靠人的行为实现的，而人的行为是由积极性推动的。实现企业的目标，要有人的积极性、人的士气。当然，实现企业的目标，还需要其他多种因素，但不能因此而否定、忽视人的因素。不能因其他的因素重要，而否定人的积极性这种关键因素。

2．激励有利于充分发挥企业各种生产要素效用的需要

企业的生产经营活动是人有意识、有目的的活动。人、劳动对象、劳动手段是企业的生产要素，在这些要素中，人是最活跃、最根本的因素，其他因素只有同“人”这个生产要素相结合，才会成为现实的生产力，才会发挥各自的效用。因此没有人的积极性，或者人的积极性不高，再好的装备和技术、再好的原料都难以发挥应有的作用。

3．激励有利于提高员工的工作效率和业绩

激发人的积极性，是古今中外政治家、军事家、思想家、管理学家都十分重视的问题。通过激励可以激发员工的创造性与革新精神，提高员工努力程度，取得更好的业绩。

思考题　有什么办法可以激发员工的工作积极性?

4．激励有利于员工素质的提高

提高员工素质，不仅可以通过培训的方法来实现，也可以运用激励的手段达到。企业可以采取措施，对坚持学习科技与业务知识的员工给予表扬，对不思进取的员工给予适当的批评，并在物质待遇、晋升等方面区别考虑，这些措施将有助于形成良好的学习风气，促使员工提高自身的知识素养。员工在激励措施的鼓舞下，为了能取得更好的工作绩效，必定会主动熟悉业务，钻研技巧，从而提高自身的业务能力。

[做中学 7–3]　**狼的团队精神**

多么壮丽的场面！广阔无垠的旷野上，一群狼踏着积雪寻找猎物。它们最常用的一种行进方法是单列行进，一匹挨一匹。领头狼的体力消耗最大。作为开路先锋，它在松软的雪地上率先冲开一条小路，以便让后边的狼保存体力。领头狼累了时，便会让到一边，让紧跟在身后的那匹狼接替它的位置。这样它就可以跟在队尾，轻松一下，养精蓄锐，迎接新的挑战。

在一对头狼夫妇的带领下，狼群中每一匹狼要为了群体的幸福承担一分责任。比如，在母头狼产下一窝幼崽后，通常会有一位“叔叔”担当“总保姆”的工作，这样母头狼就可以暂时摆脱责任，和公头狼去进行“蜜月狩猎”。狼群中每个成员都不希望做固定的猎手、保姆或哨兵——不过，每一匹狼都在扮演至关重要的角色。

在与成年狼嬉闹玩耍时，狼崽们就被耐心地训练承担领导狼群的重任。它们这样做是因为生活本该是这样。成功的团体和幸福的家庭也是如此。每位成员不仅要承担自己的义务，还要随时准备承担更大的领导责任。一个团体的生命力很可能就维系于此。

狼不仅与同类密切合作，还可以与其他种类的生物和睦相处。这样做的目的就是为了达到双方合作的目标，有时就单是为了好玩儿。狼与狼之间的默契配合成为狼成功的决定性因素。同样，它们与人类之间的默契配合也有助于改善两者的生活环境。

思考题　这个小故事体现了激励的什么作用？

[分析]

激励的出发点是满足组织成员的各种需要,信息沟通贯穿于激励工作的始末。狼寻找食物，本该是一群的，可必须要有只领头狼，它消耗的体力是最大的。狼群中每一匹狼要为了群体的幸福承担一份责任，并培养彼此之间的默契。如果一匹领头狼不懂得怎么去激励“员工”，那么它将无法胜任，更无法带着狼群去觅食。因此，激励在组织管理中发挥着巨大的作用。

任务二　激励理论及运用

任务引例

小王的提拔经历

小王是一家近年来发展势头强劲的激光产品生产厂家的片区销售经理，由于其才能出众，年年其片区销售业绩稳居公司前三名。为激励小王发挥更大潜力，公司总裁将其提拔到副总经理的职位，主管全公司的销售业务。刚上任时，小王铆足了劲，取得了不俗的业绩，公司销售业绩稳步上升。但三个月后，当小王拿到公司发放的季度奖金后，心却凉了半截，他的季度奖金甚至没有达到担任片区销售经理时的三分之一。小王左思右想，终于鼓足勇气，向总裁提出回原岗位工作的要求。总裁弄清了原因，在经过董事会协商讨论之后，提出了新的关于副总经理职位的薪酬计算方法，尽管仍然不足以达到小王原有的提成收入，但相差不大，同时还获得新的锻炼机会和一定数量的股票期权。薪酬问题解决了，小王继续留在副总经理的职位上。第二年，该公司一跃成为该行业独一无二的领军者。

思考题　小王在获提拔后为什么又向总裁提出回原岗位工作？其后为什么又能够继续努力工作，并且取得了更大的业绩？

激励理论是行为科学中用于处理需要、动机、目标和行为四者之间关系的核心理论。多年来，很多专家学者从不同角度对激励问题进行了研究，根据研究不同的切入点，将激励理论分为三类：一是内容型激励理论，侧重于激励的驱力部分的研究；二是过程型激励理论主要集中于激励是如何影响员工的、激励的方向和维持等方面的研究；三是其他理论，既强化理论和归因理论，主要在于运用何种方式或手段，以达到改变人的行为的激励效果，使行为符合目标。本任务以此为框架，对管理学领域中比较知名的激励理论进行详细的介绍。

一、内容型激励理论

（一）马斯洛需要层次理论

需要层次理论是由美国心理学家亚伯拉罕·马斯洛于 1943 年提出来的。这一理论揭示人的需要与动机的规律，受到管理学界的普遍重视。

1．基本内容

马斯洛提出人的需要可分为五个层次，即生理需要、安全需要、社交需要、尊重需要和自我实现需要。这五种需要呈金字塔形分布，具体如图 7-2 所示。

（1）生理需要。这是人类维持自身生存的最基本要求，包括饥、渴、衣、住、性等方面的要求。马斯洛认为，在这些需要没有得到满足之前，其他需要都不能起到激励人的作用。

（2）安全需要。这是指人们希望避免人身危险、货物不受损失、职业、财物等方面不受威胁的需要。生理需要与安全需要均属物质需要。

（3）社交需要。这是指人们希望与别人交往，避免孤独，与同事和睦相处、关系融洽的欲望。

（4）尊重需要。当社交需要满足后，人们开始追求受到尊重，包括自尊与受人尊重两个方面。

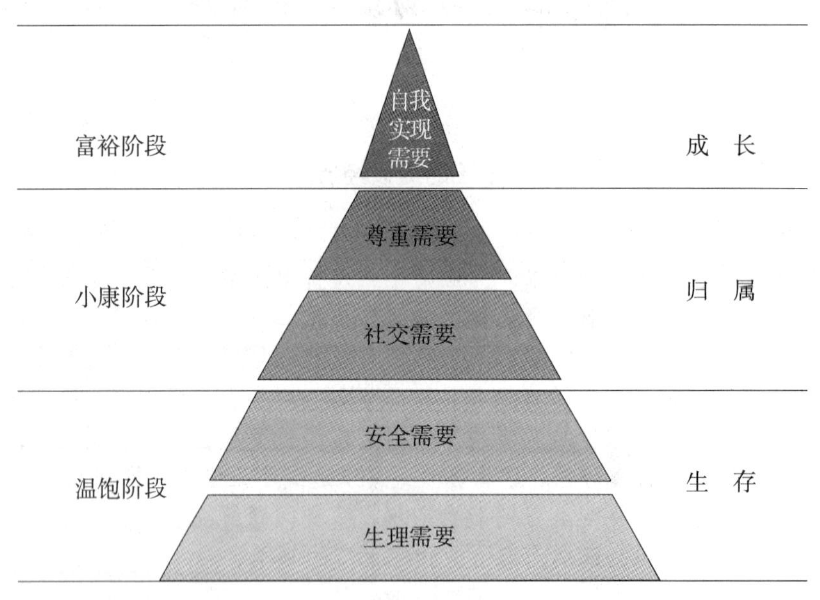

图 7-2　马斯洛需要层次理论图

（5）自我实现需要。这是一种最高层次的需要。它是指使人能最大限度地发挥潜能，实现自我期望和抱负的欲望，即“想做成自己想做成的事，想成为自己想成为的人”。这种需要突出表现为工作胜任感、成就感和对期望与理想的不断追求。他认为这一层次的需要是无止境的，自我实现需要满足后，会产生更高的自我实现需要。后三个层次的需要属于精神需要。

后来，在这五个层次的需要上，他又补充了求知的需要和求美的需要，从而形成了七个层次。

马斯洛认为:（1）不同层次的需要可同时并存，但只有低一层次需要得到基本满足之后，较高层次需要才发挥对人行为的推动作用。(2)在同一时期内同时存在的几种需要中，总有一种需要占主导、支配地位，称之为优势需要，人的行为主要受优势需要的驱使。(3)任何一种满足了的低层次需要并不因为高层次需要的发展而消失，只是不再成为主要的激励力量。

思考题　马斯洛提出的激励理论在现实中是如何得到应用的?

2．对管理实践的启示

(1)正确认识被管理者需要的多层次性。片面看待下属需要是不正确的，应进行科学分析，并区别对待。

(2)要努力将本组织的管理手段、管理条件同被管理者的各层次需要联系起来，不失时机地、最大限度地满足被管理者的需要。

(3)在科学分析的基础上，找出受时代、环境及个人条件差异影响的优势需要。然后，有针对性地进行激励，以收到“一把钥匙开一把锁”的预期激励效果。

任务解析

激励要立足于需求层次。根据马斯洛的需求层次理论，员工的需求是分层次的，当基层的需求没有得到有效的满足时，高层需求的激励效果也会弱化。从目前的经济发展水平来看，绝大多数员工还是处于往小康迈步的阶段，对于他们来说，物质方面的要求还远没有得到满足。因此，企业在为员工制定激励措施时，是否能因人而异，满足不同员工的不同需要，是激励能否取得成效的一个关键因素。

(二)赫茨伯格的双因素理论

双因素理论是美国心理学家赫茨伯格于20世纪50年代提出来的。赫兹伯格及其同事对各种专业性和非专业性的工业组织进行了多次调查，调查结果如图7-3所示。通过调查，他将影响人的积极性的因素归结为保健因素与激励因素两大类，故简称“双因素论”。

赫兹伯格双因素激励理论	
激励因素	保健因素
成就 承认 工作本身 责任 晋升 成长	监督 公司政策 与监督者的关系 工作条件 工资 同事关系 个人生活 地位 保障 与下属关系

图7-3　赫茨伯格双因素图

1．基本内容

赫茨伯格通过大量的关于人们为什么愿意工作的调查，提出两大类影响人的工作积极性的因素。

（1）保健因素。这属于和工作环境或条件相关的因素，包括管理政策与制度、监督系统、工作条件、人际关系、薪金、福利待遇、职务地位、工作安全等因素。当得不到这些方面的满足时，人们会产生不满，从而影响工作；但当人们得到这些方面的满足时，只是消除了不满，却不会调动人们的工作积极性，起不到明显的激励作用。因此，他将这类因素称为保健因素。

（2）激励因素。这属于工作本身相关的因素，包括工作成就感、工作挑战性、工作中得到的认可与赞美、工作的发展前途、个人成才与晋升的机会等。当人们得不到这些方面的满足时，工作缺乏积极性，但不会产生明显的不满情绪；当人们得到这些方面的满足时，会对工作产生浓厚的兴趣，产生很大的工作积极性，起到明显的激励作用。因此，他将这类因素称为激励因素。

思考题　赫茨伯格的激励理论在现实当中是如何得到应用的?

2．对管理实践的启示

（1）善于区分管理实践中存在的两类因素，对于保健因素要给予基本的满足，以消除下级的不满。例如，工作条件、住房、福利等。

（2）要抓住激励因素，进行有针对性的激励。根据赫茨伯格的理论，对员工最有效的激励就是让员工对所从事的工作本身满意。管理者应动用各种手段，如调整工作的分工，宣传工作的意义，增加工作的挑战性，实行工作内容丰富化等来增加员工对工作的兴趣，千方百计地使员工满意自己的工作，从而收到有效的激励效果。

（3）正确识别与挑选激励因素。能够对员工积极性产生重要影响作用的激励因素在管理实践中不是绝对的，它受社会、阶层及个人的经济状况、社会身份、文化层次、价值观念、个性、心理等诸多因素的影响。因此，在不同国家、不同地区、不同时期、不同阶层、不同组织，乃至每个人，最敏感的激励因素是各不相同的，有时差别还很大。因此，必须在分析上述因素的基础上，灵活地加以确定。例如，工资在发达国家的一些企业员工中不构成激励因素，但在我国许多企业中，工资仍是一个重要的激励因素。

（三）麦克利兰成就需要理论

成就需要理论是由美国哈佛大学教授麦克利兰在20世纪50年代提出的。他把人的高层次需要归纳为对权力、归属和成就的需要。

1．基本内容

（1）权力需要。具有较高权力欲望的人，从施加影响和控制他人中得到极大的满足感，热衷于追求领导者的地位。对于高权力需要者来说，他们更关心的是自己在组织中的威信和影响力，而不是工作绩效。

（2）归属需要。就是相互交往、友爱的愿望，高归属需要者寻求友谊，喜欢合作而非竞争。

他们喜欢与别人保持一种融洽的关系，享受亲密无间的和互相谅解的乐趣，从友爱、情谊的社交中得到欢乐和满足，随时准备安慰和帮助危难中的伙伴。

（3）成就需要。具有高成就需要的人，对工作的胜任感和成功有强烈的需求，经常思考个人职业生涯的发展规划。一般来说，有较高的成就需要者总是比较低成就需要者工作得好，进步得快。麦克利兰发现，小公司的总经理通常具有很高的成就需要，而大公司的总经理却只有一般的成就需要。

思考题　麦克利兰成就含义分成几个部分，分别是什么？

2．对管理实践的启示

（1）高成就者在独立承担责任、可获得信息反馈与适度风险的环境中可以被高度激励。

（2）麦克利兰的研究表明，对身居主管位置的人来说，成就需求比较强烈。

（3）归属需要与权力需要和管理的成功密切相关，最优秀的管理者往往是权力需要很高而归属需要很低的人。

（4）可以通过培训激发员工的成就需要。

[做中学 7–4]　**甲公司的人才招聘**

甲公司拟高薪聘请一位博士来担任产品研发工作，该博士到公司考察了一下，发现该公司科研设备落后，科研条件不完善、工作环境较差，到此工作很难有所成就。因此就没有接受甲公司的高薪聘请，而是选择了一家科研条件完善、领导创新意识比较浓厚、薪酬待遇低得多的企业工作。甲公司始终没有聘用到合适的人才。

资料来源：孙玮林．管理学［M］．杭州：浙江大学出版社，2010.

思考题　根据案例，运用赫茨伯格的双因素理论解释为什么甲公司聘用不到合适的人才？

［分析］

赫茨伯格的双因素激励理论认为，对于高级知识分子，物质需要的满足是必要的，没有会导致不满，但即使获得满足，它的作用往往是有限的，像博士这类高级知识分子往往更注重的是公司是否具备能使他们获得成就和发展的空间等各种条件。是否具备这些条件是吸引、留住他们的最重要的前提条件。因此，要调动博士的积极性，甲公司就要创造条件，为博士扫除成功道路上的障碍，使博士工作起来如鱼得水，博士的才能得以充分发挥。

二、过程型激励理论

（一）期望理论

美国心理学家弗鲁姆于 1964 年在《工作与激励》中提出期望理论。这一理论通过人们的努力行为与预期奖酬之间的因果关系来研究激励的过程。

1．基本内容

期望理论认为，人们对某项工作积极性的高低，取决于他对这种工作能满足其需要的程度及实现可能性的评价。例如，一位员工认为某项工作目标的实现，将会给他带来巨大的利益（如数量可观的奖金、令他心动的荣誉称号、职务提升等），而且只要通过努力，达到目标的可能性也很大时，他就会以极高的热情努力完成这一工作。反之，若对达到目标不感兴趣，或者虽感兴趣但根本没有希望达到目标，那他也不会有努力做好这项工作的积极性。

激励水平取决于效价与期望值的乘积，其公式是：

$$激发力量 = 效价 \times 期望值$$

激发力量，指受激励动机的程度，即激励作用的大小。它表示人们为达到目的而努力的程度。

效价，指目标对于满足个人需要的价值，即某一个人对某一结果偏爱的程度。

期望值，指采取某种行动实现目标的可能性的大小，即实现目标的概率。

由上式可见，激励作用的大小与效价、期待值成正比，即效价、期待值越高，激励作用越大；反之，则越小。如果其中一项为零，激发力量自然也为零。

思考题　期望越高，人们能获得的激发力量就越大吗？

2．对管理实践的启示

（1）选择激励手段，一定要选择员工感兴趣、评价高，即认为效价大的项目或手段，这样才能产生较大的激励作用。

（2）确定目标的标准不宜过高。凡是想起广泛激励作用的管理项目，都应是大多数人经过努力能实现的。这样，通过增大目标实现的概率，来增强激励作用。

（3）如果不从实际出发，不考虑员工的实际需要，只从管理者本人或上级主管的意志或兴趣出发，推行员工效价不高、实现概率不大的项目，是不可能收到激励效果的。

（二）公平理论

公平理论是美国心理学家亚当斯于 1965 年提出来的。这一理论重点研究个人做出的贡献与所得报酬之间的比较及对激励的影响。

1．基本内容

公平理论认为，人的工作积极性不仅受其所得的绝对报酬的影响，更重要的是受其相对报酬的影响。这种相对报酬是指个人付出劳动与所得到的报酬的比较值。付出劳动包括体脑力消耗、技术水平能力高低、工龄长短、工作态度等；报酬包括奖金、工资、晋升、名誉、地位等。付出与报酬的比较方式包括两种：

（1）横比，即在同一时间以自身同其他人相比较。

（2）纵比，即拿自己不同时期的付出与报酬进行比较。

前者可称为社会比较；后者可称为历史比较。

个人是否感到公平，依据的就是付出与报酬之间比较出来的相对报酬。

相对报酬如果合理，就会获得公平的感受，否则就是不公平的感受，亚当斯提出公平关系的基本模式：

$$Qp/Ip=Qg/Ig \quad 式（1）$$

$$Qp/Ip<Qg/Ig \quad 式（2）$$

$$Qp/Ip>Qg/Ig \quad 式（3）$$

Qp：个人所得报酬

Ip：个人付出劳动

Qg：他人（或历史上个人）所得报酬

Ig：他人（或历史上个人）付出劳动

式（1）比值相等时，人们会产生公平感；式（2）和式（3）则表明比值不等，此时人们会产生不公平感。当然，现实中的不公平大多数属于式（2）所表示的情形。产生这种不公平感的主要根源在于：人们易于从主观上过高地估计自己的付出和别人的所得，过低地估计自己的所得和别人的付出。

当获得公平感受时，心情舒畅，工作努力；当受到不公平感受时，就会出现心理上的紧张不安，从而使员工采取行动以消除或减轻这种心理紧张状态。其采取的具体行为有试图改变其所得报酬或付出；有意无意曲解自己或他人的报酬或付出；竭力改变他人的报酬；减少工作投入，降低工作质量；等等。

思考题　在现实中，公平理论是如何得以应用的？

2．对管理实践的启示

（1）在管理中要高度重视相对报酬的问题。员工对自己的报酬进行横比、纵比这是必然的现象。管理者如果不加以重视，很可能出现员工“增收”的同时亦“增怨”的现象。自古就有“不患寡而患不均”这种普遍的社会现象。管理者必须始终将相对报酬作为有效的激励手段加以运用。

（2）尽可能实现相对报酬的公平性。我国国企改革，打破大锅饭，实行“多劳多得，少劳少得”正是体现对这种公平性的追求。

（3）当出现不公平现象时，要做好工作，引导其树立正确的公平观：第一，使大家认识到绝对的公平是没有的。第二，不要盲目攀比。所谓盲目性起源于纯主观的比较。多听别人的看法，也许会客观一些。第三，不要按酬付劳，按酬付劳是在公平问题上造成恶性循环的主要杀手。防止负面作用发生，并通过改革与管理的科学化，消除不公平，或将不公平产生的不安心理引导到正确行事的轨道上来。

[做中学 7–5]　**林肯电气公司**

林肯电气公司的生产工人按件计酬，他们没有最低小时工资，员工为公司工作两年后，便可以分享年终奖金。在过去的 56 年中，平均奖金额是基本工资的 95.5%。近几年经济发展迅速，员工年均收入为 44 000 美元左右，远远超出制造业员工年收入 17 000 美元的平均水平。

公司自1958年开始一直推行职业保障政策，从那时起，他们没有辞退过一名员工。当然，作为对此政策的回报，员工也相应要做到几点：在经济萧条时他们必须接受减少工作时间的决定；而且要接受工作调换的决定；有时甚至为了维持每周30小时的最低工作量，而不得不调整到一个报酬更低的岗位上。

林肯电气公司极具成本和生产率意识，如果工人生产出一个不合标准的部件，那么除非这个部件修改至符合标准，否则这个部件就不能计入该工人的工资中。严格的计件工资制度和高度竞争性的绩效评估系统，形成一种很有压力的氛围，有些工人还因此产生了一定的焦虑感，但这种压力有利于生产率的提高。据该公司的一位管理者估计，与竞争对手相比，林肯电气公司的总体生产率是竞争对手的两倍。该公司还是美国工业界中工人流动率最低的公司之一。前不久，该公司的两个分厂被《财富》杂志评为全美十佳管理企业。

资料来源：http：//wenwen.sogou.com/z/q192489461． htm.

思考题 1. 林肯电气公司使用了何种激励理论来激励员工的工作积极性？

2. 为什么林肯电气公司的方法能够有效地激励员工工作？

3. 你认为这种激励系统可能会给管理层带来什么问题？

［分析］

1. 林肯电气公司（以下称该公司）使用了按件计酬的形式，考虑公司的毛利率及员工的生产率，给予员工丰厚的年终奖，鼓励员工认识公司成本，有严格的计件工资制度和高度竞争性绩效评估，使员工有一种竞争压力，这是能调动员工工作积极性的原因。

2. 该公司有着极严格的计件工资制度和高度竞争评估系统，能满足员工所需要的部分或全部的要求，员工为公司工作两年后，便可分享年终奖，并且平均奖金额是基本工资的95.5%，也是美国对员工最有利的制造业之一，所以从这点即可看出公司的激励方法。

3. 从以上的问题看出，在未来的时间里，由于经济发展较快，很难满足员工的各种要求，这便是给公司管理当局带来的问题之一。

三、其他理论

（一）强化理论

强化理论是美国的心理学家斯金纳首先提出来的，也叫操作条件反射理论、行为修正理论。

思考题 在什么情况下，我们应该应用强化理论？

1．基本内容

强化理论认为，人的行为因外部环境的刺激而调节，也受外部环境的刺激而控制，改变刺激就能改变行为。所谓强化，是指通过不断改变环境的刺激因素来达到增强、减弱或消除某种行为的过程。因此管理者要采取各种强化方式使员工的行为符合组织的目标。

思考题　强化的方式有哪些?

2．强化的方式

主要分为四类：正强化、负强化（也称规避）、惩罚、自然消退。前两类可以增强或保持一种行为；后两类则会削弱或减少某种行为。

（1）正强化就是奖励那些符合组织目标的行为，以使这些行为得到进一步加强，从而有利于组织目标的实现，正强化的刺激物不仅包含奖金等物质奖励，还包括表扬、提升、改善工作关系等精神奖励。

（2）负强化是严防某种行为发生，类似“杀鸡吓猴”的方法，是通过预先告知某种严重危害组织的恶意行为一旦发生可能招致的严重后果，来促使员工主动规避此种行为，保持良好行为。

（3）惩罚指用某种令人不愉快的结果来减弱某种行为。即在消极行为发生以后，管理者采取适当的惩罚措施，以减少或消除这种行为。比如，管理人员可以用批评、罚款等措施来减少诸如迟到早退等不良行为的再发生。

（4）自然消退是通过不提供个人期望的结果来减弱一个人的行为。即当某种管理者不希望看到的行为发生后，管理者视而不见，听而不闻，既不进行积极强化，也不给当事者以惩罚。那么，员工可能会感到自己的行为得不到承认，慢慢地这种行为也就消失了。比如，对员工的某种无聊行为不予理睬或者使这种行为在组织内没有“市场”，从而使这种行为得以自然消失。

3．对管理实践的作用

（1）奖励与惩罚相结合。即对正确的行为，对有成绩的个人或群体给予适当的奖励；同时，对于不良行为，对于一切不利于组织工作的行为则要给予惩罚。大量实践证明，奖惩结合的方法优于只奖不罚或只罚不奖的方法。

（2）以奖为主，以罚为辅。强调奖励与惩罚并用，并不等于奖励与惩罚并重，而是应以奖为主，以罚为辅。因为过多运用惩罚，会带来许多消极的作用，在运用时必须慎重。

（3）及时、正确强化。所谓及时强化，是指让人们尽快知道其行为结果的好坏或进展情况，并尽量地予以相应的奖励；而正确强化就是要赏罚分明，即当出现良好行为时就给予适当的奖励，而出现不良行为时就给予适当的惩罚。及时强化能给人们以鼓励，使其增强信心并迅速激发工作热情，但这种积极性的效果是以正确强化为前提的。相反，乱赏乱罚决不会产生激励效果。

（4）奖人所需，形式多样。要使奖励成为真正强化因素，就必须“因人制宜”地进行奖励。每个人都有自己的特点和个性，其需要也各不相同，因而他们对具体奖励的反应也会大不一样。所以奖励应尽量不搞一刀切，应该奖人之所需，形式多样化，只有这样才能起到奖励的效果。

（二）归因理论

归因理论最早是美国心理学家海德发展起来的。归因就是针对某种行为的结果找出原因。在管理过程中，管理者可以利用归因理论来改变人的认识，达到改变人的行为的激励效果。

1．基本内容

归因理论认为，人们的行为获得成功或遭到失败主要归因于四个方面的因素：努力、能力、任务难度和机遇。这四个因素可以按内外因、稳定性和可控性三个维度来划分。从内外原因方面来看，努力和能力属于内部因素，而任务难度和机遇属于外部因素；从稳定性来看，能力和任务难度属于稳定因素，努力和机遇属于不稳定因素；从控制性看，努力是可控制因素，任务难度和机遇则属于不可控因素，如图 7-4 所示。

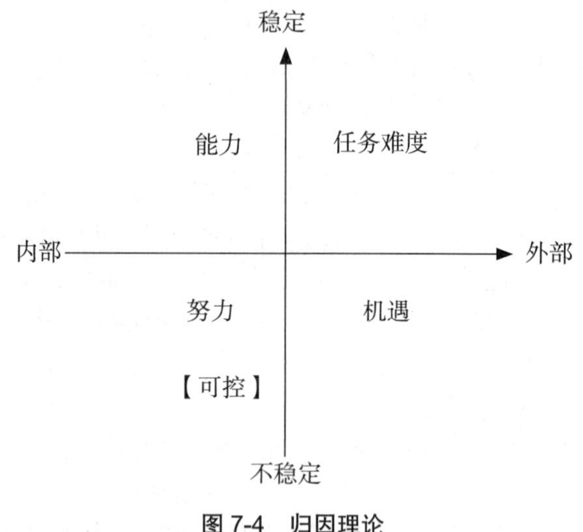

图 7-4　归因理论

2．对管理实践的启示

国外学者研究表明，人们把成功和失败归因于何种因素，对以后工作积极性有很大的影响。也就是说，如果把失败的原因归结为相对稳定因素、可控因素或者内部因素，就会容易使人动摇信心，不再坚持努力行为；相反，如果把失败的原因归结为相对不稳定因素、不可控因素或者外部因素，人们则比较容易继续保持努力行为。因此，归因理论可以给管理者很好的启示，即当员工在工作中遭到失败时，如何帮助他寻找正确的原因，引导他保持信心，继续努力，以争取下一次行动的成功。

[做中学 7−6]

拿破仑一次打猎的时候，看到一个落水男孩，一边拼命挣扎，一边高呼救命，这河面并不宽，拿破仑不但没有跳水救人，反而端起猎枪，对准落水者，大声喊道：“你若不自己爬上来，我就把你打死在水中。”那男孩见求救无用，反而增添一层危险，便拼命地自救，终于游上了岸。

思考题　通过这个小故事，结合激励理论，谈谈你的理解。

[分析]

故事投射到企业管理中，对待自觉性较差的员工，一味地为他创造良好的软环境、去帮助他，并不一定让他感到“萝卜”的重要，有时还需要“大棒”的威胁。偶尔利用你的权威对他们进行“威胁”，会及时制止他们消极散漫的心态，激发他们发挥自身的潜力。自觉性强的员工也有满足、停滞、消沉的时候，也有依赖性，适当的批评和惩罚能够帮助他们认清自我，重新激发新的工作斗志。

任务三 激励实务

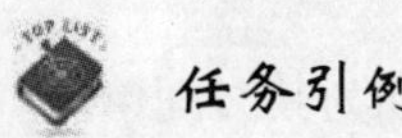

任务引例

A 公司的人员流失

A 公司是一家从事计算机硬件、软件销售和二次开发的电脑公司，公司规模不大，五十人左右。经过多年的打拼，在本地区小有名气，并占有一定的市场规模。随着市场竞争的激烈化，为了继续保持公司的快速超常发展，提高员工的积极性，该公司总经理借鉴当时业界较为风行的“目标管理法”，对员工进行目标管理。其具体操作是这样的：A 公司根据预测的第二年销售额，公司希望达到第二年实现销售额翻番的目标，因此，将其营业额的预测定为上一年度的两倍，并将这一销售额自上而下，分配到每一部门，再由各部门分配给每位员工，取消了原执行的按销售比例提成制度，改为未完成任务时只有极低提成，超额完成任务则有巨额提成。表面上看来，如果业绩真的如 A 公司所愿，能够继续快速增长，优秀员工在超额完成任务后，收入将大幅度提高，而对于不能完成任务的员工，公司又降低了花在他们身上的成本，似乎是一举两得的好事。但员工在仔细分析后发现，由于该公司所处市场环境竞争加剧，产品优势逐渐丧失，公司规模扩大、销售人员增加导致每位销售人员所拥有的潜在“蛋糕”变小，并且 A 公司在资金实力、内部管理、配套服务方面跟不上快速增长的需要，几乎无人有信心完成二倍于前一年的销售额。多数员工产生了“被愚弄”的情绪。一年之后进行核算，全公司没有一个人能得到高额提成，核心销售人员流失殆尽。两年后，该公司已濒于倒闭。

思考题　这个案例中，A 公司为什么会出现核心销售人员的流失?

由于管理者面临复杂多变的环境，激励对象有不同的需要、目标和期望水平。要使激励能产生预期的效果，就要考虑到组织分工、目标设置、公平考核等一系列的综合因素。激励理论为管理实践提供了丰富的激励方法和手段，通过激励方法和手段让员工在执行工作目标之前，执行工作目标过程中以及实现工作目标之后都发挥了主要的作用。虽然激励总是存在一定的风险性，但是在制定和实施激励政策时一定要谨慎。因此，不仅要针对员工的特点运用激励的内在规律，而且要采取机动灵活的激励方法。

接下来本任务就是要跟大家一起学习有关激励的原则和方法。

一、激励的原则

激励是一门学问，科学的运用激励理论，可以有效地激发员工的潜力，提高激励的效果，使组织目标和个人目标在实现中达到统一，进而提高组织的经营效率。因此，正确运用激励应注意以下的因素。

1．把握正确的激励时机

在组织管理中，并不存在一种绝对有效的，时时适宜的激励时机，激励时机的选择是随机制宜的。在组织管理中，应根据组织面临的客观条件，灵活地选择激励的时机或采用综合激励的形式，以有效地发挥激励的作用。

2．采取相应的激励频率

激励频率是指在一定的时间进行激励的次数，它一般以一个工作学习周期为其时间单位。激励频率与激励效果之间并不是简单的正比关系，在某些特殊的条件下，两者可能成反比关系。只有区分不同的情况，采取相应的激励频率，才能有效发挥激励的作用。激励频率选择受到多种客观因素的制约。一般来说，工作比较复杂，对与一定物力相结合的人力进行合理的组织、培训、调配等工作，使人力、物力经常保持在最佳的比例，同时对人的思想、心理和行为进行恰当的诱导、控制和监督，以充分发挥人的主观能动性，做到事得其人，人尽其才，人事相宜，以实现组织目标。在具体的管理中，应具体问题具体分析，采取恰当的激励频率。

3．恰当地运用激励程度

有人对通宵达旦玩电子游戏者不能理解，但一旦自己去玩时，也往往废寝忘食。原因何在？因为电子游戏掌握了由简到繁、由易到难的原则。能否恰当地掌握激励程度，直接影响激励作用的发挥。超量激励和微量激励不但起不到激励的真正作用，有时甚至还会起反作用，造成对工作热情的严重挫伤。

所以从量上把握激励，一定要做到恰如其分，激励程度不能过高也不能过低。有一些人认为，激励程度越高，鼓舞士气的作用就越大；激励程度越低，鼓舞士气的作用就越小。也就是说，激励程度与激励效果成正比关系。我们认为，这种想法是不准确的。激励程度并不是越高越好，它是具有一定限度的，超出了这一限度，就无激励作用可言了，正所谓“过犹不及”。

4．确定正确的激励方向

激励的起点是满足员工的需要，员工的需要有一个由低到高的满足发展过程，但这一过程不是一种间断式的阶梯式的跳跃，而是一种连续性、波浪式的演进。不同的需要通常是同时并存的，但在不同的时期，各种需要的刺激是不同的，只有满足最迫切的需要，其效价才会高。因此，对员工进行激励时不能过分依赖经验及惯例。激励不存在一劳永逸的解决方法，必须用动态的眼光看问题，深入研究调查，不断了解员工变化的需要，确定正确的方向，采取针对性的刺激措施。

[做中学 7-7]　**有效激励团队的六个原则**

作为一名团队的主管，应该有一套行之有效的激励方法。因为有效的激励方法可以刺激下属员工的工作热情，从而取得更加优异的工作绩效。团队激励方法要遵循六个基本的原则，职员就会乖乖听命，拼命地为自己设定的目标努力工作。

（1）制定的奖励制度不能超过有效的高度。所谓有效的高度，是指对于员工的奖励，要认识到一个概念：它必须是每个人都有能力争取到的，而不是遥不可及，或者只有少数人可以得到的。只有这样，才能调动所有人的积极性，去通过努力来获得想要的奖励。

（2）必须要进行公开的奖励。如果只有获奖者和他们的直接上司知道奖励的结果，那么奖励就失去了它的价值，并被其他同事鄙视，产生相反的效果。而且这样的激励效果并不明显，因为激励的结果没得到公开，荣誉感自然减少许多。因此，奖励制度一定要公开，这样可以激励获奖的优秀员工，还能激励其他没有获奖的员工，让大家更加努力、更加用心地去工作。

（3）制定高名誉价值和低金钱价值的奖品。最好的奖励方式是具有高名誉价值和低金钱价值的奖品。比如在 IBM 公司，最好的、最有力的、最成功的奖励方案之一是销售人员的月奖励——获奖者被授予一个证书和一个展示在他们写字台上的价值 2 美元的橡皮鸭模型；另一个成功的方案则是，获奖者得到的奖励是一次与 CEO 共进午餐的机会，在吃饭时，CEO 将请获奖者谈谈他们的工作。相信我，这比给他多少钱都来得重要和让他满意。有时候荣誉上的价值要远远凌驾于物质和金钱的价值。而且人们在获得特殊的荣誉之后心里所产生的激励因素也将超出其他奖励方式带来的激励因素。因此，在制定激励方式的时候，要巧用心思，制定一些能给员工高名誉价值感的激励奖品，以达到事半功倍的效果。

（4）现金奖励是一种最没有激励性的和最为拙劣的激励方式。你可以这样认为，如果一名员工得到了现金红利的奖励，他可能会更加过分地依赖金钱，并且不可避免地进行提前花费，而且只会把它当作综合工资的一部分，你需要的激励作用，可能一点都没有起到。

（5）任何一种奖励方案都应当是短期的，并且要与工作周期相联系。正如工作目标一样，如果在激励之前，你将奖励方案限制在三个月的范围内，将会起到非常不错的效果。

（6）随机应变制定多样化的激励制度。作为一名团队主管，你需要意识到这样一个事实：随着时间的流逝，用来激励人的方式要发生变化，并且你应该使用不同的（尽管经常类似）激励方式来激励团队成员。

资料来源：https：//www.jianshu.com/p/dfb4821dee2f.

思考题　你对有效激励团队的六个原则有何评价。

［分析］

有效的激励原则可以让团队充满激情与动力。让团队内部的员工有充分的创造价值的空间，使团队有所挑战、有所期待。好的激励制度能更好地帮助团队取得进步。职员就会接受任务，拼命地为自己设定的目标努力工作。

二、激励的方法

（一）目标激励

目标激励就是通过制定科学的发展目标，激励员工为之奋斗，最终达成目标，满足自我实现需要的一种激励方式。确立了发展目标，就明确了工作方向，促使广大员工在实现发展目标的过程中，不断提高自身素质，实现自身价值。

运用目标激励，管理者应注意以下几个问题。

1. 目标要切合实际。在目标的管理中，目标最重要。目标在管理学上通常称为“诱因”，即能够满足人的需要的外在物。一般来说，个体对目标看得越重要，实现的概率就越大。因此，在管理过程中，目标的制定，不能盲目地要求过高、求大，设置的目标必须是合理的，明确的、可行的、与个体的切身利益是密切相关的、是通过努力而来的，才能够起到调动员工的积极性、发挥创造的作用，使目标激励真正起作用，实现目标激励作用的最大化。否则，不但起不到激励作用，还可能起消极作用，使员工丧失信心。

任务解析

A公司对员工的考核标准并没有从实际出发，而是主观地设置绩效目标，即使经过超常努力，员工也很难达到公司的目标，在完成任务之前，收入却不会因业绩的增长而提高。因此，从目标管理开始推行，就受到了员工心理上的抵制和排斥，而企业又未能及时发现员工的这一趋向采取补救措施，以致最后激励失败，并导致核心员工的大量流失，企业发展的基础也受到动摇。

思考题　如何进行目标设定？怎样的目标才是合理、有效的？

2. 目标的制定应该是多层次、多方向的。除了专业的基本目标外，还应包括企业管理目标、技术考核目标、员工培训等。

3. 目标应分解为阶段性的具体目标。有了组织的总目标，会使员工看到前进的方向，鼓舞员工实现总目标的斗志。如果在制定总目标的同时又制定出阶段性的具体目标，就能使员工感到有实现的可能，就会将目标转化为工作压力和工作动力，既增大员工的期望值，也便于组织目标的实施和检查。

（二）工作激励

按照赫茨伯格的双因素理论，对人最有效的激励因素来自工作本身。因此，管理者必须善于调整和调动各种工作因素，搞好自己的工作设计，千方百计地使自己的下级满意于自己的工作，以实现最有效的激励。实践中，一般有以下几种途径。

1. 工作的竞争与挑战性

在企业管理实践中，欲使奖金成为激励因素，必须使奖金与职工的工作绩效相联系。如果采取不讲部门和职工绩效的平均主义大锅饭做法，奖金就会变成保健因素，奖金发得再多也难以起到激励的作用。对某一个岗位而言，如果长期为一个人所占有，又没有来自外部的竞争压力，该职工的惰性就会自然而然地释放出来，工作质量随之下降。企业为了激发职工的工作潜能，应设置竞争性的岗位，并把竞争机制贯穿到工作过程的始终。

思考题　竞争真的是一个有效的激励手段吗？

2. 工作的丰富化

工作的丰富化是指让员工参与一些具有较高技术或管理含量的工作，即提高其工作的层次，从而使职工获得一些成就感，使其渴望得到尊重的需要得以满足。

思考题 具体的工作丰富化有哪些呢?

3．工作的扩大化

激励是组织管理的重要环节，被认为是“最伟大的管理原理”。就组织工作而言，对职工激励至关重要，但对职工进行激励的时候必须注重多种激励方式的综合运用，将物质激励和精神激励有机地结合起来。物质需要是人的第一需要，合理而富有竞争力的薪酬制度是企业激励职工、留住人才的基本方略。同时，企业更要注重精神激励的重要作用。学习型组织为我们提供了一个典型的精神激励模式：通过培养员工自我超越的能力，打破旧的思维限制，创造出更适合组织发展的新的心智模式，在这种更为开阔的思维中发展自我，并朝着组织的整体目标和共同愿景努力。

思考题 仅限一个小范围工作，员工有进展的空间吗?

（三）奖罚激励

奖罚激励法是指利用奖励或惩罚的方法，对人们的一些行为予以肯定而对另一些行为予以否定，激发人们内在动力的激励方法。在社会团体管理中，如果奖罚得当，能进一步调动团体成员的积极性，起到激励的作用。

运用奖罚这一强化激励方法，必须注意以下几种问题。

1．及时性

拿破仑不仅是一名出色的军事家，对当时的军事知识深有研究，善于将各种军事策略运用到实战之中，尤其是主张将火炮集中使用，以及充分发挥骑兵的机动作用，是一名非常懂得管理艺术的管理者。他曾经说过：“最有效的奖励是立即给予的奖励。”这一点在组织管理中同样适用。一个员工如果表现得好，那么应该及时给予肯定，相反，一个员工如果表现不好，犯了错误，则应及时给予惩罚或批评。

思考题 如果员工表现得好，没有表扬，那么接下来他还会努力工作吗?

2．准确性

奖励或惩罚与实际情况相符合，即奖罚的准确性是奖罚发挥作用的前提条件。不论是对于员工的奖励，还是批评，管理人员都要做到实事求是，恰如其分，力求准确。表扬不能为了突出某人的成绩而对之凭空拔高，否则会招来反感；批评时捕风捉影，任意上纲，也会产生不良的后果。

3．艺术性

这种赏罚分明的历史传统在今天的企业管理中依然管用，作为企业管理者，能对员工做到赏罚分明是很重要的，如果主管因为人情包袱，投鼠忌器而赏罚不明，组织将无法建立追根究底、坦诚互信的文化。

（四）考评激励

考评激励是指各级组织对所属成员的工作及各方面的表现进行考核与评定。通过考核和评比，及时指出职工的成绩、不足及下一阶段努力的方向。对不称职者要求调整岗位，必要时还要做降职处理，从而激发员工的积极性、主动性和创造性。除提职、升级等奖励外，还有物质性的奖励，包括以下三点。

1．晋升工资

工资是人们工作报酬的主要形式，如果工作有成效的员工获得晋升工资的奖励，对他们来说当然是一种重大的利益激励。

2．颁发奖金

奖金与工资不同，不适用于长期性奖励，一般是针对某一件值得奖励的事情给予物质奖励。

3．员工持股

员工持股是在市场经济条件下，对员工激励的主要方法之一。员工持股后会增强对企业的认同感，激发出巨大的工作热情和责任感。

为了让考评激励发挥最大的作用，在考评过程中必须注意制定科学的考评标准，设置正确的考评方法。

[做中学 7–8]　　“加薪”与“休息”

迪娜·爱尔文创立了友谊卡片公司，她打算利用自己的商品设计专长来制造和销售贺卡，当然，她还希望开创更美好的未来。迪娜的公司仅拥有 12 名员工，但年均利润已超过 10 万美元。迪娜决定让员工分享公司的成功。她宣布，公司星期五也是休息日，员工工资照发。实施该项制度的一个月后，一位迪娜最依赖的员工向她坦白，他宁愿得到加薪而不是额外休息的时间。迪娜十分惊讶。她的大多数员工不到 30 岁，而年均收入为 35 000 美元，这已超过本镇从事相似工作的员工收入的 20%。对于她自己来说，如果年收入已达 35 000 美元，再让她在钱和休息时间之间进行选择的话，她毫无疑问选择后者。迪娜为此事召开了全公司会议听听大家意见。她先将两种方案告诉大家，之后她问大家多少人赞成四天工作制，6 只手举了起来；当问多少人赞成五天工作制而额外获得年均 4 000 美元的奖金时，另外的 6 只手举了起来。

资料来源：http：//www.doc88．com/p-9843549873794．html.

思考题　谈谈你对本案例的理解，从中得到什么启示？

［分析］

有效的激励，必须通过适当的激励方式与手段来实现。虽然激励是复杂的且因人而异的，也不仅限于一种方法，但是这些不同的激励方法和手段可以起到在实践中帮助员工提高他们的工作效率的作用。

项目小结

激励是一门学问，是最重要的管理原理之一。它是激发人的动机，使人产生一种内在动力，朝向期望的目标努力的心理过程。科学运用激励理论，掌握好激励的原则和方法，有效地激励员工，可以使组织目标和个人目标在现实中达到统一，进而提高组织的经营效率。

1. 激励与人的行为紧密相关，是行为科学中用于处理需要、动机、目标和行为四者之间关系的核心理论，并通过某种方式表现出来。

2. 一个管理者如果不懂怎样去激励员工，是无法胜任其工作的。激励在组织管理中发挥着十分重要的作用。激励有利于实现企业目标的需要，有助于充分发挥企业各种生产要素效用的需要，有利于提高员工的工作效率和业绩，有利于员工素质的提高。

3. 激励理论分为三大类，即内容型激励理论、过程型激励理论、其他理论。内容型激励理论，就是针对激励的原因与起激励作用的因素的具体内容进行研究的理论。主要包括马斯洛的需要层次理论、赫茨伯格的双因素理论、麦克利兰的成就需要理论；过程型激励理论讲述了期望理论和公平理论的内容和管理启示；其他理论包括了强化理论和归因理论的内容、方式和作用。

4. 激励要遵循的原则有：把握正确的激励时机、采取相应的激励频率、恰当地运用激励程度、确定正确的激励方向。激励的方法主要有：目标激励、工作激励、奖罚激励、考评激励。

☆习题与训练

一、理论自测题

（一）名词解释

激励　马斯洛需要层次理论　期望理论　考评激励　目标激励

（二）单项选择题

1. 激励进程的起点是（　　）。

A. 目标　　B. 行为　　C. 动机　　D. 需要

2. 激励过程即（　　）。

A. 需要—动机—行为—绩效　　B. 绩效—行为—动机—需要

C. 动机—行为—绩效—需要　　D. 行为—绩效—动机—需要

3. 成功后的喜悦比薪酬更重要，这是人们的（　　）。

A. 生理需要　　B. 安全需要　　C. 社交需要　　D. 自我实现

4. 赫茨伯格认为，下列因素中不属于激励因素的是（　　）。

A. 期望　　B. 成就感　　C. 责任感　　D. 人际关系

5. 管理者激发员工的工作热情，使他们产生满意情绪，要利用（　　）。

A. 保健因素　　B. 维持因素　　C. 激励因素　　D. 薪酬

6．为了防止员工产生不满情绪，维护员工工作积极性，管理者要注意（　　）。

A. 公平　　B. 保健因素　　C. 满足需要　　D. 满意度

7．公平理论认为影响员工工作努力程度的因素是（　　）。

A. 薪酬量　　B. 比较的结果　　C. 工作条件　　D. 晋升机会

8. 某公司今年超额完成利润指标，公司决定按员工个人工资的50%一次性发放年终奖金，结果花钱买来的是怨声载道，此现象可用（　　）理论来解释。

A. 期望理论　　B. 公平理论　　C. 双因素理论　　D. 需要层次理论

9．金钱不是万能的，但“重赏之下必有勇夫”说明了（　　）。

A. 金钱是满足人们需要的先决条件

B. 金钱是社会财富的凭证

C. 金钱的奖励作用是不可完全替代的

D. 金钱拜物教是有市场的

10．商鞅在秦国推行改革，他在城门口立了一个木棍，声称能将木棍从南门移到北门的奖励500金，但没人去尝试。根据期望理论，这是由于（　　）。

A. 500金的效价太低

B. 居民对得到薪酬的期望太低

C. 居民对完成要求的期望太低

D. 大家都不敢尝试

11．一车间主任对自己手下人常说一句话：“不好好干回家去，干好了月底多拿奖金。”可以认为，车间主任把他的手下都看作（　　）。

A. 有归属需要和安全需要的人

B. 有生理需要和归属需要的人

C. 有生理需要和安全需要的人

D. 有安全需要和尊重需要的人

12．就马斯洛的“需要层次论”和赫茨伯格的“双因素理论”相比较而言（　　）。

A. 生理需要相当于保健因素

B. 生理和安全需要相当于保健因素

C. 生理、安全和社交需要相当于保健因素

D. 生理、安全、社交和尊重需要相当于保健因素

13．从期望理论中得到的最重要的启示是（　　）。

A. 目标效率高低是激励是否有效的关键

B. 期望概率的高低是激励是否有效的关键

C. 存在着负效率，应引起领导者注意

D. 应把目标效率 & 期望概率进行优化组合

（三）多项选择题

1．内容型激励理论包括（　　）。

A. 需求层次论　　B. 成就动机理论　　C. 公平理论　　D. 双因素理论

2．用双因素理论分析，下列选项中哪些属于保健因素（　　）。

A. 工作条件　B. 工作认可　C. 人际关系　D. 提拔晋升

3. 归因理论在解释行为时，如果把行为看作是由外部力量驱使的叫作外在归因或(　　)。

A. 内在归因　B. 历史归因　C. 个人归因　D. 情境归因

4. 过程型激励理论主要包括（　　)。

A. 需要层次论　B. 期望理论　C. 公平理论　D. 挫折理论

5. 激励理论通常可分为的类型有（　　)。

A. 内容型激励理论　B. 需求层次论

C. 过程型激励理论　D. 行为改造型激励理论

E. 公平理论

6. 下列属于马斯洛层次需要的内容有（　　)。

A. 生理的需要　B. 安全的需要　C. 社交的需要　D. 尊重的需要

E. 自我实现的需要

7. 赫茨伯格提出，影响人们行为的因素主要有（　　）两类。

A. 满意因素　B. 不满意因素　C. 保健因素　D. 激励因素

8. 强化的方法按强化的手段来划分有（　　)。

A. 正强化　B. 负强化　C. 零强化　D. 惩罚、

E. 学习

9. 需求层次理论的内容有（　　)。

A. 工作与工作条件的需求　B. 文艺、文化娱乐生活的需求

C. 生理需求、安全需求、社交和爱情需求　D. 自尊与尊重别人的需求

E. 自我实现的需求

10. 下列属于行为改造型激励理论的是（　　)。

A. 需要层次理论　B. 期望理论　C. 双因素理论　D. 强化理论

E. 公平理论

（四）判断题

1. 动机就是个体通过艰苦努力实现组织目标的愿望，而这种努力又能满足个体的某些需要。(　　)

2. 激励的过程主要有四个部分，即行为、需要、动机、绩效。首先是产生动机，通过激励，最后达到提高绩效的目的。(　　)

3. 马斯洛的需求层次理论由低级到高级需求依次为：生理需要、安全需要、尊重需要、社交需要、自我实现需要。(　　)

4. 在双因素理论中保健因素是指那些与人们的不满情绪有关的因素，如公司的政策、管理和监督、人际关系和工作条件等。(　　)

5. 亚当斯的公平理论的基础在于，员工不是在真空中工作，他们总是在进行比较，比较的结果影响他们工作的努力程度。(　　)

6. 公平理论的不足在于，员工本身对公平的判断是极其主观的。因为人们总是倾向于过高地估计自我付出，过低地估计所得薪酬。(　　)

7. 亚当斯的公平理论主要是为了解决报酬分配的合理性、公平性。(　　)

8．激励的管理方式是一种静态的过程，而不是动态的。（　）

9．在马斯洛的需求层次理论中，人的安全需求是最根本的需求。（　）

10．管理的激励源于科学的理论，但最终要实现的话，它又是一门艺术。（　）

（五）简答题

1．联系实际论述马斯洛的动机理论及需要层次理论。

2．简要说明期望理论的主要内容。

3．请比较分析需求层次论和双因素理论的优点、缺点。

4．领导者根据激励理论处理激励实务时，有哪些方法？

5．何谓激励因素？何谓保健因素？双因素理论对我们可提供哪些启示？

二、项目实训

【实训目标】

使学生通过情景模拟，掌握运用激励理论调动人的积极性的能力。

【实训内容与要求】

1．本次实训的主要内容是进行情景剧表演与分析。情景剧是指根据教学需要，设计一定的管理情景，由学生扮演角色进行演出，并进行分析的一种实践教学方式。

2．根据本章内容和实训目标，由学生在课下搜集、选择、编写和讨论预习剧本，并进行必要的排练。

3．由“演员”按照选择的方案与剧本进行表演。表演分成两部分进行：一是表演需决策事件的基本事实或过程；二是由学生按照自己设计的方案进行决策与分析。（由学生分别扮演情景剧中的有关人员，提出自己的主张与决策建议，并充分论证，以说服别人。不同的扮演者可以有不同的决策方案。）

4．由同学们对各成员的表演，特别是管理行为的合理性进行分析与评价。

5．在表演和讨论的过程中，教师可以随剧情发展进行提问，以引导剧情与讨论的逐步深入，并进行小结。

【成果与检测】

1．每个学生至少搜集一个案例或资料。

2．每个模拟公司写一个剧本，并进行表演。

3．教师及学生观众对各公司的情景剧及“演员”的决策意见与表演打分评估。

三、实务技能自测题

1．请对某一个企业或公司的管理者及员工进行访谈，了解该企业或公司的激励政策及管理者的激励措施、方式及方法，并总结这些措施、方式及方法在实践应用中的作用。

2．以“最好的激励方法是惩罚还是奖励”为题，进行一次分组辩论。

3．在现实生活当中，你肯定会受到来自父母、老师、同学或其他人的表扬或批评，请你仔细描述一下，当受到批评时你是一种什么心情及感受，当你受到表扬时，你的心情及感受又是如何。

四、案例分析

李强的困惑

李强已经在数据系统公司工作了 5 个年头。在这期间，他从普通编辑员升到资深的程序编制分析员。他对自己所服务的这家公司相当满意，很为工作中的创造性要求所激励。一个周末的下午，李强和他的朋友及同事安迪一起打高尔夫球。他了解到他所在的部门新雇了1 名刚从大学毕业的程序编制分析员。尽管李强是个好脾气的人，但当他听说这名新来者的起薪仅比他现在的工资少 30 美元时，不禁发火了。李强迷惑不解。他感到这里一定有问题。周一早上,李强找到人事部主任王德华,问他自己听说的事是不是真的。王德华带有歉意地说，确有这么回事。但他试图解释公司的处境："李强，编程分析员的市场相当紧俏。为使公司能吸引合格的人员，我们不得不提供较高的起薪。我们非常需要增加 1 名编程分析员，因此我们只能这么做。"李强问能否相应调高他的工资。王德华回答说："你的工资需按照正常的绩效评估时间评定后再调。你干得非常不错！我相信老板到时会给你提薪的。"李强向王德华说了声"打扰了"，便离开了他的办公室，边走边不停地摇头，很对自己在公司的前途感到疑虑。

【问题】

1．本案例描述的事件对李强的工作动力会产生什么样的影响？哪一种激励理论可以更好地解释李强的困惑？

2．你觉得王德华的解释会让李强感到满意吗？请说明理由。

项目八　沟　　通

◆职业能力目标

1. 能够理解沟通的内涵。
2. 能够掌握有效沟通的方法和技巧。
3. 能够清楚沟通障碍的来源。
4. 能够运用沟通来化解冲突和矛盾。
5. 会运用沟通增强团队的凝聚力和向心力。

◆典型工作任务

理解沟通的含义和其在组织发展中的重要作用；明确沟通障碍形成的原因；掌握沟通的分类；熟练运用有效沟通的方法和技巧来消除组织发展中的冲突和矛盾，提升团队凝聚力。

任务一　沟通概述

任务引例

这样与客户沟通

某公司经理王总交代他的秘书小林处理几封客户邮件。其中有一封是客户的投诉邮件，总经理特地叮嘱小林，要好好地与客户沟通，解答客户在信件中提出的问题。小林仔细看了邮件之后，拨打了邮件中客户留下的联系电话，但没人接听。随后，小林将客户提出的问题做出了书面解释，并用电子邮件的形式回复给客户。下班前，王总问小林，事情处理得怎么样，小林回答："我已经很好地与客户做了沟通。"

小林的做法对吗？

管理学大师彼得·德鲁克曾经说过，沟通是管理的基础。从一定意义上讲，管理过程就是沟通过程。一项研究表明，在经营不善的企业中75%以上的企业衰落案例都是由于疏于沟通。可见，沟通是管理中极其重要的部分，是管理的灵魂。

沟通是团队管理的润滑剂。如果团队没有沟通，就难以达成共识，团队就没有默契，也就不能发挥团队作用。作为企业的管理者，要善于利用任何沟通的机会，甚至创造出更多的沟通途径，与员工充分交流，秉持对话的精神，有方法、有层次地激发员工发表意见与讨论，汇集经验与知识，凝聚团队，达成共识。有效的沟通有助于激励人们完成任务，实现工作的目标；有助于人们更好地理解自己的工作，更深刻地感受到自己的行动与整体任务的密切联系；有助于建立和改善人际关系，增强团队凝聚力。

一、沟通的含义与作用

（一）沟通的含义

所谓沟通，就是指人们通过语言和非语言方式传递信息和知识并为对方所接受和理解的过程。它是人们了解他人思想、情感、见解和价值观的一种双向的途径。该定义包含了沟通的三个要点：一是表示人与人之间的某种联络。沟通不是信息发送者单方的活动，沟通必须是至少由两个以上的人共同完成的活动。二是信息被传递。它是指发送者将信息发给对方并为对方所接受。三是所传递的信息被对方所理解。

[做中学 8-1] 该来的不来

有个人请客，看看时间过了，还有许多客人没来。主人很焦急，便说："怎么搞的，该来的还不来？"一些敏感的客人听到了，心想："该来的没来，那我们是不该来的？"于是悄悄地走了。主人一看又走掉了这么多人，越发着急了，便说："怎么不该走的，倒走了呢？"剩下的客人一听，又想："走了的是不该走的，那我们这些没走的倒是该走的了！"于是又都走了。最后只剩下一个跟主人较亲近的朋友，看了这种尴尬的场面，就劝他说："你说话前应该先考虑一下，否则说错了，就收不回来了。"主人大叫冤枉，急忙解释说："我又不是说他们的！"朋友听了大为恼火，说："不是说他们，难道是说我的！"说完，也拂袖而去！这个故事说明什么？

[分析]

对于一个组织来说，沟通是一件十分重要的事。它把许多独立的个人、群体联系起来，成为一个整体。它像人体的神经系统一样不可缺少。组织中的相互了解、获得反馈、衡量成果、进行决策、部门之间的协调以及与企业外部的联系等，无不依赖于信息沟通。正如心理学家戴维斯（Keich Davis）所认为：沟通对于组织的重要性，如同血液循环对于人体。

（二）沟通的作用

思考题 你认为沟通重要吗？举一个生活中关于沟通的事例加以说明？

从某种意义上讲，整个管理工作都与沟通有关。决策者与企业外部人士的交流，组织者与被组织者之间的信息传递，领导者与下属的感情联络，控制者与控制对象的纠偏工作，无不与沟通相联系。它的作用在于使相互沟通的对象能够在适当的时候，将适当的信息，用适当的方法，传递给适当的人，从而形成一个健全、迅速和有效的信息传递系统，以利于实现组织目标。一般来说，沟通具有以下几方面的作用。

1. 沟通是科学决策的前提和基础

在激烈的市场竞争环境中，决定企业经营成败的关键往往不是企业内部一般性的生产管理，而是重大经营方针的决策。为使组织决策科学合理和更加有效，需要准确可靠而又迅速地收集、处理、传递和使用情报信息。情报信息包括组织内外经济环境、市场、技术、资源、文化等内容。事实证明，许多决策的失误是由于信息资料不全，沟通不畅造成的。因此，没有沟通就不可能有科学有效的决策。

2．沟通是使组织成为一个整体的凝聚剂

通过沟通，协调各个体、各要素，使组织成为一个整体。当组织内做出某项决策或制定某项新的政策时，由于各个体的地位、利益和能力的不同，对决策和制度的理解和执行的意愿也就不同，这就需要互相交流意见，统一思想认识，自觉地协调各个体的工作活动，以保证组织目标的实现。因此，沟通可以明确组织内员工做什么、如何来做，没有达到标准时应如何改进。可以说没有沟通就不可能有协调一致的行动，也就不可能实现组织的目标。

3．沟通是组织内建立良好的人际关系的关键

组织内成员之间，特别是领导者与被领导者之间人际关系如何，主要是由沟通的水平、态度和方式来决定的。工作群体是主要的社交场所，员工通过群体内的沟通来表达自己的挫折感和满足感。因此，沟通提供了一种释放情感的情绪表达机制，并满足了员工的社交需要。

4．沟通也是组织与外部环境之间建立联系的桥梁

组织的生存和发展必然要与政府、社会、顾客、供应商、竞争者等发生各种各样的联系。组织要按照客观规律和市场的变化要求调整产品结构，遵纪守法、担负社会责任，获得与供应商的合作，并且在市场竞争的环境中获得优势，这使得组织不得不与外部环境进行有效的沟通。由于外部环境永远处于变化之中，因此，组织为了生存和发展就必须适应变化，不断地与外界保持持久的沟通。

小知识

沟通在企业管理中的重要性

沟通在企业管理当中究竟处于一种什么状况？其中有两个数字可以很直观地反映沟通在企业里面的重要性，就是两个 70%。

第一个 70%，是指企业的管理者，实际上 70% 的时间用在沟通上。开会、谈判、谈话、做报告是最常见的沟通形式，撰写报告实际上是一种书面沟通的方式，对外各种拜访、约见也都是沟通的表现形式，所以说有 70% 的时间花在沟通上。

第二个 70%，是指企业中 70% 的问题是由于沟通障碍引起的。比如企业常见的效率低下的问题，实际上往往是有了问题、有了事情后，大家没有沟通或不懂得沟通所引起的。另外，企业里面执行力差、领导力不高的问题，归根结底，都与沟通能力的欠缺有关。比如说经理们的绩效管理问题，对于下属，经常有恨铁不成钢的想法，觉得年初设立的目标他们没达到，工作中对他们的一些期望，也没有达到。

二、沟通的过程

沟通是人与人之间交流思想、观点、意见、态度或交换情报资料的过程。在沟通中，由发送者发出信息，接收者收到信息并能了解发送者的意图，才是成功的信息沟通。如果接收者收不到信息，或虽收到信息但并不能了解信息的含义，就不能算是成功的信息沟通。因此，要做到有效地沟通，首先要理解沟通的过程。

思考题　信息从发送方传递给接收方需要经过哪些过程？

（一）沟通过程模型

图 8-1 描述了沟通过程的最一般模型，这一模型包括八个部分：① 发送者；② 编码；③ 信息；④ 通道；⑤ 解码；⑥ 接收者；⑦ 反馈；⑧ 环境、干扰。无论是通信设备之间的信息交流，还是人与人之间的信息交流，都服从沟通过程的一般规律。

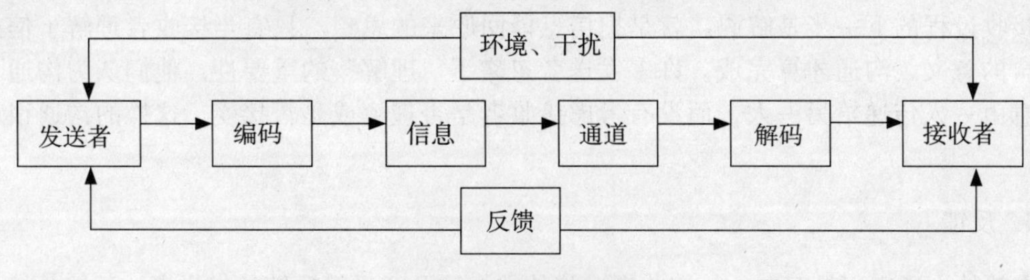

图 8-1　沟通过程模型

1．信息的发送者

发送者是信息的来源，也是信息沟通过程的起点。发送者首先要确定希望传送的意念或思想是什么，如告诉别人某一件事或是传达上级的命令，然后还需要将传达的意思用某种方式表达出来，即将意念转换成符号信息，这个过程称为“编码”。编码的方式很多，如文字、语言、图表和动作等。编码时应注意所选择的符号必须是接收者知道和懂得的符号。例如，如果接收者是个外行，那你就应尽量避免使用专业名词或行话编码。

[做中学 8-2]　　荷　薪　者

有一个秀才去买柴，他对卖柴的人说:“荷薪者过来！”卖柴的人听不懂“荷薪者”（担柴的人）三个字，但是听得懂“过来”两个字，于是把柴担到秀才面前。

秀才问他:“其价如何？”卖柴的人听不太懂这句话，但是听得懂“价”这个字，于是就告诉秀才价钱。秀才接着说:“外实而内虚，烟多而焰少，请损之。（你的木材外表是干的，里头却是湿的，燃烧起来，会浓烟多而火焰小，请减些价钱吧。）”卖柴的人因为听不懂秀才的话，于是担着柴就走了。

［分析］

管理者平时最好用简单的语言、易懂的言词来传达信息，而且对于说话的对象、时机要有所掌握，有时过分的修饰反而达不到想要达到的目的。

2．信息的传递

信息是指在沟通过程中传送给接收者的消息或情报。比较常用的信息传递媒介有电话、面谈、会议、备忘录、报告等。由于可用的传递媒介很多，各种媒介又各有利弊，所以如何选择适当的媒介使信息有效沟通非常重要。选择沟通媒介通常需要考虑下面三个问题：信息的重要性；是否必须有文字记录；是否必须马上得到对方的反馈。发送者可以同时采用两种或两种以上的媒介传递信息。例如，在电话中与对方初步达成协议之后，再以书面文件加以确认。

3．信息的接收者

在信息沟通时，接收者必须处于准备接收的状态，才能译解信息编码。例如，一个人的脑子里正想着一场精彩的球赛，他就不可能十分留意别人对他说的话。当发生信息的竞争时，发送者首先必须设法让接收者能够倾听他的话语，否则沟通中出现障碍的可能性就会增加。接收过程的下一步是解码，就是把信息译回原来的思想。只有当接收者理解了信息中所包含的意义，沟通才算完成。许多发送者忽略了“理解”的重要性，他们认为沟通只是将信息由一人传递给另一人，而没有考虑接收者是否理解或是否接受，这样的沟通很难有效果。

4．反馈

有效的沟通应当是双向的，接收者应将他的想法及意见等反馈给发送者。反馈是接收者的一种反应，是发送者了解接收者对信息理解和接受程度的最好方法。但许多发送者忽略了这一点。在其他条件相同的情况下，鼓励反馈的发送者比不注重反馈的发送者能更有效地沟通。发送者可以根据以下五点对接收者的反馈是否良好做出评价，即接收者提供的反馈应当：① 是对接收者有帮助的；② 是描述性的而非评价性的；③ 是针对某些特定问题的而非广泛性的；④ 是在适当的时机提出的；⑤ 是适量的而不是超负荷的。如果接收者反馈的信息不符合上述五点，那就说明接收者可能没有理解信息的含义，或是不愿意接收信息的内容。

5．噪声干扰

在很多情况下，信息沟通都会受到噪声的影响，以致造成沟通的障碍而影响沟通的效果。噪声是指一切妨碍信息沟通的因素。信息沟通过程中的每一步都有可能发生噪声。如对发送者来说，嘈杂的环境可能会妨碍意念的形成，所用的符号不清也可能造成编码错误。对信息传递来说，由于渠道不畅可能造成信息传递中断。对接收者来说，因不注意可能造成接收不准确，因误解信息符号的含义可能造成解码错误等。噪声不仅会阻止信息的传递，也会在传递过程中扭曲信息。

沟通是一个动态而且复杂的过程。在管理方面，组织结构本身就是重要的沟通框架，政策、程序、规则对沟通有重要的作用。良好的政策、程序和规则，可以保证信息畅通，信息及时交流。

思考题　你认为与人沟通中需要注意哪些问题？

（二）沟通过程中应注意的问题

从信息沟通的过程可以看出，管理者与其他人员之间的沟通要经过许多环节，每一个环节都有可能发生噪声干扰信息的传递。对沟通中出现的问题如果不加以防范或解决，则沟通的效果便会受到严重影响。沟通过程中值得管理者注意的问题有：

（1）符号的准确程度。信息通常要经过一定的途径才能到达接收者那里，这一过程是有一定的技术要求的。因此，要将信息符号准确无误地传递给接收者，就必须解决有关的技术问题。

（2）含义的准确程度。信息符号的含义应当清楚明确。如果符号本身意义不明，对接收者来说是一个陌生的符号，或符号可以有多种解释，那么接收者即使能够清楚地收到发来的信息，也无法知道发送者想表达的意思是什么。因此，要使接收者准确地了解发送者的意图，就必须解决有关的词义问题。

（3）如何有效地取得预期的沟通效果。当接收者能够根据收到的符号了解发送者的意图时，发送者会期望接收者有一定的反应行为。这个反应行为是否和发送者所期望的一样，就是该信息沟通是否有效的问题了。因此，要使接收者的反应行为与发送者所期望的相同，就要解决信息沟通的有效性问题。

[做中学 8-3] **通 天 塔**

《圣经·创世记》上说，人类的祖先最初讲的是同一种语言。他们在底格里斯河和幼发拉底河之间，发现了一块异常肥沃的土地，于是就在那里定居下来，修起城池，建造起了繁华的“巴比伦城”。后来，他们的日子越过越好，人们为自己的成就感到骄傲，他们决定在巴比伦修建一座通天的高塔，来传颂巴比伦人的赫赫威名，并作为集合全天下弟兄的标记，以免分散。因为大家语言相通，同心协力，阶梯式的通天塔修建得非常顺利，很快就高耸入云。上帝耶和华得知此事，立即从天国下凡视察。上帝一看，又惊又怒，因为上帝是不允许凡人达到自己的高度的。他看到人们这样统一、强大。心想，人们讲同样的语言，就能建起这样的巨塔，日后还有什么办不成的事情呢？于是，上帝决定让人世间的语言发生混乱，使人们互相言语不通。

人们各自操起不同的语言，感情无法交流，思想很难统一，就不可避免地出现互相猜疑、各执己见、争吵斗殴，由此导致人类之间误解的开始。修造工程因语言纷争而停止了，通天塔终于半途而废。人们分裂了，按照不同的语言形成许多部族，又分散到世界各地。

资料来源：李家晔．完美执行之最佳沟通［M］．北京：中国时代经济出版社，2005.

［分析］

“巴比伦塔”失败的故事告诉我们，如果没有沟通，或者沟通不通畅，人类就无法在征服自然的斗争中取胜，甚至不能很好地完成一件任务。

思考题　与人沟通时，需要遵循哪些原则？

三、沟通的原则

（一）准确性原则

准确性是指信息沟通要能客观、正确地反映组织内部活动或外部环境的特点。当信息沟通所用的语言和传递方式能被接收者理解时才是准确的信息，这个沟通才具有价值。为了保证信息沟通的准确性，要求在信息收集过程中，注意选择可靠的信息来源，用准确的语言或精确的数字客观地记录原始信息。在信息加工过程中，采用科学的方法，尽可能排除人为因素对信息内容客观性的干扰。

在实际工作中，常会出现接收者对发送者非常严谨的信息缺乏足够的理解的情况。信息发送者的责任是将信息加以综合，无论是笔录还是口述，都要求用容易理解的方式表达。这要求发送者有较高的语言或文字表达能力，并熟悉下级、同级和上级所用的语言。当然，在注意了准确性原则之后，沟通并不一定能正常进行，这是由于要注意的信息太多，而人的注意力有限，所以接收者必须集中精力，克服思想不集中、记忆力差等问题，才能够对信息有正确的理解。

（二）完整性原则

完整性是指沟通信息的收集和加工不仅应全面、系统，而且应具有连续性。只有全面、系统地收集、掌握反映组织内部和外部众多环境因素及其相互关系的信息，才能对组织面临的形势有一个准确、全面的认识。在此基础上才能够科学地实施管理活动，努力使组织适应环境的要求。同时，环境是在不断变化的，必须对反映这种变化的信息连续不断地进行收集和加工，才能把握环境的动态变化。

这项原则有一个特别需要注意的地方，即信息的完整性部分取决于主管人员对下级工作的支持。主管人员位于信息交流的中心，应鼓励他们运用中心职位和权力，起到中心的作用。但在实际工作中，有些上级主管人员处于尴尬境地，并且违反了统一指挥的原理。如果确实需要这样做，则上级主管应事先同下级主管进行沟通，只有这样，下级主管才会主动配合上级。

（三）及时性原则

由于信息具有时效性，其价值随时间的推移而变小，因此，在信息沟通过程中应保证将信息迅速地收集、加工并传递给有关的部门或人，以有效地利用机会，避开威胁，或及时地采取措施，保证计划目标的实现。

在沟通的过程中，不论是主管人员向下沟通信息，还是下级主管人员或员工向上沟通信息以及横向沟通信息，都应注意及时性原则。这样可以使组织新近制定的政策、组织目标、人员配备等情况尽快得到下级主管人员或员工的理解和支持，同时可以使主管人员及时掌握其下属的思想、情感和态度，从而提高管理水平。在实际工作中，信息沟通常因发送者不及时传递或接收者的理解、重视程度不够，而出现事后信息，或从其他渠道了解信息，使沟通渠道起不到正常的作用。当然，信息的发送者出于某种意图，而对信息交流进行某种程度的控制也是可行的，但在达到控制的目的后应及时进行信息的传递。

思考题　列举你常用的沟通方式，并分析各自的优缺点。

四、沟通的方式

依据不同的划分标准，可以把沟通分为不同的类型。不同类型的管理系统对沟通方式的要求是不同的，管理者应当根据自己所处系统的性质、规模和活动内容，采用最经济高效的沟通方式。

（一）按照沟通功能划分为工具式沟通和感情式沟通

1．工具式沟通

一般来说，工具式沟通指发送者将信息、知识、想法、要求传达给接受者，其目的是影响和改变接受者的行为，最终达到企业的目标。

2．感情式沟通

感情式沟通是指沟通双方表达情感，获得对方精神上的同情和理解，最终改善相互间的人际关系。

（二）按照沟通方法划分为口头式沟通、书面式沟通、非语言式沟通和电子媒介沟通

这些是组织中使用最普遍的沟通方式，它们之间的比较见表 8-1。

表 8-1　各种沟通方法的比较

沟通方式	举例	优点	缺点
口头式	交谈、讲座、讨论、电话等	沟通灵活，传递和反馈快速，信息量大	传递信息缺乏正式渠道，易失真且核实困难
书面式	报告、信件、文件、期刊、布告等	沟通正式，信息可长期保存，并能核实	传递信息效率低，缺乏反馈
非语言式	声光信号（红绿灯、警铃、旗语、图形、标识等）、体态（手势、肢体动作、表情）等	信息意义明确，内涵丰富	传送距离有限，表达内容简单，界限含糊
电子媒介	传真、闭路电视、计算机、网络、电子邮件等	信息传递快速便捷、容量大、廉价，不受空间距离限制，可多人接受信息	单向传递，电子媒介可以交流，情感交流较差

1．口头式沟通

人们之间最常见的交流方式是交谈，也就是口头沟通。常见的口头沟通包括演说、正式的一对一讨论或小组讨论、非正式的讨论以及传闻或小道消息的传播等。口头沟通的优点是快速传递和快速反馈。在这种方式下，信息可以在最短的时间里被传送，并在最短的时间里得到对方的回复。如果接受者对信息有疑问，迅速的反馈可以使发送者及时检查其中不够明确的地方并进行改正。但是，当信息经过多人传送时，口头沟通存在信息失真的风险。如果组织中的重要决策通过口头方式在“权力金字塔”中上下传递，则信息失真的可能性相当大。

2．书面式沟通

书面沟通包括备忘录、信件、组织内发行的期刊、布告栏及其他任何传递书面文字或符号的手段。为什么信息的发送者会选用书面沟通？因为它持久、有形、可以核实。一般情况下，发送者与接收者双方都可以记录，沟通的信息可以无限期地保存下去。如果对信息的内容有疑问，可以过后查询。这对于复杂或长期的沟通来说，尤其重要。所以书面沟通比口头沟通显得更为周密，逻辑性强，条理清楚。但是，书面沟通也有自己的缺陷，比如耗时；书面沟通的另一个主要缺点是及时缺乏反馈。

3．非语言式沟通

思考题　常见的非语言沟通方式有哪些?

一些沟通既非口头式也非书面式，而是通过非文字的信息加以传递。比如上课时，学生们无精打采或在做其他事情，传达给老师的信息是学生们已经开始厌倦了；还有如一个人的办公室和办公桌的大小，一个人的穿衣打扮等都向别人传递着某种信息。非语言沟通中最常见的是体态语言和语调。体态语言，包括手势、面部表情和其他的身体动作。比如，一副怒吼咆哮的面孔所表达的信息显然与微笑不同。手部动作、面部表情及其他姿态能够传达的信息意义有恐惧、腼腆、傲慢、愉快、愤然等。语调指的是个体对词汇或短语的强调。

4．电子媒介

我们现在依赖各种各样复杂的电子媒介来传递信息。除了常见的媒介（如电话电报、邮政等）之外，还有闭路电视、计算机、传真机等一系列电子设备。将这些设备与语言和纸张结合起来就产生了更有效的沟通方式，其中发展最快的应该是互联网。人们可以通过计算机网络快速传递书面及口头信息。如电子邮件迅速而廉价，还可以同时将一份信息传递给若干人。

（三）按照组织系统划分为正式沟通和非正式沟通

1．正式沟通

正式沟通是指按组织建立的各级机构交流信息。通常表现为上级的信息或指示经指挥链条向下传达，下级意见和建议经指挥链条向上汇报。正式沟通还包括由组织规则制度所提供的组织成员进行协商交流的场所。总而言之，正式沟通是指组织内的信息交流、沟通的方式是由组织规则制度保证的，正式沟通的内容以及程序常是固定的。正式沟通比较严肃、约束力强，具有权威性，易于保密，沟通效果较好。其缺点是对组织机构依赖性较强而造成速度迟缓、沟通形式刻板，如果组织管理层次多、沟通渠道长，容易形成信息损失。

2．非正式沟通

非正式沟通是指在正式沟通渠道以外信息的自由传递与交流。这类沟通主要是通过个人之间的接触来进行的，非正式沟通不受组织监督，是由组织成员自行选择途径进行的，比较灵活方便。员工中的人情交流、生日聚会，工会组织的文娱活动、走访，议论某人某事、传播小道消息等都属于非正式沟通。非正式沟通往往能表露人们的真实想法和动机，还能提供组织没有预料的或难以获得的信息。与正式沟通相比，非正式沟通有以下特点：

（1）信息交流速度较快。由于这些信息与职工的利益相关或者是他们比较感兴趣的问题，再加上没有正式沟通的那种程序，信息传播速度大大加快。

（2）可以满足职工的需要。由于非正式沟通不是基于管理者的权威，而是出于职工的愿望和需要，因此，这种沟通常常是积极的、卓有成效的，并且可以满足职工的安全的需要、社交的需要、尊重的需要。

（3）沟通效率较高。非正式沟通一般是有选择地、针对个人的兴趣传播信息，正式沟通则常常将信息传递给不需要它的人。

（4）非正式沟通有一定的片面性。非正式沟通中的信息常常被夸大、曲解，因而需要慎重对待。

管理者一定要对非正式沟通引起充分注意。如果非正式沟通得好，可以作为组织正式沟通的补充；如果不好，会使组织涣散，给工作带来意想不到的危害。

小知识

非正式沟通的重要性

日本公司经理十分注重鼓励工人参加由工厂组织的各种社团活动。这种社团均为非正式组织。像丰田汽车公司大力号召职工参加本公司的运动会和文化教育会，橄榄球、排球、垒球、游泳、滑雪等社团约有 1 000 名会员；围棋、日本象棋、纸牌、吹奏乐团，吟诗等社团约有 1 800 名会员。此外，还经常举办综合运动会、游泳大会、夏令营等活动，平均每月有一次活动。公司认为这些活动不仅可以使职工的身心愉快，而且可以使人与人之间的关系变得更加融洽，丰田是重视人与人的关系的，因为这是协调人际关系的一个重要方法。而正是非正式组织的沟通促进了组织的管理与发展。

（四）按信息传递的方向划分为下行沟通、上行沟通、横向沟通和斜向沟通

1．下行沟通

自上而下的信息沟通，又称下行沟通。自上而下的信息沟通就是信息从较高的组织层次流向较低的组织层次。如管理者将计划、决策、制度规范等向下级传达。下行沟通是组织中最重要的沟通方式。通过下行沟通可以使下级明确组织的计划、任务、工作方针、程序和步骤。通过向下的信息沟通影响下属的员工，使组织成员的行动与组织目标的要求相一致。这种沟通方式能够增强上下层次之间的联系。

2．上行沟通

自下而上的信息沟通，又称上行沟通。自下而上的信息沟通就是信息由下级流向上级，并且沿着组织层次向上方流动。如下级向上级的各种报告、汇报等。上行沟通是领导了解实际情况的重要手段，是掌握决策执行情况的重要途径。对于一个低层管理者来说，做好上行沟通，既可以争取上级对自己工作的支持，有利于在工作方面取得成就，又可以让上级了解自己，争取不断发展的条件。自下而上的沟通过程中，中间管理层的主管人员往往把信息过滤，

不把所有信息特别是不利的消息向上司传送。所以，领导不仅要鼓励上行沟通，还要注意上行沟通信息的真实性、全面性、防止报喜不报忧的现象。

3．横向沟通

仅有上下级之间的信息沟通是不够的，还必须要有横向和斜向沟通。横向沟通又称平等沟通，是指同一层次的不同部门之间由于工作上需要协作支持进行的沟通联络。这种沟通是在分工基础上产生的，是协作的前提。它通过任务小组、协作会议、委员会等办法加强横向联系，做好平等沟通工作，在规模较大、层次较多的组织中尤为重要，它有利于及时协调各部门之间的工作步调，减少矛盾。但在平等沟通中，信息不按照指挥系统和组织层次流动。组织既要鼓励合适的横向交叉沟通，也要有适当的防范措施，例如，要求下属及时汇报部门之间共同从事的重大活动等。

4．斜向沟通

斜向沟通指组织内部不同层次的部门或个人之间的信息交流。这种沟通常常发生在直线部门和参谋部门之间，而在这些部门中参谋人员具有一定的权限。此外，直线部门之间也常常应用斜向沟通，当然其中一方享有职能职权。总之，跨越部门之间的信息流动常和协调事务、解决问题以及分离信息有关，沟通的目的是加速信息的流动，使下属人员增进对信息的了解，以及为实现组织目标而进行协调。

（五）按照是否反馈来划分为单向沟通和双向沟通

1．单向沟通

单向沟通是指在沟通过程中，信息发送者与接收者之间的地位不变，一方主动发送信息；另一方主动接受信息，如广播电视信息、报告、演讲、发布指示、下命令等。这种沟通方式速度快，发送者不受接收者的挑战，能保持、维护尊严。因此，当遇到工作性质简单又急需完成或遇到紧急情况不需要或根本不允许商讨时，采用单向沟通方式效果较好，但由于接收者对信息内容的理解没有机会表达，单向沟通有时准确性较差。另外，单向沟通缺乏民主性，容易使接收方产生抵触情绪，心理效果较差。

2．双向沟通

双向沟通是指在沟通过程中，发送者和接收者的地位不断变化，信息在双方间反复流动，直到双方对信息有了共同理解为止，如讨论、谈话、协商、谈判等。其优点是沟通信息的准确性高，接收者有反馈意见的机会，双方可以反复交流磋商，增进彼此的了解，加深感情，建立良好的人际关系。缺点是沟通过程中接收者要反馈意见，有时会使沟通受到干扰，影响信息的传递速度。此外，由于要时常面对接收者的提问，发送者会感受到心理压力。

任务解析

沟通应该是双向的，小林虽然通过邮件对客户提出的问题给予了书面解释，但没有收到客户的反馈，沟通显然达不到预期的效果。

任务二　沟通障碍

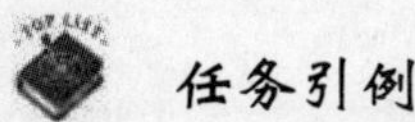

任务引例

为什么要这么做

美国知名主持人林克莱特一天采访一名小朋友，问他："你长大后想要当什么呀？"小朋友天真地回答："嗯……我要当飞机的驾驶员！"林克莱特接着问："如果有一天，你的飞机飞到太平洋上空所有引擎都熄火了，你会怎么办？"小朋友想了想："我会先告诉坐在飞机上的人绑好安全带，然后我挂上我的降落伞跳出去。"当在现场的观众笑得东倒西歪时，林克莱特继续注视这孩子，想看他是不是自作聪明的家伙。没想到，孩子的两行热泪夺眶而出，这才使得林克莱特发觉这孩子的悲悯之情远非笔墨所能形容。于是林克莱特问他："为什么要这么做？"小孩的答案表现出一个孩子真挚的情感："我要去拿燃料，我还要回来！"

观众为什么放声大笑？观众真的明白小朋友的想法吗？

沟通在整个组织活动的过程中起着非常重要的作用。企业内部，管理者可以在沟通中将自己的意见、想法、经验、知识传递给下属，影响下属的思想、行为，并取得他们对领导的支持与合作，得到应有的信息反馈，了解下属的意见和需要。然而在管理实际中，组织沟通中的信息沟通，如同电信传递中有噪声干扰一样，也有各种沟通障碍存在，影响信息沟通的效果。这些沟通障碍可能来自信息发送者，也可能来自信息接收者，或者来自环境因素，但无论障碍来自何方，均会破坏整条信息沟通链的连续性和有效性，给组织带来一定的损失。

思考题　与人沟通时，你有没有遇到过沟通障碍，举例说明？

一、沟通障碍的含义

所谓沟通障碍，是指信息在传递和交换过程中，由于信息意图受到干扰或误解，而导致沟通失真的现象。在人们沟通信息的过程中，常常会受到各种因素的影响和干扰，使沟通受到阻碍。

思考题　列举一个人际交往中沟通障碍的例子，并说明沟通障碍形成的原因。

二、沟通障碍的来源与形式

（一）沟通障碍的来源

在人们沟通的过程中，常常会受到各种因素的影响和干扰，使沟通受到阻碍。沟通障碍主要来自三个方面：发送者的障碍、接收者的障碍、沟通通道的障碍。

1．发送者的沟通障碍

在沟通过程中，信息发送者的情绪、倾向、个人感受、表达能力、判断力等都会影响信息的完整传递。发送者的沟通障碍主要表现在：

（1）表达能力不佳。发送信息方如果口齿不清、词不达意或者字体模糊，就难以把信息完整地、准确地表达出来；如果使用方言、俚语，会使接收者无法理解。在不同国籍、不同民族人员之间的交流中这种障碍更明显。

（2）信息传送不全。发送者有时人为缩简信息，使信息变得模糊不全。

[做中学 8–4]　　**魏老师的无奈**

一天，魏老师收到一封邮件，邮件全部内容只有这样一句话："魏老师，请你把讲课的讲义发给我。"那几天刚好有几个企业请魏老师去开讲座，他就疑惑了：谁向他要邮件？是哪个公司的？于是，他做了回复："您哪位？为什么要把课件发给您？魏江。"

第二天，他收到了对方的回复："我是朱老师，上课要用。"可魏老师还是记不起来，朱老师是哪个单位的，弄不清楚这个朱老师要哪个专题的讲义，不过，魏老师总算知道对方姓朱。于是，魏老师又回了一封邮件："朱老师，您好！请问您是哪个公司的？要什么主题的讲义？"

"我是A公司的，主题是关于如何与上下级沟通。"

至此，魏老师终于想起来了，这是A公司要为中层以上管理人员搞一次关于如何与上下级沟通的技能培训。

资料来源：康青．管理沟通［M］. 北京：中国人民大学出版社，2006.

［分析］

上述案例中魏老师遇到的困惑就是因为朱老师在与魏老师沟通中信息传送不全造成的，导致信息往复，经过多次沟通才厘清来龙去脉，致使沟通缺乏效率。

（3）信息传递不及时或不适时。信息传递过早或过晚，都会影响沟通效果。

（4）知识、经验的局限。信息发送者和接收者如果在知识和经验方面水平悬殊，发送者认为沟通的内容很简单，不考虑对方，仅按照自己的知识和经验范围进行编码，而接收者却难以理解，就会影响沟通效果。

（5）对信息的过滤。过滤是指故意操纵信息，使信息显得对接收者更有利。如某管理人员向上级传递的信息都是对方想听到的信息，这位管理人员就是在过滤信息。过滤的程度与组织结构层次与组织文化有关。组织纵向管理层次越多，过滤的机会也就越多。组织文化则通过奖惩系统鼓励或抑制这类过滤行为。如果奖惩只注重形式和外表，管理人员便会有意识地按照上级的习惯、品位调整和改变信息的内容，现实生活中报喜不报忧就是典型的信息过滤行为。

2．接收者的沟通障碍

从信息接收者的角度看，影响信息沟通的因素主要表现在如下几个方面。

（1）信息解码不准确。接收者如果对发送者的编码不熟悉，就有可能误解信息，甚至得到相反的理解。

（2）对信息的筛选。受主观的影响，接收者在接受信息时，会根据自己的知识经验去理解，按照自己的需要对信息进行选择，从而可能会使许多信息内容丢失，造成信息的不完整甚至失真。

（3）对信息的承受力。每个人在单位时间接受和处理信息的能力不同，对于承受能力较低的人来讲，如果信息过量，难以全部接受，就会造成信息的丢失而产生误解。

（4）心理上的障碍。接收者对发送者不信任、敌视或冷淡、厌烦，或者紧张、恐惧，都会歪曲或拒绝接受信息。

（5）过早地评价。在尚未完整地接受一项信息之前就对信息做出评价，将有碍于接收者对信息所包含的意义的接受。价值判断就是对一项信息所包含的总的价值的估计，它是以信息的来源、可靠性或预期的意义为基础的。过于匆忙地做出评价，就会使接受者只能听到他所希望听到的那部分内容。

任务解析

观众之所以放声大笑，是将自己的理解强加在小朋友身上，得出小朋友人小鬼大的结论。正是由于观众尚未接收全部的信息而过早地出了评价，从而误解了小朋友。沟通过程中人们常犯的错误就是将自己的理解强加在对方身上，没有接收全部信息而过早地做出评价，从而做出错误的评价。

（6）情绪。在接受信息时，接收者的感觉会影响到他对信息的理解。不同的情绪感受会使个体对同一信息的解释截然不同。狂喜或悲伤等极端情绪都可能阻碍信息传递，因为这种情况下人会出现意识狭隘的现象而不能进行客观的理性的思维活动，而做出情绪性的判断。因此，应尽量避免在情绪激动的时候进行沟通。

（二）沟通通道的障碍

沟通通道的问题也会影响沟通的效果。沟通通道障碍主要表现在以下几个方面。

（1）选择沟通媒介不当。比如对于重要事情，口头传达效果较差，因为接收者会认为“口说无凭”、随便说说而不加重视。

（2）几种媒介相互冲突。当信息用几种形式传送时，如果相互之间不协调，会使接受者难以理解传递的信息内容。如领导表扬下属时面部表情很严肃甚至皱着眉头，就会让下属感到迷惑。

（3）沟通渠道过长。组织机构庞大，内部层次多，从最高层传递信息到最低层，从最低层汇总情况到最高层，中间环节太多，容易使信息损失较大。

（4）外部干扰。信息沟通过程中经常会受到自然界各种物理噪声、机器故障的影响或被其他事物所干扰，也会因双方距离太远而沟通不便，影响沟通效果。

（三）沟通障碍的形式

1. 组织的沟通障碍

[做中学 8-5]　　**企业的沟通误差**

老板告诉其秘书：“查一查我们公司有多少人在上海工作，星期三的会议上董事会问到这一情况，我希望准备得详细一点。”老板的秘书打电话告诉上海分公司的秘书：“董事长要一份你们公司所有工作人员的名单和档案，请准备一下，我们在两天内需要。”分公司的秘书又告诉其经理：“董事长要一份我们公司所有工作人员的名单和档案，可能还有其他材料，需要尽快送到。”结果第二天早晨，四大箱航空邮件被送到了公司大楼。

资料来源：李慧，刘灿亮，潘锦文.现代实用商务礼仪——从学校到职场［M］.北京：北京邮电大学出版社，2015.

［分析］

在企业管理中，合理的组织机构有利于信息沟通。但是，如果组织机构过于庞大，中间层次太多，那么信息从最高决策层传递到下属单位不仅容易导致信息的失真，而且还会浪费大量时间，影响信息的及时性。同时，自上而下的信息沟通，如果中间层次过多，同样也浪费时间，影响效率。本案例正说明了这一问题。

有学者统计，如果一个信息在高层管理者那里的正确性是100%，到了信息的接收者那里可能只剩下20%的正确性。这是因为，在进行信息沟通时，各级主管部门都会花时间把接收到的信息加以甄别，一层一层地过滤，然后有可能将断章取义的信息下传。此外，在甄别过程中，还掺杂了大量的主观因素，尤其是当发送的信息涉及传递者本身时，往往会由于心理方面的原因，造成信息失真。这种情况也会使信息的传递者望而却步，不愿提供关键的信息。因此，如果组织机构臃肿，机构设置不合理，各部门之间职责不清，分工不明，形成多头领导，或因人设事，人浮于事，就会给沟通双方造成一定的心理压力，影响沟通的进行。

2．个人的沟通障碍

（1）个性因素所引起的障碍。信息沟通在很大程度上受个人心理因素的制约。个体的性质、气质、态度、情绪、见解等的差别，都会成为信息沟通的障碍。

（2）知识、经验水平的差距所导致的障碍。在信息沟通中，如果双方经验水平和知识水平差距过大，就会产生沟通障碍。此外，个体经验差异对信息沟通也有影响。在现实生活中，一个经验丰富的人往往会对信息沟通做通盘考虑，谨慎细心；而一个初出茅庐者往往会不知所措。特点是信息沟通的双方往往依据经验上的大体理解去处理信息，有可能使彼此理解的差距拉大，形成沟通的障碍。

（3）个体记忆不佳所造成的障碍。在管理中，信息沟通往往是依据组织系统分层次逐次传递的，然而在按层次传递同一条信息时往往会受到个体素质的影响，从而降低信息沟通的效率。

（4）对信息的态度不同所造成的障碍。这又可分为不同的层次来考虑。一是认识差异。在管理活动中，不少员工和管理者忽视信息作用的现象还很普遍，这就为正常的信息沟通造成了很大的障碍。二是利益观念。在团体中，不同的成员对信息有不同的看法，选择的侧重点也不相同。很多员工只关心与他们的物质利益有关的信息，而不关心组织目标、管理决策等方面的信息，这也成了信息沟通的障碍。

（5）相互不信任所产生的障碍。有效的信息沟通要以相互信任为前提，这样才能使向上反映的情况得到重视，向下传达的决策迅速实施。管理者在进行信息沟通时，应该不带成见地听取意见，鼓励下级充分阐明自己的见解，这样才能做到思想和感情上的真正沟通，才能接收到全面可靠的情报，才能做出明智的判断与决策。

（6）沟通者的畏惧感以及个人心理品质也会造成沟通障碍。在管理实践中，信息沟通的成败主要取决于上级与下级、领导与员工之间的全面有效的合作。但在很多情况下，这些合作往往会因下属的恐惧心理以及沟通双方的个人心理品质而形成障碍。一方面，如果主管过分威严，给人造成难以接近的印象，或者管理人员缺乏必要的同情心，不愿体恤下情，都容易造成下级人员的恐惧心理，影响信息沟通的正常进行；另一方面，不良的心理品质也是造成沟通障碍的因素。

任务三 有效沟通

一、有效沟通含义

沟通是现代管理的神经系统。企业没有有效的沟通，就会成为可怕的“植物人企业”。

达成有效沟通须具备两个必要条件：首先，信息发送者清晰地表达信息的内涵，以便信息接收者能确切理解；其次，信息发送者重视信息接收者的反应并根据其反应及时修正信息的传递，免除不必要的误解。两者缺一不可。有效沟通主要指组织内人员的沟通，尤其是管理者与被管理者之间的沟通。

有效沟通能否成立关键在于信息的有效性，信息的有效程度决定了沟通的有效程度。信息的有效程度又主要取决于以下两个方面。

1．信息的透明程度

当一则信息应该作为公共信息时就不应该存在信息的不对称性。信息必须是公开的。公开的信息并不意味着简单的信息传递，而要确保信息接收者能理解信息的内涵。如果以一种模棱两可的、含糊不清的文字语言传递一种不清晰的，难以使人理解的信息。对于信息接收者而言没有任何意义。另外，信息接收者也有权获得与自身利益相关的信息内涵。否则有可能导致信息接收者对信息发送者的行为动机产生怀疑。

2．信息的反馈程度

有效沟通是一种动态的双向行为，而双向的沟通对信息发送者来说应得到充分的反馈。只有沟通的主、客体双方都充分表达了对某一问题的看法，才真正具备有效沟通的意义。

思考题　有人说生活中 80% 的矛盾都是因为缺乏有效沟通造成的，如何理解？

二、有效沟通的特征

有效沟通的特征是及时、充分和不失真。

1．及时

及时沟通是指沟通双方要在尽可能短的时间里进行沟通，并使信息发生效用。为此要做到：一是传送及时。在信息传递过程中，尽量减少中间环节，避免信息的过滤，使信息最快传达至接收者。二是反馈及时。接收者接收到信息后，应及时反馈，这有利于发送者修正信息。三是利用及时。信息具有较强的时效性，因而要求双方及时利用信息，避免信息过期无效。

2．充分

信息充分要求发送者在发出信息时要全面、适量，既不能以偏概全，也不能过量，而应该适量充分。

3．不失真

只有不失真的信息，才能充分反映发送者的意愿，接收者才能正确理解信息。按照不失真的信息采取行动，才能取得预期效果。失真的信息，往往会对接收者产生误导。

三、有效沟通的原则

（一）确立问题

我们常说，明确叙述问题，便解决了一半问题。在管理活动过程中，除非管理人员本身建立了清晰的观念，并认清了问题的本质，否则他无法将问题清晰地呈现出来，只有清楚地认识了问题，才能去收集资料，选择最佳的沟通方式。

（二）征求意见

通常，管理所面临的问题都比较复杂，而且牵涉面较广，不是一两个人就能解决得了的，所以，在做出决策之前，管理者最好能与有关的人员磋商，征求部属的意见和建议。这种方式有三个优点：一是可借他人意见观察验证本身意见的正确性；二是可以收集他人的想法和建议，有助于对问题进行周全的设想；三是由于下属有参与机会，可减少决策推行的阻力，赢得更大支持。

（三）双线沟通

管理人员在传达意见时，必须考虑传达的内容、对象、方法等，同时还应该顾及许多组织上与心理上的问题。一般而言，组织内不同的层次对一个问题或一项措施的看法都会有所不同，某种本人能理解的话语，并不一定都能被其他人理解。所以，双线意见沟通十分重要，它可以使下情有所上达，以此来消除地位上的障碍，从而增进彼此之间信息的沟通了解。

（四）强调激励

在组织中，信息（尤其是任务）的下达要着重体现激励。要做到使部署不但能了解命令，而且在了解之后又能欣然产生工作的热情。在意见交流时，管理人员的诚意与表达方式，都直接影响沟通的效果。

四、有效沟通的方法

从上述的沟通障碍可以看出，只要采取适当的措施克服这些沟通的障碍，就能实现管理的有效沟通。因此，无论是人际沟通、组织内的沟通，还是组织与组织之间的沟通，要实现有效的沟通，就必须对沟通技能和方法进行改进和开发。

（一）强调有效沟通的重要性

要加强组织中管理与被管理者对沟通重要性的认识。通常人们认为沟通是件非常简单的事，并不重视沟通的重要性，同时又在某种程度上对沟通存在误解。例如，人们常常以为向对方讲述一件事后，沟通就完成了，没有考虑“语言”本身并不代表“意思”，其中还存在一个破译转化的过程。沟通虽然非常普遍，看起来非常容易，但是有效沟通却常常是一项困难和复杂的行为。

管理者和被管理者还要了解组织沟通过程的一些规律。例如，在组织中建立重视沟通的氛围，创造一个相互信任的沟通环境，不仅在各项管理职能中有效地运用沟通手段，还要重视非正式沟通中小道消息对组织管理的重要性等。

（二）提高人际沟通技能

信息发送者和信息接收者都要努力增强自己的人际沟通技能，提高有效沟通水平。

1. 改进沟通态度

信息沟通不仅仅是信息符号的传递，它包含着更多的情感因素，所以在沟通过程中，沟通双方采取的态度对于沟通的效果有很大的影响。只有双方坦诚相待时，才能消除彼此间的隔阂，从而求得对方的合作。另外，在信息沟通过程中还要以积极的、开放的心态对待沟通，要愿意并且有勇气用恰当的方法展示自己的真实想法，在沟通过程中顾虑重重，会导致很多误解。

2. 提高自己的语言表达能力

语言是信息的载体，是提高沟通效率要解决的首要问题。掌握语言表达艺术的前提是通过学习和训练，使自己运用语言的能力达到熟练自如、得心应手的水平。一般规律是沟通中要与沟通对象、沟通环境、沟通内容结合起来考虑怎么使用语言。也就是说，无论是口头交谈还是采用书面交流的形式，都要力求准确地表达自己的意思。同时，还要双方相互了解对方的接受能力，根据对方的具体情况来确定自己表达的方式和用语等；选择正确的词汇、语调、标点符号；注意逻辑性和条理性，对重要的地方要加上强调性的说明；借助于体态语言来表达完整的思想和感情的沟通，加深双方的理解。

思考题 **谈谈你对倾听是一门艺术的理解。**

3．培养倾听的艺术

[做中学 8-6]　　　　　　　　　　　金　　人

曾经有个小国的使者到中国来，进贡了三个“一模一样”的金人，把皇帝高兴坏了。可是这小国的使者同时出了一道题目：这三个金人哪个最有价值？皇帝想了许多办法，请珠宝匠检查重量、做工都是一模一样的。怎么办？使者还等着回去汇报呢。泱泱大国，不会说连这点小事都不懂吧？最后，有一位退位的老大臣说他有办法。皇帝便将使者请到大殿上，老臣胸有成竹地拿出三根稻草，分别插入三个金人的耳朵里，第一个金人的稻草从另一只耳朵出来了；第二个金人的稻草则从嘴巴里直接掉出来；而第三个金人，什么响动也没有。于是，老臣说：第三个金人最有价值！使者默默无言，答案正确。

[分析]

以前人们往往只注重说写能力的培养，忽视了听的能力的训练和培养。事实上，没有听就很难接收到有用的信息。而倾听则区别于一般的听，它是一种通过积极的听来完整地获取信息的方法，主要包括注意听、听清、理解、记忆和反馈五层内容，倾听要点见表 8-2。

表 8-2　倾听要点

要	不要
表现出兴趣	争辩
全神贯注	打断
该沉默时必须沉默	从事与谈话无关的活动
选择安静的地方	过快或提前做出判断
留出适当的时间用于辩论	草率地给出结论
注意非语言暗示	让别人的情绪直接影响你
当你没听清楚时，要告诉说话人重复倾听	
当你发现遗漏时，直截了当地问	

① 注意听。要听得投入，全神贯注地听，不仅要用耳朵听，还要用整个身体“听”对方说话。比如，要保持与说话者的目光接触，身体微微前倾，以信任、接纳、尊重的目光让说话者把要说的意思表达清楚。同时，注意控制自己的情绪，克服心理定式，保持耐心，尽可能站在说话者的角度去听，认真地顺着说话者的思路去想。另外，自己不要多说，尽量避免打断别人的谈话。

② 听清内容。要完整地接受信息，听清全部内容，不要听到一半就心不在焉，更不能匆忙下结论。同时要营造一种轻松、安静的气氛，排除谈话时的各种噪声干扰，使得听者能努力抓住关键点。

③ 理解含义。理解信息并能听出对方的感情色彩，这样才能完全领会说话者的真正含义。同时要准确地综合和评价所接受的信息，对一些关键点要时时加以回顾，通过重复要点或提

一些问题来强化和证实你所理解的信息；对一些疑问和不清楚的问题，也要在适当的时候向对方提问，以保证信息的准确理解。另外，为了能听懂，还要借助一些辅助材料，如报告、提纲、小册子或讲义等来帮助理解。

④ 记忆要点。在理解对方的基础上要记住传递的信息，可以通过将对方的话用自己的语言来重新表达，或者通过记住所说的典型事例，以及对信息加以分类和整理的方法，增强有效记忆。另外，如有必要在听的时候做些笔记，以便于事后回忆和查阅。

⑤ 反馈。给予说话人适当的反馈，可以使谈话更加深入和顺利。在听的时候，用点头、微笑、手势等体态语言对说话人做出积极反应，让对方感觉到你愿意听他说话，以及通过提一些说话人感兴趣的话题，可以加深双方的感情，并使得谈话更加深入。

（三）构建合理的沟通渠道

为实现有效的组织沟通，管理者应在注重人际沟通的基础上，进一步考虑组织的行业特点和环境因素，结合正式沟通渠道和非正式沟通渠道的优缺点，通过对组织结构的调整，设计一套包含正式和非正式沟通的沟通渠道，同时缩短信息传递的链条，以便使组织的信息沟通更加迅速、及时、有效。

思考题　简要描述口头沟通的优缺点。

（四）采用恰当的沟通方式

选用恰当的沟通方式对增强组织沟通的有效性也十分重要，因为组织沟通的内容千差万别，针对不同的沟通需要，应该采取不同的沟通方式。从沟通的速度方面考虑，利用口头和非正式的沟通方法，就比书面的和正式的沟通速度快。从反馈性能来看，面对面交谈可以获得立即的反应，而书面沟通有时则得不到反馈。从可控性来看，在公开场合宣布某一消息，对于其沟通范围及接受对象毫无控制；反之，选择少数可以信赖的人，利用口头传达某种信息则能有效地控制信息。从接受效果来看，同样的信息，可能由于渠道的不同，被接受的效果也不同。例如，正式书面通知，可能使接受者十分重视；反之，在社交场合提出的意见，却被对方认为讲过就算了，并不加以重视。因此，要根据沟通渠道的不同性质，采用不同的沟通方式，这样沟通效果才会更好。

（五）创造支持性的沟通氛围

在支持性的沟通氛围中，沟通中少用评价性、判断性语言，多用描述性语言，也就是既介绍情况，又探询沟通情况；沟通是问题导向性，即表示愿意合作，与对方共同找出问题，一起寻找解决方案，绝不是企图控制和改造对方；坦诚相待，设身处地为对方着想；认同对方的问题和处境；平等待人，谦虚谨慎；不急于表态和下结论，保持灵活和实事求是的态度，鼓励对方反馈，耐心听取对方的说明和解释。

思考题　跨文化沟通中需要注意哪些要点？

（六）考虑文化因素对沟通的影响

在进行沟通时，应充分了解对方的文化背景，掌握文化对其基本价值观的影响，从而更好地理解对方对事物的看法和态度，以消除或降低沟通中的文化障碍。

小知识

有效沟通的四个法则

法则一：沟通是一种感知。

“若林中树倒时无人听见，会有声响吗？”答：“没有。”树倒了，确实会产生声波，但除非有人感知到了，否则，就是没有声响。沟通只在有接受者时才会发生。

与他人说话时必须依据对方的认知。如果一个经理人和一个半文盲员工交谈，他必须用对方熟悉的语言，否则结果可想而知。谈话时试图向对方解释自己常用的专门用语并无益处，因为这些用语已超出了他们的感知能力。接受者的认知取决于他的教育背景、过去的经历以及他的情绪。如果沟通者没有意识到这些问题的话，他的沟通将会是无效的。另外，晦涩的语句意味着杂乱的思路，所以，需要修正的不是语句，而是语句背后想要表达的看法。

有效的沟通取决于接受者如何去理解。例如经理告诉他的助手：“请尽快处理这件事，好吗？”助手会根据经理的语气、表达方式和身体语言来判断，这究竟是命令还是请求。德鲁克说：“人无法只靠一句话来沟通，得靠整个人来沟通。”

所以，无论使用什么样的渠道，沟通的第一个问题必须是，“这一信息是否在接受者的接收范围之内？他能否收得到？他如何理解？”

法则二：沟通是一种期望。

对管理者来说，在进行沟通之前，了解接受者的期待是什么显得尤为重要。只有这样，我们才可以知道是否能利用他的期望来进行沟通，或者是否需要用“孤独感的震撼”与“唤醒”来突破接受者的期望，并迫使他领悟到意料之外的事已经发生。因为我们所察觉到的，都是我们期望察觉到的东西；我们的心智模式会使我们强烈抗拒任何不符合其“期望”的企图，出乎意料的事通常是不会被接收的。

一位经理安排一名主管去管理一个生产车间，但是这位主管认为，管理该车间这样混乱的部门是件费力不讨好的事。经理于是开始了解主管的期望，如果这位主管是一位积极进取的年轻人，经理就应该告诉他，管理生产车间更能锻炼和反映他的能力，今后还可能会得到进一步的提升；相反，如果这位主管只是得过且过，经理就应该告诉他，由于公司精减人员，他必须去车间，否则只有离开公司。

法则三：沟通产生要求。

一个人一般不会做不必要的沟通。沟通永远都是一种“宣传”，都是为了达到某种目的，例如发号施令、指导、斥责或款待。沟通总是会产生要求，它总是要求接受者要成为某人、完成某事、相信某种理念，它也经常诉诸激励。换言之，如果沟通能够符合接受者的渴望、价值与目的的话，它就具有说服力，这时沟通会改变一个人的性格、价值、信仰与渴望。假如沟通违背了接受者的渴望、价值与动机时，可能一点也不会被接受，或者最坏的情况是受到抗拒。

宣传的危险在于无人相信，这使得每次沟通的动机都变得可疑。最后，沟通的信息无法为人接受。全心宣传的结果，不是造就狂热者，而是讥讽者，这时沟通起到了适得其反的效果。

一家公司员工因为工作压力大、待遇低而产生不满情绪，纷纷怠工或准备另谋高就，这时,公司管理层反而提出口号“今天工作不努力,明天努力找工作”,更加招致员工反感。

法则四：信息不是沟通。

公司年度报表中的数字是信息，但在每年一度的股东大会上，董事会主席的讲话则是沟通。当然这一沟通是建立在年度报表中的数字上的。沟通以信息为基础，但和信息不是一回事。

信息与人无关，不是人际间的关系。它越不涉及诸如情感、价值、期望与认知等人的成分，它就越有效力且越值得信赖。信息可以按逻辑关系排列，技术上也可以储存和复制。信息过多或不相关都会使沟通达不到预期效果。而沟通是在人与人之间进行的。信息是中性的，而沟通的背后都隐藏着目的。沟通由于沟通者和接受者认知和意图不同显得多姿多彩。

尽管信息对于沟通来说必不可少，但信息过多也会阻碍沟通。信息就像照明灯一样，当灯光过于刺眼时，人什么都看不到了。信息过多也会让人无所适从。

项目小结

（1）沟通，就是指人们通过语言和非语言方式传递信息和知识并为对方所接受和理解的过程。

（2）沟通的原则：准确性、完整性和及时性原则。

（3）按照沟通方法划分为口头式沟通、书面式沟通、非语言式沟通和电子媒介沟通。

（4）单向沟通是指在沟通过程中，信息发送者与接收者之间的地位不变，一方主动发送信息；另一方主动接受信息。

（5）沟通障碍，是指信息在传递和交换过程中，由于信息意图受到干扰或误解，而导致沟通失真的现象。

（6）沟通障碍主要来自三个方面：发送者的障碍、接收者的障碍、沟通通道的障碍。

（7）沟通按信息传递的方向可分为下行沟通、上行沟通、横向沟通和斜向沟通。

（8）沟通按照是否反馈可分为单项沟通和双向沟通。

（9）双向沟通是指在沟通过程中，发送者和接收者的地位不断变化，信息在双方间反复流动，直到双方对信息有了共同理解为止。

（10）有效沟通的特征是及时、充分和不失真。

☆习题与训练

一、理论自测题

（一）单项选择题

1．沟通在我们的日常生活和工作中发挥着非常重要的作用，因此我们需要不断地提升自己的沟通能力。提升沟通能力的核心是（　　）。

A. 具备丰富的知识　　B. 了解沟通双方的背景
C. 具有系统思考的能力　　D. 熟悉各种沟通渠道

2．在组织中依据规章制度明文规定的原则进行的沟通属于（　　）。

A. 书面信息沟通　　B. 下向沟通　　C. 正式沟通　　D. 上向沟通

3．沟通方式可以细分为不同的类型，而有一种沟通方式显得更加周密、逻辑性强、条理清楚，这种沟通方式是（　　）。

A. 口头信息沟通　　B. 书面信息沟通　　C. 身体动作姿态沟通　　D. 网络沟通

4．在沟通的多种类型中，有一种沟通方式需要耗费较长的时间，并且不能够及时提供信息反馈，这种沟通方式是（　　）。

A. 书面沟通　　B. 网络沟通　　C. 口头沟通　　D. 非语言沟通

5．在有效的人际沟通中，沟通者互相讨论、启发，共同思考、探索，往往能迸发出新的思想。这充分体现了沟通在管理中的（　　）作用。

A. 激励　　B. 创新　　C. 交流　　D. 联系

6．在沟通的多种类型中，有一种沟通方式能够使信息快速传递，并且能够获得即时的反馈，这种沟通方式是（　　）。

A. 书面沟通　　B. 网络沟通　　C. 口头沟通　　D. 非语言沟通

7．沟通可以分为很多不同的类型，而在我们的日常生活中，一些极有意义的沟通往往采取的形式是（　　）。

A. 口头沟通　　B. 书面沟通　　C. 非语言沟通　　D. 网络沟通

8．沟通障碍的来源不包括（　　）。

A. 接收者的障碍　　B. 发送者的障碍
C. 沟通通道的障碍　　D. 沟通方式的障碍

9．所谓（　　），就是指人们通过语言和非语言方式传递信息和知识并为对方所接受和理解的过程。它是人们了解他人思想、情感、见解和价值观的一种双向的途径。

A. 沟通　　B. 交流　　C. 协调　　D. 控制

10．（　　）是指在沟通过程中，信息发送者与接收者之间的地位不变，一方主动发送信息；另一方主动接受信息。

A. 双向沟通　　B. 斜向沟通　　C. 单向沟通　　D. 横向沟通

（二）多项选择题

1．关于沟通的作用，以下说法正确的有（　　）。

A. 沟通是科学决策的前提和基础
B. 沟通是使组织成为一个整体的凝聚剂
C. 沟通是组织内建立良好的人际关系的关键
D. 沟通是组织与外部环境之间建立联系的桥梁
E. 沟通是管理者控制下属的重要手段

2．沟通的原则主要有（　　）。
A. 准确性原则　B. 及时性原则　C. 完整性原则　D. 间接性原则
E. 经济性原则

3．按照沟通方法划分，沟通可分为（　　）。
A. 口头式沟通　B. 书面式沟通　C. 非语言方式沟通　D. 电子媒介沟通
E. 单向沟通

4．沟通按照组织系统可分为（　）。
A. 正式沟通　B. 非正式沟通　C. 口头沟通　D. 情感沟通
E. 双向沟通

5．按信息传递的方向划分，沟通可分为（　　）。
A. 下行沟通　B. 上行沟通　C. 横向沟通　D. 斜向沟通
E. 书面沟通

6．按照是否反馈来划分，沟通可分为（　　）。
A. 单向沟通　B. 双向沟通　C. 正式沟通　D. 非正式沟通
E. 电子媒介沟通

7．沟通障碍主要来自哪三个方面（　）。
A. 发送者的障碍　B. 接收者的障碍　C. 沟通通道的障碍　D. 个人障碍
E. 组织障碍

8．以下属于有效沟通的特征的是（　　）。
A. 及时　B. 充分　C. 不失真　D. 滞后
E. 失真

9．下列属于有效沟通原则的是（　　）。
A. 确立问题　B. 征求意见　C. 双线沟通　D. 强调激励
E. 重视惩罚

10．倾听是一种通过积极的听来完整地获取信息的方法，主要包括（　）。
A. 注意听　B. 听清　C. 理解　D. 记忆
E. 反馈

（三）判断题

1．正式沟通是指按组织建立的各级机构交流信息。（　）
2．非正式沟通比正式沟通信息传递速度快。（　）
3．按信息传递的方向划分，沟通可分为下行沟通、上行沟通、横向沟通和斜向沟通。（　）
4．有效沟通的特征是及时、充分和不失真。（　）

5．下行沟通就是信息从较高的组织层次流向较低的组织层次。（　　）

6．斜向沟通是指沟通双方表达情感，获得对方精神上的同情和理解，最终改善相互间的人际关系。（　　）

7．横向沟通指组织内部不同层次的部门或个人之间的信息交流。（　　）

8．在组织中依据规章制度明文规定的原则进行的沟通属于书面信息沟通。（　　）

9．沟通障碍的来源不包括接收者的障碍。（　　）

10．沟通障碍的形式主要有两种：组织的沟通障碍和个人的沟通障碍。（　　）

二、项目实训

【实训目标】

语言和态度是人与人之间沟通时的两大主要方式。面对对抗的时候，有的人说出来的话是火上浇油，而有的人说出来的话却有如灭火器，效果完全不同，下面这个游戏的目的就是要教会大家避免使用那些隐含有负面意思的甚至含有敌意的词语。

人数：30 人

时间：30 分钟

场地：不限

用具：卡片和白纸若干

【实训内容与要求】

1．将学员分成 3 人一组，每两组进行一场游戏。告诉他们：他们正处于一场商务场景当中，比如商务谈判、老板对员工进行业绩评估等。

2．给每个小组一张白纸，让他们在 3 分钟内列举出尽可能多的会激怒别人的话语，比如“不行”“这是不可能的”等。

3．让每个小组写出一个时间为 1 分钟的剧本，当中要尽可能多的出现那些激怒人的话语。准备时间：10 分钟。

4．让一个小组表演；另一个小组的学员在纸上写下他们所听到的激怒性词汇。

5．表演结束后，让那个表演的小组确认他们所说的那些激怒性词汇，必要时要对其做出解释，然后两个小组调过来，重复上述过程。

【成果与检测】

1．评分标准：① 每个激怒性的话语给 1 分。② 根据每个激怒性词语激怒对方的程度给 1~3 分。③ 如果表演者能恰到好处地使用这些会激怒对方的词语，没有突兀、生硬之感，另外加 5 分。

2．第二个小组的表演结束之后，大家一起给每一个小组打分，给分数最高的那一组颁发“火上浇油奖”。

三、实务技能自测题

1．让学生通过设计有关有效沟通技巧与障碍处理的相关案例或搜集相关资料，并进行分析，以培养学生进行有效沟通的能力。

2．情景模拟：①男女朋友因琐事吵架；②顾客穿了三天的服装要求店员退货进而发生争执；③宿舍室友因为午休时放音乐声音过大而与室友发生争执。让学生分组练习并总结沟通的重要性。

3．分享一个关于沟通的小故事。

四、案例分析

（一）张经理的沟通经验

某公司张经理在实践中深深体会到，只有运用各种现代科学的管理手段，充分与员工沟通，才能调动员工的积极性，使企业充满活力，在竞争中立于不败之地。

首先，张经理直接与员工沟通，避免中间环节。他告诉员工自己的电子信箱，要求员工尤其是外地员工大胆反映实际问题，积极参与企业管理，多提建议和意见。张经理本人则每天上班时先认真阅读来信，并进行处理。

其次，为了建立与员工的沟通体制，公司又建立了经理公开见面会制度，定期召开，也可因重大事情临时召开，参加会议的是员工代表、特邀代表和自愿参加的员工代表。每次会议前，员工代表都广泛征求群众意见，提交经理，经理在公开见面会上解答。2017 年 12 月，调资晋级和分房两项工作刚开始时，员工中议论较多。公司及时召开了会议，总经理就调资和分房的原则、方法和步骤等做了解答，使部分员工的疑虑得以消除，保证了这两项工作的顺利进行。

【问题】

1．请你分析张经理与员工在沟通方式上所做的选择，这些方式有何特点？

2．从这个沟通案例中，分析管理者在沟通中所起的作用。

项目九 控　　制

◆**职业能力目标**

1. 能自主地构建有效的控制系统。
2. 能够为实现某一具体计划去进行有效的控制。
3. 能够根据组织活动具体的控制需要选择适当的控制方法。
4. 能够应用预算控制和非预算控制。

◆**典型工作任务**

理解控制的概念和作用，了解控制与其他管理职能之间的关系；知道控制系统的构成要素，掌握基本的控制类型及其适用特点；掌握控制的基本前提，明确控制的基本过程；掌握控制的基本原则；了解人们反对控制的原因、表现形式和管理者对待人们抵制的控制方法；掌握预算控制和非预算控制的含义与内容。

任务一　认识控制系统与控制过程

任务引例

君子餐厅的得与失

2015 年上半年，在江苏省江阴市三星级宾馆扬子大酒店内，经营自助餐的君子餐厅装修一新，开门迎客。该餐厅的经营负责人表示，一是为了扩大酒店影响，报答各界关怀；二是为了营造轻松、文明、高雅的环境气氛，因此决定实行一种新的经营方法，即餐厅不标价格，顾客可在用餐之后，根据饮食的质量、服务的好坏、满意的程度自由付账。餐厅内备有凉菜、点心、水果等四十余种食品，质量很好。依事前的预算，每客成本价约在 22 元上下。开业四天，虽顾客盈门却血本无归，不得不暂停营业，回到明码标价、按价收费的老路上去。是什么原因导致这样的结果？是因为当地人的素质太低吗？这个餐厅如果开在大学校园内会怎样呢？请从管理学的角度分析这一经营方式的得与失及其内在原因，它对我们有何启示？

资料来源：http：//www.docin.com/p-878055516．html.

不少组织在加强管理的过程中，根据专家的意见或在咨询公司的帮助下，明确了企业的经营理念，制定了组织发展战略，规范了组织结构和岗位设置，明确了业务流程，形成了一整套规范的管理制度。但在实际运作中，却常常发现组织文化理念仅仅停留在领导人的口头和组织的宣传上，组织手册、业务流程和各项制度停留于形式，辛辛苦苦制定出来的规范的管理制度并没有能够在组织运作中发挥应有的作用。

为什么组织文化没有落到实处？为什么各项制度停留于形式？关键在于组织没有跟进控制工作。控制与其他管理职能之间存在着密切的关系，计划、组织、领导职能是控制的基础，控制是在这三者的基础上对具体组织活动进行检查和调整的过程，离开一定的计划、组织、领导，控制就无法正常进行，控制要以计划为依据，有计划、有组织地进行；反之，控制是计划、组织、领导有效进行的必要保证，离开了适当的控制，计划、组织、领导都可能流于形式，得不到实效。

一、控制的含义及作用

（一）控制的含义

"控制"一词最早来源于希腊语中的"掌舵术"，意思是领航者通过发号施令将偏离航线的船拉回到正常的轨道上来。由此得知，维持朝向目的地的航向，或者说维持达成目标的正确行动路线，是控制这一概念的核心含义。亨利·法约尔指出，在一个组织中，控制就是要证实是否各项工作都与既定计划相符合，是否与下达的指示及既定原则相符合。控制的目的在于指出工作中的缺点和错误，以便加以纠正并避免重犯。斯蒂芬·罗宾斯认为，控制是对各项活动的监视，从而保证各项行动按计划进行并纠正各种显著偏差的过程。托马斯·贝特曼等认为，控制就是采用正确的标准衡量计划的执行过程，目的是引导人的行为，以达到组织的目标。综合以上观点，控制是以正确的标准衡量计划的执行过程，一旦产生偏差，需要及时纠正偏差，使组织回到既定的运行方向，保证组织计划目标的实现。

思考题　控制与计划哪个更重要?

任务解析

一项新的经营举措实质上是对以前没有尝试过的活动进行筹划与安排，应该有科学的预期和明确的目标。君子餐厅的失败在于其基本规则不合理，餐厅经营者与消费者本质上是价值交换的平等交易关系，前者有明码标价的义务和按价收费的权利；后者则有按价付费的义务和明白知情的权利,权利和义务的模糊、混淆使不合理的行为披上了合法的外衣。缺乏标准、无法控制埋下了最终失败的祸根。

（二）控制的重要性

控制工作的目的是保证组织活动能够有序和高效地进行，组织如果缺少有效的控制，就可能偏离组织的既定计划与目标，严重者可能产生组织混乱。斯蒂芬·罗宾斯对控制作用的描述："尽管计划可以制订出来，组织结构可以调整得非常有效，员工的积极性也可以调动起来，但是这仍然不能保证所有的行动都按计划执行，不能保证管理者追求的目标一定能达到。"因此，无论管理的其他职能多么有效地运行，都无法离开控制这一职能，当组织运行出现偏离既定目标时需要及时纠偏，保证组织回到既定的轨道上来。控制的重要性体现在以下几方面。

（1）组织的目标和计划都是在对未来一定时期进行预测的基础上制定的，但是组织面临的环境却是不断变化的，为了使计划、目标能够适应变化的环境，管理者就必须通过控制活动来适时地对计划、目标进行修正和调整，并采取相应措施进行控制，以保证组织活动的正常运行和组织目标的实现。

（2）当组织达到一定规模时，通常会通过授权来提高管理效率，并利用绩效考评以及有针对性的控制措施来保证员工恪尽职守。离开了控制，分权将无法得到有效的执行，可能导致组织权力“分而不合”，使组织内合作无从谈起，导致组织效率低下。只有采取了相应的控制措施，才能保证分权之后组织仍然能够有序高效的运行。组织分权程度越高，控制的必要性就越强。

（3）在组织运行中，管理者难免会犯错误，及时地认识并纠正错误，实施有效控制，是组织不断完善，不断发展的前提。控制职能是组织发现错误，及时进行纠偏的重要手段。

（4）控制在组织的整个运营中具有检验作用。控制可以检验各项工作是否按预定的计划进行，同时在计划执行的过程中也能够检验计划的正确性和合理性。

[做中学 9-1]　　**蝴 蝶 效 应**

1979 年 12 月，洛伦兹在华盛顿的美国科学促进会的一次讲演中提出：一只蝴蝶在巴西扇动翅膀，有可能会在美国的得克萨斯引起一场龙卷风。他的演讲和结论给人们留下了极其深刻的印象。从此以后，“蝴蝶效应”之说就不胫而走。

“蝴蝶效应”之所以令人着迷、令人激动、发人深省，是因为其大胆的想象力和迷人的美学色彩和深刻的科学内涵以及内在的哲学魅力。

从科学的角度来看，“蝴蝶效应”反映了混沌运动的一个重要特征：系统的长期行为对初始条件的敏感依赖性。经典动力学的传统观点认为：系统的长期行为对初始条件是不敏感的，即初始条件的微小变化对未来状态造成的差别也是很微小的。可混沌理论向传统观点提出了挑战。混沌理论认为，在混沌系统中，初始条件的十分微小的变化经过不断放大，对其未来状态会造成极其巨大的差别。我们可以用在西方流传的一首民谣对此作形象的说明：

丢失一颗钉子，坏了一只蹄铁；
坏了一只蹄铁，折了一匹战马；
折了一匹战马，伤了一位骑士；
伤了一位骑士，输了一场战斗；
输了一场战斗，亡了一个帝国。

思考题　从“蝴蝶效应”中说明企业管理中控制的重要性？

[分析]

对企业发展中存在的任何问题，即便看起来是非常小的问题，管理者也要细心对待，分清原因后要严格控制，善终者慎始，谨小者慎微。控制的重要作用之一是限制偏差的累积。小的差错和失误并不会立即给组织带来严重的损害，然而时间一长，小的差错就会累积放大，并最终变得极为严重。

二、控制的类型与原则

（一）控制的类型

在组织中，采取不同的分类方法，可以把控制划分为不同的类型。如表 9-1 所示，按控制活动的性质可以分为预防性控制和更正性控制；按控制的范围可分为全面控制和局部控制；按控制信息的性质可分为前馈控制和反馈控制；按控制点的位置可分为预先控制、过程控制和事后控制；按控制采用的手段可分为直接控制和间接控制；按控制的层次可分为集中控制、分层控制和分散控制。上述各种分类方法并不是孤立的，有些会有交叉，有时一个控制行为可能同时具备几种控制类型。例如，企业招聘员工时要进行面试，这既属于预防性控制，又属于预先控制。在本任务中，我们重点介绍后几种常用的控制类型。

表 9-1　控制的类型

分类原则	控制类型	分类原则	控制类型
按控制活动的性质划分	预防性控制 更正性控制	按信息的性质划分	反馈控制 前馈控制
按控制点的位置划分	预先控制 过程控制 事后控制	按控制的层次划分	集中控制 分层控制 分散控制
按控制采用的手段划分	直接控制 间接控制	按控制的范围划分	全面控制 局部控制

1．按控制点的位置划分

按控制点的位置可以把控制划分为预先控制、过程控制和事后控制三种类型，见图 9-1。

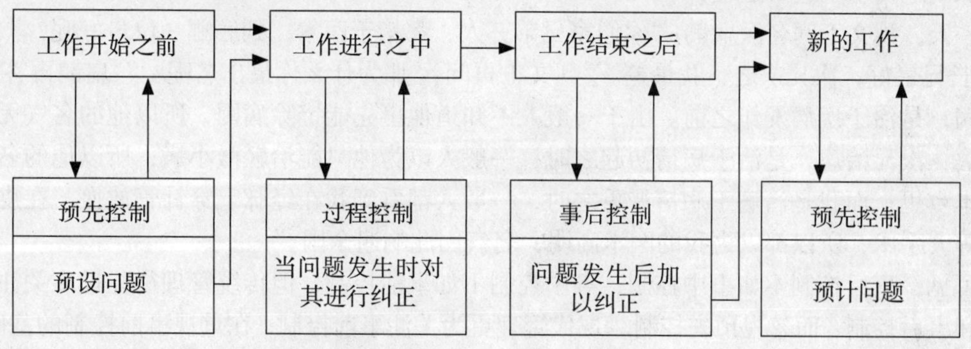

图 9–1　根据控制点的位置分类

（1）预先控制。预先控制也称为事前控制或前馈控制，是指在工作正式开始前对工作中可能产生的偏差进行预测和估计，并采取防范措施，将潜在的偏差消除在产生之前。它反映的是防患于未然、未雨绸缪的控制。这类控制建立在预测基础上，尽可能在偏差发生之前将其觉察出来，并及时采取防范措施，使人们有预防偏差的意识。预先控制的重点是预防对组织的人、财、物、信息等不合理地配置，使它们符合预期的标准，从而保证计划的实现，如成本控制中的标准成本法、预算控制，管理部门制定的规章制度、政策和程序等，都属于前馈控制。

（2）过程控制。过程控制也称为事中控制或现场控制，是指计划执行过程中所实施的控制，即通过对计划执行过程的直接检查和监督，随时检查和纠正实际和计划的偏差。其目的就是要保证本次活动尽可能少发生偏差，改进本次而非下次活动的质量。这是一种主要为基层管理人员所采用的控制方法，主管人员通过深入现场亲自监督、检查、指导和控制下属人员的活动。过程控制通常包含两种职能：一是指导职能，管理者针对工作中出现的问题，根据自己的经验指导下属改进工作，或与下属共同商讨矫正偏差的措施，以便使工作人员能正确地完成所规定的任务；二是监督职能，按照预定的标准检查正在进行的工作活动，以保证目标的实现。在进行过程控制时，主管人员要避免单凭主观意志开展工作，要亲自去观察，因为有效的管理者都知道亲自观察所得到的信息是唯一可靠的反馈信息，光听汇报是不够的。

（3）事后控制。事后控制又称成果控制或反馈控制，是指从已执行的计划或已发生的事件中获得信息，并运用这些信息来评价、指导和纠正今后的工作。事后控制是一种最主要也是最传统的控制方法。事后控制的目的并非要改进本次行动，而是力求能“吃一堑，长一智”，提高下一次行动的质量。反馈控制的对象可以是行动的最终结果，如企业的产量、销售额、利润等；也可以是行动过程的中间结果，如新产品样机、工序质量、库存等。在组织中使用反馈控制的例子很多，如企业发现不合格的产品后追究当事人的责任，并制定防范再次出现质量事故的新规章，发现产品销路不畅而相应做出减产、转产或加强促销的决定，以及学校对违纪学生进行处罚等都属于事后控制。这类控制对组织营运水平的提高发挥着很大的作用。但事后控制最大的弊端就是它只能在事后发挥作用，对已发生的对组织的危害却无能为力。它的作用类似于亡羊补牢，而且在事后控制中，在偏差发生和发现并得到纠正之间有较长的时滞，这必然对偏差的纠正效果产生很大的影响。

一般而言，预先控制是上策，过程控制是中策，事后控制是下策。扁鹊与魏文王的一番对话深刻地揭示了这个道理：

一天，魏文王问名医扁鹊：“你们家兄弟三人，都精于医术，到底哪一位最好呢？”扁鹊答：“长兄最好，次兄次之，我最差。”魏文王再问：“那为什么你最出名呢？”扁鹊再答：“长兄治病，是治于疾病发作之前。由于一般人不知道他事先能铲除病因，所以他的名气无法传扬出去；次兄治病，是治于病情初起之时，一般人以为他只能治轻微小病，所以他的名气只及于本乡里；而我是治病于病情严重之时，一般人都看到我在经脉上穿针管放血，在皮肤上敷药等大手术，所以都以为我的医术高明，名气因此响遍全国。”

可见，事后控制不如事中控制，事中控制不如事前控制，但传统管理往往过多关注过程控制和事后控制，而忽视预先控制。现代管理更为关注事前控制，在重视事前控制的基础上，实行全方位控制。优秀的管理者能防患于未然，更胜于治乱于已成之后，由此可见，企业问题的预防者，其实是优于企业问题的解决者的。

思考题　实行事前、事中、事后控制的前提条件各是什么？

2．按控制采用的手段划分

按照控制采用手段可以把控制分为两种类型，即直接控制和间接控制。

（1）直接控制。直接控制是指控制者与被控制者直接接触的控制形式，通常可理解为通过行政命令和手段进行的控制。直接控制往往不能使整个系统的效果最优，这是因为直接控制忽略了对人的尊重，不利于下级发挥积极性和主动性。同时，由于能力的限制，面对众多的信息，管理者无法全面、科学、及时地处理。因此，直接控制有一定的局限性。

（2）间接控制。间接控制是指控制者与被控制者并不直接接触，而是通过中间媒介进行控制的形式。间接控制在企业中可以表现为将奖金和绩效挂钩的分配制度，以及通过推广企业文化来形成良好风气以控制人们的行为，等等。间接控制在企业内部减少了需要处理的信息量，调动了人员的积极性，有利于整个组织实现更好的绩效。

3．按控制的层次划分

按照控制层次可以把控制分为三种类型，即集中控制、分层控制和分散控制。

（1）集中控制。集中控制是指在组织中建立一个相对稳定的控制中心，由控制中心对组织内外的各种信息进行统一的加工处理，发现问题并提出问题的解决方案。在集中控制中，信息处理、偏差检测、纠偏措施的拟订等都是由控制中心统一完成的。

集中控制最大的优点是能够保证组织的整体一致性。但由于各种信息都要集中到控制中心，各种措施都要由中心统一拟订，容易造成官僚主义、组织反应迟钝、下层管理人员缺乏积极性等问题。控制中心的决策一旦出现失误，将给组织造成巨大损失。一般来说，集中控制只是适用于规模较小的组织，或者必须时刻保持上下高度一致的组织。

（2）分层控制。分层控制是指将管理组织分为不同的层级，各个层级在服从整体目标的基础上，相对独立地开展控制活动。在分层控制中，各个层级都具有相对独立的控制能力和控制条件，能对层级内部子系统实施控制。整个组织区分为若干层次，层次内部实施直接的控制，上一个层级对下一个层级实施指导性的间接控制。

（3）分散控制。分散控制是指组织管理系统分为若干相对独立的子系统，每一个子系统独立地实施内部直接控制。分散控制对整个组织集中处理信息的要求相对比较小，容易实现。由于反馈环节少，因此，整个组织系统反应快、时滞短、控制效率高。在分散控制中，由于各个子系统各自独立控制，即使个别子系统出现严重失误，也不会导致整个系统出现混乱。分散控制的问题是各个子系统独立地进行控制，不同系统之间协调性较差，难以保证子系统目标和整个系统整体目标一致，有可能影响到整个系统的优化，甚至导致系统整体失控。

思考题　在母子公司关系处理过程中，母公司对子公司宜采取何种控制方式？为什么？

（二）控制的基本原则

无论采用何种控制方式，为了保证对组织活动进行有效的控制，控制工作必须遵循以下基本原则。

1．重点原则

控制不仅要注意偏差，而且要注意出现偏差的项目。我们不可能控制工作中所有的项目，而只能针对关键的项目，且仅当这些项目的偏差超过了一定限度，足以影响目标的实现时才予以控制纠正。事实证明，要想完全控制工作或活动的全过程几乎是不可能的，因此应抓住活动过程中的关键和重点进行局部的和重点的控制，这就是所谓的重点原则。

由于组织和部门职能的多样化、被控制对象的多样性以及政策和计划的多变，几乎不存在有关选择关键和重点的普遍原则。但一般来说，在任何组织中目标、薄弱环节和例外是管理者控制的重点。

良好的控制必须具有明确的目的，不能为控制而控制。在一个组织中，无论什么性质的工作都能列举出许多目标，并总有一两个是最关键的，这就需要管理者在这众多的目标中，选出关键的目标加以重点控制。

同时，在影响目标实现的众多环节中，有些环节由于组织力量的薄弱，在组织运行过程中特别容易出问题。这些特别容易出问题的薄弱环节，也是管理者需要在实施过程中特别加以关注的。

进一步来说，在控制过程中，管理者应重点针对事先未能预料而实际发生了的例外情况。例外情况的出现，由于缺乏事先准备而易措手不及，从而对组织造成很大的影响，因此要集中精力迅速而专门地加以对付。但单纯地注意例外之处是不够的，某些例外可能影响不大，有些则可能影响很大，因此管理者需要关注的，应当是那些需要特别注意的地方，而把一般性的例外交给下属去处理。

管理者越是把控制力量集中在目标、薄弱环节和例外情况上，他们的控制就越有效。

思考题　如果有可能控制活动的全过程，是否还要遵循重点原则?

2．及时性原则

高效率的控制系统，要求能迅速发现问题并及时采取纠偏措施。这一方面要求及时准确地提供控制所需的信息，避免时过境迁，使控制失去应有的效果；另一方面要事先估计可能发生的变化，使采取的措施与已发生了变化的情况相适应，即纠偏措施的安排应有一定的预见性。

控制是通过纠偏来保证目标的实现的，因此控制信息要力求准确，要客观、准确地进行控制标准的制定、实际业绩的评估、存在差异的分析和控制措施的采取。不准确不仅会影响工作进展，走弯路，而且会挫伤人们的积极性和工作热情。

要使控制准确客观，一是要尽量建立客观的衡量方法，对绩效用定量的方法记录并评价，把定性的内容具体化、客观化；二是管理人员要从组织的角度来观察问题，尽量避免形而上学，避免个人的偏见和成见，特别是在绩效的衡量阶段，要以事实为依据；三是要确保信息的可靠性，因为谁也不愿意提供对自己不利的信息。

实际情况千变万化，控制不仅要准确，而且要及时，一旦丧失时机，即使提供再准确的信息也徒劳。当然及时不等于快速，及时是指当决策者需要时，控制系统能适时地提供必要的信息。组织环境越复杂、动荡，决策就越需要及时的控制信息。同时，要尽可能地采用前馈控制方式或预防性控制措施，一旦发生偏差，要及时对以后的情况进行预测，使控制措施能够针对未来，较好地避免时滞问题。

思考题　单纯地根据现有的偏差情况采取纠偏措施，会出现什么后果?

3．灵活性原则

尽管人们努力探索未来、预测未来，但未来的不可预测性始终是客观存在的。我们努力追求预测的准确性以及对实际业绩评价和差异分析的准确性，但不准确性总会存在。如果控制不具有弹性，则在执行时难免被动。因此为了提高控制系统的有效性就要使控制系统具有一定的灵活性。

控制的灵活性原则要求管理者制订多种应付变化的方案和留有一定的后备力量，并采用多种灵活的控制方式和方法来达到控制的目的。控制应保证在发生某些未能预测到的事件，如环境突变、计划疏忽、计划失败等情况下，控制仍然有效，因此要有弹性和替代方案。控制应当从实现目标出发，采用各种控制方式达到控制目的，不能过分依赖正规的控制方式，如预算、监督、检查、报告等，它们虽然都是比较有效的控制工具，但它们也都有一定的不完善之处，数据、报告、预算有时会同实际情况有很大的差别，过分依赖它们有时会导致指挥失误、控制失灵，因此也要采用一些能随机应变的控制方式和方法，如现场观察等。

思考题　使控制系统具有一定的灵活性的直接目的是什么？

4．经济性原则

控制是一项需要投入大量的人力、物力和财力的活动，其耗费之大正是今天许多应予控制的问题没有加以控制的主要原因之一。是否进行控制，控制到什么程度，都涉及费用问题，因此必须把控制所需的费用与控制产生的效果进行经济上的比较，只有有利可图时才实施控制。

控制的经济性原则一是要求实行有选择的控制，全面周详的控制不仅不必要也不可能，要正确而精心地选择控制点，太多会不经济，太少会失去控制；二是要求努力降低控制的各种耗费而提高控制效果，费用的降低使人们有可能在更大的范围内实行控制。花费少而效率高的控制系统才是有效的控制系统。

思考题　在实际工作中，如何确定适当数量的控制点？

控制所耗费的成本必须值得，虽然这种要求看起来很简单，实际上却很复杂。因为管理者很难知道一个特定的控制系统价值多少，或者它的成本是多少。所谓经济是相对而言的，因为效益会随着业务的重要性、工作的规模、因无控制而造成的耗费、控制系统可能做出的贡献等因素而改变。在实际工作中，控制的经济性考虑在很大程度上取决于管理者是否将控制应用于他们认为重要的工作上。

三、控制的基本内容

控制的内容主要包括以下几个方面。

1．对人员的控制

组织的目标是要由人来实现的，员工应该按照管理者制订的计划去做，为了做到这一点，就必须对人员进行控制。对人员控制最常用的方法就是直接巡视，发现问题马上进行纠正。另一种方法是对员工进行系统化的评估。通过评估，对绩效好的予以奖励，使其维持或加强良好的表现；对绩效差的管理者就采取相应的措施，纠正出现的偏差。

思考题　对人的行为能否进行事前控制?

2．对财务的控制

为保证企业获取利润，维持企业正常的运作，必须进行财务控制。这主要包括审核各期的财务报表，以保证一定的现金存量，保证债务的负担不致过重，保证各项资产都得到有效的利用，等等。预算是最常用的财务控制标准，因此也是一种有效的控制工具。

3．对作业的控制

所谓作业，就是指从劳动力、原材料等物质资源到最终产品和服务的转换过程。组织中的作业质量在很大程度上决定了组织提供的产品和服务的质量，而作业控制就是通过对作业过程的控制，来评价并提高作业的效率和效果，从而提高组织提供的产品或服务的质量。组织中常用的作业控制有生产控制、质量控制、原材料购买控制、库存控制等。

4．对信息的控制

随着人类步入信息社会，信息在组织运行中的地位越来越高，不精确的、不完整的、不及时的信息会大大降低组织的效率。因此，在现代组织中对信息的控制显得尤为重要。对信息的控制就是建立一个管理信息系统，使它能及时地为管理者提供充分、可靠的信息。

思考题　客户信息的泄露会给组织带来什么影响?

5．对组织绩效的控制

组织绩效是组织上层管理者控制的对象，组织目标的达成与否都从这里反映出来。无论是组织内部的人员，还是组织外部的人员和组织，如证券分析人员、潜在的投资者、贷款银行、供应商以及政府部门都十分关注组织的绩效。要有效实施对组织绩效的控制，关键在于科学地评价、衡量组织绩效。一个组织的整体绩效很难用一个指标来衡量，生产率、产量、市场占有率、员工福利、组织的成长性等都可能成为衡量的标准，关键是看组织的目标取向，即要根据组织达成目标的实际情况并按照目标所设定标准来衡量组织的绩效。

[做中学 9-2]　**南方公司的控制系统**

南方公司是由李先生靠 3 000 元创建起来的一家化妆品公司，开始只是经营指甲油，后来逐步发展成为颇具规模的化妆品公司，资产已达 6 000 万元。李先生于 2012 年发现自己患严重的心脏病后，对公司的发展采取了两个重要措施：① 制定公司要向医疗卫生方面发展的目标；② 高薪聘请职业经理人雷波接替自己的总经理职位，自己担任董事长。

雷波上任后，采取了一系列措施，推行李先生为公司制订的进入医疗卫生行业的计划，在特殊医疗卫生业方面开辟了一个新领域，同时开设一个销售处方药的药店，并开辟上述两个新部门所需产品的货源、运输渠道。与此同时，他在公司内建立了一项严格的控制措施。要求各部门制定出每月的预算报告，要求每个部门在每月月初都要对本部门的问题提出切实的解决方案，每月定期举行一次由各部门经理和顾客代表参加的管理会议，要求各部门经理在会上提出本部门在当月的主要工作目标和经济往来数目。同时，他特别注意资产回收率、销售边际利润及生产成本等经济指标，他也注意人事、财务收入和降低成本费用方面的工作。

由于实行了上述措施，该公司获得了巨大的成功。到 2013 年销售量提高 24%，到 2014 年达到 20 亿元。然而，到了 2015 年，该公司逐渐出现问题，2015 年公司有史以来第一次出现收入下降、产品滞销、价格下跌。

雷波也意识到公司存在的问题，准备采取有力的措施，改变公司的处境。他计划要对国际生产方面进行总结和调整，公司开始研制新产品。他相信投入大量资金研制的医疗卫生工业品不久可以进入市场。

资料来源：http：//www.docin.com/p-233205378．html&endpro=true.

思考题　1. 高薪聘请雷波接替自己的总经理职位，自己担任董事长，从控制角度看，它属于什么控制？

2. 企业管理者可以从本案例中吸取到哪些经验？

［分析］

（1）高薪聘请雷波接替自己的总经理职位，自己担任董事长，从控制角度看，它属于人员控制。

（2）一个企业的领导者在企业发展过程中的作用非常重要；我们应该不断根据环境的变化，改变组织控制措施。

四、控制的基本过程

虽然控制具有多种不同的形式，但有效的控制活动一般都按照以下基本过程进行，如图 9-2 所示。

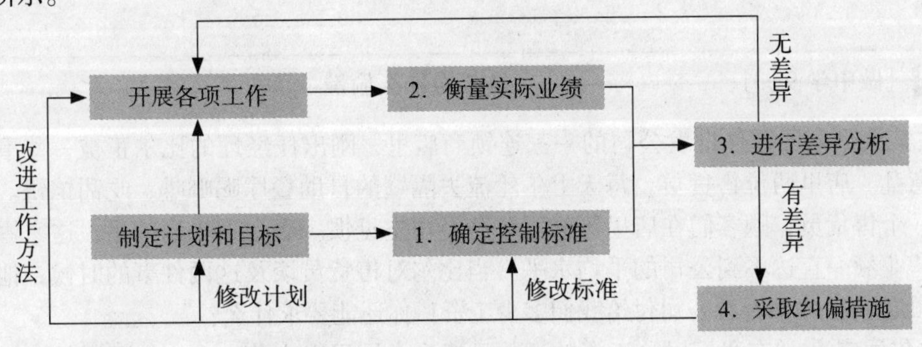

图 9-2　控制的基本过程

1．确定控制标准

控制主要是对组织活动加以监督和约束，以实现期望的目标，为此必须首先确定控制标准，作为共同遵守的衡量尺度和比较的基础。因此确定控制标准是实施控制的必要条件。没有标准，就无法进行对工作的客观检查和对实际业绩的客观评价，也无法明确是否需要采取纠偏措施；标准错误，则往往会导致组织误入歧途，如公立医院以创收多少来衡量医生的工作业绩，就可能会导致医生乱开药；标准的不清和不客观，则常常会导致组织内部的纷争、员工的不满和上下级的挫折感。

控制的目的，是为了保证计划的顺利进行和目标的实现，因此控制标准的制定必须以计划和目标为依据。但组织活动的计划内容和活动状况是细微和复杂的，控制工作既不可能也无必要对整个计划和活动的细枝末节都确定标准、加以控制，而应找出关键点。只要抓住这些关键点，就可以控制组织整体状况。

组织目标是最主要的关键点，目标偏了，其他工作做得再好也不会符合要求。除此之外，对于实现目标有重大影响的因素和环节，最容易出现问题的薄弱环节，都是应加以控制的关键点。在任何组织活动中都存在着此类关键点，如在酿造啤酒的过程中，影响啤酒质量的因素很多，但只要抓住了酒的质量、酿造温度和酿造时间，就能基本保证啤酒的质量。本书前述的目标管理思想实际上也是基于这个原理。

在控制过程中，对关键点必须确定相应的控制标准。控制标准可分为定量标准和定性标准两大类。定量标准便于度量和比较，是控制标准的主要表现形式。定量标准主要分为实物标准、价值标准、时间标准。实物标准如产量等；价值标准如成本、利润、销售收入等；时间标准如工时定额、工期等。除了定量标准外，还有定性标准，主要是有关服务质量、组织形象等方面，这些方面一般难以量化。尽管如此，为了使定性标准便于掌握，有时也应尽可能地采用一些可度量的方法。如美国著名的麦当劳餐厅在经营上奉行“质量、服务、清洁、价值”的宗旨，为体现其宗旨，公司制定的工作标准是：95% 以上的顾客进餐厅后 3 分钟内，服务员必须迎上前去接待顾客；事先准备好的汉堡包必须在 5 分钟内热好交给顾客；服务员必须在就餐顾客离开后 5 分钟内把餐桌打扫干净等。

任何一项具体工作的衡量标准，都应该有利于组织目标的实现，而对每一项具体工作都应有明确的时间、内容、程度等方面的规定。不管对某些控制对象制定控制标准有多困难，组织都应尽可能地建立有效的控制标准：能够量化的尽可能量化，不能量化的尽可能细化或客观化。

[做中学 9–3] **员工为什么偷懒**

在某大型电子零件批发公司的一家连锁商店里，刚出任经理的比尔正被一些事搞得心烦意乱。店里两位售货员，每天上午轮流去隔壁的自助餐厅喝咖啡，吃甜馅饼。因为少了一个售货员，顾客们在店里等候服务已经司空见惯。更令人头痛的是，这家零售商店的营业额一直达不到公司的平均水平。当比尔对售货员谈及这两件事的时候，他们不屑一顾地答道：“你看看公司付给我们多少工资！你还能要求什么？”

比尔回应道：“在我们讨论工资的事并且谈出点眉目来之前，有一件要紧的事，就是要你们明确知道我对你们的工作有什么要求。让我们来确定三件事：第一，在安排好的上班时间内，谁也不可以离开商店。当然，在你们的午餐时间里，你们爱干什么都行。第二，如果这家商店还要营业，不搬到别处去的话，我们每天的平均销售额应该是 1 000

美元。总公司的记录表明，每位顾客大约购买 5 美元的货，那就是说，一天要接待 200 位顾客。我们是两位售货员当班，平均一下，我要求你们每人每天接待 100 位顾客。第三，就是你们怎样来接待顾客，我希望你们做到一丝不苟，礼貌周到。顾客想了解什么，你们要有问必答。这三件事你们清楚了吗？如果是这样的话，让我们来瞧一瞧你们的工资袋，看看出了什么毛病，想一想根据我们对这项工作提出的要求，应该干点什么事来跟工资袋相称。你们考虑考虑。”

资料来源：http：//www.docin.com/p-543812261．html.

思考题：从这则例子中，顾客服务和营业收入都未能达到预期水平，而员工却在抱怨公司付给他们的工资太少了。到底哪一方面出了问题？

［分析］

有效的控制需要预先订立并让当事人明确所要求他们的绩效标准是什么，可是这间电子零件批发商店的前任经理却一直没有做到这一点。比尔接任后对员工说的三件事，使员工认识到自己行为的差距，从而为其工作绩效的改善奠定了基础。没有标准，控制工作就很难取得理想的效果。

2．衡量实际业绩

标准的制定是为了衡量实际业绩，即把实际工作情况与控制标准进行比较，找出实际业绩与控制标准之间的差异，并据此对实际工作做出评估。

实际业绩的确定直接关系到控制措施的采取，因此要十分重视。要进行系统检查，通过调查、汇报、统计、分析等比较全面确切地了解实际的工作进展情况；要力求真实，防止文过饰非、空洞无物；要将它作为一项经常性的工作，定期而持续地进行；要建立一定的检查制度、汇报制度，以及时掌握信息；要抓住重点，对关键之处进行重点检查，以使控制更有针对性。

为了防止被控制者歪曲或隐瞒实际情况，管理者可建立专门的部门，如统计部门、审计部门、政策研究部门等来从事这项工作。不要把实际绩效简单地理解为某项工作或某个项目的最后结果，有时它可能是中间过程或状态，有时它也可能是由中间过程或状态推测出来的结果。控制的目的不是为了衡量绩效，而是为了达到预定的绩效，所以在控制过程中也要预测可能出现的偏差，以控制未来的绩效。

思考题　在控制中为什么要进行实际业绩的衡量？

3．进行差异分析

差异分析的目的在于确定是否有必要采取纠偏措施。通过实际业绩同控制标准之间的比较，我们可确定这两者之间有无差异。若无差异，工作按原计划继续进行；若有差异，则首先要了解偏差是否在标准允许的范围之内。若偏差在允许的范围之内，则工作继续进行，但也要分析偏差产生的原因，以便改进工作，并把问题消灭在萌芽状态；若偏差在允许的范围之外，则应及时地深入分析产生偏差的原因。

搞清原因是采取相应措施的前提。差异分析首先要确定偏差的性质和类型。偏差的产生，可能是在执行任务过程中由于工作失误而造成的，也可能是由于原有计划不周所导致的，必须对这两类不同性质的偏差做出准确的判断，以便采取相应的纠偏措施。

偏差可分为正偏差和负偏差。正偏差是指实际业绩超过了计划要求；负偏差是指实际业绩未达到计划要求。负偏差固然引人瞩目，需要分析；正偏差也要进行原因分析。如果是由于环境变化导致的有益的正偏差，则要修改原有计划以适应变化了的环境。如在检查当月的销售情况时，出现了实际销售量超过预期计划的正偏差，管理人员就要分析导致实际销售量超过预期计划的原因，以便采取正确的措施。

在做差异分析时，必须持冷静客观的态度，以免影响分析的准确性。应抓住重点和关键，从主观和客观两方面做实事求是的分析。

4．采取纠偏措施

采取必要的纠偏措施来纠正或改善未来的绩效。采取纠偏措施实质上是一个解决问题的过程，在深入分析产生差异的原因的基础上，管理者要根据不同的偏差采取不同的措施。一般而言，纠偏措施可从以下几方面进行。

（1）改进工作方法。达不到原定的控制标准，工作方法不当是主要原因之一。特别是在企业中，其生产计划的目的是生产出高质量的符合社会需要的产品，因此其计划和控制都是以生产为中心的，而生产技术则是生产过程中的重要一环，在很多情况下偏差来自于技术上的原因，为此就要采取技术措施，及时处理生产中由于技术问题而引起的各种偏差。

（2）改进组织和领导工作。控制职能与组织、领导职能是相互影响的。组织方面的问题主要有两种：一是计划制订好之后，组织实施工作没有做好；二是控制工作本身的组织体系不完善，不能对已产生的偏差加以及时跟踪与分析。在这两种情况下，都应改进组织工作。偏差也可能是由于执行人员能力不足或积极性不高导致的，那么就需要通过改进领导方式和提高领导艺术来矫正偏差。

（3）调整或修正原有计划或标准。偏差较大，有可能是由于原计划安排不当导致的；也有可能是由于内外环境的变化，使原计划与现实状况之间产生了较大的偏差。不论是哪一种情况，都要对原计划加以适当的调整。需要注意的是，调整计划不是任意地变动计划，这种调整不能偏离组织总的发展目标，调整计划归根到底还是为了实现组织目标。在一般情况下，不能以计划迁就控制，任意地根据控制的需要来修改计划。只有当事实表明计划标准过低或过高，或环境发生了重大变化使原有的计划前提不复存在时，对计划或标准进行修改才是合适的。

思考题　是否所有的控制都包含这四个步骤？

[做中学 9-4]　　**最“人道”的船主**

澳大利亚从前只有土著，后来英国把澳大利亚当作流放犯人的地方，这些犯人代代繁衍，就形成了今天的澳大利亚。而在运送犯人的途中，发生了这样的一个故事：承担运送犯人任务的是私人船主，他们接受政府委托，自然也收取相应的费用。开始，英国政府按上船人数付给费用。于是，船主们为了牟取暴利，想尽种种办法虐待犯人，克扣犯人食物，甚至把犯人活活扔下海，导致运输途中犯人的死亡率最高达 94%。后来英国政府改变付款规则，按照活着到达目的地的人数付费。于是，船主们又想尽办法让更多犯人活着到达澳大利亚，甚至有船主还聘请随船医生，犯人的死亡率最低降到 1%。

思考题　这个案例给我们什么启示？

［分析］

控制是一个发现问题、分析问题、解决问题的过程。组织开展业务活动，由于受外部环境、内部条件变化和人对问题的认识、解决问题能力的限制，实际执行结果与预定目标完全一致的情况是不多的。因此，对管理者来讲，重要的不是工作有无偏差，而是能否及时发现偏差，或通过对进行中的工作深入了解，预测到潜在的偏差。发现偏差，才能找出造成偏差的原因、环节和责任者，采取针对性措施纠正偏差。

任务二　应用控制技术与方法

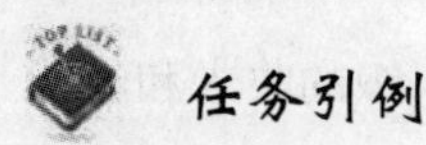

任务引例

我的钱怎么花的

“我的钱到底是怎么花的？”这是罗老板每天都在问自己的一个问题。

罗老板经营一家装饰工程公司，已经有六年了。在这个公司中，罗老板是大股东，另一个小股东也是罗老板的自家人。罗老板为人精明，做生意兢兢业业，把这个小公司管理得井井有条。

2016 年对于罗老板来说是大发展的一年。这一年，公司连续接到了多项大工程，由原来前四年每年营业额三四百万元猛增到年营业额两千多万元。业务形势一片大好，但财务管理问题又使罗老板陷入苦恼之中，过去每年三四百万元的“盘子”，三四处工地，罗老板用一支笔加上精明的头脑，控制起来得心应手。但现在每年八到十处工地，两千多万元的营业额，每个工地又有分包、转包、合作项目分支，工地分散在全国六个地区，每天各地传真来的费用申领单多达上百张，大到几十万元小至十几元，每张都要他签字回复后方可申领。如何辨别这些支出的合理性？

实际上，精明的罗老板在财务管理上用人一直不顺手，从 2015 年起，两年内换了三个会计一个出纳。虽然公司制定了很完善的财务制度，但执行起来都不合罗老板的意。财务人员技能不足以控制住多头的项目财务走向，支出混乱。罗老板每天都在问：“我的钱怎么花的？”

资料来源：https：//www.leshui365．com/s1712/push/68164．html.

思考题　请你为罗老板提供一个公司财务控制解决办法。

任何组织的计划都是在确定计划前提条件的基础上制订的。通过控制活动，管理者可以及时了解环境变化的程度和原因，从而采取有效的调整行动，使得组织与环境相适应。从大的方面说，控制的方法主要包括两大类：预算控制和非预算控制。

一、预算控制

1．预算的含义

企业未来的几乎所有活动都可以利用预算进行控制。所谓预算，就是用数字特别是用财务数字的形式来描述企业未来的活动计划，它预估了企业在未来时期的经营收入和现金流量，同时也为各部门或各项活动规定了在资金、劳动力、材料、能源等方面支出的额度。

预算控制就是根据预算规定的收入与支出标准来检查和监督各个部门的生产经营活动，以保证各种活动或各个部门在完成既定目标、实现利润的过程中对经营资源的利用，从而使费用支出受到严格有效的约束。

2．预算的种类

由于不同企业的生产活动的特点不同，预算表中的项目会有所不同，但一般来说，预算内容要涉及以下几个方面：收支预算、现金预算、资金支出预算、原材料和产品产量预算、资产负债预算。

（1）收支预算。收支预算即收入预算和支出预算，这是以货币来表示组织的收入和经营费用支出的计划。

由于企业收入主要来源于产品销售，因此收入预算的主要内容是销售预算。销售预算是在销售预测的基础上编制的，即通过分析企业过去的销售情况、目前和未来的市场需求特点及其发展趋势，比较竞争对手和本企业的经营实力，确定企业在未来时期内为了实现目标利润必须达到的销售水平。

企业销售的产品是在内部生产过程中加工制造出来的。在这个过程中，企业需要借助一定的劳动力，利用和消耗一定的物质资源，因此与销售预算相对应，企业必须编制能够保证生产过程得以进行的生产活动的预算。关于生产活动的预算，不仅要确定为取得一定销售收入所需要的产品数量，而且更重要的是要预计为得到这些产品、实现销售收入需要付出的费用，即编制各种支出预算。

（2）现金预算。现金预算是对企业未来生产与销售活动中现金的流入与流出进行预测，通常由财务部门编制。现金预算并不需要反映企业的资产负债情况，而是要反映企业在未来活动中的实际现金流量。企业的销售收入很大，利润即使相当可观，但大部分尚未收回，或收回后被大量的库存材料或在制品所占用，那么也不可能在目前给企业带来现金上的方便。通过现金预算，可以帮助企业发现资金的闲置或不足，从而指导企业及时利用暂时过剩的现金，或及早筹齐维持营运所短缺的资金。

（3）资金支出预算。上述各种预算通常只涉及某个经营阶段，是短期预算，而资金支出预算则涉及好几个阶段，是长期预算。如果企业的收支预算被很好地执行，企业有效地组织了资源的利用，那么利用这些资源得到的产品销售以后的收入就会超出资源消耗的支出，从而给企业带来盈余。企业可以利用盈利的很大一部分来进行生产能力的恢复和扩大。这些支出由于具有投资的性质，因此对其计划安排通常被称为投资预算或资金支出预算。资金支出预算的项目包括:用于更新改造或扩充包括厂房、设备在内的生产设施的支出,用于增加品种、完善产品性能或改进工艺的研究与开发支出，用于提高普通员工和管理队伍素质的人事培训与发展支出，用于广告宣传、寻找顾客的市场发展支出等。

思考题　任何一个组织都需要资金预算吗？为什么？

（4）原材料和产品产量预算。这是一种以实物为单位来表示的预算。因为在计划和控制的一定阶段采用实物数量单位比采用货币单位更有意义。常用的实物预算单位有直接工时数、原材料的数量、占用的平方米面积和生产量等。

（5）资产负债预算。资产负债预算是对企业会计年度的财务状况进行预测。它通过将各部门和各项目的分预算汇总在一起，表明如果企业的各种业务活动达到预先规定的标准，在财务期末企业资产与负债会呈现何种状况。作为各分预算的汇总，管理人员在编制资产负债预算时虽然不需做出新的计划或决策，但通过对预算表的分析，可以发现某些分预算的问题，从而有助于采取及时的调整措施。

任务解析

解决办法：这是发展型公司的常见病。经过向专业财务公司咨询，罗老板明白了仅靠换会计、寄希望于会计高手改变公司财务管理现状是不现实的。罗老板会同财务公司对整个公司财务管理做了系统的改造和建设。① 针对公司的业务特点及多头、异地的经营规模情况，建立了公司财务管理集权与分权的责任划分，一支笔操控多支笔，并辅之以财务公司的“公共财务总监”确立对分权的多支笔的有效审核监督机制。② 由财务公司对业务部门的项目经理进行专项财务培训，重新建立规范的业务部门、业务统计报表体系及合同管理的岗位。③ 对异地、多头的项目部及业务分支，实施了新的格式财务报表系统，确立了报告系统的统计口径；建立内部控制系统的监督机制，保证数据的真实。

3．预算的作用

预算的作用主要表现在以下四个方面。

（1）明确工作目标。预算作为一种计划，规定了组织一定时期的总目标以及各部门的具体目标。这样就使各个部门了解本部门的经济活动与整个组织经营目标的关系，明确了各自的职责及其努力方向，从各自角度去完成组织的战略目标。

（2）协调部门关系。预算把组织各方面工作纳入到统一计划之中，促使组织各部门相互协调，环环紧扣，达到平衡。在保证组织总体目标最优的前提下，组织各自的经营活动。

（3）控制日常活动。编制预算是组织管理的起点，也是控制日常经济活动的依据。在预算执行过程中，各部门应通过计量、对比，及时找出实际脱离预算的差异并分析其原因，以便采取必要措施，消除薄弱环节，保证预算目标的顺利完成。

（4）考核业绩标准。预算确定的各项指标，也是考核各部门工作成绩的基本尺度。在评定各部门工作业绩时,要根据预算的完成情况,分析偏离的程度和原因,划清责任,奖罚分明,促使各部门为完成预算规定的目标努力工作。

思考题　只要进行预算，就可以起到上述作用吗？

[做中学 9–5]　**利润预算管理是个好办法**

山东华乐集团是中国一家以棉纺织业为主的国有大型企业，自 1989 年开始实施利润预算管理以来，取得了很好的效益。近 20 年来，企业产值、利税连年以 18%、21% 的幅度稳步递增。所谓利润预算管理是以利润目标为出发点，将实现利润目标所涉及的经济资源取得及运用以货币的形式落实到详细计划之中，使之成为某个特定阶段经济管理者的计划目标。此法通过市场调查、预测和同行业先进水平、本企业最好水平的比较，从而对企业将来一定时期所获得的利润做出科学的预算。以此为基础，将利润预算目标层层分解，进而延伸到生产、成本和资金收支等方面，并对各生产、经营、辅助管理等单位进行控制，然后通过分析实际与预算的差异，明确各经营管理者的业绩。

利润预算管理的内容包括建立利润预算体系、预算实施与控制和预算考评。利润预算体系的建立主要是由管理者根据对市场信息、资源等方面的科学预算，确定利润预算目标，编制预算方案。在这个方案范围内，由预算管理部起草预算编制的具体内容。预算的实施与控制是以一线部门为中心，制定并颁布各种预算管理报告书，并利用计算中心网络对实施过程进行严格的监督、控制。预算的考评主要是通过分析预算与实际的差异，明确差异发生的原因和责任，作为调整下一次预算的依据。利润预算管理在执行过程中应遵循利润目标必须明确原则、全面完整原则、管理者参与原则、责任会计原则、预算教育原则、弹性适用原则、意见沟通原则、追踪考核原则这八大原则。

思考题　预算管理有什么好处?

[分析]

利润预算管理有 6 大好处：① 企业目标明确；② 企业各单位之间的经济活动能够协调一致；③ 责、权、利分明；④ 企业经营活动得到了有效的控制；⑤ 有利于考评和奖惩；⑥ 为了保证利润预算目标的实现，各单位能够严格地控制销售、费用、产品成本，全面硬化了企业内部管理。

4．预算的缺点

由于预算具有上述的积极作用，预算手段在组织管理中得到了广泛运用，但在预算的编制和执行中，也暴露了一些缺点，主要表现在：

（1）控制范围的局限性。预算只能帮助企业控制那些可以计量的，特别是可以用货币单位计量的业务活动，而不能促使企业对那些不能计量的企业文化、企业形象、企业活力的改善予以足够的重视。

（2）缺乏灵活性。编制预算时通常参照上期的预算项目和标准，从而会忽视本期活动的实际需要，因此会导致这样的错误：上期有的而本期不需要的项目仍然沿用，而本期必需的可上期没有的项目会因缺乏先例而不能增设。

（3）容易导致控制过细。缺乏弹性、非常具体，特别是涉及较长时期的预算可能会过度束缚决策者的行动，使企业经营缺乏灵活性和适应性。

（4）容易导致本位主义。对于项目预算或部门预算来说，不仅对有关负责人提出了希望他们实现的结果，而且也为他们得到这些成果而能够开支的费用规定了限度。这种规定可能使得主管们在活动中精打细算，小心翼翼地遵守不得超过支出预算的准则，而忘记了自己的首要职责是实现组织的目标。因此，部门的预算目标有时会取代组织的目标。

思考题　作为管理者，怎样才能避免上述情况的发生？

5．预算方法的改进

为了克服上述预算的不足，使预算在控制中更加有效，有必要采用可变的或灵活的预算方案。

（1）弹性预算。弹性预算是指在不能准确预测预算期业务量的情况下，根据其与成本形态或者与其他因素的依存关系，按预算期内业务量可能发生的一定范围编制而成的预算。弹性预算有很多优点，如比固定预算运用范围广，使预算具有可比基础，使预算控制和差异分析具有说服力；其缺点是编制预算时确定业务量的依存关系如果发生变化，就得大幅调整工作量。

（2）零基预算。零基预算是把组织的计划分为由目标、业务和所需资源等组成的几个“分计划”，然后从零开始测算每个分计划的费用。采用这种方法的目的是避免增减预算方法的缺点对于任何预算期的任何预算项目，其预算数额都以零为起点，按照预算期内应该达到的工作内容和经营目标，重新考虑每项业务量及其成本费用支出的情况，从而确定当期预算数额。

（3）概率预算。由于在预算期内市场变化较大，变量甚多，人们难以对这些变量预测准确（如油品销售价格），而这些变量又会对整个预算产生重大影响。在没有办法的情况下，估计其变化范围，分析其在此范围内出现的可能性（概率），然后据此对其他预算数进行调整，计算期望值，这种方法叫概率预算，它实际上也是一种弹性预算。

（4）计划—规划—预算方法。为了克服传统的预算方法难以做到按组织目标合理地分配资源的缺点，20 世纪 60 年代中期美国国防部在编制预算时创造出计划—规划—预算方法。

传统的预算是分部门编制的，编制预算时，首先下级部门提交下年度的预算报告，然后由上级预算部门根据资源的数量经平衡后批准下达。因此，传统的预算方法难以做到按组织目标合理地分配资源。

计划—规划—预算方法完全是从目标出发编制预算的。计划开始时，首先由最高主管部门提出组织的总目标和战略，并确定实现目标的项目。例如，美国国防部根据国家的战略目标，确定武器系统的研制项目，这一步称为计划。其次，分别按每一个项目的实施阶段所需的资源数量进行测算和规划并排出项目的优先次序。再次，在编制预算时，是从目标出发按优先次序项目的实际需要分配资源，当资源有限时，应保证排在前面的项目的需要。最后，根据各部门在实施项目中的职责和承担的工作量将预算落实到部门。

据报道，这种计划方法在美国国防部及美国联邦政府和一些州政府的部门推行，取得了较显著的效果。

6．预算的编制

在编制预算之前，应首先建立一套预算制度。通过规章制度的建立，为预算的制定和执行提供保障。在此基础上，一个组织可参考下述步骤来编制预算。

（1）高层主管人员将可能列入预算或影响预算的计划和决策提交预算管理机构。预算管理机构在综合考虑各种因素后，确定未来某一时期的业务量。根据预测的业务量、价格与成本，又可预测该时期的利润。

（2）负责编制预算的主管人员向各部门主管人员提出有关预算的建议并提供必要的信息和帮助。

（3）各部门主管人员根据企业的总计划和部门的实际工作情况，编制出本部门的预算，并由更高层主管和预算部门协调部门间可能发生的矛盾。

（4）组织负责编制预算的主管人员将各部门的预算汇总整理成总预算，并预拟资产负债表及利润表计算书，以揭示组织未来预算期限中的财务状况。最后将预算草案提交预算委员会和上层主管人员核查批准。

预算批准后，在实施过程中，必须经常检查和分析执行情况，必要时可修改预算使之能适应组织发展的要求。

二、非预算控制方法

除了预算控制方法以外，管理控制工作中还采用了许多不同种类的控制手段和方法。随着组织规模的扩大、分权管理的发展，对管理工作的综合控制显得日益重要。此外，还有一个显著的特点，那就是许多控制方法同时也是计划方法。这就再一次说明了一个客观事实，即控制和计划是一个问题的两个方面，控制的任务是使计划得以实现。

常见的非预算控制方法主要有以下几种。

1．审计法

审计是对反映组织资金运动过程及其结果的会计记录及财务报表进行审核、鉴定，以判断其真实性和可能性，从而为控制和决策提供依据。其主要有三种类型。

（1）外部审计。外部审计是由外部机构选派的审计人员对组织财务报表及其反映的财务状况进行独立的评估。

（2）内部审计。内部审计提供了检查现有控制程序和方法能否有效地保证达成既定目标和执行既定政策的手段。

（3）管理审计。管理审计是利用公开记录的信息，从反映组织管理绩效及其影响因素的若干方面将组织与同行其他组织或其他行业的著名组织进行比较，以判断组织经营与管理的健康程度。

思考题　怎样才能使审计和考核工作起到控制作用?

2．专题分析法

专题分析法是指由专门的人员针对某一专题做出专门的报告和分析的方法。专题分析对于具体问题的控制是非常有用的。这是由于专题报告和分析具有非例行工作的特点，引起人们对某些非一般性问题的高度重视，这样可以揭示出对改善效率有重大意义的关键问题。

3．现场观察法

现场观察是指管理人员亲自到工作现场进行实地观察。这一方法使管理人员能够获得第一线的真实信息。基层的主管人员通过现场观察，可以判断出产量、质量的完成情况以及设备运转情况和劳动纪律的执行情况等；而上层主管人员通过现场观察，可以了解到组织方针、目标和政策是否深入人心，可以发现职能部门的情况报告是否属实及员工的合理化建议是否得到认真对待，还可以从与员工的交谈中了解他的情绪和士气等。所有这些，都是主管人员最需要了解的，但却是正式报告中见不到的第一手信息。

4．损益控制法

在实行损益控制的组织中，每一个主要的部门和分公司都要定期详细列出收入和费用情况，并定期计算其损益。通过对比分析各个部门和分公司的损益情况，可以对组织各个部分的赢利能力和对组织的贡献做出评价，并以此作为衡量业绩的标准。一般情况下，只有组织中的主要部门才进行损益控制，因为如果所有部门都使用这一方法的话，书面工作量未免过大。

损益控制法适用于对组织内部相对独立单位的控制。例如，作为利润中心管理和考核的分公司、事业部等，但不适用于组织内部作为成本中心管理的部门，如生产车间，以及参谋部门和服务部门。利润是一个企业追求的目标和生存的基础，是衡量企业成功的明显标准。

5．比率分析法

单个地去考虑反映经营成果的某个数据，往往不能说明任何问题。比如，企业本年度盈利 100 万元，某部门本期生产了 5 000 个单位产品，或本期人工支出费用为 85 万元，这些数据本身没有任何意义。只有根据它们之间的内在关系，相互对照分析才能说明某个问题。比率分析法就是将组织资产负债表和利润表上的相关项目进行对比，形成一个比率，从中分析和评价组织的经营成果和财务状况。

组织活动分析中常用的比率分为财务比率和经营比率两类。

（1）财务比率。财务比率分析在于揭示企业的偿债能力和盈利能力等财务状况。其主要指标包括：

① 流动比率。流动比率是组织的流动资产与流动负债之比，反映了组织偿还需要付现的流动债务的能力。

② 速动比率。速动比率是流动资产和存货之差与流动负债之比。

③ 负债比率。负债比率是组织总负债与总资产之比。

④ 赢利比率。赢利比率是组织利润与销售额或全部资金等相关因素的比例关系。

（2）经营比率。经营比率也称活力比率，是与资源利用有关的几种比例关系，反映了企业经营效率的高低和各种资源是否得到了充分利用。常用的经营比率有三种。

① 库存周转率。它是销售总额与库存平均价值的比率关系，反映了与销售收入相比库存数量是否合理，表明了投入库存的流动资金的使用情况。

② 固定资产周转率。它是销售总额与固定资产之比，反映了单位固定资产能够提供的销售收入。

③ 销售收入与销售费用的比率。这个比率表明单位销售费用能够实现的销售收入，在一定程度上反映了企业营销活动的效率。由于销售费用包括了人员推销、广告宣传、销售管理费用等组成部分，因此还可进行更加具体的分析。比如，测度单位广告费用能够实现的销售收入，或单位推销费用能增加的销售收入等。

项 目 小 结

（1）控制是组织在动态的环境中为保证既定目标的实现而采取的检查和纠偏活动或过程。管理者进行控制的根本目的在于保证组织活动的过程和实际绩效与计划目标及计划内容相一致，最终保证组织目标的实现。

（2）控制与其他管理职能之间存在着密切的关系，计划、组织、领导职能是控制的基础，离开一定的计划、组织、领导，控制就无法正常进行；反之，控制是计划、组织、领导有效进行的必要保证。

（3）虽然控制具有多种不同的形式，但有效的控制活动一般都按照先确定控制标准，然后根据标准衡量实际业绩，进行差异分析，并根据分析采取相应的纠偏措施的过程进行。

（4）为了保证对组织活动进行有效控制，在控制过程中必须遵循重点原则、及时性原则、灵活性原则和经济性原则。

（5）控制的内容主要包括以下几个方面：对人员的控制、对财务的控制、对作业的控制、对信息的控制、对组织绩效的控制。

（6）完整的管理控制工作过程由制定控制标准、衡量绩效、采取矫正措施三个步骤组成。

（7）控制的方法主要包括两大类：预算控制和非预算控制。预算控制就是根据预算规定的收入与支出标准来检查和监督各个部门的生产经营活动，以保证各种活动或各个部门在完成既定目标、实现利润的过程中对经营资源的利用，从而使费用支出受到严格有效的约束。预算的种类：收支预算、现金预算、资金支出预算、原材料和产品产量预算、资产负债预算。

（8）常见的非预算控制方法主要有以下几种：审计法、专题分析法、现场观察法、损益控制法、比率分析法。

☆习题与训练

一、理论自测题

（一）单项选择题

1. 质量控制过程中，质量的含义是（　　）。

A. 产品的质量　　B. 工作质量

C. 产品质量和工作质量　　D. 设备的质量

2. 为了消除腐败，某部门除了大力提倡工作人员严格自律之外，还一直实行着一种岗位轮换制度，规定处级以上的干部在同一岗位工作时间不得超过五年。这种做法可以认为是一种（　　）。

A. 反馈控制　　B. 前馈控制　　C. 现场控制　　D. 间接控制

3．种庄稼需要水，但这一地区近年老不下雨，怎么办？一种办法是灌溉；另一种办法是改种耐旱作物。这两种措施分别是（ ）。

A. 纠正偏差和调整计划　　B. 调整计划和纠正偏差

C. 反馈控制和前馈控制　　D. 前馈控制和反馈控制

4．控制就是使各项活动按计划进行。为此需要在企业中建立信息反馈机构，随时监控是否存在偏差。在发现偏差后，有人提倡消灭偏差，对于这种提法你如何看待（ ）。

A. 这种提法是正确的，只有确保消灭偏差才能确保计划的顺利实现

B. 这种提法是错误的，如果要完全消灭偏差成本太高

C. 这种提法是错误的，关键是找到偏差的原因，消除原因才是根本的解决途径

D. 以上提法都不正确

5．管理控制过程中的关键环节是（ ）。

A. 制定控制目标　　B. 建立控制标准　　C. 衡量实际工作成效　　D. 纠正偏差

6．“治病不如防病，防病不如讲卫生”。根据这种说法，以下几种控制方法中，最重要的是（ ）。

A. 现场控制　　B. 实时控制　　C. 反馈控制　　D. 前馈控制

7．控制工作的最后一步是（ ）。

A. 采取矫正措施　　B. 坚定偏差　　C. 衡量实际业绩　　D. 确定控制标准

8．控制的构成要素包括（ ）。

A. 控制标准、信息储存和矫正措施　　B. 控制标准、偏差信息和矫正措施

C. 控制标准、信息收集和信息反馈　　D. 控制标准、信息储存和信息反馈

9．为了加强质量管理，某企业决定推行 ISO9000 质量认证体系。从控制的角度看，这是为了加强（ ）。

A. 预先控制　　B. 现场控制　　C. 事后控制　　D. A、B、C

10．控制工作的第一步是（ ）。

A. 采取矫正措施　　B. 坚定偏差　　C. 衡量实际业绩　　D. 确定控制标准

（二）多项选择题

1．任何一项控制工作，都必须有以下三个基本构成要素（ ）。

A. 控制标准　　B. 偏差信息　　C. 矫正措施　　D. 控制计划

2．在现代管理活动中，管理控制的目标主要有两个（ ）。

A. 限制偏差的累积　　B. 适应环境的变化　　C. 提高质量　　D. 校正偏差

3．按照偏差信息获取的时间点来分，有（ ）。

A. 前馈控制　　B. 现场控制　　C. 反馈控制　　D. 动态控制

4．按控制的手段来划分，有（ ）。

A. 间接控制　　B. 直接控制　　C. 预算控制　　D. 反馈控制

5．现场控制包括的内容有（ ）。

A. 向下级指示恰当的工作方法和工作过程

B. 监督下级的工作以保证计划目标的实现

C. 发现不合标准的偏差时，立即采取矫正措施

D. 提出改进的方案

6. 下列属于运用前馈控制的是（　　）。

A. 企业根据现有产品销售不畅的情况，决定改变产品结构

B. 猎人把瞄准点定在飞奔的野兔的前方

C. 根据虫情预报，农业公司做好农药储备

D. 汽车驾驶员在上坡时，为了保持一定的车速，提前踩加速器

E. 瞄准靶心射击

7. 最常用的综合控制方法是（　　）。

A. 收支预算　　B. 投资回收率　　C. 损益控制　　D. 总预算

E. 企业自我审核

8. 管理者对员工行为偏差采取直接控制手段可由于（　　）而减少。

A. 企业文化　　B. 奖励　　C. 培训　　D. 参与管理

9. 管理控制必要性的原因，除了环境变化以外，还有（　　）

A. 管理权力的分散　　B. 组织分工

C. 利益的差别　　D. 工作能力的差异

10. 下列关于纠正偏差工作表述正确的有（　　）。

A. 纠正偏差是控制的关键

B. 纠正偏差是整个管理系统中的部分工作内容

C. 纠正偏差是控制过程的一个重要步骤

D. 纠正偏差是制定控制标准的前提

E. 纠正偏差是其他各项管理职能发挥作用的关键环节

（三）判断题

1. 控制过程一般可以分为三个步骤：a. 衡量实际绩效；b. 将绩效与标准进行比较；c. 采取行动来纠正偏差。（　　）

2. 一般来说标准必须从计划中产生，计划必须先于控制。（　　）

3. 只要控制工作做得好，完全可以防止管理失误。（　　）

4. 反馈控制最大的缺点是，在管理者实施纠偏措施之前，偏差已经产生，损失已经造成，对工作没有任何意义，所以我们没有必要进行反馈控制。（　　）

5. 严格的控制，会使实际工作过程缺乏灵活性，极大地限制人的工作的积极性。（　　）

6. 没有计划和控制系统，就无法实现组织中的沟通，组织中信息流就会中断。（　　）

7. 直接控制是指具体操作者自己在工作过程中的直接控制。（　　）

8. 一般来说标准必须从计划中产生，所以计划优先于控制，是控制的基础和依据。（　　）

9. 预算是对一定时期内资金来源和资金使用的计划，是用货币量来表示的数字化计划。（　　）

10. 审计是对反映组织的资金运动过程及其结果的会计记录和财务报表进行审核、鉴定，以判断其真实性和可靠性，从而为控制和决策提供依据。（　　）

二、项目实训

【实训目标】

熟悉利润的控制。

【实训内容与要求】

选择一家你熟悉的企业，了解企业的经营过程，特别是其销售渠道，了解企业的产品成本和经营费用，计算单位产品的利润率和企业经营的年盈利率，分析其利润的来源。

不同的同学可分组去考察不同类型企业的情况，考察后对结果进行对比，分析不同行业企业的经营方式的差异，分析不同企业利润来源的差异。

【成果与检测】

根据书面作业评定成绩。

三、实务技能自测题

1．请对怎样规划班级经费开销并实施有效的控制提出实质的建议和意见。

2．分组讨论怎样才能建立一个有效的控制系统，以衡量你所在的班级在本学期所有课程的学习方面所取得的进步。该控制系统应该包括哪些方面的内容？如何运用？

四、案例分析

客户服务质量控制

美国某信用卡卡片分部认识到高质量客户服务非常重要。客户服务不仅影响公司信誉，也和公司利益息息相关。比如，一张信用卡每早到客户手中一天，公司可以获得 33 美分的额外销售收入，这样一年下来，公司将有 140 万美元的净利润。及时地将新办理的和更换的信用卡送到用户手中是客户服务质量的一个重要方面，但是这远远不够。

决定对客户服务质量进行控制来反映其重要性的想法，最初是由卡片部门的一个地区副总裁提出的。她认为向管理部门提交评价客户服务的报告有偏差，因为它们很少包括有问题但没有抱怨的客户。她相信真正衡量客户服务的标准必须基于且反映持卡人的见解。这就意味着要对公司控制程序进行彻底检查。第一项工作就是要确定用户对公司的期望，同时通过对抱怨信件的分析指出客户服务的三个重要特点：及时性、准确性和反应灵敏性。持卡者希望准时收到账单，快速处理地址变动，采取行动解决抱怨。

了解了客户的期望，公司质量保证人员开始建立控制客户服务质量的标准。这些标准一方面基于用户期望的服务的及时性、准确性和反应灵敏性；另一方面也反映了公司的竞争性、能力和一些经济因素。

计划实施的效果很好。比如，处理信用卡申请的时间由 35 天降到 15 天，更换信用卡从 15 天降到 2 天。这些改进给公司带来的潜在利润是巨大的。例如：办理新卡和更换旧卡节省的时间会给公司带来 1 750 万美元的额外收入。另外，如果用户能及时收到信用卡，他们就不会使用竞争者的卡片。

该质量控制计划潜在的收入和利益对公司还有其他的益处，该计划使整个公司都注重客户期望，很多部门都以自己的客户服务记录为骄傲，而且每个雇员都对改进客户服务做出了贡献，使员工士气大增。每个员工为客户服务时，都认为自己是公司的一部分，是公司的代表。

信用卡客户服务质量控制计划成功，使公司其他部门纷纷仿效。无疑，它对该公司的贡献是非常巨大的。

【问题】

1. 该公司控制客户服务质量的计划是前馈控制、反馈控制还是现场控制？
2. 找出该公司对计划进行有效控制的三要素是什么？
3. 为什么该公司将标准设立在经济可行的水平上，而不是最高的水平上？

参考文献

[1] 孙玮林. 管理学 [M]. 杭州：浙江大学出版社，2010.

[2] 郝云宏，向荣. 管理学 [M]. 杭州：浙江工商大学出版社，2010.

[3] 张满林. 管理学 [M]. 北京：中国经济出版社，2010.

[4] 赖文燕. 管理基础与实务 [M]. 北京：北京交通大学出版社，2010.

[5] 孙永正. 管理学 [M]. 北京：清华大学出版社，2011.

[6] 方振邦，黄玉玲. 管理学 [M]. 北京：人民邮电出版社，2017.

[7] 潘连柏，曾自卫. 管理学原理 [M]. 北京：人民邮电出版社，2017.

[8] 周三多，陈传明，贾良定. 管理学：原理与方法 [M]. 上海：复旦大学出版社，2014.

[9] 暴丽艳，林冬辉. 管理学原理 [M]. 北京：清华大学出版社，2014.

[10] 于珊. 管理学原理 [M]. 北京：清华大学出版社，2013.

[11] 李传军，杜同爱. 管理：理论与实践 [M]. 北京：北京大学出版社，2014.

[12] 李庆文，杜远阳. 管理学实务 [M]. 大连：大连理工出版社，2014.

[13] 张逸昕，赵丽. 管理学原理 [M]. 北京：清华大学出版社，2014.

[14] 杨文士，焦叔斌. 管理学 [M]. 北京：人民大学出版社，2014.

[15] 谭力文，李燕萍. 管理学 [M]. 武汉：武汉大学出版社，2014.

[16] 李传军，杜同爱. 管理学：理论与实践 [M]. 北京大学出版社，2014.

[17] 谭力文，刘林青. 管理学 [M]. 北京：科学出版社，2009.

[18] 秦虹. 管理学原理与应用 [M]. 北京：北京大学出版社，2010.

[19] 曾宪达，毛园芳. 新编管理学基础实训教程 [M]. 杭州：浙江大学出版社，2009.

[20] 邵喜武，林艳辉. 管理学实用教程 [M]. 北京：北京大学出版社，2010.

[21] 赵惠芳，李沛强. 管理学 [M]. 杭州：浙江大学出版社，2011.

[22] 刘保平，王铁骊. 管理学——原理·方法·实务 [M]. 南京:南京大学出版社出版，2015.

[23] 邢以群. 管理学 [M]. 杭州：浙江大学出版社，2012.

[24] 斯蒂芬·P. 罗宾斯. 管理学 [M]. 北京：中国人民大学出版社，2017.

[25] 彼得·德鲁克. 管理：使命、责任、实务 [M]. 北京：机械工业出版社，2009.

[26] 罗宾斯. 管理学 [M]. 北京：中国人民大学出版，2012.

[27] 德斯勒. 人力资源管理 [M]. 北京：中国人民大学出版，2012.

[28] 加里·德斯勒. 人力资源管理 [M]. 北京：中国人民大学出版，2017.